한-EU 관계론

KOREA-EUROPEAN UNION RELATIONS

KOREA-EUROPEAN UNION RELATIONS

한-EU 관계론

김시홍 편저

hufsJMCE
Hankuk University of Foreign Studies
Jean Monnet Centre of Excellence

Co-funded by the
Erasmus+ Programme
of the European Union

서문

지난 십여년간의 강의와 연구를 결산하는 책을 발간하게 되었다. 한국과 유럽연합간의 관계에 대한 관심은 2005년 유럽연합 집행위원회로부터 한국에 최초의 EU Centre를 유치하겠다는 공고를 보고 프로포절을 작성하면서 본격화 되었다. 그간 유럽연구와 유럽통합에 대한 강의와 연구를 해왔지만 학제간 지역연구로서의 성격을 지닌 것이었던 반면 신규 센터사업에 참여하면서 양자관계에 대한 관심을 본격적으로 갖게 되었다.

2005년 이후 세계무역기구 하의 다자간 무역협상인 도하아젠다가 사실상 실패로 귀결되면서 양자적 FTA가 활발해지게 되었고 한국과 유럽연합도 2007년 협상을 시작하여 이년만인 2009년 합의에 이르게 되었다. 같은 기간 1996년에 맺은 무역과 협력에 관한 양자 협정이 시대에 뒤떨어진다는 상호인식하에 기본협정의 개정 작업도 동시에 진행되어 결론에 도달할 수 있었다. 이들 양자 협정으로 한국과 유럽연합은 전략적 동반자 관계를 구축하게 된다.

마침 2009년에 한국유럽학회의 회장직을 수행하면서 양자관계를 학회 프로그램에 반영하게 되었고, 모 기관에서 간헐적으로 진행되던 유럽관련 세미나를 정례화하는 한-EU 포럼이 발족되고 초대 회장직을 맡으면서 다양한 주제를 천착하였던 기억이 새롭다. 또한 당시 유럽연합과의 여러 협정들을 관리하던 외교부 유럽국으로부터 기본협정 개정에 대한 과정과 의의를 들을 수 있었고 이를 통해 여러 여건상 이후 비록 현실화되지는 못하였지만 유럽연합이 한국의 제5강으로까지 발돋움할 수도 있다는 가능성을 타진해보기도 하였다.

2010년 정상회의에서 기본협정이 공식화되고 2011년 7월 1일 자유무역협정이 잠정 발효되면서 양자관계에 대한 학계와 일반의 관심이 제고되었다. 이를 통해 국내 유럽학 분야가 양과 질에서 괄목할만한 발전기를 맞이할 수 있었다. 이러한 흐름은 2014년 한국과 유럽연합이 위기관리협정에 서명하면서 양자관계의 제도적 틀을 완성시켰다. 즉, 안보와 정무 그리고 경제 분야 모두에서 유럽연합과 협정을 체결한 세계 최초의 협력국으로서 한국의 위상이 자리매김하게 된 것이다.

그러나 기대하였던 자유무역협정의 긍정적 효과가 나타나지 못하자 언론으로부터 이에 대한 비판이 제기되었는데, 기실은 유럽경제의 부진과 무역구조의 변화 그리고 환율 및 북해산 석유수입 등의 요인이 중층적으로 작용한 것이어서 시간이 흐르면서 오해가 이해로 변모하는 상황으로 정리되었다. 2018년에는 소량이지만 유럽연합과의 무역흑자가 발생하여 앞으로의 추이가 자못 궁금하기도 하다.

유감스럽게도 2008년 유럽의 재정위기와 2013년 난민사태, 2016년의 브렉시트 결정 및 러시아의 크림반도 병합 및 우크라이나 개입 등은 유럽통합에 어두운 그림자를 드리우는 변화들이었고 국내에서의 유럽연구와 교육이 위축되는 부정적 현실이 도래하기도 하였다. 이는 동아시아에서 중국과 일본 모두에게 공통적으로 나타난 현상으로 적지 않은 우려가 표명되었다. 최근에는 미국 트럼프 정부의 등장으로 유럽이 자랑하는 다자주의적 유산인 파리 기후협정, 이란 협상, 범대서양무역투자동반자협정(TTIP) 등이 모두 좌초될 위기에 놓여있는 현실이다.

한국과 유럽연합은 서로를 뜻을 같이하는 자연 파트너로 인식하고 있다. 양자는 자유무역을 주창하며, 규칙에 기반한 국제질서 그리고 인권과 시장경제를 신봉하고 있다. 작금의 현실은 일방적 내지 양자관계 중심으로 국제관계가 재편되는 양상을 보이고 있어, 한국과 유럽연합 모두에게 당혹스런 현실임을 부인하기 어렵다. 적어도 이 책은 보편적 가치와 전후를 규정해온 국제질서가 유지되어야 한다는 입장을 견지하고 있다. 희망적 사고에 취한 이상주의라기보다는 예측불가능한 현실주의를 지양하면서 현실을 받아들이지만 구성주의적 시각에서 새로운 미래를 구축해나가야 한다는 생각이다. 이 책이 그러한 논의에 일조하기를 바란다.

본서를 작성하는데 있어 참으로 공사간에 많은 지원과 협조 그리고 도움을 받았다. 무엇보다도 EU센터 사업이 가능하도록 지원해준 유럽연합에게 심심한 사의를 표한다. 특히 역대 주한 EU 대표부 대사들의 배려가 큰 힘이 되었다. 현 대사인 미하엘 라이터러 박사는 외교관이자 학자로서 이 책의 저술에 상당한 도움과 영향을 미쳤음을 부인하기 어렵다. 유럽의 지원을 받는 기관이어서 유럽의 입장을 충분히 고려해왔지만, 한국외대 장모네 센터는 양자관계에 기여한다는 철학으로 균형적 시각에서 연구와 교육 활동을 해왔음을 자부한다.

우리 외교부의 외교관들도 상당한 시사와 관점 형성에 기여하였다. 임근형, 김은중, 양창수, 하태역, 이욱헌, 임수석, 정기홍 등 역대 유럽국장들로부터 학회와 센터 세미나 등을 통해 양자관계의 흐름을 천착하는데 상당한 시사를 얻었음을 고백하지 않을 수 없다. 또한 주유럽연합대사를 역임한 김창범 대사의 배려와 우정에 특별한 감사를 느낀다. 이는 특히 정상회의가 있을 때마다 양자간의 주요 협정체결과 논의 사항 등의 차원에서 이론과 현실을 접목시키는데 있어 중요한 모멘텀을 형성하였다.

한국유럽학회의 역대 회장단과 회원 동학들의 협조와 연구의 성과가 이 책을 작성하는데 일조하였다. 초대 회장인 라종일 교수와 베를린 자유대학의 박성조 교수는 국내 유럽학의 뿌리를 내린 분들로 지속적인 영감의 제공자로 기억되어야 한다. 무엇보다 이종원 교수와 이창훈 교수는 이론과 현실에서의 긴장을 놓치지 않도록 격려하여왔으며, 회원들이 유럽연구를 통해 게재한 주옥같은 논문들이 이 책의 작성에서 적지 않은 시사를 제공하였다.

이 책의 편집과 교정에서는 송병준 박사와 박혜련, 심지민 조교가 많은 수고를 해주었다. 그리고 어려운 환경에서도 연구에 착수하여 옥고를 작성해준 열분의 저자진에게 머리 숙여 감사함을 표하고 싶다.

한국과 유럽연합의 양자관계에 대한 서적은 국내외를 통틀어 세계 최초의 시도이다. 특히 양자관계의 거의 모든 분야를 망라하고 있다는 차원에서 긍지와 함께 무거운 책임감을 느끼게도 된다. 아쉽고 부족한 부분은 머지않은 장래에 다른 형태로 보완되어 다시 출간될 것임을 약속하면서 독자들의 지도와 편달을 기대한다.

2019년 6월 1일

저자를 대표하여

김 시 홍

축사

The European Union and the Republic of Korea celebrated the 55th anniversary of the establishment of diplomatic relations in 2018. Over half a century the two have moved from being distant traders to become comprehensive strategic partners. Cooperation rests on a solid framework of treaties in the areas of politics, trade and security. Paradoxically the down-side of this success story is a certain neglect – the relationship sometimes appears as taken for granted. Other pressing priorities, the North Korean nuclear issue, challenges in relations with the US and China and the latent tensions with Japan, seem to get more attention than Europe, the stable partner.

I would advise against this. The EU is not only the largest source of investment and third largest trading partner for Korea, but is the leading actor in defending the multilateralism and rulesbased international order on which Korea depends. The EU is a key channel to fully participate in international efforts aimed at addressing climate change. Moreover, the EU offers participation in the world's largest research programme (Horizon2020). In short, the EU is an essential partner for Korea in building peace and economic prosperity.

The present book written by a variety of experts under the guidance of the Jean Monnet Professor Kim Sihong recognises this breadth and depth of the EU-Korea relationship in covering all the important areas of cooperation, thereby demonstrating the need for close(r) cooperation. HUFS, which combines university-level language training with regional studies, is particularly well placed to deal with the relationship in a holistic manner while practicing concrete people-to-people relations through exchanges of academics and students.

April 12, 2019

Ambassador of the European Union to the Republic of Korea

Michael Reiterer

축사

「한-EU 관계론」발간을 진심으로 축하드립니다.

지난해 수교 55주년을 맞이한 한국과 EU는 함께 성장의 길을 걸어왔습니다. 한국과 EU가 외교관계를 수립한 1963년 당시 한국은 1인당 국민소득이 100달러에 불과한 세계 최빈국이었고, EU도 6개 국가가 모여 공동시장을 준비하는 작은 공동체에 불과했습니다. 그로부터 반세기가 지난 지금 EU는 세계 최대 단일 경제권으로 거듭났으며, 한국은 세계 10위권의 경제 대국으로 도약했습니다. 이렇게 반백년을 함께 성장해온 한국과 EU는 요즘 들어 서로에게 더 중요한 파트너가 되고 있습니다. 한국이 EU와 기본협정, FTA, 위기관리협정 등 3대 주요 협정을 모두 체결한 최초의 국가라는 사실 하나만으로도 긴밀한 협력관계의 폭과 깊이를 가늠할 수 있습니다. 세계 최대 단일 경제권으로 한국의 제1위 투자자인 EU는 우리정부의 외교다변화 및 경제협력의 중요한 핵심 파트너이기도 합니다.

이처럼 EU는 우리에게 너무나 중요한 파트너로 성큼 옆에 다가왔지만, 한국과 EU 관계에 대한 연구와 서적을 국내에서 접하기는 쉽지 않습니다. 아직 EU라는 브랜드가 우리 일상생활에서는 잘 보이지 않기 때문인 것 같습니다.

이런 점에서, 이번에 김시홍 교수님과 이 분야에서 남다른 전문성과 혜안을 갖고 계시는 열 분의 전문가들이 합심하여「한-EU 관계론」을 출간하시게 된 것은 가뭄에 단비와도 같은 희소식이라고 생각합니다.

이 책으로 한국과 EU가 나아가야 할 미래의 길에 중요한 발판을 놓아주신 김시홍 교수님의 노고에 박수를 보내드립니다.「한-EU 관계론」이 미래를 향한 가치와 비전을 공유하는 한국과 EU가 함께 지구촌의 행복 건설, 인류 번영과 발전에 기여해 나가는데 있어 소중한 지침서가 되리라 믿어 의심치 않습니다.

감사합니다.

2019년 4월 25일
외교부 유럽국장
정 기 홍

한-EU 관계론

KOREA-EUROPEAN UNION RELATIONS

목차

한-EU 관계 55년, 1963-2018

김시홍 (한국외대)

I. 서론

우리나라와 유럽연합(EU)은 1963년 7월 외교관계를 수립한 이래 긴밀한 관계를 유지하고 있다. 1989년 이전의 냉전기에는 한국과 EU 모두 미국중심의 자유세계의 일원으로 동서 대립관계에 있어 공동보조를 유지하여 왔으며, 양자 간의 관계는 주로 경제·통상 분야 발전에 치중한 바 있다(김시홍 2009, 3). 1993년 유럽연합의 출범이후 유럽통합 움직임이 공동외교안보정책(CFSP)분야로 확대 발전되어감에 따라 한국과 EU는 정무대화 채널 수립 등 외교·안보분야에서의 협력의 중요성도 점증하였다.

한-EU 양자관계는 2005년 이후 새로운 전기를 맞이하게 된다. 한편으로 세계무역기구 산하의 도하아젠다가 정체되면서 다자주의적 통상관계가 위기를 현시하게 되었고, 이에 주요 국가들은 양자 중심의 자유무역협정으로 눈을 돌리게 된다. 한미 자유무역협정에 이어 협상이 시작된 한-EU 자유무역협정은 이년여의 시간을 걸쳐 결론에 이르게 되고 2011년 7월 1일부터 잠정 발효된 바 있다. 다른 한편으로는 1996년의 기본협정이 무역통상에 치중한 반면 양자관계가 비약적 발전의 계기를 보이고 있다는 상호 인식하에 자유무역협정의 교섭과 같은 시기에 기본협정을 업그레이드하는 교섭이 진행되어 2010년 결론에 도달할 수 있었다. 이로서 양자는 경제분야와 정무분야의 주요 협정을 체결하면서 이른바 전략적 동반자(Strategic Partnership) 관계를 수립하게 된다(최진우 2010, 57).

2014년에는 양자가 위기관리협정에도 합의에 이르면서 안보분야에서도 긴밀한 협력이 가능해지면서 한국은 정무, 경제 및 안보 분야의 주요 협정을 유럽연합과 체결한 최초의 국가라는 의미 있는 행위자로 부상하게 되었다. 새로운 기본협정에 기반하여 2018년 현재 삼십여 개의 양자 위원회가 가동되어 협력의 폭과 질을 제고하고 있다는 점도 의미 있으며, 트럼프 이후 자유주의 무역질서가 위협받고 있는 오늘의 현실에서 자유무역을 주창하는 한-EU 관계는 그 어느 때보다도 중요하다고 사료된다.

II. 한-EU 55년

한-EU관계 55년을 돌아보기 위해서는 주제별 시기별 접근이 가능할 수 있다. 여기서는 시기별로 구분하되 각 기간에 발생한 양자관계의 중요 쟁점과 이슈를 살펴봄으로써 그간의 발전과정을 정리하려 한다. 그 구분은 우선 태동기로 1963년에서 1992년,

제도화의 시작기로 1993년에서 2002년, 40주년을 맞이하면서 본격적인 양자관계의 의미를 살피기 시작한 시기라는 점에서 2003년에서 2012년, 50주년을 맞이하면서 질적인 도약의 계기를 보인 2013년 이후 그리고 55주년의 의미를 살펴보면서 미래전망을 가늠해볼 수 있는 2018년 이후의 시기로 대별될 수 있겠다.

1. 양자관계의 태동기, 1963-1992

한국과 당시의 유럽경제공동체(EEC, European Economic Community)가 1963년 7월 24일 양자의 외교관계를 맺은 배경은 그다지 분명하지 않았다. 한국 측에서는 외교부가 아닌 경제기획원(EPB, Economic Planning Board)이 주도하여 시작되었다고 알려지고 있으며(안병억 외 2014, 246), 유럽의 시각에서는 전후 과거의 식민지였던 국가들이 신생독립국으로 변모하면서 이들과 맺은 일련의 외교관계의 일환으로 한국과의 수교가 이루어진 것으로 짐작되고 있다. 즉 유럽경제공동체는 1963년 7월 아프리카에 소재한 과거 18개 식민지 국가들과 외교관계를 수립하였으며, 일본과는 1959년 양자관계를 시작하였다. 한국의 상황은 이승만 정권이 4.19학생운동으로 무너지고 일 년 간의 내각책임제 형태의 정치를 시도하다, 경제사회 상황의 악화로 1961년 5월 16일 군부의 쿠데타를 통해 비상적인 통치가 이루어지고 있었다. 당시의 한국은 일인당 국내총생산 기준 북한보다도 열악한 세계 최빈국이었다(Kim 2015, 56-57).

1962년 군사혁명 이후의 민주화 이행기에 한국은 일련의 신생국들과 외교관계를 수립하게 된다. 유럽국가 중에서는 당시의 서독이 어려운 한국의 경제를 도와준 국가로 기억되고 있다.

1963년 12월 민선으로 대통령에 취임한 박정희 정부는 유럽순방을 계획하게 되는데, 당초 프랑스와 서독 그리고 이집트를 순방하는 일정이 마련되었다가 경비 문제로 서독만을 방문하게 되었는데, 그곳에서 고국의 대통령을 만난 파견된 초청노동자들(Gastarbeiter)인 한국인 광부와 간호사들이 부둥켜안고 눈물을 흘렸던 상황이 연출되기도 하였다. 이들이 받던 급여의 상당수가 송금의 형태로 한국으로 보내졌으며, 당시 외화가 절대적으로 부족하던 한국경제에 적지 않은 기여를 한 것으로 평가받고 있다. 유럽은 최빈국 한국에게 롤 모델이었으며 초기의 경제발전 구상에서 적지 않은 시사를 제공하던 존재이기도 했다. 일례로 이탈리아의 국영지주회사에 대한 연구는 약소국 한국이 빠른 시간 내에 성장을 도모하기 위한 전략의 일환으로 검토되기도 하였다(한국산업은행조사부, 1969).

프랑스와 이탈리아는 어업과 전력발전 그리고 특허 분야 등에서 한국과의 관계강화에 나선바 있으며, 한국은 벨기에, 그리스, 네덜란드, 포르투갈(1961), 아이슬란드, 스위스, 룩셈부르크(1962), 오스트리아, 바티칸(1963) 그리고 몰타(1965) 등의 유럽 국가들과 외교관계를 수립하였다. 따라서 유럽경제공동체와의 수교는 새로운 정부가 국제적으로 인정을 받기 위한 대외정책의 일환으로 이해되며, 동시에 경제통상적 측면에서 양자관계의 시작을 가늠해볼 수 있겠다. 다만 당시의 유럽경제공동체는 대외적 관계보다는 내부적 경제통합에 보다 주안점을 두던 형편이어서 한국과 당시의 경제공동체가 폭 넓은 외교관계를 지향하기는 어려웠을 것으로 추정된다. 초기에는 주 스위스대사가 유럽경제공동체와의 관계를 겸임으로 관장하였으며, 1969년 11월 주구주공동체 상주대표부가 설치되면서 주 벨기에 대사가 겸임으로 맡게 되었다.

1970년대는 데탕트 즉 긴장완화의 시기로 기억된다. 1969년 이후 독일 총리였던 빌리 브란트의 동방정책에 영향을 받아 남북한간의 대화기조가 이어졌는데, 이는 결국 1972년 7월 4일 남북공동성명으로 귀결되었다. 이 시기에는 또한 유럽이 한국의 수출주도성장정책을 위한 시장으로 자리매김하는 계기를 만들기도 하였다. 1980년대의 양자관계는 주목할 만한 변화를 보이지는 못하였는데, 유럽은 경제통합에 중요한 이정표를 제시한 단일의정서(SEA, Single European Act)가 채택되면서 대내적 활동에 초점이 맞추어진 것으로 이해된다. 그럼에도 간헐적으로 한국의 총리 및 장관들의 유럽 방문 시 유럽공동체와 대화를 가졌으며, 1986년 10월에는 유럽통상사절단이 구성되기도 하였다. 양자관계의 제도적 발전의 측면에서 보면 1989년 2월 주EC대표부가 독립공관으로 분리되었으며, 1990년 1월 서울에 EC대표부가 설치되었다.

2. 유럽연합의 발족과 양자관계의 제도화, 1993-2002

1989년 11월 9일 냉전의 상징이었던 베를린 장벽이 붕괴되면서 유럽과 세계는 새로운 시대로 들어서게 되었다. 장벽의 붕괴로 인한 독일의 통일은 유럽의 정치적 지평을 새로 전개하는 혁명적 변화였다. 경제통합과 회원국의 확대에 심혈을 기울여오던 유럽공동체는 이제 통일 독일의 관리와 통합의 영역을 경제를 넘어선 분야로 확대하는 실험을 시도하였다.

한국의 경우 1987년 대통령 직선을 포함한 정치적 민주화의 재개 그리고 1988년 서울 올림픽 경기를 성공적으로 치루면서 전세계에 6.25 동족상잔을 경험한 최빈국의 위치에서 단기간에 선진공업국으로 발돋움하는 기적을 보여주었다. 이제 해외여행이 자율화되었으며, 수입규제가 풀리면서 유럽의 상품들이 대거 수입되는 물질적으로 풍요한 시대를 맞이하게 되었다. 한편으로 한국은 냉전의 기간 중 미국과 일본 중심의 교역관계에서 탈피하여 무역의 다변화를 도모해야 했으며, 마침 전 세계적으로 불어 닥친 세계화의 물결에 대한 적극적 대응전략의 차원에서 다양한 개방 노력을 가하였다. 다른 한편 현실사회주의에서 냉전의 종식으로 체제전환을 시도하던 동유럽 국가들은 한국 자본의 최적의 투자처로 변모하였으며, 시장다변화의 차원에서도 활발한 교역관계가 작동되었다.

유럽의 상황은 더욱 극적이었으며, 통합의 속도와 질에서 비약적인 계기를 마련하였다. 유럽공동체의 회원국들은 이러한 기회를 놓치지 않고 경제통합 중심의 그간의 노력에 더해 정치외교 및 사회문화 영역으로 확대하는 합의에 이르게 되었다. 1993년 발효된 마스트리히트조약을 통해 이제 유럽공동체는 유럽연합으로 확대발전하게 되었는데, 외교 및 안보분야에서의 공동체적 노력의 시작은 유럽연합 차원에서 대외정책의 기조를 되짚어보고 특히 아시아에 대한 새로운 관심이 제고되는 계기를 마련하게 된다.

1994년에 발표된 <신아시아전략>은 이상의 변화를 대변하면서 아시아를 새롭게 바라보는 시각의 전환을 의미하는 문서였다.[1] 동 문헌에서 그간 유럽은 아시아를 과거 식민지였다는 점에서 동등한 파트너로 대우하지 않았다는 사실을 고백하고 있다. 유럽은 전후 대외정책에서 미국과의 양 대서양 관계에 치중하여왔으며 아시아와의 밀도 있는 통상 및 정무분야에서의 양자성이 크

1) European Commission, Towards a New Asia Strategy, COM(1994) 314 final.

게 부상하지 못하였다. 그러나 일본의 성장에 이어 네 마리의 용 그리고 중국의 부상은 더 이상 이 지역을 부차적인 대상으로 남겨둘 수 없다는 인식을 갖게 하였다. 실제로 다가오는 21세기를 대비하여 동아시아와의 관계를 재정립하지 못할 경우 유럽이 세계의 중심으로부터 낙오될 수 있다는 위기의식까지 표명하였다.

<신아시아전략>을 모태로 하여 유럽연합은 개별 국가들과 일련의 협력협정을 체결하게 되는데, 한국도 이러한 새로운 흐름에 편승하여 1996년 10월 28일 무역 및 협력에 관한 기본협정의 합의에 이르게 된다.[2] 이 협정에 서명하기 삼 일전 한국은 아시아에서 일본 다음으로 경제개발협력기구(OECD)에 가입한 국가가 되었다. 동 협정은 2001년에 발효되어 한국과 유럽연합 양자 간의 관계를 규정하는 문서로 자리 잡게 되었다.[3] 다만 문헌의 제목에서 무역이 강조됨으로써 한국이 아직은 주요국 대비 정치와 기타 영역을 모두 아우르는 외교관계의 대상이 아니었다는 점을 확인할 수 있다. 그럼에도 불구하고 양자는 정치 분야의 협력 및 대화 채널 제도화를 골자로 한 한·EU 정치공동선언(Joint Declaration on the Political Dialogue)[4]을 채택, 한·EU 관계의 기본 틀을 마련하였다.

---

2) European Commission, Framework Agreement for Trade and Cooperation between the European Community and its Member States, on the one hand, and the Republic of Korea, on the other hand., L 90/46.

3) 한·EU 기본협력협정 주요 내용은 다음과 같다: 상호 최혜국대우 부여; 시장접근 조건 개선, 경제활동의 공정경쟁조장, 조달 시장 개방협의 등 무역 협력; 지적·산업 및 상업재산권의 효과적인 보호 보장; 기술규정, 표준 및 적합성 평가 분야에서 협력 증진; 반덤핑, 상계관세 부과 과정에서 적절한 협의; 경제 산업 협력, 과학·기술협력, 환경보존 및 에너지 분야 협력 증진; 상호 이해증진을 위한 문화·정보 분야 협력; 제3국 개발원조 협력 등; 협정 이행 및 협력 확대방안 모색을 위한 공동위 설치

4) 한·EU 공동정치선언은 한·EU Troika 외무장관회담 연례화, 주요 외교 및 국내사항에 대한 고위 관리급 브리핑 실시, 국회·유럽 의회 간 교류 촉진 등의 내용을 포함하고 있다.

1998년 9월 주 EC대표부 및 주 벨기에 대사관이 다시금 통합되어 오늘에 이르고 있다.

유럽연합의 새로운 아시아 전략은 양자관계뿐 아니라 다자적 측면에서 지역 간 협력의 필요성도 제기하였는데, 이러한 인식은 1996년 유럽과 아시아가 아시아유럽회의(ASEM, Asia Europe Meeting)라는 새로운 정상간 포럼을 발족하는 계기를 만들었다. 첫 회의는 태국 방콕에서 개최되어 유럽과 아시아의 정상들이 다양한 다자간 그리고 양자회의를 통해 상호관심사를 공유하는 의미 있는 포럼으로 주목 받았다. 이 회의는 격년제로 그리고 유럽과 아시아 대륙을 번갈아 가면서 개최되는 형식을 취하였으며, 상주 사무국을 운영하지 않는 유연성을 강조하였다. 다만 아셈 산하에 아시아유럽재단(ASEF, Asia Europe Foundation)을 싱가포르에 설치하여 교육, 문화, 종교 및 청소년 분야에서 양 대륙 간의 다양한 행사를 소화하는 노력을 병행하였다.

2001년 유럽연합 집행위원회는 <유럽과 아시아: 진전된 파트너십을 위한 전략적 틀>이라는 문서를 발표하면서 21세기에 도입한 시점에서 양 지역 간의 관계를 다짐하는 계기를 만들었다.[5) 동 문헌에서 양 지역과 글로벌 차원에서 평화와 안보를 진작하고, 아시아와의 통상과 투자관계를 지속적으로 강화하며, 저개발국가의 빈곤원인을 규명하여 경제발전을 촉진하고, 인권과 민주주의 그리고 법의 지배와 선정(good governance)을 증대하며, 세계화의 위협과 기회를 파악하여 글로벌 차원에서 아시아국가와의 협력을 제고하고, 마지막으로 유럽과 아시아 상호간의 인식을 높이기 위한 노력을 경주한다는 목표들을 제시하였다.

5) European Commission, Europe and Asia: A Strategic Framework for Enhanced Partnerships, COM(2001) 469 final.

3. 40주년과 전략적동반자관계 구축, 2003-2012

21세기를 맞이한 양자는 상이한 환경에 처해있었다. 한국의 경우 1997년에 불어 닥친 외환위기로 성장의 신화가 하루아침에 붕괴되는 참사를 맞이하였다. 만고의 노력으로 서서히 회복되면서 새로운 세기를 맞이하였지만 시장의 개방과 적지 않은 경제주체들의 실패로 인해 양극화의 조짐이 나타나기 시작한 시기이기도 했다. 세계무역의 흐름이 다자주의에 초점이 맞추어져 있었으므로 한국 역시 세계무역기구 산하의 도하아젠다에 참여하면서 기회를 엿보고 있던 때였다.

유럽의 경우 단일화폐인 유로화가 드디어 시장에서 통용되는 새로운 역사적 실험을 하던 상황이었다. 유럽경제는 비교적 순탄한 상태를 보였으며, 안보의 위협이 느껴지지 않는 평화의 시간을 보내고 있었다. 냉전의 종식 이후 중동부유럽의 국가들이 유럽연합에 가입하기 위한 준비기간을 거친 이후 2004년 대거 십개국이 단체로 회원국으로 변모하였다. 이러한 자신감을 필두로 심지어 유럽연합의 헌법을 제정하려는 시도를 하였으나, 반대에 처해 보다 완화된 형태인 리스본 개혁조약으로 귀결되기도 했다.

2003년 한-EU 관계 40주년을 맞이하여 양자는 지난 시간을 돌아보고 미래를 기약하는 전문가 회의를 브뤼셀에서 개최하는데, 한국에서는 대외경제정책연구원(KIEP)이 유럽에서는 유럽아시아문제연구소(EIAS, European Institute for Asian Studies)가 참가하여 양자관계의 어제와 오늘 그리고 내일을 짚어보는 계기를 만들었다.[6] 당시의 주 관심사는 역시 무역관계에 치중하였으며

---

6) Si Hong Kim, "NAPCI and Trilateral Cooperation: Prospects for South Korea-EU Relations", p.140 in Nicola Casarini (ed.), Promoting Security Cooperation

한반도에너지개발기구(KEDO, Korea Peninsula Energy Development Organization)와 북핵문제에 대한 논의도 포함되었으나, 아직 글로벌 문제 등과 같은 이슈에 대한 심도 있는 논의는 보이지 않아 여전히 정무분야를 포함하는 종합적인 외교관계의 수준에 이르지는 못하였다.

당시 유럽연합은 유럽안보전략(ESS, European Security Strategy)을 마련한 바 있는데, 전체적으로 외부의 위협을 고려하지 않는 평화의 시대를 구가하고 있다는 인상을 주었다(Javier 2003, 52-59). 효과적 다자주의(effective multilateralism)를 표방하였던 이 전략에서 유럽은 자신들의 성공적인 지역주의의 경험을 전 세계에 확산시킨다는 자신감을 드러내기도 하였는데, 실제로 당시에 유럽은 러시아로부터의 안보위협이 존재하지 않았으며, 현실사회주의 국가들의 대거 EU가입을 목전에 둔 상태로 번영과 평화가 공존하는 낙관적 분위기가 지배적이었다(김시홍 2017, 36-36).

2005년에 이르러 도하아젠다가 사실상 중단되면서 주요 산업국가들은 다자주의에서 양자관계로 무역의 초점을 이행할 수밖에 없게 되었다. 유럽의 입장에서는 2006년 글로벌 유럽이라는 새로운 무역전략보고서를 통해 양자 중심의 자유무역협정을 추진하는 새로운 정책방향을 제시하였고 한국과의 무역협정을 시도하게 된다.[7]

한국의 입장에서도 세계무역기구의 정체현상은 대외무역에 의존하는 경제로서 더 이상 소극적인 태도를 유지하기 어렵게 만들

and Trust Building in Northeast Asia: The Role of the European Union, (Rome: Edizioni Nuova Cultura, 2017).

7) European Commission, Global Europe: Competing in the world, COM(2006) 567 final.

었으며, 활발한 양자적 협정을 통해 난관을 극복하려는 노력을 기울이게 된다. 한미 FTA에 이어 유럽연합과의 통상협정을 통해 동아시아에서 FTA의 허브가 되겠다는 야심찬 전략을 세우고 행동에 나서게 되었다.

한국과 유럽연합 간의 자유무역협정은 산업국가간에 체결된 것이라는데 역사적 의의가 있다. 그간 EU는 산업국가와의 FTA를 기피하여 왔으나, 한국과의 협정은 종합적이고도 모든 분야를 망라하는 시도로서, 이를 통해 새로운 기준을 마련하고 타 국가와의 협상 과정에서 모델(role model)로 삼으려는 의도를 가지고 있었다. 2007년 5월에 시작된 포괄적이고 높은 수준의 한-EU FTA 협정 협상이 2009년 10월 15일 브뤼셀에서 가서명되어 2011년 7월 1일부터 잠정 발효되었다.

또한 2007년 EU는 양자 간의 관계를 한층 강화하고, 상호보완성을 높이기 위해 한국 정부에 기본협정의 개정을 제안하였다. 2008년 6월부터 본격적인 개정 협상을 시작하여, 그간 6차례의 공식 문안협상과 3차례 비공식 회의를 거쳐 협상을 마무리하고, 2009년 10월 14일 런던에서 양측 협상대표인 김은중 외교부 유럽국장과 앨런 시터(Alan Seatter) 유럽집행위원회 대외총국 북미·동아시아 국장이 동 협정에 가서명하였다.

EU의 입장에서 기존의 협력협정을 개정해야 하는 이유로 다섯 가지를 들고 있다. 첫째, 기존의 협정이 십년 전에 마련되어 여러 측면에서 낡은 점이 있다. 둘째, FTA가 발효되게 되면 좀 더 근본적인 관점에서 여러 문제들을 바라보아야 한다. 셋째, 양자 간의 관계가 역동적인 분야에서 기존의 기본 협정이 미흡한데, 가령 기후변화, 환경, 에너지안보, 교육, 문화, 건강, 교통 및 정보화 사회 등이 확대·보강될 필요가 있다. 넷째, 한국과 EU와 같은 글로벌 동반자간의 협정은 인권, 대량살상무기(WMD)의 비확산, 테러와의 전쟁, 이민 및 국제형사재판소 차원의 협력 등을 포함하는 국제적 성격의 문제에 대한 공통의 가치와 상호간 이행을 포함하여야 한다. 마지막으로 기존의 협정은 지역차원 그리고 국제적 측면에서 핵심가치에 대한 정치 협력의 차원이 언급되어 있지 않으므로 개선될 필요가 있다(안상욱 2009, 8).

기본협정의 개정은 자유무역협정의 체결과 궤를 같이하며, 이들을 통해 양자 간의 전략적 동반자로의 관계 격상을 도모하는 중요한 변화라고 볼 수 있다. 개정 기본협정은 폭 넓은 내용을 포함하고 있으며, 당시에는 유럽연합의 중요성이 제고되고 있는 상황에서 외교부에서 유럽국을 별도의 부서로 독립시키는 안과 제5강으로서의 위상을 정립할 수 있다는 의견들도 개진된 바 있다.[8)]

1996년의 협정 내용이 무역 분야에 치우친 반면, 새로이 개정된 기본협정은 정치, 경제, 사회, 문화 및 과학기술 그리고 새로운 글로벌 주제인 기후변화, WMD, 이민 등의 문제를 포함하는 것으로 확대 및 강화되었다. 또한 1996년의 협정이 20여 쪽 분량이었으나, 새로운 협정은 64쪽에 달하고 있다.

개정 협정은 경제 분야의 협력을 더욱 보강하는 한편, 정무 및 내무·사법 분야 등으로 협력분야를 대폭 확대·강화하였다. 기존 협력분야의 확대 및 강화로는 경제정책대화, 기업분야, 조세, 관세, 경쟁, 정보사회, 과학 및 기술, 교통, 소비자보호, 건강, 고용 및 사회문제, 환경 및 천연자원, 기후변화, 농업, 농촌개발 및 임업, 수산 및 해양, 개발원조 등이 있다.

---

8) 외교통상부 유럽국, 『한·EU 기본협정 설명 자료』, 2009.11.; 『한·EU 기본협력협정의 개정 의의와 주요 내용』, 2009.10.14.

반면에 신설 협력 분야로는 정무분야(정치대화 강화, 대량살상무기 비확산, 국제범죄, 테러리즘 등), 내무·사법 분야(법무협력, 개인정보보호, 이민, 사이버범죄, 법집행 등), 미디어, 교육, 관광, 시민사회, 행정협력, 통계 등이 포함되고 있다.

개정 협정은 한-EU 관계의 새로운 발전 방향과 비전을 제시하고, 한국과 EU가 대등한 파트너로서 지역 및 글로벌 차원에서의 협력을 강화해 나가기 위한 법적·제도적 기반을 제공하는 한편, 한-EU FTA와 함께 한-EU 관계의 양대 축으로서 정무, 경제 등 다양한 분야의 균형 잡힌 발전을 추진하고 한-EU간 전략적 동반자관계를 구축하는 계기가 마련한 것으로 평가될 수 있다(김은중 2009, 36).

개정 협정의 협상 과정에서 분쟁해결(Conflict Resolution)절차에 대한 적지 않은 의견 차이가 있었는데, 양자는 이러한 문제를 동등한 파트너로 상호 존중하면서 협상을 마칠 수 있었다. 즉 그간 EU는 과거 식민지국이나 개발도상국과의 관계 설정에서 동등한 지위 보다는 우월적 위치에 서서 문제가 발생하는 경우, 특히 EU가 중요시 여기는 인권과 민주주의가 위협을 받는 경우, 협정의 일부 또는 전부를 취소한다는 접근법을 사용해 왔다. 그러나 한국과의 협상과정에서는 동등한 지위(equal partnership)를 인정했으며, 일부 영역에서는 한국이 새로운 과제를 제시하는 등 흥미로운 양상을 보였다고 전해지고 있다.

동 협상의 정식 서명은 2009년 12월 EU 외무장관회의를 희망하였으나, 번역 작업에 필요한 3개월 정도의 기간 등을 감안하여 2010년의 브뤼셀 정상회의를 통해 가능하였다. 이를 통해 그간 차관보급 공동운영회의 운영에서 차관급 내지 각료급으로의 변화를 기대할 수 있게 되었다.

한-EU의 전략적 동반자 관계는 2008년 10월 중국 베이징에서 열린 ASEM 정상회의를 계기로 한·프랑스 정상회담에서 바 호주 집행위원장이 공식적으로 제안하였다.[9] 2009년 5월 23일 서울에서 열린 한-EU 정상회담에서 양측은 한-EU FTA와 한-EU 기본협력협정을 토대로 전략적 동반자 관계를 구축하기로 합의하였다. 이후 위의 두 협정이 발효되면서 새로운 정상회담에서 전략적 동반자 관계가 공식적으로 출범되었다.

이러한 관계의 제도적 기반은 한편으로 기본협정이 정무, 일반경제, 사회와 문화, 내무사법 등 제반 분야의 협력을 위한 제도적 기반을 제공하며, 다른 한편으로는 FTA를 통해 통상 및 투자 관계의 증진에 기여하는 것을 주요 내용으로 하고 있다. 한-EU FTA는 기본협정이라는 상위규범에 통제를 받는다고 이해되며, 새로운 기본협정의 무역관계에 대하여는 FTA에서 모든 내용을 다룬다고 언급하고 있다. 이러한 시도에 대한 한국의 의도는, 첫째, EU의 신동아시아정책을 우리 국익에 부합되도록 활용하고, 둘째, EU는 중국이 국제사회에 책임 있는 일원이 되도록 유도하며, 셋째, 한반도 등의 문제에서 EU의 영향력이 필요하다는 인식하에서 맺어진 것으로 이해된다(김은중 2009, 37).

즉 EU는 한반도 주변 4강에 버금가는 전략적 파트너로 발전 가능하며, 북한에 대한 문제해결에도 일정 정도 기여할 수 있다는 생각에 기초한다. 즉 EU는 한국정부의 Global Korea 실현을 위한 실질분야 협력파트너로 활용 가능하며, 사회복지, 내무·사법 및 교육 분야에서 모델을 제공하고, 첨단 과학 기술과 재생에너지

9) EU가 전략적 동반자 관계를 맺고 있는 나라는 10개에 불과하다. 미국, 러시아, 중국, 일본, 인도, 캐나다, 브라질, 멕시코 및 남아공 등이며 한국은 EU의 열 번째 전략적 동반자로 자리매김하게 된다.

기술 등에서 협력 강화가 기대되었다.

4. 50주년과 양자관계의 성숙기, 2013-2018

2013년 한국과 유럽연합은 외교관계 수립 50주년을 맞이하였다. 반세기의 의미는 특별한 것이었으며, 서울과 브뤼셀에서 이를 기념하는 다양한 행사가 연중 개최되었다. 50주년의 구호는 '함께 나아가자(Forward Together)' 였는데, 전략적 동반자 구축에 이은 삼십여 개의 부문에서 양자위원회가 가동되는 관계의 양과 질에서 비약적으로 성숙된 모습을 보여주고 있다.

제7차 한-EU 정상회담은 이러한 분위기를 최고조로 이끄는 계기를 만들었다. 2013년 11월 8일 브뤼셀에서 진행된 동 회의에서 "수교 50주년 공동선언"을 통해 준 동맹(quasi alliance) 수준의 긴밀한 파트너십이 구축되었다. 50주년을 맞이하여 상호관심사에 대한 정기적 대화는 물론이고 이를 뒷받침하는 기구들도 설립되었는데, 브뤼셀에 개소된 한-EU연구혁신센터 및 한국문화원이 대표적이며, 교육협력 공동선언의 채택, 문화협력위원회 및 공공포럼의 출범 등이 의의를 갖는다(외교부 2018, 78-79).

한국유럽학회는 2013년 7월 11일 국제교류재단의 후원을 받아 유럽연합안보연구원(EUISS, European Union Institute for Security Studies)과 공동으로 브뤼셀에서 양자관계 50주년 기념 국제회의를 개최하였다. 특이할 것은 2003년의 40주년 기념회의 대비 정치 및 외교안보분야의 주제가 중심적으로 다루어졌다는 사실이다. 40주년의 경우 통상문제에 치중하였으며, 일부 북한 문제를 포함하는 수준이었던 반면, 50주년 회의에서는 전략적 동반자 관계를 수립한 점을 고려하여 그간 상대적으로 많이 다루어지지 않았던 안보문제가 핵심 주제였으며, 특히 비전통적 안보 주제들인 사이버, 환경, 에너지, 해양 안보 등의 발표가 주를 이루었다. 동 회의에서는 유럽연합 대외관계청의 동아시아실장과 주 유럽연합 한국대사가 참가하는 등 전형적인 1.5트랙 방식을 취하였다는 점도 의의가 크다. 한국대표단은 나토본부를 방문하는 등 안보 이슈에 대한 새로운 흐름을 천착하는 귀중한 계기를 만들었다.

2014년 양자는 위기관리협정(FPA, Framework Participation Agreement on Crisis Management)을 서명하게 되는데, 이는 특별한 의미를 갖는 것이었다. 한국은 글로벌 코리아를 주창하면서 중견국 외교(Middle Power Diplomacy)를 수행하려는 의도를 갖고 있었으며, 유럽연합의 입장에서는 자신들의 근린국 안보작전에 전략적 동반자국가들을 초대함으로써 명분을 쌓으려는 의도가 있었다. 이러한 상호관심사와 이해가 맞아떨어져 한국은 정무관계에서의 기본협정 업그레이드, 경제통상 분야의 자유무역협정에 이어 안보분야의 위기관리협정까지 체결한 유럽연합의 최초 파트너라는 위상을 갖게 되었다. 비준과정에서 당시 야당의 일부 이견이 있었으나 이후 비준되었으며, 2017년 봄 드디어 한국 해군의 청해 부대가 부산항으로부터 파견되어 유럽연합의 소말리아 인근 연안의 해적퇴치작전이었던 아탈란타(Operation Atalanta)에 참여하여 성공적으로 과업을 수행하고 귀환한 바 있다.

2015년 9월 15일 서울에서 개최된 제8차 한-EU정상회담에서는 안보협력증진, 경제통상 협력 강화, 기후변화, 개발협력, 대테러협력 등의 글로벌 이슈 협력강화가 주요 의제가 되었다.[10] 유럽연합의 집행위원장이 일정의 이유로 동 회의에 참석하지 않은 것

10) https://www.consilium.europa.eu/en/press/press-releases/2015/09/15/korea-joint-press-statement/# (2018년 11월 10일 검색)

은 아쉬운 부분이라 사료되는데, 여전히 동아시아에서 중국과 일본대비 한국의 위상이 충분히 고려되고 있지 못하다는 인상을 지울 수 없었다.

2018년에는 한-EU FTA의 이행 7년을 맞이하여, 다양한 평가가 진행되었으며, 양자는 협정의 부분 수정에 공감하면서 논의를 진행 중에 있다. 자유무역협정 발효 이후 유럽 국가들의 대한국 수출이 증대된 반면, 한국 상품들의 유럽 진출이 기대에 미치지 못하여, 국내 언론의 비판이 제기된 바 있었는데, 2017년부터 다시 균형을 이루면서 그 추이가 주목되고 있다.

III. 한-EU 수교 55주년

한-EU 수교 55주년의 의미는 어떻게 수용될 수 있는가? 많은 발전에도 불구하고 상호간에 아쉬운 점들이 남아있다. 지난 2018년 10월 19일 브뤼셀에서 개최된 제9차 정상회담은 이러한 양상을 보여주고 있다. 한국은 유럽연합이 중요한 사항마다 회원국을 거론하며 자신들은 결정권이 없다는 입장을 표명하곤 한다는 불만이 있다. 그런데 유럽연합으로부터의 요구는 엄청 많아 밸런스가 맞지 않는다는 지적이다. 또한 유럽연합이 아직도 한국을 중국과 일본 대비 경시한다는 인식을 지니고 있음을 부인하기 어렵다. 동시에 우리 외교부는 EU보다는 주요 국가 중심으로 유럽외교를 진행하고 있다는 사실도 기억할 필요가 있다.

주EU한국대사관의 위상이 과거에 비해 높아진 점은 상당한 의의가 있다고 보아야 한다. 규범권력으로서의 유럽연합의 위상은 브뤼셀 한국대표부의 역할을 제고하였으며, 이곳이 다자 외교를 학습할 수 있는 최적의 장소라는 점은 한국과 유럽연합이 공히 인정하고 있는 바이다.

유럽연합이 규범적 행위자라 하지만 결국에는 이해관계가 가장 중요한 변수라는 사실을 간과할 수 없다. 유럽연합은 자유무역협정 등에서 한국이 국제노동기구 등 좀 더 국제기준에 부합되기를 요구하고 있다. 동시에 조심스럽지만 한반도에서 안보적 행위자 역할에 대한 구상도 지니고 있음을 밝히기도 한다. 그러나 이는 어디까지나 다자적 대화에서만 가능한 옵션이며, 남북한과 미국이 유럽연합을 초대 시 가능한 시나리오이기도 하다. 때로 EU는 비판적 관여라는 정책에도 불구하고 북한을 경제적 측면에서 큰 가치로 여기지 않는다는 인상을 받기도 한다. 여전히 능력과 기대간의 갭(capabilities-expectations gap)은 유럽연합이 풀어야 할 퍼즐로 다가온다(김시홍 2017, 46).

그럼에도 불구하고 우리에게 유럽연합이 매력적인 파트너임을 부인하기 어렵다. 글로벌 코리아와 중견국 외교의 실현에서 무력이 아닌 규범을 통한 국제사회의 질서를 주장하는데 있어 양자는 '뜻을 같이하는 자연적 파트너(like-minded natural partner)임이 분명하다. 유럽연합은 박근혜 정부의 외교정책에서 동북아평화협력구상(NAPCI)의 조력자로 지속적인 관심과 의견을 제안하여왔으며,[11] 현 정부의 동북아플러스책임공동체 개념 하에서 동북아평화협력플랫폼을 실현하는데 있어 유럽연합을 대화파트너로 설정하여 보다 긴밀한 협력이 기대되고 있다.[12]

---

11) Si Hong Kim, "NAPCI and Trilateral Cooperation: Prospects for South Korea-EU Relations", p. 140 in Nicola Casarini (ed.), Promoting Security Cooperation and Trust Building in Northeast Asia: The Role of the European Union, (Rome: Edizioni Nuova Cultura, 2017).

12) European Commission, Connecting Europe and Asia: Building blocks for an EU

유럽연합에게 한국이란 규모의 비대칭성에도 불구하고 유럽적 가치를 수호하는데 있어 지구상에 몇 안 되는 협조자이며, 자유무역질서와 기후협정을 유지하는 과정에서 최적의 대상이라는 인식을 지니고 있다. 미래지향적 시각에서 볼 때 트럼프 이후 양자는 서로를 필요로 하는 존재로 인식하면서 협력 증대 가능성이 열려 있으며 그런 차원에서 준 동맹으로의 위상 격상에 대한 실질적 전략과 대책이 필요하다고 본다.

Strategy, JOIN(2018) 31 final.

참고문헌

김시홍. 2018. "동북아플러스 책임공동체(NAPCR)와 EU의 역할." 『EU-동아시아 관계: 지역간주의(Inter- regionalism) 관점에서』 한국외대 장모네 EU센터와 제주평화연구원 공동세미나 발표논문, 2018년 1월 15일.

______. 2017. "EU 글로벌 전략과 한-EU관계." 『유럽연구』, 35권 3호, pp.29-53.

______. 2009. "한-EU 관계의 발전과 전망." 『유럽연구』, 27권 3호, pp.1-22.

김은중. 2009. "리스본조약의 발효와 한-EU 전략적동반자 관계 출범." 『외교』, 92호.

안병억 외. 2014. 『유럽연합의 이해와 전망』, 서울: 높이깊이.

안상욱. 2009. "한-EU 기본협력협정 개정과 한-EU 관계." 『EU Brief,』, Vol.1, No 6, Yonsei-SERI EU Centre, pp.6-9.

외교통상부 유럽국. 2018. 『EU개황』.

______. 2009. 『한·EU 기본협정 설명 자료』.

______. 2009. 『한·EU 기본협력협정의 개정 의의와 주요 내용』.

최진우. 2010. "EU의 전략적 동반자 관계 구축 현황과 한-EU 관계." 『유럽연구』, 28권 3호, pp.55-78.

한국산업은행조사부. 1969. 『이딸리아의 국가지주회사, IRI-ENI』, 서울: 한국산업은행.

Kim, Si Hong. 2017. "NAPCI and Trilateral Cooperation: Prospects for South Korea-EU Relations", p.140 in Nicola Casarini (ed.), Promoting Security Cooperation and Trust Building in Northeast Asia: The Role of the European Union, (Rome: Edizioni Nuova Cultura).

______. 2015. "Korea's Strategy towards the EU: From a Strategic Partner to a Privileged Partner," in Hungdah Su (ed.), Asian Countries' Strategies towards the European Union in an inter-regionalist Context (Taipei: National Taiwan University Press).

European Commission. 2018. Connecting Europe and Asia: Building blocks for an EU Strategy, JOIN(2018) 31 final.

______. 2001. Europe and Asia: A Strategic Framework for Enhanced Partnerships, COM(2001) 469 final.

______. Framework Agreement for Trade and Cooperation between the European Community and its Member States, on the one hand, and the Republic of Korea, on the other hand., L 90/46.

______. 2006. Global Europe: Competing in the world, COM(2006) 567 final.

______. 1994. Towards a New Asia Strategy, COM(1994) 314 final.

Solana, Javier. 2003. A Secure Europe in a Better World. European Security Strategy, European Commission.

한-EU 전략적동반자관계의 전개와 전망[1]

최진우 (한양대)

I. 서론

한국정부는 2016년 5월 10일 문재인 대통령 취임과 동시에 주요국에 특사를 파견했다. 주변 4강(미, 중, 일, 러)과 유럽연합(EU), 그리고 아세안(ASEAN)이 그 대상이었다. 주요국 특사 파견은 대통령 취임 초 항상 있었던 일이지만 유럽연합에 특사를 보낸 것은 처음이었다. 우리 외교는 전통적으로 주변 4강에 초점이 맞추어져 있으며 그 중에서도 대미 외교, 그리고 최근 들어 대중외교

1) 이 논문은 다음의 글들을 종합, 보완, 정리한 글이다. 최진우, "EU의 전략적동반자 관계 구축 현황과 한-EU 관계," 「유럽연구」 28권 3호, 2010; 최진우, "유럽연합과 동북아: 관계의 다면성과 한국의 전략," 「동서연구」 27권 2호, 2016; 최진우·김새미, "가치의 구현과 이익의 실현: '규범적 유럽'과 북핵문제," 「국제관계연구」 21권 1호, 2016; 최진우, "전환기 유럽과 한국의 선택," 「2019 아산국제정세전망」 아산정책연구원, 2018.

가 우리 외교 역량의 상당부분을 차지하고 있는 것은 주지의 사실이다. 그런 마당에 대통령 취임과 동시에 주변 4강과 함께 유럽연합에 특사를 보낸 것은 유럽에 대한 우리 정부의 관심 수준이 현저히 높아졌음을 적극적으로 표현한 것으로 이해된다. EU와의 '전략적동반자관계'(strategic partnership)가 수사적 수준에서의 외교적 립 서비스가 아니라 실질적인 의미를 가지고 있음을 보여주는 조치였던 것이다.

한국과 EU는 서로에게 매우 중요하면서도 돈독한 관계다. EU는 중국에 이어 우리의 2대 교역 상대이며,[2] 수출시장으로는 중국, 미국에 이어 3위, 수입원으로는 중국 다음으로 2위를 차지하고 있고, 한국에 대한 직접투자 규모로는 부동의 1위를 차지하고 있다. 글로벌 금융위기와 그 여파로 한동안 교역규모가 줄어들거나 정체 상태를 보였지만 최근 들어 다시 꾸준히 늘고 있는 추세이다. 무역수지는 우리가 큰 폭의 흑자를 기록하다가 한-EU FTA 발효 후인 2012~2013년을 기점으로 적자로 전환됐으나 유럽 경기가 회복되면서 우리나라의 대 EU수출이 늘어나 2017년에는 다시 소폭의 흑자를 기록하고 있다.

한국과 EU는 글로벌 차원에서도 기후변화, 다자주의, 녹색성장 등의 사안에서 긴밀한 공조체제를 구축해 다자기구에서 협력을 아끼지 않는 가까운 파트너다. EU는 외교안보정책 분야에서도 한반도 문제에 적극성을 띠고 있다. EU는 북한에 대해 인도적 지원을 꾸준히 제공하면서 대화의 채널을 열어 놓고 있는 동시에 북한의 핵문제와 인권문제에 대해서는 일관되게 강경한 입장을 표명하며 대북제재에 적극 동참하는 이른바 '비판적 관여'(critical

---

2) 우리나라는 EU 교역상대국 중 8위이다.

engagement)의 기조를 유지함으로써 한반도 정세에 지속적으로 영향력을 행사하고 있다.

한국과 EU는 2010년 발효된 한-EU 기본협력협정(Framework Agreement)으로 전략적 동반자 관계를 수립했으며, 2011년 자유무역협정(Free Trade Agreement)의 효력 발생 이후 양자 간 교역이 꾸준히 증가하고 있고, 2016년 위기관리참여기본협정(Framework Agreement for the Participation of Korea in EU Crisis Management) 발효와 함께 소말리아해적퇴치 작전을 함께 수행함으로써 안보 분야로까지 양자 간 협력 범위가 확대됐다. 정무, 경제, 안보 세 분야 모두에서 EU와 조약 체계를 기반으로 제도화된 협력관계를 구축한 나라는 전 세계에서 우리나라가 유일하다.[3)]

한국의 대외정책에 있어 EU의 중요성은 두말할 나위가 없다. EU는 지난 60여 년간 지리적 확대와 정책적 심화의 과정을 거쳐 2016년 현재 28개 회원국으로 구성돼 있으며, 1968년 관세동맹(customs union)의 완성, 1993년 단일시장(Single Market)의 구축, 1999년 단일통화의 출범으로 명실상부한 하나의 거대 경제권을 형성하고 있다. EU의 총 GDP는 2017년 기준 총 17조 3천억 달러로 미국(19조 4천억 달러)에 이어 2위를 달리고 있으며, 전 세계 교역량의 17%를 차지하고 있는 세계 최대의 무역 블록이다.

외교안보적으로 EU는 국제사회에서 '규범세력'으로서의 정체성을 구축하고 있다. 비록 유럽이 미국과 같은 막강한 하드파워를 갖고 있지는 않지만 누구에게도 뒤지지 않는 소프트 파워로 국제정치적 영향력을 행사하고 있다. 유럽의 소프트파워는 전 지구적 차원에서 보편성을 인정받을 수 있는 주요 규범적 가치를

3) Ramon Pacheco Pardo, "Putting the EU-South Korea Partnership to Work," Euractiv November 18, 2018, p.2.

성공적으로 잘 실천하고 구현하고 있는 데서 비롯된다. 인권, 평화, 자유, 법치, 차별 철폐, 환경 보호, 비확산 등에 있어 유럽은 모범적 실천자로서의 위상을 확고히 하고 있으며, 타 국가와의 관계에 있어서도 무력을 사용하거나 국제제도를 우회하는 일방 주의적 외교 행태를 보이기보다는 주로 다자주의적 틀 속에서 협상을 통해 외교정책의 목표를 실현시켜 나가는 방식을 택하고 있다는 이미지를 구축하고 있다. 미국이 힘의 외교를 통해 영향력을 행사하는 반면 유럽은 규범의 외교를 통해 세상을 변화시키는 세력이라는 것이다.

세계 최대의 경제규모와 규범세력으로서의 외교적 정체성을 가진 EU는 우리에게 있어서 과연 무엇인가? 우리에게 있어 EU의 의미는 다차원적이다. 우선 EU는 우리가 국제무대에서 상대하는 하나의 행위자로서 우리의 파트너이자 때로는 경쟁자이기도 하다. EU는 우리의 제 2위의 교역 상대국이고, 우리나라로 유입되는 해외 자본 투자 주체로는 1위이다. EU의 기업들은 세계 시장에서 우리 기업들과 치열한 경쟁을 벌이고 있고, 다자경제기구에서는 각자의 이익을 관철시키기 위해 첨예하게 대립하기도 한다.

또한 EU는 우리에게 있어 하나의 모델이기도 하다. 무엇보다도 EU는 민주국가의 클럽으로서 다양한 형태의 민주주의 정치제도를 운영하고 있는 거대한 실험실이다. 뿐만 아니라 EU국가들은 지구상에서 가장 잘 발달한 복지국가로서 자본주의 경제가 수반하는 불평등 문제에 대응하기 위한 다양한 정책 프로그램을 개발해 왔다. 적지 않은 문제를 노정하고 있긴 하지만 앞장서 관용과 포용의 정신으로 다문화주의를 실천하고 있는 국가들이기도 하다. 나아가 EU는 성공적인 지역통합을 이루어냄으로써 평화지대를 구축하고 있다. EU 회원국들은 1945년 이전 끊임없는 전쟁과 갈등에 시

달려 왔지만, 유럽통합이 시작된 이후 이들 국가들 사이에는 이제 더 이상 전쟁이 하나의 외교정책 수단으로 사용될 가능성은 전무한 이른바 '안보 공동체'(securiy community)가 건설된 것이다. 지역통합을 통합 평화의 구축의 좋은 사례가 아닐 수 없다.

끝으로 EU는 우리가 활용할 수 있는 외교적 자산이기도 하다. 또한 EU는 우리와 민주주의, 인권, 법치, 다자주의 등의 가치를 공유하며 테러와 범죄, 환경과 질병 등의 글로벌 이슈의 해결에 파트너십을 발휘할 수 있는 가치와 이익의 동반자이기도 하다. 경제협력 관계의 증진, 정무 및 사회문화 부문에서의 협력 강화, 글로벌 이슈 대응에 있어서의 공조체제 구축을 통해 긴밀한 협력 파트너로서의 관계를 정립해 가고 있는 것이다. 한국과 EU 간의 '전략적 동반자 관계'는 이러한 바탕 위에서 수립된 것이다.

이하에서는 EU가 하나의 외교적 수단으로 활용하고 있는 '전략적동반자관계'의 의미와 현황을 살펴보고, 한-EU 관계의 전개과정과 전략적동반자관계 구축의 경과 및 의의를 살펴본다. 끝으로 보다 넓은 국제정치적 역학관계 속에서 한-EU 전략적동반자관계가 갖는 의미를 평가하고 특히 우리나라 최고의 외교현안인 한반도평화프로세스에 있어 한-EU 전략적동반자관계가 어떻게 활용될 수 있을지를 토론한다.

II. EU 전략적 동반자 관계의 현황

EU와 전략적 동반자 관계를 갖고 있는 나라는 한국을 포함해 총 10개국이다. EU가 외교정책 수행의 일환으로 전략적 동반자 관계의 구축을 적극 활용하기 시작한 것은 2000년대 들어

서다. 유럽이사회는 2003년 21세기 EU 외교안보정책의 밑그림을 담은 공식문서 '유럽안보전략: 더 좋은 세계에서의 안전한 유럽'(European Security Strategy: A Secure Europe in a Better World)을 채택해 "일본, 중국, 캐나다, 인도를 비롯해 EU와 공통의 가치와 목표를 공유하는 국가들과 전략적 동반자 관계를 구축"할 것임을 천명하면서 이를 실천에 옮겼고, 계속해 2006년에는 남아프리카 공화국, 2007년에는 브라질, 2008년에는 멕시코와 각각 전략적 동반자 관계를 잇달아 출범시켰으며, 2009년 5월 제 4차 한-EU 정상회담에서 양자 관계를 전략적 동반자 관계로 격상시킬 것에 합의한 후 2010년 10월 6일 제 5차 한-EU 정상회담에서 양자 간 전략적 동반자 관계가 구축되었음을 선언한다.[4] EU는 우리나라를 마지막으로 2019년 초 현재까지 더 이상 전략적동반자관계를 확대하지 않고 있다.

현재 EU와 전략적 동반자 관계를 구축한 나라는 우리나라 외에 미국, 러시아, 캐나다, 중국, 일본, 인도, 남아공, 브라질, 멕시코이다. 특기할 점은 우리나라를 제외하고 이들 국가들이 모두 이른바 하일리겐담 프로세스(Heiligendamm Process)에 참여하고 있는 나라들이라는 사실이다. 하일리겐담 프로세스는 G-8 국가들과 대표적인 신흥 경제(emerging economies) 간의 대화 메커니즘으로 2007년 처음 시작됐다. 여기에 참여하고 있는 신흥 경제는 중국, 인도, 브라질, 멕시코, 남아공 5개국으로 이들은 O-5(Outreach Five) 또는 G-5(Group of Five)로 불린다. 현재 EU는 G-8 국가 중 비 유럽 국가인 미국, 러시아, 일본, 캐나다, 그리고 O-5 국가 모두와 전략적 동반자 관계를 맺고 있는데 유독 우리나라만이 G-8이나 O-5

---

4) EU의 전략적 동반자 관계 구축의 역사 및 배경, 그리고 각 동반자 국가와의 관계 현황에 대한 분석으로는 Renard 2010; Grevi, ed. 2010 참조.

어디에도 속하지 않으면서 EU와 전략적 동반자 관계를 갖고 있는 것이다. EU가 한국과의 협력관계를 매우 특별하게 평가하고 있음을 엿볼 수 있는 대목이 아닐 수 없다.

흥미로운 것은 '전략적동반자관계'가 EU 외교정책의 중요한 도구로 사용되고 있지만 그 의미는 매우 모호하다는 점이다. 유럽연합 문서 어디에도 명확히 정의된 바가 없으며, 전략적동반자관계로 지명된 나라들에 대한 선택의 기준도 전혀 정해진 바가 없다(Ferreira-Pereira and Vieira 2016, 4-5).[5] 그럼에도 불구하고 EU 대외정책의 맥락에서 전략적동반자관계에 대한 언급은 크게 두 가지 의미를 내포하고 있는 것으로 보인다. 그 중 하나는 글로벌 문제에 대한 대응을 위한 협력네트워크이며, 또 하나는 안보위협에 대한 공동대응을 위한 장치라는 점이다. 이는 글로벌 무대에서 EU가 하나의 행위자로서의 역할을 수행한다는 행위자성(actorness)의 천명인 동시에 과거 주로 경제통상관계에 국한돼 있던 EU의 대외정책 행동반경을 안보영역으로까지 확장하겠다는 의지를 표명하고 있음을 뜻한다(Ferreira-Pereira and Vieira 2016, 4).[6]

홀스라그에 의하면 전략적 동반자 관계의 필수요소는 다음과

---

5) 한편 EU가 전략적동반자관계의 의미를 명확히 밝히지 않고 있음으로 해서 이 용어가 다양한 용도로 유연하게 활용될 수 있도록 한다는 긍정적 평가도 있다. 이는 곧 전략적동반자관계라는 용어가 매우 다의적으로 사용될 수 있음을 의미한다. 이러한 맥락에서 이 용어는 현재 관계의 상태를 서술적으로(descriptive) 표현하는 것뿐만 아니라 앞으로 만들어지기를(constitutive) 희망하는 상태를 나타내는 규범적 지향의(normative) 성격을 갖는 것으로 이해되기도 한다. 특히 후자의 의미로 이해할 경우 이 용어는 상대에게 일종의 규범적 압력으로 활용될 가능성을 예견하게 하기도 한다. 한편 이러한 이해는 이 용어가 심지어는 적용대상에 따라 그 때 그 때 다른 의미를 가짐을 인정하는 것이 될 수도 있을 것이다. 언어의 의미가 시대와 상황, 화자(話者)와 청자(聽者)에 따라 다를 수 있다는 것을 염두에 둔 이해라고 하겠다. Blanco 2016 참조.

6) EU가 최근 우리나라와 안보영역에서의 협력에 해당하는 위기관리참여기본협정을 체결한 것은 이러한 맥락에서였다고 이해할 수 있다.

같다. 첫째, 이해관계와 상호간에 대한 기대에 공통분모가 있을 것, 둘째, 장기적 관점에서 관계가 형성되고 발전될 것, 셋째, 협력의 목적이 정치, 경제, 군사 분야를 망라하는 다차원적인 성격을 가질 것, 넷째, 협력의 범위가 글로벌한 수준에 이를 것, 다섯째, 동반자 간의 긴밀한 협력을 통해서만 구현될 수 있는 이익이 있을 것, 즉 다른 국가들과의 협력에서는 취할 수 없는 이익을 공유할 것이 그것이다(Holslag 2011, 295).

그 중에서도 EU는 전략적 동반자 관계의 의미를 새로운 안보위협을 포함한 글로벌 이슈에 대한 대응에 있어서의 입장 조율과 공동보조에 초점을 두고 있는 것으로 보인다. 지금까지 각국과 전략적 동반자 관계 구축 과정에서 집행위원회가 발표한 커뮤니케이션은 글로벌 이슈를 다루는 다자간 대화 및 기구에서의 EU와의 협력 강화의 필요성을 확인하고 있으며, 전략적 동반자 관계 이행을 위한 구체적인 협력 아이템을 명시하고 있는 행동계획(Action Plan)에서도 글로벌 쟁점에 있어서의 협력을 누차 강조하고 있다. 우리나라와의 전략적 동반자 관계를 문서화하고 제도화한 '기본협력협정 개정안'도 예외는 아니어서 글로벌 차원에서의 협력이 중요하게 다루어지고 있다. 전략적 동반자 관계와 관련돼 만들어진 집행위의 각종 문서에 '효과적인 다자주의'(effective multilateralism), '규칙에 근거한 다자주의'(rule-based multilateralism), '다자주의의 중요성에 대한 공동의 신념'(a common belief in the fundamental importance of multilateralism), 국제평화와 안보에 있어서의 UN의 역할 등을 강조하는 부분이 빠지지 않고 있는 것도 전략적 동반자 관계가 곧 글로벌 동반자 관계를 의미하는 것임을 잘

보여주고 있다.[7)]

전략적 동반자 관계의 구축은 양자 관계의 과거를 반영하는 것이기도 한 동시에 미래에 대한 기대와 의지의 표명이기도 하다. 전략적 동반자 관계라는 표현은 한편으로는 지금까지의 양자 관계에 대한 종합적 평가를 집약한 것이기도 하거나와 한편으로는 양자 관계의 발전 방향에 대한 희망의 표현인 것이다. 따라서 러시아, 중국 등과 같이 전략적 동반자 관계를 구축한 국가들과 때때로 이해관계의 대립 또는 규범의 충돌 등으로 인해 첨예한 대결과 갈등 국면에 처하게 되기도 하지만, 상대방의 중요성을 고려할 때 향후에도 관계 개선의 필요성이 사라지는 것은 아니며 노력 여하에 따라 전략적 동반자 관계라는 명칭에 걸맞은 관계 복원이 이루어질 수 있다는 희망을 버릴 이유가 없다는 점에서 어떤 경우이든 전략적 동반자 관계라는 명칭은 단순한 수사적 표현 이상의 의미를 갖는다고 볼 수 있을 것이다.

지금까지 EU의 전략적 동반자 관계 구축 과정은 반드시 일정한 패턴을 따르는 것은 아니었으며, 전략적 동반자 관계의 구축 이후의 관계의 심화 또한 케이스 별로 많은 편차를 보이고 있다. 예컨대 EU는 한국, 일본 등과는 상당 기간 동안 정기적인 정상회담을 비롯한 일련의 제도화된 상호 교류 및 접촉의 매커니즘을 유지하던 상태에서 양자 관계를 전략적 동반자 관계로 격상시켰지만, 브라질과는 최초의 정상회담에서 전략적 동반자 관계의 출범을 선언했으며, 남아프리카 공화국의 경우에는 전략적 동

7) 2003년에 나온 EU의 대 중국 정책 페이퍼에서 EU와 중국이 '글로벌 거버넌스를 활성화시키는 책임'을 공유하고 있으며 아울러 "지속가능한 발전, 그리고 평화와 안정을 추구함에 있어 공동의 노력을 경주"해야 함을 지적하고 있다는 것 또한 그 예가 될 수 있다.

반자 관계가 구축되고 나서 비로소 정상회담이 개최되기 시작했던 것이다. 나아가 일본과 중국은 거의 비슷한 시기에 EU와 전략적 동반자 관계를 구축했지만, EU-일본 관계는 EU-중국 관계에 비해 EU의 관심의 강도가 현저히 떨어져 지금까지도 양자 관계가 충분히 성숙하지 못하고 있다는 불만이 토로되기도 했다.[8] 다만 2017년 7월 EU와 일본은 협상 개시 4년 만에 경제동반자협정(EPA: Economic Partnership Agreement)을 맺는 데 성공함으로써 과거에 비해 협력관계가 한층 활성화될 것으로 점쳐지기도 한다.

EU의 전략적 동반자 관계 구축은 크게 두 차례의 주기에 걸쳐 진행돼 왔다. 첫 번째 주기는 미국, 러시아, 캐나다, 중국, 일본에 해당된다. 첫 번째 주기에서는 전략적 동반자 관계 구축을 위한 명시적인 제도적 절차를 거쳤다기보다는 EU가 상대국을 지칭함에 있어 전략적 동반자라는 표현을 사용함으로써 양자 관계가 자연스럽게 전략적 동반자 관계로 자리를 잡게 되는 양상을 보인다. EU가 중국과의 관계를 전략적 동반자 관계라고 칭하면서도 그 표현이 무엇을 의미하는지 밝힌 적이 전혀 없었다는 지적이 바로 EU가 전략적 동반자 관계를 제도적 의미를 부여한 공식적인 용어로 사용하지 않았음을 보여준다(Jing Men 2007, 6). 미국과는 전략적 동반자 관계로 일컫기에도 부족할 정도로 심화된 관계를 갖고 있기 때문에 양자 관계는 당연히 전략적 동반자 관계 또는 그 이상의 관계를 맺고 있다고 할 수 있고 캐나다와도 마찬가지이다. 한편 러시아와는 2000년 전략적 동반자임을 선언한 이래, 양자 관계가 체첸 사태 등으로 부침을 겪었으며, 특히 2014년 러시

8) EU의 중국과 일본에 대한 비대칭적 관심과 더불어 일본의 미국과의 안보 유대관계가 EU-일본 관계의 질적 도약을 가로막는 장애물인 것으로 보인다(Alex Berkofsky 2007).

아의 크림반도 병합 이후 EU-러시아 관계가 극도로 경색된 상황이어서 러시아와는 전략적 동반자 관계라는 표현이 수사적 수준에 그치고 있는 실정이다. 러시아와는 1994년 동반자 협력 관계 협정(Partnership and Cooperation Agreement)을 체결한 이후 2007년 협정 만료 기한을 앞두고 2005년부터 양자관계를 더욱 심화시키기 위한 의욕적인 협상을 개시했지만, 2007년 러시아의 그루지아 침공, 우크라이나와의 가스 분쟁, 2014년 크림반도 병합 및 우크라이나 동부지방 개입 등을 계기로 EU 회원국들과의 관계가 크게 악화되면서 EU와 러시아의 관계 개선은 요원한 상태이다(Schmidt-Felzmann 2016). 중국 및 일본과의 관계에 있어서도 앞서 소개한 2003년의 '유럽안보전략: 더 좋은 세계에서의 안전한 유럽'에서 EU가 중국, 일본을 포함한 국가들과 전략적 동반자 관계를 추구할 것이라고 언급한 것이 이들과의 전략적 동반자 관계의 시작이었던 것으로 보인다.

그러나 앞서 언급한 바와 같이 EU의 관점에서 전략적 동반자 관계가 구체적으로 무엇을 의미하는지 사실 뚜렷하지 않았다. EU의 어느 공식 문헌에서도 대외정책을 추진함에 있어 전략적 동반자 관계가 무엇을 뜻하는지를 명쾌하게 정의하고 있지 않고 있었기 때문이다. EU가 '전략적 동반자 관계'의 의미를 조금이나마 더 구체화하고, 관계의 구축과 이에 따른 제반 실행 방안의 마련에 좀 더 체계성을 부여하기 시작한 것은 2004년 인도와의 전략적 동반자 관계 구축 과정부터이며, 이를 전략적 동반자 관계 구축의 제 2차 주기라고 할 수 있을 것이다.

2차 주기에 접어들면서 EU는 타국과 전략적 동반자 관계를 구축함에 있어 우선 집행위원회가 전략적 동반자 관계의 구축을 권고하는 커뮤니케이션을 이사회와 유럽의회에 전달하면 이사회에서 결정을 내리고, 상대국과의 공동 선언을 통해 관계 구축을 공식화한 다음, 양자 간의 합의 하에 구체적인 실행계획(Action Plan)을 수립하는 순서를 밟는 절차를 거치게 된다. 인도, 남아공, 브라질, 멕시코와의 전략적 동반자 관계 구축 과정이 바로 이러한 절차를 밟아 전략적동반자관계를 구축했다. 우리나라는 양상이 조금 달랐는데, 우리의 경우에는 기존의 기본협력협정을 개정하는 가운데 FTA 협상도 동시에 진행됐으며, 두 협상이 거의 같은 시기에 마무리되면서 기본협력협정 개정안에 최종 서명하는 자리에서 양자 간 관계가 전략적동반자관계로 격상됐음을 선언하는 형식을 취한 것이다. 이러한 방식은 앞서 소개한 2차 주기의 패턴과는 차이가 있지만, 협력관계의 범위와 매커니즘을 상술하고 있는 기본협력협정을 기반으로 하고 있음을 고려할 때 다른 나라들에 비해 한-EU 전략적동반자관계의 제도화 수준은 매우 높은 것으로 평가된다.

III. 한-EU관계의 전개

한국과 유럽은 최근에 이르기까지 지구상의 다른 국가 또는 지역과는 달리 그다지 긴밀한 관계를 맺고 있지 않았다. 지리적으로 한국과 유럽은 각각 유라시아 대륙의 양쪽 끝에 위치하고 있고, 역사적으로 별다른 협력이나 갈등의 경험이 없었으며, 20세기 들어서도 일제의 식민지배에 가로막혀 직접적인 접촉과 교류의 기회를 갖지 못했던 것이다. 유럽은 아프리카 국가들이나 아시아의 다수 국가들과는 식민통치의 경험으로 연결되어 있고, 남아메리카 국가들은 지금도 스페인어와 포르투갈어를 쓸 정도로 유럽의 문화적, 종교적, 인종적 영향이 컸으며, 북미대륙과 오세아니아의 주요국가들 또한 언어적, 문화적으로 유럽의 분신이라 할 수 있을 정도로 유럽과는 밀접한 관련을 가지고 있다. 동북아시아에서도 일본은 오래 전부터 네덜란드와의 교류를 통해 유럽에의 창구를 열어놓고 있었으며, 중국 또한 아편전쟁 이후 유럽 세력의 침탈로 인해 비록 그다지 유쾌하지만은 않은 기억을 갖고 있지만 유럽과의 접촉이 꾸준히 이루어져 왔다.

유독 한반도는 하멜의 표류, 천주교의 전파, 병인양요 등을 제외하면 19세기의 개항 이전에는 유럽과의 교류가 거의 전무하다시피 했으며, 개항 후 독일을 위시한 일부 유럽 국가들이 조선과 수교를 맺었으나 1905년 대한제국이 국권을 상실함으로써 해방이 될 때까지 한국과 유럽은 직접적인 교류를 하지 못하고 있었다. 해방 이후 한국전쟁에 UN군의 일원으로 일부 유럽 국가들이 군대를 파견해 북한과 싸우기도 했지만 전쟁이 끝난 후에는 남한은 식민통치와 전쟁의 아픔을 연이어 겪은 지구상의 최빈국으로서 유럽 선진산업국가들의 원조의 대상이 됐을 뿐 정치적 또는 경제적 관계가 그다지 심화되진 못하고 있었다. 유럽에게 있어 한반도는 물리적 거리에 더해 서로 간에 교차되는 이해관계가 별로 없어 심리적으로도 매우 먼 상대일 수밖에 없었던 것이다. 그러나 한국은 지난 40여 년간 정치적 민주화와 경제의 비약적 발전을 동시에 이루어내면서 유럽의 주요 교역 파트너로 부상하게 되고 글로벌 무대에서 뜻을 같이 하는 가치동맹으로 거듭나게 된다.

한국은 6개 EU 창설국가들과 1962년 수교를 완료하고 1963년 7월 EU와 외교관계를 수립했다.[9] 이후 한국과 EU의 상호관심사

9) 한국과 EC 창설국들과의 수교 연도는 프랑스 1949년, 독일 1955년, 이태리 1956년, 벨기에 1961년, 네덜란드 1961년, 룩셈부르크 1962년이다(한종수 1998, 204).

는 주로 경제문제에 집중돼 왔다. 하지만 1990년대 이래 북한의 핵문제와 인권문제 등이 부각되면서 EU의 한반도에 대한 정치적 관심이 증대되고 2010년에는 한-EU간에 전략적 동반자 관계가 구축되면서 경제 분야뿐만 아니라 정치 및 안보관련 쟁점에 있어서도 양자 간 협력관계가 빠르게 발전하고 있다.

한국과 EU의 관계가 꾸준히 강화되고 있음은 양자 간 공식대화의 채널과 빈도가 그 동안 지속적으로 확대되었다는 점에서 분명히 볼 수 있다. 특히 2001년 4월 1일에는 한국과 유럽연합(EU) 사이에 정치, 경제, 문화 등 포괄적 협력을 가능케 하는 한-EU 기본협력협정(Framework Agreement on Trade and Cooperation)이 발효됨으로써 1963년 외교관계 수립 후 주로 통상에 국한됐던 한-EU 관계가 무역 외에 정치, 경제, 문화, 연구개발 등 다양한 분야의 전반적인 협력으로 발전할 수 있는 발판을 마련하게 되었다. 한국과 EU 사이의 교역과 협력에 새로운 틀을 마련할 것으로 기대를 모았던 이 기본협정은 지난 1996년 한국과 EU 사이에 체결되어 우리 측은 1999년 4월 국내비준과정을 모두 마쳤으나, 유럽의회와 EU 회원국이 한국의 인권 및 노동 상황 등을 문제 삼아 비준을 미루어 정작 협정을 체결하고도 4년 이상 발효되지 못한 채 남아 있었다. 그러던 것이 유럽의회가 1999년 1월 한국의 인권 및 노동 상황이 충분히 개선되었다는 평가를 내리면서 이 협정을 비준하게 되었으며, 이어서 회원국들의 비준과정으로 들어가 2001년 1월 31일 아일랜드가 EU의 회원국들 가운데서 마지막으로 비준절차를 완료함으로써 EU 이사회의 최종승인을 득한 후 2001년 4월 1일 발효하게 된 것이다.

한-EU 기본협력협정은 무역, 산업협력, 과학기술, 정치, 문화, 학술, 돈세탁 방지 등 광범위한 분야에서 양측 간의 포괄적 협력을 규정하고 있으며 이 협력을 구체화하기 위해 공동위원회를 구성토록 하고 있다. 이에 따라 양측은 무역 및 제반 협력을 강화하기 위한 공동위원회를 설치해 매년 서울과 브뤼셀을 오가며 회의를 열게 되었으며 분야별 특별 소위원회도 구성하게 되었다. 이 협정의 발효는 한국과 EU의 협력관계가 과거의 통상 위주였던 것에서 벗어나 모든 경제 분야, 정치, 문화, 교육 등으로 확대될 수 있는 법적 근거가 마련되었다는 점에서 의미가 크다고 할 수 있으며, 특히 한국의 입장에서는 산업협력, 과학기술, 환경 분야의 협력 성과를 기대할 수 있었다.[10)]

한편 한-EU 기본협력협정이 체결된 지 10여 년이 지나면서, EU는 지역 통합의 꾸준한 심화를 통해 외교, 안보, 사법 분야에서 독자적인 정체성을 성공적으로 구축했으며, 한국 또한 외환위기의 신속한 극복과 지속적인 경제성장 및 민주주의의 공고화를 통해 국제적 위상과 책임의 향상을 이루어냈는가 하면, 이러한 변화에 따라 한국과 EU 양자 관계의 폭과 깊이가 현저히 넓어지고 깊어지는 추세가 진행되고 있음에 주목해 양측은 기존의 기본협력협정을 개정해 빠르게 증진되고 있는 양측의 관계를 더욱 긍정적인 방향을 발전시킬 수 있는 제도적 기반을 마련할 필요성에 대한 공감대가 형성됐다. 이에 따라 양측은 2008년 6월부터 개시된 한-EU FTA 협상과 병행하여 한-EU 기본협력협정의 개정에 대한 협상을 시작해 2009년 10월 15일 한-EU FTA와 함께 기본협력협정 개정안에 가서명을 했다. 한-EU FTA는 양측 간의 무역 및

10) 기본협력협정에 명시되어 있지는 않지만 운송, 교육, 금융 등의 분야에서도 과거에 비해 상호간 대화의 필요성이 한층 증가하였음을 인식하여, 양측은 협정의 전개조항(evolutionary clause)을 통해 이러한 분야로도 확대해갈 수 있는 여지를 열어 놓았다.

투자 등 경제적 교류관계의 증진을 위한 제도적 틀을 구비한 것이라고 한다면, 한-EU 기본협력협정의 개정은 경제 분야를 제외한 나머지 제반 분야에서의 폭넓은 협력관계 구축을 위한 제도적 기반의 마련을 위한 것이라고 할 수 있다.

이러한 바탕 위에서 마련된 한-EU 기본협력협정 개정안은 2010년 5월, 그리고 한-EU FTA는 2010년 10월 각각 정식으로 서명됐다. 무역과 투자의 활성화를 통한 경제적 교류의 증진을 위한 FTA, 그리고 정치, 사회, 문화 등 다양한 분야에서의 파트너십을 강화시키기 위한 기본협력협정 개정안이 마련됨으로써 한국과 EU는 2009년 5월 서울에서 개최된 양측 간의 정상회담에서 천명했던 '전략적 동반자 관계'로 상호관계를 격상시키기 위한 제도적 기반을 구축하게 됐다.

새롭게 추가돼 협력이 강화된 사안으로 정무 분야에 있어서는 대량살상무기 비확산 및 소형무기관련 협력, 국제범죄 관련 협력 그리고 테러리즘 관련 협력 등이 있고, 내무사법협력에 있어서는 법치, 법무협력, 개인정보보호, 이민, 조직범죄와 부패, 테러재원조달, 사이버범죄, 법집행분야에서의 협력이 추가됐으며, 이 외에도 미디어, 교육, 관광, 시민사회, 행정협력, 통계 등의 분야에서의 협력이 포함됐다. 이에 따라 한국과 EU 간에는 비경제통상 분야에서도 양자 간 협력이 획기적으로 증대될 것으로 보인다.

이와 더불어 양자 간의 분쟁해결절차 등의 제도도 정비됐다. 기본협력협정의 내용에 대한 이행을 모니터하고 평가하는 공동위원회(Joint Committee)의 권한이 강화되어 양측 간에 분쟁이 발생했을 시 일반분쟁해결절차로 공동위원회에서의 상호 합의 처리를 의무화했고, 분쟁의 악화 방지를 위한 중재(mediation) 절차를 도입하고 있다. 개정 협정에서는 신속하고 객관적인 강제적 분쟁해결절차(중재) 및 광의의 복구조항을 도입하는 등 분쟁해결절차를 정비했다.

기존의 한-EU 기본협력협정은 상호 최혜국 대우, 공정경쟁, 에너지 분야 등 경제 분야의 협력을 위주로 규정하고 있었다. 반면에 개정된 협정에서는 경제 분야의 협력을 보다 강화함과 아울러 정무, 내무, 사법 분야 등으로 그 협력 분야를 확대하고 있다. 또한 다양한 글로벌 이슈에서의 협력도 강화하고 있다. 개정 협정은 무엇보다도 한국과 EU가 민주주의, 인권, 법의 지배, 기본적 자유의 존중 등의 가치를 서로 공유하면서 이러한 가치를 실현시키기 위해 노력하는 이른바 '가치 동맹'을 구성하고 있다는 인식에서 출발한다. 이를 기초로 한국과 EU는 다양한 분야에서의 양자 관계의 강화는 물론이요 각종 글로벌 이슈에 대한 대응에 있어서도 긴밀한 협력을 해 나갈 것을 밝히고 있다. 글로벌 이슈에 대한 공동 대응과 다자기구 내에서의 긴밀한 공조관계 구축은 한-EU 전략적동반자관계의 목표이자 특징이라 할 수 있다.

IV. 한반도 평화프로세스와 유럽

이처럼 중요한 경제파트너이자 유용한 외교적 자산이기도 한 유럽연합과의 전략적동반자관계 및 이에 기초한 다양한 협력의 가능성은 우리 외교의 지평이 더욱 넓어지고 있고 우리의 외교 정책적 수단이 보다 다양해지고 있음을 의미한다. 그러나 유럽과의 관계 강화는 우리 외교의 선택지가 확대되는 것을 뜻할 수도 있지만, 우리 외교의 방정식을 더욱 복잡하게 할 수 있음을 유념할 필요가 있다. 특히 유럽과 미국 간의 미묘한 관계로 인해 더욱 그러하다.

무엇보다 유럽과 미국은 시장경제와 민주주의 가치를 공유하는 굳건한 가치동맹이자 NATO로 묶여있는 군사동맹이다. 이에 따라 양자 간에는 광범위한 인적. 제도적 네트워크가 형성돼 있어 뿌리 깊은 공조체제를 구축하고 있다. 많은 경우 유럽과 미국은 분업과 협업을 통해 국제문제를 해결해 나간다. 그러면서도 국제정치의 무대에서 유럽과 미국은 외교정책의 목표와 방법에 있어 적지 않은 시각차를 드러내고 있다. 트럼프 행정부의 다소 예측 불가능한 외교적 행보를 차치한다 하더라도 그러하다. 예컨대 미국은 목표 달성을 위해 군사력에 의존하는 경우가 빈번하며 수시로 일방 주의적 행태를 보이지만, 유럽은 군사력보다는 외교적 방법으로 문제해결을 모색하는 경향을 보이며 다자주의적 채널을 활용하는 것을 선호한다. 이라크 전쟁, 이란 문제, 기후변화 등의 굵직굵직한 사안에서 미국과 유럽이 갈등과 진통을 겪었던 것은 바로 이러한 차이점에서 비롯된 것으로 볼 수 있다.

이처럼 유럽과 미국의 관계는 양면적이다. 협력과 공조, 갈등과 경쟁의 두 얼굴을 갖고 있다. 우리의 유럽에 대한 기대와 유럽과의 협력은 이러한 양면성을 염두에 둘 필요가 있다. 미국과는 다른 유럽의 차별성을 충분히 활용하는 것은 필요하되, 유럽을 미국의 대안으로 삼는 것은 위험한 일이다. 특히 우리의 대북정책 수행에 있어 유럽은 미국 카드에 대한 보완재이지 대체재가 되기는 어렵다는 점을 기억해야 한다.

물론 유럽과의 결속은 당연히 강화돼야 한다. 그러나 이것이 미국을 소외시키는 결과를 수반해서는 안 된다. 이는 유럽도 원하는 바가 아닐 것이다. 사활적인 이해관계가 걸려있지도 않은 한반도 문제를 두고 유럽이 미국과 얼굴을 붉힐 이유는 없기 때문이다. 앞서 언급한 중동 문제나 기후변화 문제는 성격이 다르다.

중동은 유럽에 지리적으로 인접해 있고 에너지, 난민, 테러 문제와 직결된다. 미국에게 있어서도 에너지 수급, 이스라엘과의 관계로 인해 정책 우선순위에서 항상 최상위를 차지하고 있는 지역이다. 기후변화 대응은 유럽이 명운을 걸고 선두주자 자리를 고수하고 있는 사안이며, 미국 또한 국내정치적 역학관계로 인해 정권의 운명을 좌우할 수 있는 민감한 정치적 쟁점이다. 유럽과 미국이 서로 이해관계를 달리할 때 정면충돌이 충분히 가능한 사안들인 것이다. 한반도 문제는 다르다. 유럽에게 한반도는 지리적으로도 멀고, 북한과는 경제적 이해관계도 미미하며, 북핵과 미사일이 직접적인 안보위협이 되는 것도 아니다. 반면 한반도는 미국에게는 사활적 이익이 걸린 지역일 수 있다. 대중국전략의 교두보로서의 의미도 있거니와 북한 자체가 미국의 안보위협이 되고 있기 때문이다. 한반도 문제에 대한 미국과 유럽의 관심과 이해의 정도가 지극히 비대칭적일 수밖에 없는 것이다.

따라서 한반도 문제에 있어 유럽은 미국과 경쟁구도보다는 분업구도를 형성할 가능성이 높다. 예컨대 유엔에서 대북 인권 결의안을 발의하고 가결할 때 주도적인 역할을 하는 것은 유럽이다. 과거 미국도 대북 인권 결의안 발의를 주도한 적이 있지만, 2006년 북한 핵실험 이후에는 북한인권문제는 유럽의 몫이 됐다. 이후 미국은 북핵문제에 대한 제재 국면을 주도하고 유럽은 대북 인권 결의안을 주도해 왔다. 인권문제까지 미국이 들고 나옴으로써 북한을 자극해 군사적 도발의 강도를 높일 이유가 없다는 전략적 선택인 것으로 보인다. 물증은 없지만, 양자 간 분업 체제가 아닌가 하는 심증이 가는 대목이다. 따라서 이왕 유럽으로 우리의 외교의 지평을 넓히고자 한다면, 유럽이 갖는 잠재력을 최대한 활용하는 가운데 기존의 우리 외교의 프레임에 혼선을 가져오는 일이 없도록 사려 깊게 접근하는 신중함이 필요할 것으로 보인다.

이러한 관점에서 봤을 때 2018년 10월 문재인 대통령의 유럽 순방외교는 여러모로 아쉬움을 남겼다. 문재인 대통령은 프랑스를 시작으로 이태리와 교황청을 방문했고, 브뤼셀에서 개최된 아셈정상회담에 참석한 다음 덴마크 방문을 끝으로 귀국길에 올랐다. 기후변화, 신재생에너지, 한류, 과학기술교류와 같은 다양한 의제가 논의됐고 한반도 평화 프로세스에 대한 의견이 교환됐다. 특히 우리 정부는 교착상태의 조짐을 보이고 있던 한반도 평화프로세스의 돌파구를 찾기 위해 '대북 제재 완화를 통한 비핵화 과정의 촉진'이라는 명제를 유럽에 제시하고 지지를 구했다. 그러나 그 결과는 그다지 만족스럽지 못했다. 유럽의 반응이 생각보다 냉정했던 것이다. 유럽의 지도자들은 정상회담의 자리에서나 아셈 정상회의 의장성명에서나 한결같이 CVID의 원칙을 재확인하고 유엔안보리 결의 이행의 중요성을 강조했다.[11] 제재 완화를 통한 비핵화 촉진이라는 해법에 대한 지지는 이끌어내지 못한 채 유럽의 원칙론적 답변만 듣고 온 것이다. 기대와는 크게 동떨어진 결과가 아닐 수 없었다.

기대와 결과의 큰 편차는 무엇 때문이었는가? 적어도 두 가지 문제점이 있었다. 첫째, 유럽에 대한 이해가 부족했으며, 둘째, 회담 의제 및 결론에 대한 상대국가와의 사전 조율이 충분히 이루어지지 않았다는 점이다.

북핵문제를 우리가 주도적 입장에서 평화적이고 외교적인 방

---

11) "Global Partners for Global Challenges," Chair's Statement, Asia-Europe Meeting, ASEM 12, Brussels, 2018. 특히 제 11항 참조. CVID에 대한 언급은 마크롱 프랑스 대통령, 도날드 투스크 EU 이사회 상임의장, 테레사 메이 영국 총리와의 정상회담에서도 빠지지 않았다.

법으로 풀어가는 것에 대해서는 유럽을 포함한 국제사회가 동의를 한다. 그러나 그 동의가 우리에게 일을 풀어가는 방법과 순서에 대한 백지수표를 준 것을 의미하진 않는다. 유럽은 나름의 원칙이 있고, 유럽은 그 틀 안에서 행동한다. 그 원칙은 바로 '다자주의'이다.

현재 북한에 대한 유럽의 정책은 철저하게 다자주의 틀 속에서 수립되고 이행된다. EU는 북핵문제가 국제사회에서의 다자주의적 합의에 따라 구축된 NPT 체제에 대한 도전이기 때문에 단호한 입장을 취하고 있으며, 대북제재는 다자주의 국제기구의 대명사인 유엔의 안보리 결의에 따라 내려진 조치이기 때문에 충실히 이행되고 있는 것이다.

아울러 EU는 28개 회원국의 공동의사결정에 따라 대북 정책을 수립하고 집행한다. EU 자체가 다자주의적 기구인 것이다. 개별 회원국들 간 온도 차가 있지만, EU 회원국들은 규범적 가치 기준에 따라 북한의 핵문제와 인권문제에 대한 비판적 입장에 있어 굳건한 단일대오를 형성하고 있다. 더욱이 북한에 대한 제재는 EU 차원에서 공동으로 행해지고 있는 것이기 때문에 개별회원국이 이로부터 독자적으로 이탈하기는 어려운 노릇이다. 프랑스나 영국 같은 큰 나라들의 발언권이 강하다 하더라도 이들이 뚜렷한 명분과 이유 없이 EU 회원국 공동 결정으로 수립하고 이행하고 있는 정책을 앞장서서 변화시키거나 독단적으로 이행을 유보할 가능성은 없다. 대통령 유럽 순방 시 대북 제재 완화를 일련의 정상회담 아젠다에 포함시킨 것은 유럽연합의 이러한 원칙과 의사결정 메커니즘에 대한 충분한 고려가 선행되지 않은 결과였던 것으로 보인다. 유럽에 대한 보다 심층적 이해와 이를 바탕으로 사전 조율에 만전을 기하는 외교적 행보가 아쉬운 대목이다.

2018년 10월 대통령 유럽 순방의 과정과 결과에 대한 또 하나의 우려는 한미관계에 대한 영향이다. 남북협상과 북미협상 투 트랙으로 진행되고 있는 대북 협상 과정에서 북미협상이 원활히 풀리질 않고 있고 이에 따라 남북협상마저 지체될 수 있다는 생각에 미국의 입장 변화를 유도해내기 위한 방편을 모색하는 것은 있을 수 있는 일이다. 그러나 그 방편이 유럽을 동원해 미국을 움직이려고 하는 것이라면 효과성이 의심스럽다. 프랑스는 유엔 안보리 상임이사국이고, 대북 제재는 안보리 결의에 따른 것이었으므로 프랑스가 주축이 돼 미국을 설득하거나 압박하면 안보리에서 제재 국면 완화를 위한 돌파구가 마련되지 않겠는가 하는 기대는 미-유럽 관계에 대한 오해에서 비롯된 것이다. 국제정치의 역학구도를 잘못 읽고 있는 것이 아닌지 우려스러운 부분이기도 하다.

트럼프 행정부 출범 이후 미-유럽 관계는 악화일로의 지속상태라 해도 과언이 아니다. 미국과 유럽의 지도자들 간에 감정을 건드리고 신뢰의 근간을 흔드는 말들이 오가고 있다. 대서양 관계가 근본적 변화의 국면에 접어들고 있다는 징표로도 읽을 수 있다. 더욱이 미-중 패권 전이의 가능성과 맞물려 유럽과 미국의 불화는 국제정치의 구조적 요인, 즉 힘의 균형의 변화에 따른 것이라는 추론도 가능하다. 미국의 힘이 상대적으로 약화되고 있고, 트럼프 행정부는 독단적 행동으로 외교무대에서 소외되고 있으니 프랑스 주도로 안보리 분위기를 바꾼다면 대북제재 레짐에 변화가 생길 수도 있을 것이라는 기대가 생길 법도 하다. 그러나 이는 소망적 사고(wishful thinking)에 지나지 않는다. 유럽이 북핵문제 해법을 두고 발 벗고 나서 외교력을 동원해 미국과 대립각을 세울 가능성은 제로에 가깝다.

북핵문제는 분명 유럽에도 안보위협이 된다. 핵확산의 가능성

때문이다. 동북아 정세를 불확실하게 한다는 점에서 경제적 이익에도 부정적 영향을 미친다. NPT 체제를 부정하는 행태이기 때문에 EU의 다자주의적 가치와 배치된다. 그래서 유럽은 북핵문제에 적극 나설 가능성이 있다. 그러나 미국과 맞서면서 그럴 가능성은 없다. 북핵문제는 유럽의 사활적 이해관계와는 거리가 있기 때문이다. 만일 중동이나 동유럽과 같이 유럽과 지리적으로 인접하고 전략적으로 중요한 의미를 갖는 지역의 문제라면 유럽이 외교력을 다해 미국과의 대결을 불사할 수 있다. 이라크 전쟁을 두고 유럽과 미국이 극심한 불화를 겪은 것이 그 예다. 그러나 과연 북한을 두고 유럽이 그럴 용의가 있을지는 의문이다. 오히려 유럽의 입장에서는 다른 많은 사안에서 미국과 부딪히고 있는 상황이기 때문에 한반도 문제에서만큼은 불화를 만회하기 위해 미국과 한 배를 탈 가능성이 더 높다. 미국이 주도하는 한반도 문제 해법에 대해 EU는 동의를 하거나, 침묵을 지키거나, 이견이 있어도 상징적 저항을 하는 데 그칠 공산이 크다. 물론 무력 침공에 대해서는 유럽이 찬성하기는 어렵겠지만, 제재 문제를 두고 유럽이 미국과 다른 입장을 취할 가능성은 거의 없다.[12] 유럽에 대한 과도한 기대는 아마도 금물일 것이다.

대통령 순방 기간 동안 북핵문제 해법에 있어 한국과 EU가 이견을 노정했다고 해서 한-EU 협력관계가 후퇴하지는 않을 것이다. 한국과 EU는 서로에게 매우 중요한 파트너이기 때문이다. 그러나 우호적 관계를 당연시해서는 안 된다. 잘 관리하고 발전시켜야 한다. 그러기 위해서는 자기중심적 관점에서 상대를 압박하

12) EU의 세계전략 구상을 담은 2016 Global Strategy에 한반도(Korean Peninsula)라는 용어는 단 두 차례 등장하고 있음이 EU 대외정책의 우선순위를 간접적으로 웅변해주고 있음을 지적하는 견해도 견해도 있다(Mason Richey 2017, 2).

거나 무리한 요구를 해서는 안 되며, 또 상대가 부응해주지 않았다고 해서 실망을 하거나 배신감을 느끼면서 관계가 소원해지도록 방치해서도 안 된다. 향후 한-EU 관계를 더욱 신중하고 사려 깊게 발전시키는 데 노력을 다해야 할 것이다.

V. 결론: 한-EU 관계 전망과 제언

2018년 말까지도 EU는 복합적 요인의 위기 국면을 완전히 벗어나지 못하고 있다. 그리스 재정위기는 진정됐고 경제는 5년째 연속 성장세를 보이고 있지만 이태리가 적자재정 편성 문제로 EU와 정면충돌하는 등 불안의 요소가 가시지 않고 있다. 난민유입은 현저히 줄었지만 이를 빌미로 한 극우의 확산은 지속되고 있고 난민문제 해법을 둘러싼 회원국 간 갈등은 오히려 증폭되고 있다. 러시아의 안보위협과 중국의 공세적 외교노선도 유럽을 불안하게 하고 있고, 미국과의 불화는 안보의 근간을 흔들고 있다. 브렉시트 협상의 전망은 갈수록 불투명해져 영국 국내정치의 혼란으로 인한 '하드 브렉시트'의 가능성이 커지고 있는 실정이다. 요컨대 유럽은 아직도 내홍(內訌) 중이다.

이처럼 EU는 현재 산적한 내부 현안으로 인해 대외문제에 전력을 경주하기는 어려운 상황이다. 그렇다면 한-EU 관계는 앞으로 어떻게 전개될 것인가?

한국과 EU는 다양한 분야에서 다차원적으로 협력을 강화시켜 왔으며 앞으로도 그 추세는 계속 이어질 전망이다. 특히 기후변화와 에너지, 교육과 문화, 국제개발협력, 사이버안보, 평화유지활동, 지속가능발전 등의 분야에서 한국과 EU는 서로의 경험과 기술을 공유하고 인적교류를 확대하며 '뜻을 같이 하는'(like-minded) 전략적 동반자로서 글로벌 현안 해결을 위해 긴밀히 협조해나갈 것이다. 아울러 2019년 영국이 EU를 탈퇴한 다음에는 한-EU 기본협력협정을 비롯해 영국이 EU 회원국으로서 체약국에 포함돼 있는 제반 조약 및 협정을 개정해야 하는 작업을 수행해야 할 것이다. 특히 한-EU 기본협력협정과 FTA는 양자 간 서명이 이루어진지 만 10년이 된다. 영국의 EU 탈퇴가 아니더라도 조정과 개선이 필요한 부분에 대한 검토가 있어야 할 시점이다.

무엇보다 관건은 2018년에 이어 2019년도에도 계속될 한반도 평화프로세스의 진전을 위한 외교적 노력에 EU가 어떤 역할을 할 수 있을 것인가이다. EU는 분명 한반도 문제에 적극적으로 발언권을 행사하고자 할 것이다. 그러나 그 역할은 제한적이고 보완적인 것일 가능성이 크다.

EU가 한반도에서의 역할 증대에 적극성을 가질 이유는 충분히 있다. 첫째, 한반도에서의 실질적이고도 건설적인 역할은 유럽의 국제적 위상을 높이는 데 도움이 된다. 둘째, 유럽이 지대한 경제적 이해관계를 갖고 있는 동북아지역의 안정화에 직접 기여할 수 있다. 셋째, 북핵문제 해결을 통해 핵확산을 방지함으로써 안보위협을 예방할 수 있다. 넷째, 1990년대 유럽이 산파 역할을 한 NPT 체제의 지속가능성을 높이는 계기가 된다.

그럼에도 EU의 역할이 제한적일 가능성이 높은 것은 전술한 바와 같이 능력과 의지에 있어 미국과의 비대칭성이 크기 때문이다. EU는 한반도에 사활적 이익을 갖고 있지 않으며, 따라서 외교력과 안보역량을 대규모로 투여할 태세도 갖추고 있지 못하다. 내부적으로 산적한 문제들이 EU의 대외 역량에 제약을 가할 것이며, 회원국의 발언권이 상대적으로 큰 EU 공동외교안보정책의 제도적 특성상 한반도 문제 개입을 위한 자원의 동원이 성사될 가능성은 지극히 낮다. EU의 리더십 공백도 EU 대외정책 수행에 영향을 줄 것이다. 그동안 EU 재정위기와 난민위기를 돌파해 오는데 결정적 역할을 한 독일의 앙겔라 메르켈 총리가 국내정치에 발목이 잡혀 정계은퇴의 수순을 밟고 있다. 프랑스의 엠마누엘 마크롱 대통령이 유럽의 차기 리더로 주목받고 있지만 국내 개혁 정책에 대한 반발로 지지도가 바닥을 치고 있어 운신이 쉽지 않은 상황이다. 리더십의 부재는 창의적이고도 적극적인 대외정책의 수행에 걸림돌이 될 수밖에 없다. 한반도 문제에 관한 한 EU의 역할이 크게 확대될 가능성은 크지 않다.

그렇다면 EU는 한반도 문제에 어떤 역할을 수행할 수 있을 것인가? EU가 한반도 평화프로세스의 주역이 되는 것은 가능하지 않지만, 미국과의 분업, 정직한 중재자, 한국과의 정보 공유 등을 통해 보완적 역할을 수행하는 것은 얼마든지 가능하다.

유럽은 하나의 규범세력(normative power)으로서 유엔에서 대북 인권 결의안을 발의하고 가결함에 있어 핵심적인 역할을 해 왔다. 과거 미국도 대북 인권 결의안 발의를 주도한 적이 있지만, 2006년 북한 핵실험 이후 북한 인권에 대한 문제 제기는 유럽의 몫이 됐다. 미국은 북핵문제에 대한 제재 국면을, 유럽은 대북 인권 결의안을 각각 주도해온 것이다. 북핵문제만으로도 해법이 복잡하고 기 싸움이 치열한 마당에 인권문제까지 더해졌을 때 미북 협상의 방정식이 지나치게 복잡해질 수 있음을 고려한다면 핵은 미국이, 인권은 유럽이 담당하는 것도 나쁘지 않은 분업구도인 것이다. 고민과 협의 끝에 나온 역할 분담인지는 알기 어려우나 결과적으로 효과적인 접근방법인 것으로 보인다.

아울러 한반도 평화프로세스에 있어서의 EU의 가치는 역설적으로 EU가 한반도에 사활적 이해관계를 갖고 있지 않다는 데서 나올 수 있다. EU는 '정직한 중재자'가 될 수 있는 것이다. EU는 북한 문제에 있어 중요한 이해관계를 가진 당사자가 아니라 이기적 동기를 초월한 국외자라는 바로 그 점이 북한과 동북아 주요국들에게 중재자로서의 신뢰를 줄 수 있기 때문에 한반도 문제 해결에 큰 자산으로 활용될 수도 있는 것이다.

마지막으로 EU 국가들은 엄격한 제재 국면 속에서도 북한과 대화 채널을 꾸준히 가동하고 있다. 28개 회원국 중 프랑스와 에스토니아를 제외한 26개국과 EU가 북한과 수교를 맺었으며, 그 중 7개 회원국이 평양에 대사관을 두고 있다. 2015년 이후 중단되긴 하지만 그동안 간헐적이나마 정치대화를 이어오고 있고 적은 규모이나마 인도적 지원 또한 계속하고 있다. 아직도 활동을 지속하고 있는 유럽의 NGO도 있다. 이에 따라 유럽은 북한에 대한 상당한 정보를 축적하고 있을 가능성이 높다. 우리와의 긴밀한 정보공유가 이루어진다면 한반도의 미래를 준비함에 있어 매우 유용한 자산이 될 수 있을 것이다.

참고문헌

Asia-Europe Meeting. 2018. "Global Partners for Global Challenges." ASEM 12, Chair's Statement, Brussels.

Berkofsky, Axel. 2007. "The EU and Japan: a Partnership in the Making." EPC Issue Paper No. 52.

Blanco, Luis Fernando. 2016. "The functions of 'strategic partnership' in European Union foreign policy discourse." *Cambridge Review of International Affairs*, Vol. 29. No. 1, pp.36–54.

European Council. 2003. *European Security Strategy: A Secure Europe in a Better World.*

Ferreira-Pereira, Laura C. and Alena Vysotskaya Guedes Vieira. 2016. "Introduction: The European Union's Strategic Partnerships: conceptual approaches, debates and experiences." *Cambridge Review of International Affairs*, Vol. 29. No. 1, pp.3–17.

Grevi, Giovanni. ed. 2010. *Mapping EU Strategic Partnerships*. Madrid: Friede.

Holslag, Jonathan. 2011. "The Elusive Axis: Assessing the EU-China Strategic Partnership." *Journal of Common Market Studies,* Vol. 49. No. 2, pp.293-313.

Men, Jing. 2007. "The EU-China Strategic Partnership: Achievements and Challenges," Policy Paper No. 12, European Studies Center, University of Pittsburgh.

Renard, Thomas. 2010. "Strategy Wanted: European Union and Strategic Partnership." Security Policy Brief No. 13, Royal Institute of International Relations, Belgium.

Richey, Mason. 2017. "EU-South Korea Security Relations: The Current State of Play," *Egmont Security Policy Brief* vol. 87.

Schmidt-Felzmann, Anke. 2016. "The breakdown of the EU's strategic partnership with Russia: from strategic patience towards a strategic failure." *Cambridge Review of International Affairs*, Vol. 29. No. 1, pp.99–127.

Padro, Ramon Pacheco. 2018. “Putting the EU-South Korea Partnership to Work,” Euractiv (November 18, 2018).

한-EU 위기관리 협정의 법적 평가와 과제

김봉철 (한국외대)

I. 서론

한국과 EU는 다양한 다자간 조약을 체결하고 UN와 WTO 등 국제기구에 가입하여 국제사회의 구성원으로서 활동하고 있다. 또한 양측은 FTA를 비롯한 많은 양자 간 조약들을 체결하여, 이를 바탕으로 무역과 경제협력관계를 발전시켜왔다. 한편, 한국과 EU는 경제협력관계를 바탕으로 문화, 기술, 교육 등 비경제분야, 심지어 최근에는 원자력발전 분야까지 협력의 대상을 확장하고 있다(김호 2017, 243-244). 한국과 각각의 EU 회원국들은 개별적으로 조약을 체결하여 협력을 추구하기도 한다.

한국과 EU는 위기관리 협정을 체결하면서, 협력분야를 안보문제까지 확장하고 공동의 위기관리 임무를 수행하도록 명확한 국제법적 근거를 확보하였다. 한국과 EU는 국제사회에서 위기관리

활동을 수행한 바 있으며, 한반도 문제에 관하여도 간접적으로 협력하고 있다. 한국과 EU의 대외정책과 국제사회의 흐름을 고려하면, 앞으로 한국과 EU는 정치와 경제를 포함한 다양한 분야에서 협력을 꾸준히 확대하고 지속할 것이다.

NATO의 공동안보를 통해서 국방력이 강화되고 책임 및 비용을 분담하는 효과가 있기 때문에, 유럽은 EU와 NATO의 협력을 통한 유럽공동방위체계에 대해서 긍정적인 입장을 유지해왔다. 국제사회의 포괄적 위기관리활동에 효과적인 접근법을 제시하기도 하였다. 그러나 공산주의 붕괴와 냉전종식으로 NATO의 필요성 및 실효성에 대한 회의론이 나타났다. 한편 EU는 안보문제에 관하여 NATO에 의존할 수밖에 없으나, 미국은 자주적인 방위정책을 추진하는 EU에 대해서 불만을 가지고 있다(Valášek 2018).

한-EU 위기관리 협정은 EU가 진행하는 다양한 위기관리 작전에 한국이 참여하는 것을 골자로 한다. 따라서 이 협정의 체결은 기존의 경제협력에 중심을 두었던 한국과 EU 사이에 있어서 새로운 의미를 부여한다. 이 협정의 체결은 양측 협력의 범위를 구체적으로 확장시키는 기능을 한다. EU는 한반도와 동아시아에서의 역할에 관한 재해석을 할 수 있으며, 한국은 EU와 입장조율을 통하여 국제사회에서 중견국으로서의 역할을 확대할 수 있을 것이다. 그러나 한국과 EU에는 각각의 변수도 존재한다.

이 글에서는 한국과 EU의 협력을 위한 주요 국제법규를 살펴보고, 그 중에서 한국과 EU 사이의 위기관리 협정을 법적인 관점에서 분석하여 특징을 파악한다. 이를 바탕으로 한국과 EU 사이의 새로운 협력관계에 관한 변수를 고려하면서, 경제 분야를 넘어서는 양측의 협력을 더욱 원활하게 하는 규범적 토대의 활용방법과 재해석 등 향후 과제를 논의한다.

II. 한-EU 위기관리 협정

1. EU의 안보에 대한 관심과 동아시아와의 협력

전통적인 EU 안보정책은 냉전시대 공산주의 진영에 맞서기 위한 공동방위체계였던 북대서양조약기구(North Atlantic Treaty Organization, NATO)를 바탕으로 한다. 서유럽 국가들에서 시작된 NATO는 동유럽 회원국들까지 포함하면서 정치적 영향력을 확장하였고, EU와 NATO는 22개국의 회원국이 겹치게 되었다(NATO 2018a). 따라서 EU와 NATO의 상호적 관계는 두 조직체의 존립 및 운영에 필수적이었다. 그러나 유럽에서는 NATO에서 벗어난 유럽의 자주적 안보체계 구축에 대한 주장이 꾸준히 제기되었다.

1998년 유럽안보국방정책(European Security and Defence Policy, ESDP)이 수립되었다. 현재 공동안보국방정책(Common Security and Defence Policy, CSDP)로 불리는 이 정책은, 유럽의 내부적인 안보협업체계의 구현이 핵심이다. CSDP는 EU가 자체적으로 안보문제를 논의하고 실천하기 위한 협업의 장이고, EU의 군대를 만들거나 NATO의 가치를 훼손하려는 것은 아니다. EU는 미국이 관여하지 않으려는 안보사안에 대해서 독자적으로 안보활동을 수행할 수 있도록 기반을 마련한 것이다. 그러나 이 정책은 러시아에 의한 안보위협에 적절하게 대응하지 못하고 NATO에 대한 유럽의 기여도를 저해한다는 비판을 받았다.

한편 EU와 NATO는 2010년 리스본 NATO 정상회의(Lisbon Summit)로 위기방지와 관리활동에서 유럽의 이익을 반영하려는 안보협력의 틀을 제시하였다(NATO 2018b). 2016년 EU-NATO 협력에 관한 바르샤바 공동선언(Warsaw Joint Declaration on EU-NATO cooperation)은 안보의 탄력성, 국방력 증대, 사이버전, 해상안보, 공동군사활동 등보다 심층적인 안보주제에 대해 논의 및 협력기반을 마련하였다. 2018년 EU-NATO 협력에 관한 브뤼셀 공동선언(Brussels Joint Declaration on EU-NATO cooperation)은 군사운용, 대테러활동, 생화학 및 방사능 무기에 대한 대비라는 구체적인 협력목표를 제시하였다(European Council 2018).

최근 EU는 미국의 방위비 분담 요구에 갈등을 겪으며, 독자적인 안보정책에 관심을 보이고 국제사회의 협력을 추구하는 상황이다(Debating Europe 2018). EU의 23개국이 2017년 11월 상설 구조적 협력체제(Permanent Structured Cooperation, PESCO) 출범에 서명하면서 내부의 안보협력을 강화하려는 것이다. PESCO는 EU 회원국들의 CSDP의 목표에 부합하는 합동군사작전에 대한 법적 기초를 마련하였다. 또한 2017년 프랑스가 제안한 유럽 개입 이니셔티브(European Intervention Initiative, EI2)는 2018년 6월에 출범하였다(Ministère des Armées 2018). EI2는 유럽의 방위력 증진 및 안보활동을 이끌어내기 위한 것으로, 브렉시트 이후의 영국과도 안보협력 관계를 유지하려는 목적도 일부 포함되었다.

글로벌 유럽 전략(Global Europe Initiative)은, 보호주의와 고립주의로 표현되는 국제사회에 등장하는 최근의 과제들에 대응하려는 EU의 적극적인 움직임이다. 이 전략은 국제사회의 리더로서 발전해온 EU의 위상을 유지하고자 하는 의미와 EU의 미래에 대한 부정적 의견을 불식시키고자 하는 목표가 함축되어 있는 것이다. 글로벌 유럽전략은 FTA 중심으로 EU의 통상정책이 변화하는 원동력이 되었지만(강유덕 2012, 46), 동시에 유럽의 안보문제에도 많은 영향을 주었다.

미국과 중국이 남중국해, 북한, 대만, 서태평양의 지역에서 군사적 불안을 고조시키지만, EU는 이 사안들에서 소외되어 국제사회에서 수행하려는 국제안보주체로서의 목표에 이르지 못하고 있다. CSDP의 핵심인 위기관리 활동은 EU가 유럽지역을 넘어서 세계 여러 지역의 안보 및 정세에 대해 국제적 역할을 수행하려는 목표를 보여준다. EU는 CSDP와 맞물려 국제사회의 안보행위자로서의 위상을 강화하려는 장기적 의도를 글로벌 유럽 전략에 포함시켰다.

EU의 글로벌 전략은 국제법 준수 및 적용, 해상안보, 공동해양자원에 대한 접근 등과 관련해서 동아시아에 직접적인 영향을 미치고 있다. 동시에 EU는 동아시아 국가들과의 관계를 발전시키려는 노력을 지속하고 있다. 동아시아의 국가들이 국제무대에서 활발하게 활동하면서 세계정치에도 영향을 주기 때문이다. 이미 국제사회의 중심으로 자리 잡은 중국과의 외교 및 통상의 문제를 평화적으로 풀어가면서도, 동시에 일본이나 ASEAN 등과도 긍정적인 관계를 지속하려는 것이다. EU는 FTA와 같은 무역협정을 체결하고 ASEM과 같은 다자간 협의체에 참여하면서, 정치와 안보에서도 동아시아 국가들과의 협력을 강화하고 있다.

2. 한-EU 위기관리 협정의 체결

2014년 5월 23일 서울에서 한국의 외교부장관과 EU 외교안보 고위대표는 '대한민국과 유럽연합 간의 대한민국의 유럽연합 위기관리활동 참여를 위한 기본협정'(한-EU 위기관리 협정, Framework Participation Agreement aimed at facilitating Korea's future participation in EU Common Security and Defence Policy (CSDP) operations)에 공식서

명을 하였다. 이 협정의 주요 내용은, EU가 수행하는 각종 위기관리작전에 한국의 적극적인 협조와 참여를 약속하는 것이다. 이 위기관리 협정은 2016년 12월 1일부터 발효되었다.

이 협정으로 한국은 EU의 위기관리활동에 참여할 수 있도록 하는 구체적인 법적 기반을 마련하였고, 나아가 안보와 군사작전 등의 민감한 문제까지 적극적으로 협력할 수 있는 국제법적 토대를 마련하였다(Kim 2016a, 3667-3671). 한국이 EU의 위기관리활동에 참여하여 외교적 파트너십은 기존 경제/무역 중심에서 안보/정치 분야까지 확대되었고, 더 많은 가치를 공유하고 이상을 실현해나갈 수 있게 되었다.

한국과 EU는 이 협정을 기반으로 군사위기 관리활동을 수행하였다. 2017년 3월 EU는 한국에 소말리아 아덴만 근해의 해적활동을 감시하고 차단하여 민간선박의 안전한 운항을 지원하는 'Atalanta' 대 해적작전에 참여할 것을 요청하였다. 청해 부대는 이러한 EU 연합해군의 작전에 참여하여 임무를 수행하였다. 한국 해운운송의 25~30%가 이 지역 해역을 이용하므로, 해상안보는 한국의 국익과도 직결된다. 물론 양측은 안보협력 활동을 통해서 미래의 위기관리활동 참여를 더욱 효과적으로 개선할 수 있는 경험도 얻을 수 있었다. 이러한 활동은 꾸준히 지속되고 있다.

한국과 EU의 특수성과 독자적인 능력의 한계를 고려했을 때, 양측의 경제 및 안보적 협력은 시너지 효과를 이끌어낼 수 있다. 협력을 지속하여 축적되는 경험으로 더욱 효과적인 군사력 운용에 대한 지침들이 만들어질 수 있고, 군사적 측면과 함께 인력, 재정, 물류 등의 측면에서도 활발한 교류를 통해서 다자주의 무대에서 양측 모두 경쟁력을 갖출 수 있다. 현실적으로 EU의 위기관리 활동에 비유럽 국가들이 참여하면, 인력 및 장비 등 내부적으로 부족한 역량이 보충된다. 한국도 국제안보에 기여하면서 국제사회에서 긍정적인 위상변화를 기대할 수 있다.

동북아시아의 중국과 일본 사이에서 중견국가로서 자리매김하려는 한국은 EU를 포함한 국제사회의 여러 세력과의 관계구축에 힘쓰고 있다. 한국과 EU의 협력은 이러한 상황에서 비롯된 것으로 해석할 수 있으며, 국제사회에서 양측의 위상을 높이는 발판이 될 수 있다. EU와 한국은 많은 목표와 가치를 공유하며 방법에 관해서도 비슷한 전망을 가지고 있다. 특히 EU와 3대 협정을 전면 발효시킨 국가는 한국이 유일하다는 점에서, 한국은 EU와 비슷한 국제적 가치관을 가진 드문 국가이다.

한반도와 남북한 문제에 국한하여도, 한-EU 안보협력은 큰 의미를 가진다. 미국과 달리 EU의 일부 회원국은 북한과의 공식적인 외교관계를 유지해오고 있으며, EU의 몇몇 국가들이 비핵화 과정에 직접 참여해본 경험을 지니고 있다. 따라서 EU는 한반도 비핵화 논의에서 상당한 역할을 수행할 수 있다. 북한으로부터 핵무기를 얻은 극단주의 집단이 유럽에 테러를 저지르는 가능성을 차단하기 위해서도, EU에게는 한반도 정세에 적극적으로 참여하거나 한-EU 안보협력을 강화할 유인이 존재한다.

한-EU 위기관리 협정은 민간위기관리활동과 군사위기 관리활동의 협력 모두를 규율한다. 현재 해상무역보호와 같은 군사협력은 이루어지고 있지만, 민간차원에서의 위기관리활동은 아직 구체적인 협력방안을 찾고 있다. 민간차원의 구체적인 협력은 긴급구호활동 등이며, 연동될 수 있는 분야도 다양하다. 앞으로 민간위기관리활동에 양측이 협력하면서 네트워크를 구축한다면, 한-EU 관계는 더욱 확장될 것이다. 또한 이 협정은 EU가 주도하는 활동에 대해서만 적용되므로, 앞으로 한국이 주도하는 위기관리활동에 EU가 참여하거나 UN 등 제3자가 주도하는 위기관리 활동에 한국과 EU가 공동 참여하는 것도 논의할 수 있다.

3. 협정문의 내용과 구조

협정은 EU의 위기관리 활동에 한국이 참여할 수 있는 법적 기반을 설정하는 것을 기본적인 내용으로 한다. 이 협정의 주요내용을 정리하면 다음과 같다(외교부 2014).

<표 1> 한-EU 위기관리 협정의 주요내용

한국은 EU의 초청에 따라 EU 위기관리활동에 참여할 수 있으며, 이러한 참여는 언제든지 철회될 수 있음.
EU 위기관리활동에 파견되는 한국의 인원 및 병력의 지위는 EU와 그 활동이 수행되는 국가 간의 병력/파견단의 지위에 관한 협정 체결 시 그 협정에 의하여 규율되며, 한국은 동 협정을 저해함이 없이 EU 위기관리활동에 참여하는 자국 인원에 대하여 관할권을 행사함.
EU 위기관리활동에 파견되는 한국의 인원 및 병력은 EU 이사회 결정과 활동계획 및 이행조치에 따라 임무를 수행함.
한국은 자국의 EU 민간위기관리활동 및 EU 군사위기 관리활동 참여와 관련된 모든 비용을 부담하며, 활동이 수행되는 국가에서 자연인 또는 법인에 대한 사망, 부상, 손실 또는 피해가 발생할 경우 병력/파견단의 지위에 관한 협정에 규정된 조건에 따라 보상금을 지급함.
한국은 EU 민간위기관리활동 운영예산과 EU 군사위기 관리활동 공동비용에 대한 자금조달에 기여하지만, 한국이 그 활동에 의미 있는 기여를 제공한다고 EU가 결정하는 경우 등에는 재정적 기여에서 면제됨 .

이를 위해서 협정문은 양측이 협정을 체결하는 배경과 목적 등을 추상적으로 담은 전문과 함께, 아래와 같이 일반규정, 민간위기관리활동 참여규정, 군사위기 관리활동 참여규정, 최종규정으로 구성된 4개의 절과 그 아래 16개의 조항으로 구성된다.

<표 2> 한-EU 위기관리 협정문의 구조

제1절 일반규정
제1조 참여에 관한 결정 제2조 틀 제3조 대한민국의 인원 및 병력의 지위 제4조 비밀정보
제2절 민간위기관리활동 참여규정
제5조 EU 민간위기관리활동 파견인원 제6조 지휘 체계 제7조 재정 측면 제8조 운영예산에의 기여
제3절 군사위기 관리활동 참여규정
제9조 EU 군사위기 관리활동 참여 제10조 지휘 체계 제11조 재정 측면 제12조 공동비용에의 기여
제4절 최종규정
제13조 협정 이행 약정 제14조 불이행 제15조 분쟁 해결 제16조 발효, 유효기간 및 종료

한-EU 위기관리 협정의 전문은 기본적인 협력의 방식과 협정문의 기능이나 성격을 설명한다. 우선 전문은 한국이 EU 주도의 위기관리활동에 참여하는 것을 제안 받고 수락하여 참여가 이루어지는 기초적인 협력의 틀을 소개하였다. 이 협정은 향후 EU의 위기관리 활동에서 이루어질 양측의 모든 협력에 관한 기본협정으로 기능하며, 개별 활동에 따라서 사안별로 새로운 협정을 규정할 필요가 없다. 또한 전문은 위기관리활동 내에서 의사결정에 관한 EU의 자율성과 한국의 참여의사결정에 관한 자율성을 보장한다는 것과, 이 협정은 EU의 과거 위기관리활동이 아닌 미래의 위기관리활동에만 적용된다는 점도 제시하였다.

제1절 일반규정에서는 위기관리활동의 참여에 관한 결정과정

과 참여가 이루어지는 틀, 규모, 그리고 참여자의 지위와 비밀정보의 교환 등에 관한 기본적인 사항이 기술되어 있다. EU의 위기관리 활동은 분쟁을 방지하고 평화를 유지하고자 군사적 수단과 비군사적 수단을 결합하여 테러리즘, 대량살상무기의 확산, 국제적인 영향을 주는 지역분쟁, 조직범죄 등에 대응하는 다양한 모습으로 수행된다.

이에 따라서, 제2절과 제3절은 각각 민간위기관리활동과 군사위기 관리활동 각각의 파견 인원, 지휘체계, 운영재정에 관한 세부적인 사항들이 규정되어 있다. 이 조항들은 향후 한-EU 안보협력 활동에 관한 법적 기반으로 기능하도록 세부적인 규정들을 합의하여 정한 것이다. 제4절인 최종규정은 협정의 조건, 의무불이행, 분쟁해결, 협정의 유효기간 등에 관한 내용을 다루며, 협정의 이행이 원활하게 이루어지도록 하는 세부적인 조항들로 구성되어 있다.

III. 한국과 EU의 협력을 위한 법적 기반들

1. 한국과 EU 사이의 협력을 위한 국제법적 토대

한국과 EU는 모두 UN이나 WTO 등에서 회원국으로 참여하는 등 국제사회의 구성원으로서 다자간 협력의 주체이며, 이를 위한 다자간 조약의 체결에도 적극적으로 참여하고 있다. EU는 회원국들 각자가 국제사회의 구성원으로서 조약의 체결당사자가 되기도 하고, 경우에 따라서는 EU 그 자체로서 국제사회의 주체가 되기도 한다. 물론 이러한 다자간 조약의 체결과 적용은 국제기구라는 구심점이 없더라도 각 분야별로 이루어진다.

현재 한국과 EU의 협력은 자유무역협정(Free Trade Agreement, FTA)으로 대표되는 무역/경제 분야의 국제규범을 바탕으로 하고 있다. 한-EU FTA는 EU가 유럽중심의 무역/경제정책에서 역외 대상과의 적극적인 협력을 추구하는 EU의 글로벌 유럽 전략으로 추진된 첫 번째 FTA이다(강유덕 2013, 47). 2011년 발효된 이 협정은 결국 상품무역에 대한 비관세화를 비롯하여 서비스 및 기타 무역 분야에 대한 무역장벽의 제거, 나아가 향후 경제협력의 확대를 골자로 하며, 투자의 보호, 노동력의 이동, 지적재산권의 보호, 문화 분야의 협력 등에 관한 규범도 포함한다.

한국과 EU는 1996년 다양한 협력에 관한 사항들을 규율하는 기본협정(Framework Agreement, FA)을 체결하였다. 이 기본협정은 한-EU FTA의 체결을 유도하는 근거가 되기도 하였다. 현재는 한국과 EU의 무역문제에 관하여 상당부분이 FTA로 규율되지만, 여전히 FTA의 적용대상을 제외한 다른 분야에서는 기본협정이 양측의 협력에 있어서 중요한 기준을 제공한다. 양측은 FTA 체결 이후 2010년 기본협정을 개정하였고, 다양한 분야에서 적극적이고 전향적인 협력을 지속하고 있다(김봉철 2013, 11-12).

한국과 EU는 협력의 범위를 꾸준히 확장하여 국제정치와 안보의 문제까지 공동논의를 지속하고 있다. 최근 국제사회에서 심각한 논제로 떠오르는 테러와 무분별한 핵확산의 문제는 EU 회원국들이 많은 관심을 기울이고 있으며, 한국도 한반도의 안정과 비핵화를 위해서 반드시 고민해야 할 과제이다. 따라서 한국과 EU는 이러한 문제에 관하여 실질적인 협력이 필요하다는 합의에 이르게 되었으며, 그러한 결과로 체결된 것이 바로 한-EU 위기관리 협정이다.

한국과 EU차원의 국제협정들과는 별도로, 한국은 EU 회원국과 개별 양자 간 협정에 근거하여 협력을 할 수도 있다. 이러한 국가 간 양자협정으로 한-EU 차원의 협정이 규율하지 못하는 다양하고 복잡한 논제까지 규율 분야를 확장할 수 있는 것이다. 또한 양자 간 협정은 EU 회원국의 개성을 반영하여 한국과 협상을 진행할 수 있기 때문에, 각국의 관심분야와 민감성 등을 반영할 수도 있다는 장점을 가진다. 애초 한국과 EU 회원국들은 이러한 양자 간 협정을 통한 협력을 진행하였고, FTA와 같은 집단적 성격의 협정이 체결된 이후에도 여전히 큰 가치를 가진다(Kim 2017a, 9870).

<표 3> 한-EU 관계의 법적 기반

다자간 조약	UN 관련 조약들, WTO 조약들 등
한-EU 협정	자유무역협정
	기본협정
	위기관리협정
한-EU 회원국 간 협정들	개별 EU회원국과 한국 사이에 체결된 다양한 협정들

2. 다양한 논제들을 위한 법적 기반의 활용가능성

한국과 EU 사이의 다양한 종류의 법적 기반들은, 양측의 협력분야가 확대되면서 그 적용대상이나 기능이 확장되기도 한다. 물론 필요에 따라서는 새로운 기반이 마련되는 상황이 나타나기도 한다. 이것은 오래전 무역과 경제 분야의 협력에서 출발하여 최근에는 다른 분야까지 긴밀한 협력을 진행하고 있는 EU의 확대 경험과 유사한 면이 있다. 경제협력을 위한 조약의 체결에서 시작하여, 그 조약의 기능을 다른 목적과 연동하거나 확대하고 다시 새로운 조약을 체결하는 것이다. 한국과 EU가 전통적인 경제와 무역의 논제를 국제정치와 안보 등 민감한 사안들과 연동 또는 융합한다면, 그 협력가능성이 더욱 확대될 수 있다. 이 목적을 위하여 한국과 EU 사이에 체결된 조약 등 법적 기반을 재해석하고 새로운 활용가능성을 고민하거나, 새로운 조약의 체결가능성을 판단해야 한다.

최근 EU의 내부적 상황과 안보에 대한 관심, 동아시아 지역과의 연계노력, 글로벌 전략, 그리고 협력분야들의 연동 및 융합가능성 등을 고려하면, 한-EU FTA와 같은 경제협력과 무역에 관한 중추적인 조약도 한반도의 평화유지를 위한 여러 협력을 위해서 간접적인 법적 기반으로 활용될 수 있을 것이다(Kim 2016b, 20). 기존의 경제와 문화 등을 중심으로 하는 전통적인 한-EU 협력뿐만 아니라, 보다 민감한 한반도 및 동북아시아의 안정과 핵위협 차단 등의 문제까지도 협력의 대상이 될 수 있는 것이다. 국제사회에서의 역할을 다하기 위한 국제개발협력 또는 공적개발원조(Official Development Assistance, ODA) 활동에서의 협력, 또는 한반도 안정이나 난민과 같은 다양하고 민감한 문제들을 해결하기 위한 목적으로도 이와 같은 법적 기반이 활용될 수 있다.

이러한 다양한 협력이 보다 성공을 거두기 위해서, 양측이 자연스럽게 새로운 조약의 체결 등 법적 기반의 마련에 관심을 둘 수 있다. 그러나 기존의 조약이나 협정들이 가지고 있던 기능을 재해석하고 문제해결을 위한 적절한 활용가능성을 찾는 고민도 필요하다. 이러한 문제는 EU, 특히 동유럽 회원국이 가지고 있는 북한과의 관계와 안보문제에 관한 관심 등을 고려할 때 매우 독특한 것이며, 이 분야 협력에 긍정적인 결과를 얻기 위하여 협정들이 활용될 수 있다는 의미가 된다. 한반도 문제는 한국에게 매우 민감하고 절실한 것이며, 국제사회에서도 많은 관심을 받고 있는 논제이다.

북한의 인권문제 역시 한반도의 과제이다. 북한정부의 인권탄압과 무관심은 전통적인 문제이기는 하지만, 핵개발과 고립주의 등으로 인한 경제파탄은 주민들의 일상생활에도 큰 영향을 주면서 당연히 주민들의 인권문제로 연결되고 있다. 이와 같이 복합적인 원인으로 더욱 심각해지는 북한의 인권문제는 또 다른 차원에서 접근해야 할 필요성이 있다(Kim and Kim 2014, 93-95). 예를 들어, EU가 경제제재조치 상황과 병존할 수 있는 북한에 대한 원조의 범위를 설정하거나, 이를 위해서 한국을 비롯한 국제사회의 구성원들과 의견을 나누는 방법이 있다.

한국과 EU의 북한에 대한 경제정책 공조와 원조문제의 새로운 해석과 협력은 북한의 인권신장과 국제사회에서의 대화유도 등을 기대할 수 있는 방법이라고 본다. 여러 정치적 이유로 중단되고 있는 남북경제협력과 북한주민에 대한 원조 등의 논제에 있어서, 북한과 여전히 소통창구를 가지고 있는 EU와 한국이 협력하는 것은 매우 필요한 일이다. EU의 동아시아 전략 역시 이와 연결되어 있다고 본다. 따라서 이러한 문제해결을 목적으로 기존의 협정을 활용하거나 재해석하는 것이 가능하고, 매우 필요한 것이기도 하다.

3. 한-EU 관계에 발생할 변수와 향후 과제

한-EU 관계에 다양한 변수가 발생할 수 있다. EU 내부의 대표적인 변수가 영국이 EU에서 탈퇴한다는 브렉시트(Brexit)이다. 이러한 상황은 영국법과 EU법에 충격을 주고, 제3국도 새로운 상황을 맞이하게 된다. 영국이 EU법의 틀에서 나오는 상황은 한-영 관계에 관한 국제법과 양국의 국내법에도 과제를 낳는다. 한-EU 관계의 틀에서 작동하였던 한-영 관계는 독자적인 틀을 재정립하여야 한다. 영국은 EU의 회원국이 아닌 별도의 무역주체로서 자국의 이익을 강하게 주장하고, 이를 위한 정책과 규범을 제안할 것이다(김봉철 2017, 125).

EU와 체결하였던 조약들이 영국에 적용되지 않을 것이므로, 별도의 협상을 진행하여 이를 대체할 한-영 양자 간 조약들을 체결해야 한다. 경제적 관계를 규율하던 한-EU FTA와 기타 협력의 법적기반을 제공했던 기본협정이 대표적이다. 한-EU 위기관리 협정에서도 영국은 당사국에서 배제되고, 한-영 군사작전을 위한 새로운 근거가 마련되어야 한다. 2016년 말 양국은 한-영 FTA를 추진하기 위한 준비단계에 돌입하였다. 한국은 영국의 이해관계가 민감할 유통, 금융, 지식재산, 경쟁, 문화협력 등에서 대응책을 준비해야 한다.

브렉시트는 한-EU 안보협력을 격려시키는 요인이다. 영국의 군사/외교적 수완, 해상전력 등이 EU로부터 빠져나가면서, EU가 한국 등의 협력파트너와 함께 유럽 밖에서 작전을 수행하는데 필수적인 전력의 손실이 상당하다. 그러나 영국은 줄곧 EU의 공동안보방위정책이 확대되어 EU의 군사전력이 커지는 것을 반대해왔으므로, 한-EU 위기관리 협정에 지장을 줄만한 요소였다. 결과적으로는 브렉시트가 EU 내부의 전력통합 및 한국을 비롯한 대외 안보협력국가와 포괄적인 국제안보전략을 그릴 수 있는 상황을 만들었다고 볼 수 있다.

한반도의 상황변화도 변수로 작용할 수 있다. 북한은 산업화와 수출기반 경제성장을 위해서 국제사회의 긍정적인 관심과 지원을 필요로 하며, 북한의 경제악화와 체제의 불안정을 피하기 위해서는 다른 선택이 없다(Frank 2015, 171). 최근 북한이 미국과의 관계를 개선하기 위한 노력을 보이는 태도변화 등은 이러한 북한의 상황을 잘 설명한다. 한반도의 정세는 여전히 유동적이지만, 긍정적인 발전가능성도 충분하다. 한반도 내부적인 경제협력과 안정화의 노력이 필요하다.

예를 들어, 한반도의 정치적 변화로 굴곡을 겪은 개성공단사업은 한국에게 ① 중소기업의 활로개척 및 남북 상생의 경협이라는 경제적 측면, ② 적대감과와 군사적 긴장의 완화 및 평화분위기 조성이라는 정치적 측면, ③ 남북주민 사이의 이해증진과 동질성 회복과 북한의 변화유도라는 사회문화적 측면, ④ 남북경제공동체 형성 및 통일의 대비라는 통일 준비적 측면에서 함의를 가지고 있다(홍양호 2015, 170). 따라서 국제사회의 변화와 함께 한반도 경제협력 재개와 확대가 진행되어야 한다.

한-EU의 안보협력은 이러한 한반도 상황에 적극적인 개입으로 이루어질 수도 있고, 국제사회의 지원을 이끌어내는 간접적인 역할을 할 수도 있다. 한편 한반도를 포함한 동아시아에서 발생할 수 있는 난민과 심각한 인권침해 등 다양한 긴급 상황에 대비하는 한-EU 위기관리활동을 생각해볼 수도 있다. 물론 이러한 생각도 한반도의 정세변화라는 변수와 연결되는 것이다.

위기관리 협정의 활용가능성을 확대하는 것과 함께, 한-EU FTA와 같은 기존 규범들의 새로운 활용방법도 고민할 과제이다. 예를 들어, 개성공단으로 대표되는 남북경제교류는 한반도의 안보문제와 정치적 안정 여부에 크게 영향을 받아왔다. 그러나 오히려 양측의 경제교류확대가 정치적 안정과 사회적 통합에 긍정적인 영향을 줄 수 있다는 점을 전제로, 한-EU FTA의 새로운 규범적 역할을 고려하여 적극적인 활용가능성을 검토할 수 있다(김봉철 2018, 182-183). 한국과 EU 회원국 사이에 체결된 협정들 중에서 이와 연계할 수 있는 부분도 찾아낼 수 있을 것이다.

IV. 결론

한국과 EU의 무역/경제 관계가 긴밀할수록, 다른 사회요소들에 주는 영향력도 커지고 다양하게 발전한다. 양측의 무역관계에 작동하는 한국의 대표적인 조약인 한-EU FTA도 상황과 정책의 변화에 따라서 다양하게 해석되거나 활용될 수 있다. 한-EU 관계가 무역과 경제협력을 중심으로 하지만, 한반도 문제, 인권, ODA의 논제까지도 아우르는 해석과 활용방법이 논의될 수 있는 것이다. 이와 같이 국제법은 정책과 상황에 따라서 진화한다.

한국과 EU가 여러 다자간 조약에 가입하여 국제사회에서의 협력을 강화하고, 양자 간 조약들을 체결하거나 개정하여 협력범위를 확대하기 위한 법적기초를 구축한 것도 사실이다. 나아가 EU 회원국 개별적으로 한국과 각종 협정을 체결하면서 신선하고 개성있는 협력까지 진행되고 있다. 양측이 위기관리 협정을 체결하면서, 안보분야의 협력까지 구체적으로 논의하고 공동의 위기관리 임무를 수행하게 된 것도 노력의 결과이다. 한국과 EU는 앞으로 꾸준히 다양한 분야에서 협력을 확대하고 관련 법적 기반도 강화할 것이다.

유럽에게 주어진 안보적 위기들은 기존의 안보체계로 안주할 수 없다는 비판으로 연결되며, 유럽식 안보정책과 체계를 강화하려는 최근 EU의 움직임을 뒷받침한다. 그러나 이러한 경향은

NATO와 미국의 위상에도 영향을 주고 있다. EU는 안보문제에 관하여도 적극적인 국제사회와 협력을 추구하고 있는데, 특히 국제사회의 중견국과 함께 안보문제를 논의하고 협력하려는 경향은 아시아 지역의 국가들과의 구체적인 논의로 이어진다. 한-EU 위기관리 협정은 이러한 노력의 대표적인 결과이다.

한-EU 위기관리 협정은 EU가 진행하는 다양한 위기관리 작전에 한국이 참여하는 것을 골자로 한다. 따라서 이 협정의 체결은 기존의 경제협력에 중심을 두었던 한국과 EU 사이에 협력의 범위를 구체적으로 확장시키는 기능을 한다. EU는 한반도와 동아시아에서의 역할에 관한 재해석을 할 수 있으며, 한국은 EU와 입장조율을 통하여 국제사회의 중견국으로서 역할을 할 수 있을 것이다.

그러나 이러한 한국과 EU의 안보협력에는 브렉시트와 같은 EU 내부적인 문제들과 북한 문제를 비롯한 한반도의 정세변화가 변수로 작용할 수 있다. 이 글은 한국과 EU의 협력을 위한 주요 국제법규를 살펴보고, EU의 안보에 대한 관심과 한-EU 위기관리 협정을 분석하였다. 이를 바탕으로 한국과 EU 사이의 새로운 협력관계에 관한 변수를 고려하면서, 경제 분야를 넘어서는 양측의 협력을 원활하게 하는 규범적 토대의 활용방법을 논의하였다. 이러한 목표를 위해서 FTA와 같은 기존 한-EU 관계에서 체결된 국제법 기반을 새롭게 해석하고 활용하는 것도 고민할 필요가 있다.

참고문헌

강유덕. 2013. “대내·외 경제여건 변화에 따른 EU 통상정책의 변화.” 『EU 연구』 제34호, pp.31-80.

______. 2012. “EU 통상정책 형성과정에서 산업단체의 역할: 글로벌 유럽 전략과 한·EU FTA를 중심으로.” 『유럽연구』 제30권 3호, pp.31-64.

김봉철. 2018. “한국 FTA의 진화와 규범적 역할의 재발견.” 『무역상무연구』제79권, pp.169-187.

______. 2017. “영국의 EU탈퇴(Brexit) 관련 법적 과제 및 전망.” 『강원법학』 50권, pp.125-145.

______. 2013. “한-EU FTA 발효와 법적 과제.” 『유럽연구』 제31권 3호, pp.1-28.

김호. 2017. “한국의 동유럽 원자력발전 산업 진출을 위한 제언.” 『EU연구』 제45호, pp.241-268.

홍양호. 2015. “개성공단의 실상과 정책적 함의.” 2015 동아시아 평화와 협력을 위한 구상-제주평화연구원 연구총서 35, pp.1-18.

Kim, Bongchul. 2017. “The International Laws on the Cooperation of the Korea-Vesegrád Group.” Advanced Science Letters, Vol. 23, pp.9870-9874.

______. 2016a. “International Laws for the Korea-EU Cooperation.” Advanced Science Letters Vol. 22, pp.3667-3671.

______. 2016b. “The Korea-EU FTA: The ‘Legal Infrastructure’ for the Emulating the EU integration experience to the Northeast Asia.” Journal of European Union Studies Vol. 42, pp.3-26.

Kim, Bongchul and Kim, Ho. 2014. “Analysis and Proposals to the Laws in the Kaesong Industrial Complex: For Better Regulations under New Environments on the Korean Peninsula.” Korea Journal, Vol. 54 No. 4, pp.80-105.

Frank, Ruediger. 2015. “Cooperation and International Development: North Korea, Inter-Korean Economic Exchanges, and Westpolitik.” Peace and Security in Northeast Asia: Ways for Institutionalization,

Jeju Peace Institute and Konrad Adenauer Foundation. pp.152-175.

Valášek, Tomáš. "European Defense vs. NATO: Not the Right Fight." Politico Europe, Feb 16, 2018. (검색일: 2018. 11. 27).

외교부, http://www.mofa.go.kr (검색일: 2018. 11. 26).
Debating Europe, https://www.debatingeurope.eu. (검색일: 2018. 11. 26).
European Council, https://www.consilium.europa.eu (검색일: 2018. 11. 24).
Ministère des Armées, https://www.defense.gouv.fr (검색일: 2018. 11. 27).
NATO, https://www.nato.int (검색일: 2018. 11. 25).

북한-유럽연합 관계: 유럽연합의 대북한 정책의 특질과 실태

이무성 (명지대)

I. 서론

유럽연합의 입장에서 바로 본 북한과의 관계는 물질적 이해관계만큼이나 규범적 논리가 중요하게 작동한 것으로 소회할 수 있다. 탈냉전 이후 경제적으로 거인이지만, 정치적으로는 그 존재감이 약한 유럽공동체는 정치적으로도 자신의 목소리를 내기 위해 과거 공동체에서 연합으로 탈바꿈하게 된다. 물론 경제와 같은 저위 정치 분야의 통합을 통한 분쟁의 해결이라는 최초의 통합 목적을 달성함에 있어 타의 귀감이 되었지만, 이젠 이런 자신만의 정치적 실험을 외부 세계에도 전파하려는 노력도 심심찮게 목도되고 있다(Diez and Tocci 2017). 유럽연합 역할의 외재화, 국제화가 진행되면 될수록, 세계 도처에서 발생하는 다양한 국제 현안에 대한 유럽연합의 역할에 있어 그 기대감도 높아졌다(이무성, 박민중 2016). 특히 1994년 신아시아 전략의 수립과 이 정책의 연장선 상에서 인식되는 한반도 문제는 유럽연합의 주요 의제로 자리 잡기 시작했다(European Commission 1994, 11-12). 자신과 정치적, 경제적 특징이 유사한 남한과는 달리, 국제 사회의 이단아인 북한과의 관계는 쉽지 않을 뿐만 아니라, 유럽연합이 향후 국제 사회에서 어떤 형태로든, 그리고 어떤 형식으로든 자신의 입지와 영향력을 논하는데 있어 중요한 시험대가 되기 시작했다. 1995년 북한을 덮친 대홍수 이후 인도적 차원의 지원을 통한 공식적인 대면이 이루어진 이후, 유럽연합과 북한과의 관계는 양자 간의 상호이해관계뿐만 아니라, 자신들의 양자 관계가 국제 사회에 어떻게 비춰질지에 대해서도 지대한 관심을 보였다.

북한의 경우 유럽연합과 같은 솔직한 중재자가 필요했을 수도 있다. 물론 이런 희망적 견지는 핵 위기로 문제시되기 시작했지만, 이런 희망의 재개가 전혀 불가능한 것도 아니다. 유럽연합도 북한이란 유일무이한 독재 국가를 다루는데 있어 자신의 새로운 역할과 그 역할을 통해 자신의 입지를 공고히 할 수 있는 좋은 기회가 없지 않은 것을 잘 알고 있다. 그러나 지금 현재 되돌아 본 지난 20년간의 양자 관계를 소회할 때, 양자가 새로운 기회의 땅을 구축하고 공동 번영할 수 있는지에 대한 의구심은 여전히 남아있다는 것이 중지이다. 그럼에도 불구하고 최소 반기반주의적 논지에서 조망해 보았을 때, 양자 관계가 갖는 결과가 내포하는 실효성의 문제는 논란의 대상이 될지는 모르나, 여전히 양자 관계가 생산해내는 과정의 중요성이 내포하는 규범적 함의는 중요하다.

이런 맥락 속에, 본 장은 유럽연합과 북한의 관계를 유럽연합의 입장에서 어떻게 접근되어졌고, 어떻게 이해되고, 그리고 어떻게 평가될 수 있는지를 주요 의제로 삼고자 한다. 이를 위해, 본

장은 유럽연합과 북한과의 관계를 크게 세 가지 측면에서 바라보고자 한다. 첫째, 북한이 초래한 핵 위기가 본격적인 지역 및 국제 안보의 위협으로 인식되기 이전부터 시작된 유럽연합 차원의 인도적 지원 및 경제적 관계가 어떻게 발전하였는지를 고찰의 대상으로 삼는다. 둘째, 북핵 문제에 유럽연합의 관심이 증폭되면서, 양자 관계가 어떻게 기존의 제도적 틀을 벗어나 정치문제화(politicization) 되었는지를 그 양태와 함의를 인권 문제에 초점을 맞춰 접근하고자 한다. 마지막으로, 이런 양자 관계의 상수이자 또한 중요한 독립변수로 인식되는 북핵 문제에 대한 유럽연합의 입장을 정치적, 안보적 측면에서 살펴보고자 한다. 이런 상호연관된 세 가지 수준의 분석을 통해 유럽연합이 바라보는 북한의 관계는 단기적인 이해관계도 중시되지만, 동시에 장기적으로는 자신이 누구인가를 되묻게 되는 규범적 정체성의 동학과도 밀접한 관계가 있는 비판적 개입(critical engagement)이 가지는 시사점을 재조명하고자 한다.

II. 유럽연합과 북한의 입장과 정책 기조

유럽연합과 북한과의 관계를 이해하기 위해서는 양자의 입장이 무엇인지를 우선 살펴보아야 한다. 북한의 경우, 유럽연합은 미국이나 중국 등 한반도 주변 강국과는 다른 형태의 행위자로 인식되었다. 유럽은 베버의 논리에 따른 전통적 국가도 아니고, 동시에 유럽연합은 북한 문제의 실질적 당사자도 아니었다. 그러나 유럽연합은 북한에게 중요한 잠재력을 제공할 주요 외부세력임은 분명하였다. 1995년 이후 양자 간의 관계가 시작된 이후 북한은 유럽연합을 미국과는 다른 중립적인 성격의 서구 세력으로 인식하였고, 이를 적극 활용하려고 하였다. 그 결과는 곧 2001년에 수립된 양자 간 국교 및 외교 관계 정상화로 이어졌다. 그러나 당시 북한이 오판한 중요한 사안 중 하나가 바로 유럽연합은 자신의 북핵과 직접적 관계가 없기에 인도적 지원 및 경제 협력과 같은 연성 분야에만 관심이 있는 세력으로 인식했다는 것이다. 그에 따라 북한은 유럽연합의 고위대표, 집행위 의장 등 트로이카의 방문 기간 동안 당시 북한의 최고 권력자인 김정일과의 대담을 허락했다. 그 과정에서 인권 문제 등 다소 민감한 현안에 대한 건설적 입장을 교환하였고, 그 후 국제 사회의 규범을 받아들이려는 일말의 움직임도 보였다(Lee 2012, 50). 뿐만 아니라, 유럽 개별 회원국과 경제 협력 등도 논의하였고, 이를 통해 북한 경제의 장기적 발전을 위한 유럽연합의 기술, 노하우 및 자본의 유입 등에 대해서도 적극적이었다.

그러나 북핵 사태, 그리고 더욱 악화되는 북한 인권 상황의 악화는 양자 관계의 파국을 초래하였다. 이런 일련의 사태 속에 북한 관련 의제들이 국제 사회에 회자되고, 정치문제화 되었으며, 그 과정에서 유럽연합 또한 국제 사회의 일원으로 압력을 넣는데 주저하지 않았다. 그러나 이런 일련의 행태에 불만을 품은 북한은 유럽연합이 더 이상 과거의 유럽연합이 아니라고 비난하기 시작하였다. 악화된 양자 관계 속에서 유럽연합은 더 이상 새로운 형태의 정치 지렛대로서 이용할 수 없게 되었고, 그저 멀리 떨어져 있고, 그래서 상대적으로 이해관계가 적지만, 언제라도 적대적일 수 있는 서구 사회의 일환일 뿐이라는 인식이 일기 시작했다. 이런 일련의 정치적 그리고 관계적 변화는 북한의 대유럽연합 정책의 맥락을 이해하는데 있어 중요한 함의를 가진다고 사료된다.

북한과는 달리 유럽연합은 대북한 개입정책을 비판적 관여 입장에서 접근하였다(Taylor and Manyin 2011, 1). 비판적 관여란 무력의 부재로 인해 대외 현안을 그저 대화만을 통해 관여하기보다는 대화의 개입을 통해 상대의 행위를 통제하는 것을 목표로 하는 전략이다. 이는 대화 중심의 개입을 통해 장기적 차원의 사회화를 모색하는 연성적 접근법과 물리적 힘이나 압력을 통해 즉각적인 효과를 추구하는 경성적 방법을 혼용하는 포괄적인 접근법으로 이해되어져야 한다.

실제 유럽연합의 대북한 정책을 살펴보면, 유럽연합은 북한 문제를 이해하고, 판단하고, 접근함에 있어 대화와 관여 그리고 압박과 제재를 동시에 활용하였다. 대화와 연성적 개입 방법론의 적실성을 부인하는 것은 아니지만, 동시에 이런 접근법의 실효성을 실증적 근거 없이 그저 선호하지만도 않았다. 필요시 국제 사회와 함께, 또는 독자적으로 북한을 압박하기 위한 실질적 외교수단도 마다하지 않았었다. 그러나 동시에 힘의 정치 패러다임이 초래한 폐해를 겪은 유럽연합 회원국들이기에, 전통적인 형태의 힘의 외교가 갖는 부작용만을 지나치게 강조한 나머지, 대화만을 강조하지는 않았다. 필요시 힘의 정치의 대체제로서 비판적 관여도 적절히 병용하였다. 이런 모든 점을 고려하여, 지금부터 유럽연합의 대북한 정책을 특징지어주는 비판적 관여의 이론적, 실증적 함의를 구체적인 정책 사례를 통해서 논의해 보자.

III. 인도적 개입과 경제 협력

1995년 대홍수는 북한을 고난의 행군으로 내 몬 엄청난 파괴력을 가진 자연 재해였다. 이런 자연 재해에 대한 국가의 대처 능력이 부족한 북한은 내부적으로 해결책을 찾는데 한계를 느꼈고, 그 결과 외부로부터의 도움을 적극적으로 모색하기 시작했다. 국제 사회로부터의 도움을 찾고 있는 중 유럽연합에게도 도움을 청했고, 유럽연합은 북한과 연류된 여러 정치적 현안에도 불구하고, 선뜻 대북한 인도적 지원을 결정하였다. 대북한 인도적 지원이란 대외 정책은 사실 유럽연합의 자아 정체성을 발현하기 위한 담론적 행위(discursive practices)의 일환으로 볼 수 있다. 실제 당시 유럽연합이 이행한 인도적 개입은 타 지역 국가와 비교해서 볼 때, 전례 없는 큰 규모였다. 비록 그 규모가 시간이 지나면서, 그리고 대외 안보 환경에 변화하면서 감소되었지만, 유럽연합의 인도적 지원은 대북한 관여 정책의 중요한 시발점임은 분명하다(표 1).

<표 1> 유럽연합의 대북한 인도적 지원

(단위 : 백만 유로)

연도	1995	1996	1997	1998	1999	2000	2001	2002	총액
원조액	0.29	0.5	20.22	4.67	4.8	8.05	3.37	21.03	
연도	2003	2004	2005	2006	2007	2011	2012		134.61
원조액	17	16.75	17.6	8	2	10	0.33		

자료 : 외교부 서유럽과 (2013, 109)

1995년부터 시작된 대북한 인도적 지원은 2002년 북핵 위기가 본격화되면서 급격히 줄기 시작했다. 특히 최초로 북한이 핵실험을 감행한 2006년을 전후하여 유럽연합 차원에서 제공되는 직접적인 행태의 인도적 지원은 거의 사라졌다고 볼 수 있다. 그럼에도 불구하고 대북한 인도적 지원은 인권정책과 이분화 되어 시도되었고, 유럽연합의 비판적 관여의 특질과 성격을 잘 보여주는 일례이다. 이를 논리를 실증하기 위해, 유럽연합의 관여 정책의 주요 수단인 인도적 지원의 변천과 그 속에서 내포하는 정치적 함의를 보다 구체적으로 살펴보자.

비록 유럽연합의 대북한 경제 관계가 식량 지원 등을 위시한 인도적 지원 차원에 시작되었다지만, 북한 주민의 열악한 경제적 상황과 그로 인해 발생하는 경제 상황 악화나 생존을 위협하는 문제들은 포괄적 차원의 인간 안보(human security) 불안정 현상들이다. 그래서 이런 인간 안보 불안정의 폐해를 최소화하기 위해 구조적이고, 체계적인 접근법이 적실하다는 유럽연합의 판단은 예상 가능한 결과이다. 북한의 경우도 장기적 차원의 경제 체제 변화를 염두 해 둔 구조적 성질의 인도적 지원 사업을 환영하는 입장이었다. 그 결과 유럽연합의 대북한 개발협력 사업은 식량 안보 및 식수, 위생 개선, 개간사업, 트랙터 지원 등 기본 역량 배양 사업을 중심으로 진행되었고, 2000년에서 2012년 사이에 유럽연합에서 발주된 대북한 개발 협력 사업의 규모는 1억 2천 2백만 유로에 상당에까지 이르렀다(표 2). 뿐만 아니라, 이들 개발 협력 사업은 유럽연합을 통해서만 구현되지는 않았다. 북한에 상주하고 있었던 6개의 유럽 출신 비정부기구등을 통해서도 시행되면서, 인도적 지원 문제의 탈정치화까지도 추구하였다.

그러나 대북한 인도적 지원의 경우와 마찬가지로, 유럽연합의 대북한 개발협력 사업도 북핵 위기가 본격화되는 2002년에서부터 축소되기 시작했다. 2007년 정치 대화가 제기되는 시기에 조금 증가하기는 했지만, 북핵 위기 이전 수준으로는 회복되지 못했다. 이는 결국 인도적 지원 문제가 탈정치화의 맥락 속에서 추진된 것 자체는 규범적 견지에서 이해될 수 있지만, 동시에 그 깊숙이 엮여 있는 정치적 성격을 완전히 배재하지 못하였는데, 이것 또한 유럽연합의 대외 정책의 한 특징적 현상이라고 볼 수 있다.

<표 2> 유럽연합의 대북한 개발협력 지원

(단위 : 백만 유로)

연도	2000	2001	2002	2003	2004	2005	2006	총액
원조액	17.64	17.67	22.64	16.30	8.95	3.62	2.37	
연도	2007	2008	2009	2010	2011	2012		122.92
원조액	1.23	7.93	7.45	6.47	4.6	6.05		

자료 : 외교부 서유럽과 (2013, 109)

이처럼 한반도를 둘러 싼 안보 환경의 급격한 변화 속에, 양자간 경제 협력 사업도 제동이 걸리기 시작했다. 두만강을 중심으로 한 경제 협력 지구 건설에 유럽연합의 참여가 유보되었고, 그 외 회원국 차원에서 시도했던 경제 협력도 유럽연합 차원에서 불허하여 진전을 보지 못하는 사태가 이어졌다. 예를 들어, 마식령 스키장 건설 사례에서 보여 준 것처럼, 유럽연합은 자신의 비판적 관여 틀에 따라 필요시 대북 제재를 결정하였고, 그 결과 유럽연합 회원국과 북한이 체결한 마식령 스키 건설건과 경제 협력 사업을 유럽연합 차원에서 불허하는 결정을 내리게 된다(이무성, 박민중 2016, 316). 즉, 오스트리아 도펠마이어(Doppelmayr)사는 마식령 스키장의 곤돌라 설치에 관한 수주를 성사시켰고, 그리고 개별 회원국이 북한과 같은 제 3국과의 경제 관계에 있어 최종 결정권을 갖고 있다는 공식적 합의가 했지만, 유럽연합은 북핵 사태로 인한 국제 제재를 유지해야 한다는 근거를 들어 이 사업을 불허하였다. 이와 유사한 형태의 유럽연합의 대북 제재 의지가 양자 간의 경제 협력 사업에 영향을 미친 또 다른 건이 바로 2013년

<표 3> 유럽연합-북한의 무역 추이 (1998~2017)

(단위 : $천, %)

연도	대북 수출	대북 수입	수출입 합계	점유율
2017	14,688	6,098	20,786	**0.37**
2016	25,277	5,539	30,816	**0.47**
2015	22,869	7,795	30,664	**0.49**
2014	32,590	35,477	68,067	**0.89**
2013	49,298	28,571	77,869	1.06
2012	50,137	40,000	90,137	1.32
2011	57,580	90,749	148,329	2.33
2010	76,578	73,533	150,111	**3.59**
2009	143,460	88,783	232,243	6.80
2008	192,988	94,328	287,316	7.52
2007	217,898	94,259	312,157	**10.61**
2006	361,628	102,070	463,698	15.47
2005	433,922	115,354	549,276	18.29
2004	407,038	108,124	515,162	18.03
2003	389,830	96,109	485,939	**20.32**
2002	379,382	103,455	482,837	21.36
2001	311,034	122,271	433,305	19.08
2000	238,871	128,280	367,151	18.64
1999	198,088	101,978	300,066	20.28
1998	192,572	121,400	313,972	21.77

주 : 본 자료는 KOTRA의 여러 자료를 취합하여 종합하는 과정에서 북한의 대외무역 파트너로서 유럽지역이 시기에 따라 다음과 같이 총 3단계의 변화가 있었음을 밝힌다. 1998-2004년 시기는 '유럽주'로, 2005-2009년 시기는 '유럽 및 CIS', 2010-2017년 시기는 '유럽연합'으로 분류되었다.

자료 : 매년 발간되는 KOTRA 『북한대외무역동향』 보고서 및 이무성, 박민중(2016, 315)를 기반으로 재구성함.

이탈리아 외무부가 취한 결정이라고 볼 수 있다. 이탈리아의 리프트 제조업체 '라이트너'사는 협의 끝에 북한 스키장 건설을 위한 부품을 납품하고자 했지만, 이번에도 역시 유럽연합은 유사한 근거로 불허하는 입장을 취했다. 본 사례들이 던지는 시사점은 유럽연합은 북한과의 경제 협력을 논의함에 있어, 경제적 이해관계만큼이나, 자신이 추구하는 정치적, 규범적 논리도 중요한 변수로 작동하다는 것이다. 즉, 이런 일련의 사례가 지목하는 점은 필요시 당근과 채찍을 모두 사용하는 비판적 개입 정책이 항시 유효하다는 것이다.

양자 간의 무역 관계도 비슷한 양태를 띄었다(표 3). 2000-2002년 사이 북한의 대외 무역 중 유럽연합이 차지한 점유율은 20% 정도였지만, 2002년 1차 북핵 위기 이후부터 북한의 대외무역에서 유럽연합이 차지하는 비중은 급격히 감소하기 시작했다. 특히 2006년 북한 핵실험 이후 양자 간의 무역 관계는 급속도로 냉각되었다. 그 이유는 바로 이즈음에서부터 국제 사회로부터 북한에 대한 경제적 제재가 한층 더 강화되었기 때문이고, 동시에 유럽연합도 이에 적극적으로 동참했기 때문이다. 그 결과 제 1차 북핵위기가 발생한 이듬해인 2007년의 경우 유럽연합이 차지하는 대북한 무역 점유율은 10.61%로 급격히 하락하였다. 비록 2007년 이후 그 전 기간 동안 중단되었던 정치 회담이 제기되어 악화일로로 가는 양자관계를 복원시키는 계기가 마련되기도 하였지만, 이미 때는 너무 늦어 이전 수준의 경제 관계로는 회복되지 못했다. 그 결과 계속해서 악화일로에 치닫던 양자 간의 무역 관계는 2010년부터는 더욱 악화되어, 이 시기의 유럽연합이 북한의 대외무역에 차지하는 비중은 한 자리 숫자인 3.59%까지 떨어졌다. 그 후 김정은 정권이 들어선 이후에도 그 수준은 계속 떨어져 2017년 한반도 핵 위기가 최고조로 치닫던 시기에는 0.37%이하로 떨어지기까지 했다. 물론 유럽연합 차원에서 본다면 북한과의 경제관계는 경제적 관점에서 볼 때 그 실효성이 거의 없다고도 볼 수 있어, 그 여파나 함의를 축소해 평가할 수도 있다. 그러나 최소한 북한의 입장에서 볼 때, 서구와의 경제 협력 창구가 또 하나 줄어

들어가고 있다는 것은 그 상징성에 있어서는 무시할 수 없는 결과이다.

물론 공식적인 차원의 경제 협력이 제대로 작동하지 않을 때도, 양자 간 경제 협력이 완전히 소멸된 것은 아니었다. 유럽연합은 과거 사회주의 국가들에 대한 자본주의 교육 경험을 바탕으로 북한의 중견 정부 관리들을 초청하여 연수프로그램 실시하는 등의 다방면의 노력을 지속하였다. 이를 통해 상호 간 이해의 폭을 넓히기 위한 사회적 학습화를 모색하기도 했다. 2004년, 2005년 그리고 2007년에 "경제관계 발전 및 북한 경제개혁을 위한 워크숍"을 개최하였고, 또한 양자 간 국가 경제 경영, 외자 유치, 국유산업 활성화, 농업 경공업, IT 분야 발전 전략 등을 논의한 것 등이 일례이다. 또한 양측 전문가의 상호 방문 및 연수 등을 독일과 같은 유사 경험이 풍부한 국가를 경로 삼아 상호 이해를 증진시키려는 시도도 목도되었다(외교부 서유럽과 2013, 109). 그러나 북핵 위기가 고조되어 북한에 대한 경제적, 정치적 제재가 강력히 작동하는 현재 상황 속에서, 과거와 같은 형태나 수준의 인도적 지원은 당분간 요원해 보이지만, 이 또한 유럽연합 차원의 개입이 중단 것을 의미하는 것이 아니라, 다른 형태의 비판적 관여가 지속되고 있다고 달리 해석할 수도 있다.

IV. 인권문제

유럽연합에게 인권 문제는 유럽연합 자신이 누구인지를 가늠하게 하는 중요한 규범적 잣대인 동시에(Manners 2002), 대외 관계에 있어 유럽연합과 삼국 간의 관계를 결정짓는 중요한 기준 중

하나임에는 틀림없다(Smith 2014). 이런 대외 정책의 기조와 전통 속에 대북한 인권 정책도 유사한 형태의 개입과 비판의 목소리로 접근하였다. 즉, 유럽연합의 대북한 인권 정책을 통해 추구하고자 하는 바는 보편적 인권의 함양이고 이는 단순히 북한이 논의하는 경제적 권리뿐만 아니라, 정치 및 사회적 권리 등도 포함하는 포괄적 행태의 인권 함양을 의미하는 것이다. 이런 개념적 정의와 이에 기반한 정치적 행보를 통해 유럽연합은 북한의 인권을 함양시키는데 노력했을 뿐만 아니라, 자신이 누구인지를 대북한 인권정책이란 외재화 과정을 통해 공고히 하고자 시도하였다. 물론 여기서 논하는 외재화 과정이란 국제 사회에서 무수히 발생하는 타자와의 관계 속에서 자신이 추구하는 역할을 수행함으로서, 자신의 정체성을 공고히 하는 담론적 행위를 지칭하는 것으로, 이 외재화 과정은 탈국가주의 국제 질서에서 자신의 새로운 역할과 입지를 구축하고자 하는 유럽연합에게는 자연스러운 현상이라고 이해될 수 있다.

북한의 인권 상황에 대한 논의는 1998년 유럽연합과 북한 간의 정치 대화가 시작되면서 본격적으로 다루었던 중요한 의제 중 하나였다(표 4). 1998년 최초로 개최된 정치대화를 통해 북한과 유럽연합은 인권, 경제발전 및 북핵 문제 등 다양한 의제를 논의의 대상으로 채택하였다. 이런 유럽연합의 의중은 2000년부터 본격화된 김대중 정부의 '햇볕정책'과 맥락을 같이 하며, 그 빛을 발하기 시작했다. 특히 남북관계가 해빙기를 맞이하면서, 유럽연합과 같은 제 3자도 북한 문제를 보다 적극적인 자세에서 접근할 수 있는 전기를 부여받게 되었고, 이런 배경 하에, 유럽연합도 북한의 인권 함양을 위한 실질적이고 체계적인 경제적, 인도적 지원을 시행할 수 있는 기회를 얻게 되었다. 즉, 북한 인권 개선을 위한 정치

<표 4> 2002년 북핵 사태 이전 정치 대화의 주요 의제

사건	시기 및 장소	주요내용
제 1차 정치대화	1998년 12월 (브뤼셀)	•핵 및 미사일 개발 문제 •4자 회담 •북한 경제 개혁 의제 •남북 관계 •KEDO 문제 •인권 문제 •대북식량 지원 등
제 2차 정치대화	1999년 11월 (브뤼셀)	•북한의 식량난, 대북지원 확대 및 남북 관계 개선 •인권 문제 •대량살상무기와 비확산 •상호연락 사무서 설치
제 3차 정치대화	2000년 11월 (평양)	•대량살상 무기개발 및 수출 자체 •한반도 긴장완화 •경제지원 확대 의제 •인권 개선 의제
제 4차 정치대화	2001년 11월 (평양)	•북한의 유엔 인권 협약 가입 촉구 (고문방지 및 인종차별) 및 북한 인권전문가 훈련 •북한 재판과정 및 교화서 방문을 위한 EU와 국제기구 관련자 방북 허용 문제 •대량살상무기 문제 •대북지원문제
제 5차 정치대화	2003년 6월 (평양)	•인권 개선, 탈북자 문제 •국제원자력 기구의 핵사찰 수용문제 •대북지원 확대, 외자 유치 위한 법률 정비 분제
제 6차 정치대화	2004년 11월 (평양)	•핵 비확산 및 평화적 해결 •인권실태 개선 및 유엔기구와 협력 •보건, 상수도 및 위생 시설 개선 •경제협력 (개혁 및 양자협력 강화)

자료 : 다양한 자료를 기반으로 재구성.

적, 제도적 대응과 행보를 촉구하면서 북한의 사회적 학습을 유도하려고 노력하였다.

그 결과 2000년 서울에서 개최 된 아셈정상회담 이후, 프랑스 등 일부 국가만을 제외한 대부분의 유럽연합 회원국들이 북한과 공식적인 외교관계를 수립하게 되었다. 이로 인해, 북한을 국제사회의 한 일원으로 편입시키려는 유럽연합의 노력은 나름 성과를 거둔 것처럼 보였다. 뿐만 아니라, 2001년 유럽연합을 대표하는 트로이카(Troika)의 북한 방문과 당시 북한의 최고 권력자인 김정일 위원장과의 회담을 통해, 유럽연합에게 북한 문제는 더 이상 남의 나라의 일이 아닌, 자신이 추구하는 공동외교안보정책의 주요 현안으로 인식하게 되는 전기가 부여되었다. 북한도 동시에 트로이카 방문 후 자신의 현실 인식에 어느 정도 변화가 필요하다는 것을 느꼈다. 그 구체적이고, 결과론적 행동 변화가 바로 인권 문제만을 집중적으로 다룰 인권 대화 설립이란 제도적 틀 구축을 합의한 것 이었다(이규영 2003, 42)(표 5). 그 결과로 2001년 6월에 제 1차 인권 회담이 개최되었다. 본 회담에서는 양측 간 상호존중 원칙 아래 인권에 대한 기본 원칙에 있어 각자의 의견을 교환하는 계기를 가졌고, 또한 유엔 인권 기구 등과의 적극적인 협력에 관한 의견을 교환하였다. 이런 일련의 논의를 통해, 양자는 북한 인권 개선을 위한 노력에 경주하였고, 이후 북한 인권 문제가 국제 사회로 편입되는데 있어 그 근거를 제시하는 전기를 마련하고자 하였다.

북한과 인권 문제를 보다 심도 있게 다루기를 합의했지만, 이런 시도에는 어려운 복병들이 잠복해 있었다. 첫째 문제가 바로 서로 간 상이한 인권에 관한 개념이며, 그 과정에서 불거지는 불가피한 인권 문제의 정치문제화(politicization) 성향이었다(Kim 2012). 북한이 규정하는 인권 개념과 유럽연합의 그 것과는 큰 차이를

<표 5> 인권 대화에서 다루어졌던 주요 의제

시기	내용
2001년 6월 1차 인권대화(브뤼셀)	• 양측의 평등과 상호존중원칙 아래 인권에 관한 기본 원칙 • 유엔인권기구 등과의 적극적인 협력 등에 대한 시각을 교환
2002년 6월 2차 인권대화(평양)	• 인권, 탈북자 문제 • 남북 관계 • 대량살상 무기에 관한 의견 교환

자료 : 박성은(2014, 62)

보였다. 북한은 사회주의 사상에 기초해 경제권이 인권의 핵심이라고 간주하는 반면, 유럽연합은 보다 포괄적이고, 보편적인 인권을 강조하는 경향을 보였다. 둘째, 인권 문제와 국가 주권을 결부시키는 정치화 현상이 내포하는 부정적인 정치적 여파도 간과할 수 없었다. 북한의 경우 인권 문제를 주권 문제의 주요 구성 요소로 인식하는 경향이 있어 외부로부터의 간섭을 내정 간섭이라고 반박하는 정치 문제화하는 성향을 보이고 있다는 점이다. 물론 이런 내재된 차이점에도 불구하고, 초기 핵 위기가 양자 관계를 틀어놓기 이전에는 유럽연합과 북한은 상대방의 차이를 인정하는 동시에 보다 큰 틀 속에서 인권 논의를 추구하고자 했다. 이런 배경 속에 개최된 제 2차 인권 대화에서 북한 탈북자의 인권 문제뿐만 아니라 대량 살상 무기 개발 문제와 북한의 인권 문제를 연결시키려고 시도하였다. 그러나 유럽연합의 이런 보다 전향적인 행보는 북한에게는 그리 달가운 것은 아니었음에 틀림없다는 점을 모를 리가 없었다.

북핵 사태로 양자 관계가 악화되면서 인권 문제의 방법이나 방향성은 변화되기 시작했다. 북한의 김계관 외무상이 북한의 핵무기 개발을 위해 비밀리의 우라늄 농축을 시도했다고 자인함으로서, 미국을 위시한 국제 사회로부터의 거센 비판을 초래하였다. 그 결과 북한은 미국의 압력이 부당하다는 이유로 2002년 북한의 국제원자력기구(IAEA) 탈퇴를 선언하게 된다. 이런 북한의 극단적 대치는 북미 간의 관계만을 경색시키는데 그치지 않고, 북한과 유럽연합 간의 양자 관계도 경색시키면서 모처럼 시작된 양자 간의 인권 대화는 두 차례의 회합을 끝으로 종결되고 말았다. 북핵 위기가 고조되고, 양자 간의 대화 채널이 막히고, 그리고 그 대안책으로 북한 인권 문제가 국제 사회로 넘어가는 과정 속에, 북

<표 6> 유엔 대북 인권 결의안

유엔기관	결의일
인권위원회	2003년 4월 16일 (59차)
	2004년 4월 15일 (60차)
	2005년 4월 14일 (61차)
총회	2005년 12월 16일 (60차)
	2006년 12월 20일 (61차)
	2007년11월 20일 (62차)
	2008년 11월 21일 (63차)
	2009년11월 19일 (64차)
	2010년 11월 18일 (65차)
	2011년 11월 21일 (66차)
	2012년 11월 27일 (67차)
	2013년 11월 19일 (68차)
	2014년 11월 18일 (69차)
	2015년 11월 19일 (70차)
	2016년 11월 15일 (71차)
	2017년 11월 14일 (72차)
인권이사회	2018년 11월 15일 (73차)
	2008년 3월 27일
	2009년 3월 26일

자료 : 신문 등 다양한 자료를 기반으로 구축

한 인권 문제는 본격적으로 국제 문제화되기 시작했다. 그 대표적인 방식이 바로 유엔에서 북한 인권 현안에 대한 본격적인 논의이고, 이를 바탕으로 해서 유엔 차원에서 북한 인권 결의안이 채택되었다(표 6).

2003년 최초로 유엔에서 북한 인권 결의안이 가결되면서 유럽연합의 역할은 주목받기 시작했다. 2003년 스위스 제네바에서 개최된 제 59차 유엔인권위원회에서 당시 유럽연합은 북한에게 국제적으로 인정되는 노동기준에 대한 엄격한 준수, 고문 방지와 인종 차별 철폐 및 아동과 여성의 기본권을 신장하라는 내용의 인권결의안 채택을 주도하였다(이원웅 2007, 7-8). 2003년 유엔 차원의 북한 인권 결의안이 처음으로 채택된 이후 표 6에서 보여주듯이, 유럽연합은 유엔을 통해 매년 북한 인권 실태를 규탄하는 차원의 대북 인권 결의안 채택을 주도하였다. 그 결과 초기에는 인권위원회에서 북한 인권 결의안의 논의되었지만, 2005년부터는 총회에서 북한 인권 문제가 다루어지기 시작했다. 특히 총회에서 북한 인권 문제가 다루어지기 시작했다는 것은 그 만큼 북한 인권 문제가 국제 문제화되고 있다는 것을 반증하는 것이었다. 2012년부터는 유엔 북한 인권 결의안은 표결이 아닌 합의에 의해 채택되기 시작했다. 본 계기에 따라 북한 인권 문제는 더 이상 개별 회원국의 이해관계에 따라 입장을 달리할 수 있는 외교 협상의 대상이 아니라, 모두가 한 마음을 갖고 대처해야 할 인류 보편의 문제라는 것을 상징하는 것이기도 하다. 또한 이 전체의 과정에서 주도적 역할을 보여준 유럽연합의 리더십을 통해, 유럽연합이 추구하는 비판적 관여가 상황에 따라 어떻게 유화책에서 강경책으로 변화되는지를 잘 보여주었다.

V. 핵 억지 정책

북한의 핵문제는 유럽과의 관계에서 직접적으로 파생되었다고는 볼 수 없다. 북핵 문제는 북한과 미국 간의 문제임은 분명하다. 그러나 북미 간의 갈등으로 발생한 북핵 문제는 유럽연합과 북한의 관계를 악화시키는 중요한 사건임은 틀림없다. 북한의 핵문제는 1990년대에서부터 시작되었지만, 유럽연합과 북한의 관계에 직접적인 영향을 미친 사건은 2002년에 발생한 북한의 핵확산협정(NPT) 탈퇴라고 볼 수 있다.

북한이 비밀리에 핵개발을 진행하고 있다는 것을 북미 회담에서 인정하고, 그 이후 북한을 '악의 축'이라고까지 비판하면서, 북핵 문제를 안보문제화(securitization)시켰다(Buzan et al. 1998, 150-154). 이런 대외 안보 지형에서의 급변속에, 유럽연합과의 관계도 더 이상 소위 '정상적'인 트랙에서 진행될 수만은 없었다. 물론 이런 한반도를 둘러 싼 안보 지형서의 급변속에, 유럽연합만의 접근법도 가능 했을지도 모르나, 사실 유럽연합은 국제 사회와 함께 북한을 압박하고 봉쇄하는 규범적 – 즉, 국제 사회에서 '일반적'(normal)이라고 인식되는 틀 속에서의 규범(Manners 2002) – 입장을 보여 주고자 노력하였다. 그 결과 양자를 연결하는 중요한 근간 중 하나인 제도화된 정치대화는 북한의 일방적 파기 선언으로 좌초되었다.

2007년 양자 간의 정치대화가 재개되기 전까지 진행되었던 제1차에서 6차까지의 정치 대화의 변화를 살펴보면(표 4), 북핵에 대한 유럽연합의 입장을 잘 파악할 수 있다. 2004년 제 6차 정치대화를 끝으로 당분간 중단하게 되었지만, 유럽연합은 북한의 핵무기를 포함한 대량 살상 무기 개발 및 확산 저지를 위한 노력을 대화를 통해 모색하였다. 물론 이런 대화를 통한 노력이 군사력과 같은 물리력의 부재로 인한 전략적 선택이라는 비판이 없지는 않지만, 그래도 북핵 해결을 위한 대화와 그리고 그에 기반한 평화적 개입은 유럽연합의 특질과 그에 부합한 규범적 형태의 방법론이 정당하다는 논리는 나름 설득력을 가진다(Lee 2012).

<표 7> 2002년 이후 북한의 핵실험과 국제연합의 대북제재

시기	내용
2002.10.17	미국, 북한의 고농축우라늄 프로그램 시인 사실 발표 (2차 북핵 위기)
2006.10.9	북, 1차 핵실험 실시 (1차 핵실험)
2006.10.14	유엔 안보리, 대북 제재결의 1718호 채택
2009.4.5	북, 장거리로켓(은하2호/광명성2호) 시험발사
2009.4.14	유엔 안보리 전체 공개회의 열어 의장성명 공식 채택
2009.5.25	북, 2차 핵실험 실시 (2차 핵실험)
2009.6.12	유엔 안보리, 대북 제재결의 1874호 채택
2012.12.12	북, 장거리 로켓 은하3호 2호기 발사
2013.1.22	유엔 안보리, 대북 제재결의 2087호 채택
2013.2.12	북, 3차 핵실험 실시 (3차 핵실험)
2013.3.7	유엔 안보리, '핵·탄도미사일 개발과 관련된 것으로 의심되는 북한의 금융거래금지'를 골자로 한 대북 제재결의 2094호 채택
2016.1.6	북, 4차 핵실험 실시. '첫 수소탄 시험 성공' 주장 (4차 핵실험)
2016.3.3	유엔 안보리, 북한의 4차 핵실험(1.6)과 장거리미사일 발사(2.7)에 대해 대북 제재결의 2270호를 만장일치로 채택
2016.9.9	북, 5차 핵실험 실시. '핵탄두, 탄도미사일 장착 가능' 주장 (5차 핵실험)
2016.11.30	유엔 안보리, 북한의 5차 핵실험에 대해 대북 제재결의 2321호를 만장일치로 채택
2017.9.3	북, 7차 핵실험 실시. 'ICBM 장착용 수소탄 시험 성공' 주장 (7차 핵실험)
2017.9.12	유엔 안보리, 북한의 7차 핵실험(9.3)에 대해 대북 제재결의 2375호를 만장일치로 채택
2017.11.29	북, 대륙간탄도미사일 화성-15형 발사
2017.12.23	유엔 안보리, 북한의 장거리 탄도미사일 발사(11.29)에 대해 대북 원유 공급을 제한하는 내용을 골자로 한 대북 제재결의 2397호를 만장일치로 채택

자료 : 이무성, 박민중 (2016, 319)을 기반으로 재구성 함.

그러나 북핵 문제가 걷잡을 수 없게 되면서, 북핵 문제를 대처하기 위한 유럽연합의 대응책은 개입에서 제재로 변화되었는데, 이것은 지금까지 논의했듯이 유럽연합의 대북한 정책이 왜 비판적 관여인지를 단적으로 보여주는 중요한 사례이다. 최초 북한의 핵문제가 국제 문제화 되었을 땐, 다소 방관자의 역할을 취했던 유럽연합도 일본의 초대로 한반도에너지개발기구 (Korean

Peninsular Energy Development Organization: KEDO)에 참여하면서 그 입장에서 점진적인 변화를 보였다. 그러나 KEDO 프로그램이 실패로 끝나고, 그 결과 지역 협력을 통한 지역 갈등을 해결하려는 유럽연합의 기본 정책 방향에 수정이 필요하다는 것에 이론이 없어 보였다(Lee 2017). 그 결과 6자 회담 등 북핵 문제를 직접적으로 다루는 지역 협력체의 파트너로 참여하기보다는 다양한 지역 협력체를 통해 6자 회담 등의 중요성을 원거리에서 지원하는 간접적인 형태의 대북핵정책을 펼치기 시작하였다(Lee, 2017). 비록 북핵 문제의 직접적인 당사자는 아니지만, 아셈 등과 같이 지역 및 국제 사회에서 개최되는 다양한 다자주의 틀 속에서 6자 회담의 중요성을 강조하였고, 또한 심지어 북핵 문제의 파국으로 6자 회담이 중단되었을 때도 6자 회담의 조속한 복귀를 촉구하는 등의 다소 규범적인 입장도 함께 견지하였다.

그러나 전술하였듯이, 대화와 평화적 개입만으로는 북핵 문제를 해결하는데 한계가 있어 보였다. 그 결과 북핵 문제를 정치적, 경제적 제재라는 압박 수단을 통해 해결하려는 국제 사회의 노력에도 적극적으로 동참하기 시작했다. 즉, 유엔을 중심으로 한 국제 사회는 북한의 핵 야욕을 공개적 규탄하고, 이를 위해 실질적인 정치 및 경제 제재를 단행하였다. 이런 국제 사회의 움직임에 발맞추어 유럽연합도 적극적으로 국제 사회에서 제재에 동참하였다. <표 7>에서 보여주듯이, 2006년 10월 핵실험 이후, UN 대북결의안 제1718호가 만장일치로 통과되었다. 또한 2009년에 5월 제 2차 핵실험이 있은 후에도 그 해 6월 유엔 안보리 차원의 북한 제재 결의안 1874호가 채택되었으며, 2012년 장거리 로켓 은하 3호 발사 후 결의한 제 2087호가 채택되었다. 김정일의 사망 후 김정은이 새롭게 집권한 북한은 핵실험과 탄도 미사일 실험을 계속하였다. 새로 권력을 잡은 김정은은 자신의 권력 기반을 강화하기 위해 핵실험의 강도를 한층 높이는 과감성을 보였다. 그러나 국제 사회와 유럽연합은 이에 굴복하지 않고, 제제와 압박을 계속하였다. 예를 들어, 김정은 집권 후 2013년 2월 북한의 제 3차 핵실험을 감행하였는데, 이에 대한 반발로 안보리 결의안 제 2094호를 채택하였으며, 그 후 2017년 북한이 제 7차 핵실험과 대륙 간 장거리 미사일인 화성 15호를 발사하였을 때도 UN은 또 다시 대북제재 제 2397을 채택하였고 이에 유럽연합도 적극적으로 동참하였다. 이런 국제 사회의 압박에 동참할 뿐만 아니라, 자체적인 제재도 시행하였다. 그 결과 북한으로부터 사치품이 유입되지 않도록 경제 제재를 취하였고, 특정 북한 인물의 해외여행을 제한하는 등의 압박을 통해 나름의 노력도 함께 기울였다.

유럽연합과 북한과의 관계가 악화일로에 치닫던 중 남북 간의 정상 회담이 재개되었고, 이 후 사상 최초 북미 간 정상 회담이 개최되었다. 그 결과 한반도 안보 환경의 변화가 조심스럽게 점쳐지고 있는 상황이 도래하였다는 희망이 나타나기 시작했다. 그 결과 미북 간 그리고 남북 간 긴장 완화를 위한 대화 시도가 있었고 그 과정에서 북핵 문제를 대화와 건설적 개입을 통해 해결하려는 노력 등이 목도되었다. 그럼에도 불구하고, 유럽연합은 북핵에 대한 기존의 입장을 고수하였다. 북한이나 중국이 줄기차게 대북 제재 완화를 주창함에도 불구하고, 유럽연합은 선 핵폐기 그리고 후 제재 완화라는 국제 사회의 보편적 입장을 지지하는 모습을 보여주었다. 그 결과 지난 2018년에 개최된 제 12차 아셈 정상회담에서도 여전히 대북한 제재의 중요성을 강조하였고, 이런 저런 계기를 통해 자신의 건설적 개입이 무엇을 의미하는지 보여주고자 노력하였다.

V. 결론

북한과 유럽연합의 관계는 인도적 지원을 중심으로 시작되었다. 단기적인 인도적 지원을 넘어서 중장기적인 경제 발전과 체제 안전 그리고 그 과정에서 한반도의 비핵화와 영구적 평화를 위한 제도화된 대화 채널과 양자 간의 외교 정상화의 시도는 나름 의미 있어 보일 수 있다. 그러나 이런 화해 무드는 양자 간에 이해관계나 힘의 역학에 의해 결정되었다고 보기 보다는 한반도를 둘러싼 국제 정치 환경과 동학의 변화에 기인한 것이라 보아야 한다. 물론 유럽연합과 북한의 관계가 국제 정치 동학과 연결된 점이 없지도 않지만, 동시에 유럽연합 입장에서 보았을 땐 양자 관계에 있어 유럽연합의 나름의 입장과 기여도 없지 않다는 점도 주목해야 한다. 이런 입장 변화는 유럽연합의 대외 관계를 결정짓는 실리와 규범 두 가지 변수가 상호 작용하면서 나타난 결과가 바로 비판적 관여이며, 그리고 그 구체적 결론은 다음과 같이 정리 될 수 있다.

첫째, 유럽연합은 탈냉전 이후 경제 협력을 중시하는 경제 공동체에서 정치, 사회 및 경제 통합을 목표로 하는 정치 공동체로 거듭났고, 이를 추진하고자 하는 노력의 일환 중 하나가 바로 비판적 관여 성격의 대 북한 정책이라고 결론 내릴 수 있다. 유럽연합은 기존의 경성 권력과는 다른 새로운 형태의 정치 행위자로 자리매김하고자 하는 취지 하에, 자신의 대북한 정책을 자신이 중시하는 보편적 인권, 핵확산 금지, 시장 경제 전파 등 자신의 기저 규범을 확산시키려고 했다. 그러나 동시에 이런 모든 규범적 노력 속에 자신의 이해관계가 전혀 반영되지 않은 것도 아니었다. 즉, 규범적인 면이 중요하지만, 동시에 탈냉전 이후 변모하는 국제 정치 환경 하에 어떤 것이 자신의 정체성에 부합한지를 계산한 지극히 자기중심적이고, 그리고 실리적인 행보임을 간과하지 말아야 할 것이다. 자신이 누구인지를 지키는 이런 일련의 행위는 이타적인 요소만 있는 것만이 아니라, 결국 자기중심적인 사고의 발산이라는 점에 주목해야 한다.

언뜻 보면, 이런 상반된 형태의 분석의 표피만을 강조하여 유럽연합의 대 북한 정책은 자기 모순적이라고 성급한 결론을 내릴 수도 있다. 그러나 유럽연합의 대 북한 정책은 결코 자가당착적인 모습만의 표징이라고 볼 수 없다. 탈냉전 국제 정치 질서에서 실익만을 강조하는 냉전적 외교 정책에 무엇이 상식적이고 정상적인 외교행위인지를 재차 강조하는 중요한 사례로 이해되어져야 한다. 그래서 필요하다면 자신의 연성적 권력 모습과는 배치될 수 있는 강력한 제재와 압박의 국제적 행보에도 적극적으로 참여하는 정치적, 정책적 선택을 용단할 수 있게 되는 것이다. 이는 결코 자신의 무력함의 결과라기보다는 자신의 정체성, 이익을 정교히 계산한 정치적 선택의 결과로 이해되어져야 한다.

참고문헌

박성은. 2014. "규범확산 메커니즘에 관한 연구: EU의 대북한 인권정책을 중심으로." 국제정치논총, 54집, 2호. pp.47-80.

이규영. 2003. "유럽연합의 대북한 인권정책." 한독사회과학논총, 13권 2호.

이무성, 박민중. 2016. "유럽연합의 대북한 정책: 안보문제화, 규범 그리고 외재화." 『유럽연구』, 제34권 3호. pp.303-329.

이원웅. 2007. "유엔 북한인권결의안 동향분석." 국가인권위원회 편 『북한 인권 관련 국가, 국제기구 및 INGO의 동향 분석』. 서울: 국가인권위원회.

외교부 유럽국 서유럽과. 2013. 『유럽연합 개황』 서울: 늘품플러스.

KOTRA. 『북한대외무역동향』 보고서

Buzan, Barry et al. 1998. *Security: A New Framework For Analysis*. London: Lynne Rienner Publishers.

Diez, Thomas and Tocci, Nathalie. (eds.) 2017. *The EU, promoting regional integration, and conflict resolution*. Cham: Palgrave Macmilan.

European Commission. 1994. "Towards a New Asia Strategy." COM, 311 final.

Kim, Mikyoung. 2012. *Securitization of Human Rights: North Korean Refugees in East Asia*. Santa Barbara: Praeger.

Lee, Moosung 2017. "The EU and the Six-Party Talks." in Nicola Casarini (ed.) *Promoting Security Cooperation and Trust Building in Northeast Asia: the Role of the European Union* Role: Edizioni Nuova Cultura.

______. 2016. "The EU, regional cooperation, and North Korean nuclear crisis." *Asia Europe Journal*, Vol. 14, No. 4. pp.401-415.

______. 2012. "A Step as normative power: the EU's human rights policy towards North Korea." *Asia Europe Journal*, Vol. 10, No. 1. pp.41-56.

Manners, Ian. 2002. "Normative power Europe: a contradiction in terms?." *Journal of Common Market Studies*, Vol. 40, No. 2. pp.235-258.

Smith, E. Karen. 2014. *European Union Foreign Policy in a Changing World*.

New Jersey: Wiley-Academy.
Taylor, Mi Ae & Mark E. Manyin. 2011. "Non-Governmental Organizations' Activities in North Korea." CRS Report for Congress, Congressional Research Service.

한-EU FTA 이행 7년: 평가와 전망

강유덕 (한국외대)

I. 서론

2011년 7월에 발효된 한·EU FTA는 한국이 경제규모가 큰 상대국과 체결한 최초의 FTA이다. 2007년 FTA 협상 시작 당시 EU는 한국의 제2위 수출대상국이었으며, 한국은 대 EU 무역에서 191억 달러의 흑자를 기록하면서 무역상대국 중 가장 많은 무역수지 흑자를 기록할 수 있었다. 또한 EU 회원국은 국내 총 FDI 유입액의 35.4%를 차지하였고, 한국의 해외금융기관에 대한 총 대외채무 중 53.6%를 차지하는 등 한국과 EU와의 무역·투자 및 금융관계는 매우 밀접하였다. 긴밀해진 경제적 관계를 반영하여, 양측은 FTA를 체결하는 것 이외에 2008년부터 기존의 한-EU 기본협정을 보다 광범위한 협력을 포함하도록 개정하였고, 2010년 개정된 기본협정의 체결과 함께 양측의 관계를 '전략적 동반자 관계'

로 격상시켰다. 초기의 FTA가 경제규모가 작은 국가들을 대상으로 진행되었다면, 한·EU FTA를 시작으로 EU, 미국, 중국 등 거대 시장과의 FTA가 본격화된 것이다.

한·EU FTA는 EU의 통상정책에 있어서도 매우 중요한 분기점이 된다. 2000년대 중반까지 EU는 원거리 국가와의 FTA에 매우 소극적 입장을 보였다. 그러나 2006년 9월 '글로벌 유럽전략(Global Europe Initiative)'을 발표하면서 EU는 역외국과 경제적 기준에 입각한 포괄적 FTA를 추진하기 시작하였고, 한국과의 FTA는 그 첫 번째 결실이다(European Commission 2006). EU의 시각에서 '차세대 FTA(FTA of new generation)'로 지칭되고 있는 한·EU FTA는 이후 EU가 추진한 모든 FTA의 기본 틀이 되었다.

이렇듯 한·EU FTA는 양측의 기대를 앉고 출범하였다. 그러나 한·EU FTA 타결 이후 EU는 여러 국가들이 경제위기에 봉착하게 되면서 경기침체에 직면하였고, 급기야 유로화 체제의 위기까지 경험하게 되었다. 촘촘하게 얽힌 EU 회원국 간의 무역·금융 관계는 경기 동조화의 결과를 낳아 EU 경제는 2011년 3분기부터 2013년 1분기까지 7분기 연속 마이너스 성장을 기록하였다. EU 경제가 2년 연속 마이너스 성장을 기록한 예는 제2차 세계대전 이후 처음이다. 유럽재정위기 이후 EU와 회원국은 재정건전성 확보를 위해 재정긴축을 도모했는데, 이 또한 경기침체가 장기화되는 원인이 되었다.

유럽의 경기침체로 인해 한·EU FTA는 그 성과를 분석하는데 있어 어려움에 봉착했다. FTA는 관세 및 비관세 장벽의 철폐를 통해 수출증가와 더불어 GDP 증가효과를 가져오나, FTA의 이행결과는 상대국의 경기상황에 따라 크게 영향을 받는다. 전자를 가격효과로 본다면, 후자는 소득효과에 해당한다. FTA 상대국이 경기침체에 빠질 경우 수입수요가 감소함으로써 관세의 철폐(가격효과)에도 불구, 부정적인 소득효과가 긍정적 가격효과를 상쇄함으로써 상대국에 대한 아국의 수출이 증가하지 않을 수 있는 것이다.

FTA 이후 체결국과의 수출입 증감을 분석하기 위해서는 이러한 점을 감안하여 복합적인 분석을 실시할 필요가 있다. 가령 관세인하로 인해 수출이 증가할 것이라는 사전적 분석은 FTA 체결 이후 경기, 환율, 수출 및 산업구조 등이 변하지 않는다는 가정 하에 실시되는 것이기 때문에 현실과는 맞지 않을 수 있다. 이러한 점을 감안하여 이 글에서는 이행 후 7년이 경과한 한·EU FTA의 경과를 분석하는데 있어 단순히 수출입 증감을 분석하는 것을 넘어, 한·EU 무역구조의 특수성과 EU의 경제상황, 한국 산업이 처한 구조조정 등을 감안하여 복합적 분석을 시도해 보고자 한다. 서론에 이은 제II장에서는 먼저 한-EU 간 무역관계의 특수성에 대해서 살펴보도록 한다. 제III장은 이 글의 핵심부분으로 한·EU FTA 이행 6년간 양측의 무역변화를 시기별, 국가별로 살펴본다. 제IV장에서는 같은 기간 양측의 무역변화에 영향을 준 관세 이외의 요인들을 살펴봄으로써 무역변화의 원인을 좀 더 입체적으로 파악하고, 결론을 겸한 제V장에서는 향후 FTA 운영에 있어 고려해야할 시사점을 도출해보도록 한다.

II. 한-EU 무역관계의 특징

1. 한-EU 무역관계

장기적으로 대 EU 무역은 한국의 총무역이 증가하는 추세와 유사한 증가추세를 보여 왔다. <그림 1>에 나타난 바와 같이 1989~2008년의 기간 중 대 EU 무역은 7배 증가하였는데, 이는 같은 기간 한국의 총 무역증가와 거의 일치한다. 2008년 글로벌 금융위기를 맞아 대 EU 무역은 극감한 바 있으나, 이후 회복하였고, 2014년에는 1,141억 달러를 기록하였다. 다만, 2008년 이후 대 EU 무역의 증가폭은 한국의 총 무역에 비해 다소 낮은 수준이다. 2017년 기준 대 EU 무역은 한국 총무역의 10.6%를 차지한다.

<그림 2>는 대 EU 무역추이를 수출과 수입으로 구분하여 보여준다. 대 EU 무역은 2009년과 2012년, 2015년을 제외하고는 증가추세를 보여 왔다. 2009년과 2012년의 무역량 감소가 각각 글로벌 금융위기와 유럽재정위기로 인한 무역위축에 기인한다면, 2015년의 무역량 감소는 유가하락에 따른 수출입품목의 가치하락에 기인하는 바가 크다. 반면에 수출과 수입을 구분하여 볼 경우, 2008~09년의 글로벌 금융위기 이후 대 EU 수출은 감소 또는 정체 현상을 보이는 반면, 대 EU 수입의 경우, 상승추세를 보여 왔다. 이에 2007년 191억 달러에 달했던 대 EU 무역흑자는 2012년부터 적자로 전환되었으며, 대 EU 무역수지 적자는 2015년 91.2억 달러에 이르렀다. 이후 대 EU 수입이 감소하면서 무역수지는 다소 개선되었는데, 이는 같은 기간 저유가 현상으로 가치 기준의 무역량 자체가 감소한데 기인한 바가 크다.

<그림 1> 한국의 총무역과 대 EU 무역추이

(1억 달러)

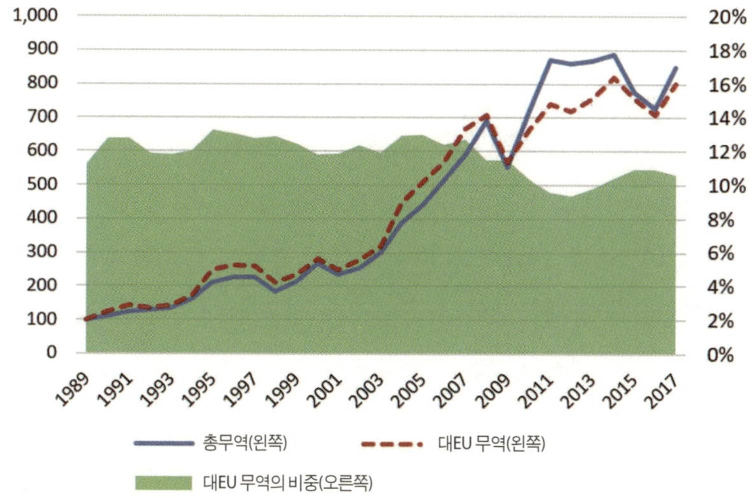

자료 : 한국무역협회(KITA).

<그림 2> 대 EU 무역추이

(1억 달러)

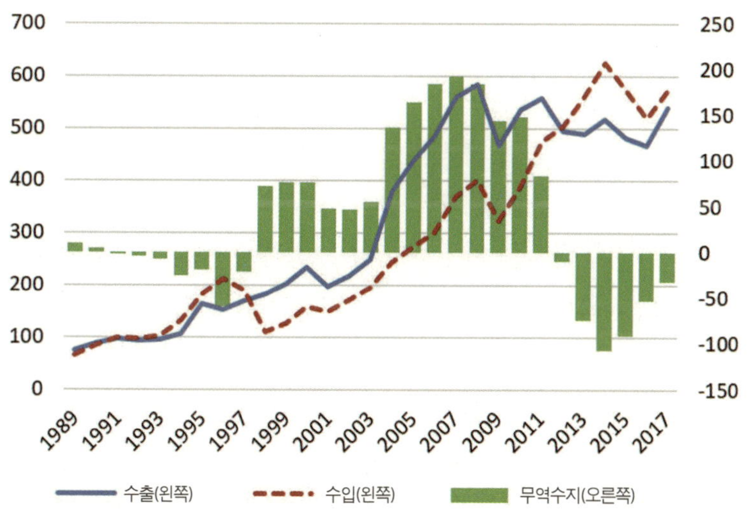

자료 : 한국무역협회(KITA).

2. 회원국별 한-EU 무역관계

한·EU FTA를 평가하는데 있어서 중요한 점은 EU가 28개 회원국으로 구성된 연합체라는 점이다. EU 조약 2조는 EU를 정의함에 있어 단일시장과 통화동맹의 형성을 규정하고 있다. 따라서 EU는 통상정책을 포함한 다양한 분야에 있어 공동정책을 채택하고 있으며, 이 중 19개국은 단일통화인 유로화를 사용한다. 그러나 회원국 간 경제규모와 소득수준은 매우 상이하다. 독일이 EU 전체 경제의 20% 이상을 차지하는데 반해, 가장 작은 국가인 몰타는 0.06%에 불과하며, 이는 독일 경제의 1/30에 해당한다. 하위 20개 국가의 경제규모를 합쳐도 독일보다 작다. 소득 수준에 있어 EU의 1인당 GDP를 100으로 보았을 때 가장 고소득 국가인 룩셈부르크는 320에 달하는 반면, 불가리아는 21에 불과하다. 따라서 회원국 단위가 아닌, EU 전체에 대한 수출입에만 분석을 치중할 경우, 회원국별 특수성에 기인하는 중요한 정보들을 간과하게 된다. 아래 <그림 3>에 나타난 바와 같이 2016년 기준 한국의 대 EU 수출 중 대독일 무역은 26.7%를 차지할 정도로 독일의 비중이 압도적으로 높으며, 그 뒤를 영국, 이탈리아, 프랑스가 잇고 있다. 반면에 <그림 4>에 나타난 바와 같이 한국이 대부분의 서유럽 국가와는 무역수지 적자를 기록하고 있으며, 대 중동부유럽 무역수지가 흑자를 기록하는 구조를 갖고 있다. 많은 한국기업들이 EU의 중동부유럽 확대 직후, 체코, 슬로바키아, 폴란드, 헝가리에 대한 대규모 투자를 추진하였고, 이를 통해 서유럽 시장진출을 위한 생산기지를 중동부유럽에 구축하였다. 한국의 대 중동부유럽 수출은 사실상 한국기업 간의 무역으로 '한국-중동부유럽-서유럽'으로 이어지는 가치사슬이 구축되어 있는 것이다. 또한 한국-EU

<그림 3> 대 EU 회원국 무역(2016년)

(백만 달러)

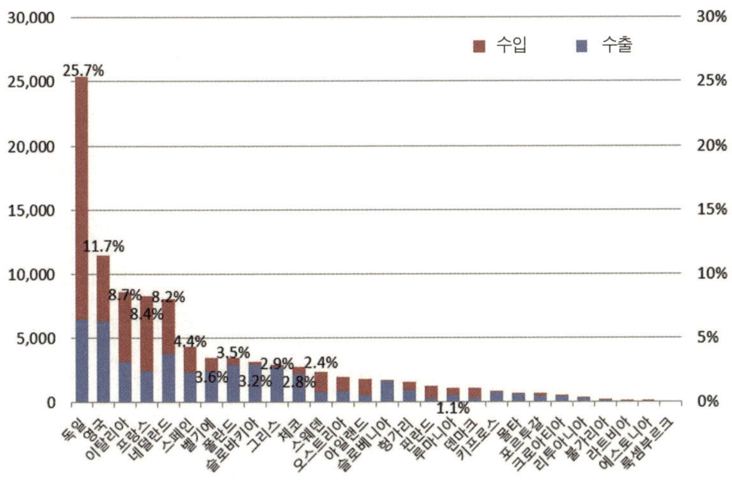

자료 : 한국무역협회(KITA).

<그림 4> 대 EU 회원국 무역수지(2016년)

(백만 달러)

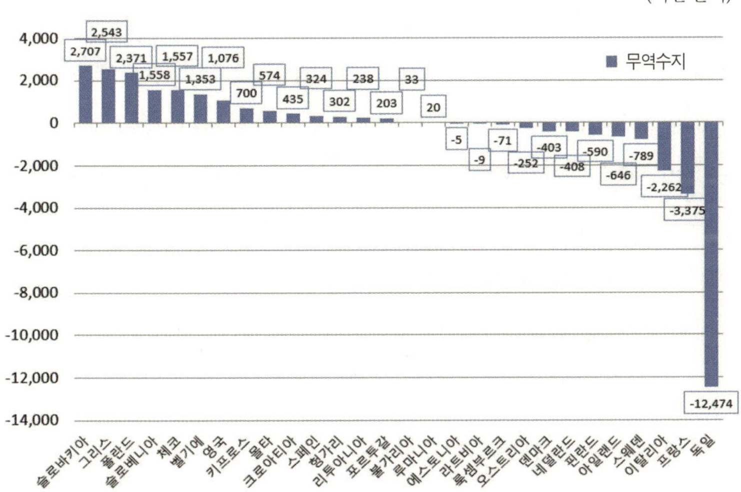

자료 : 한국무역협회(KITA).

무역은 양측 간 선박(한국 → EU) 또는 항공기(EU → 한국) 무역에 의해서도 수치에 있어 큰 영향을 받을 수 있다.[1)]

대 EU 무역 중 가장 많은 비중을 차지하는 독일과의 무역을 좀 더 살펴볼 필요가 있다. <그림 5>에 나타난 바와 같이, 2005년 5.3억 달러에 불과했던 대독일 무역수지 적자는 점차 증가하여 2015년에는 147.4억 달러에 이르렀다가 소폭 감소하였다. 대독일 무역은 자동차 수입의 급증 등 소비요인에 기인하는 바도 있으나, 화학 관련 중간재와 의약품, 그리고 산업생산에 필요한 기계 및 장비의 수입이 많다는 점에서 구조적인 모습을 갖는다. 이후 언급하겠으나, 한·EU FTA 발효 이후 대 EU 무역수지가 악화된 데에는 대독일 수출이 감소한 반면, 수입은 대폭 증가한데 기인하는 바가 크다. 반면에 대 중동부유럽 무역의 경우, 반대의 양상을 띤다(그림 6). 대 중동부유럽 수출은 한국기업의 대규모 투자가 이루어진 2004년 이후 급증하였으며, 이에 반해 수입은 서서히 증가하면서 2009년 무역수지 흑자가 100억 달러를 상회하기도 하였다. 앞서 서술한 바와 같이 이 지역에 대한 무역수지 흑자는 현지진출 한국기업에 대한 중간재 조달에 기인하는 것으로 대기업의 현지진출 시 하청업체와 동반 진출하는 한국식 해외투자의 결과로 볼 수 있다. 반면에 중동부유럽에서 조립·생산된 완제품은 서유럽 시장을 겨냥하는 바, 대 중동부 수출은 결국 서유럽의 경기에 영향을 받을 수박에 없다.

---

1) 가령, <그림 2>에서 대 그리스 무역이 큰 폭의 흑자를 기록한 것은 2016년 그리스로 선박수출이 이루어 졌기 때문이다.

<그림 5> 대 독일 무역

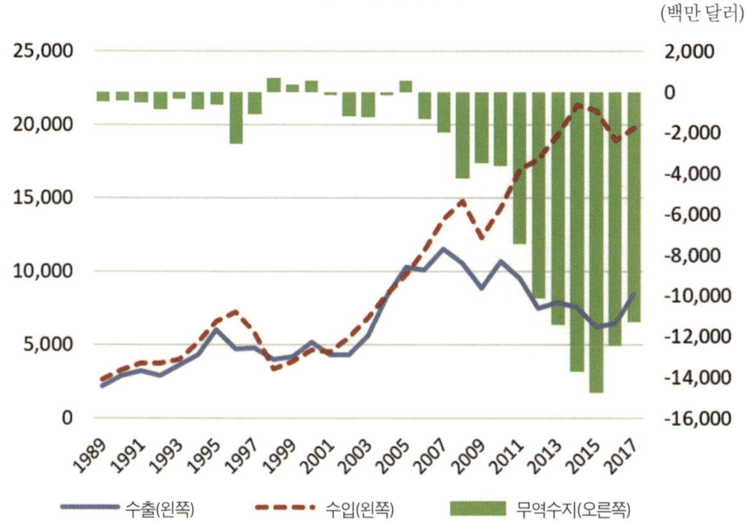

자료 : 한국무역협회(KITA).

<그림 6> 대 중동부유럽 4개국 무역: 슬로바키아, 폴란드, 체코, 헝가리독일 무역

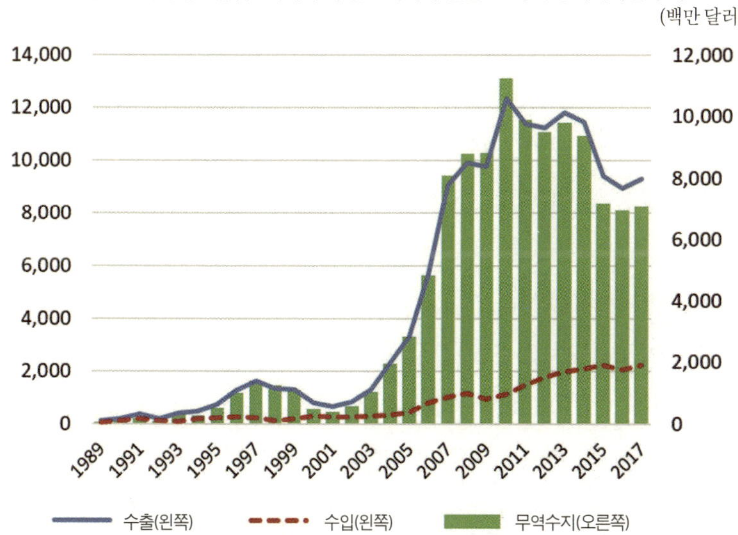

자료 : 한국무역협회(KITA).

III. 한·EU FTA 발효 이후 수출입

1. 기존의 연구

한·EU FTA의 경제적 성과에 대해서는 FTA 발효 이전부터 활발한 연구가 진행되었다. 이에 대한 국내 연구로는 박순찬(2004), 김흥종 外(2005), 고종환(2006), 송원근 外(2009), 국책연구기관합동연구(2010) 등이 대표적이다. 이 연구들은 대부분 연산가능일반균형(CGE: Computational General Equilibrium) 모형을 활용하여 시나리오별로 양허수준을 가정한 후, FTA 발효로 인한 관세/비관세 장벽의 축소가 한국경제에 미치는 경제적 효과를 추정한 것이다. 이를 위해 이 연구들은 모두 미국 펜실베니아 대학에서 개발한 GTAP 데이터 베이스(DB)를 활용하였다. 이중 김흥종 外(2005)는 양측의 산업별 경쟁력을 추정하여 상호 보완적인 산업과 경쟁적인 산업으로 구분하였고, GTAP 6.0을 사용하여 산업별 개방 정도에 따른 세 가지 시나리오를 정태적 모형과 자본축적 모형으로 각각 구분하여 여섯 가지 분석결과를 제시하였다.[2] 이후 국책연구기관합동연구(2010)는 한·EU FTA 협정문이 공개된 이후 실제 양허수준을 바탕으로 동 FTA가 한국의 거시경제와 산업, 고용에 미치는 영향을 분석하였다.

국외연구는 주로 EU 집행위원회(European Commission)의 외주에 의한 CEPS(2007), Copenhagen Economics(2007), IBM Belgium(2008), CEPII/ATLASS(2010) 등이 대표적이다. 주로 EU 집행위원회의 요청에 의해 실시된 이 연구들도 국내 연구와 마찬

---

2) CGE 모형에 기반을 둔 많은 FTA 관련 연구는 펜실베니아 대학이 개발한 Global Trade Analysis Project(GTAP)을 활용하여 진행되었다.

가지로 대부분 GTAP을 활용하여 실시되었다. 가령 Copenhagen Economics(2007)는 GTAP DB 6.2를 활용하여 ① 예상가능한 협정(likely agreement), ② 수준 높은 협정(ambitious agreement), ③ 완전자유무역협정(full free trade)의 3개 시나리오로 구분하여 경제적 효과를 추정하였다.

<표 1> 한·EU FTA의 경제적 효과에 관한 선행연구

연구	방법론	경제적 효과
박순찬(2004)	• CGE 모형 • 정태모형, 동태모형	• 1.26~1.9%의 추가 경제성장 효과 • 3.35~4.44%의 수출증가 효과
김흥종 外(2005)	• CGE 모형 (GTAP DB 6.0) • 정태모형, 동태모형	• 0.64~3.08%의 GDP 증가 효과 • 2.11~4.57%의 수출증가 효과
고종환(2006)	• CGE 모형 (GTAP DB 6.0)	• 2021년까지 한국의 실질 GDP와 수출이 각각 2.3%, 5% 추가로 증가
조경엽·송원근(2009)	• CGE 모형 (GTAP DB 6.0) • 정태모형, 동태모형	• 2019년까지 한국의 실질 GDP와 수출이 각각 1.27~3.90%, 4.12~8.51% 추가로 증가
국책연구기관 합동연구(2010)	• CGE 모형 (GTAP DB 7.0) • 정태모형, 동태모형	• 0.10~5.6%의 실질 GDP 증가 효과 • 15억~320억 달러의 후생증가 효과
CEPS(2007)	• 설문조사 • 개별심층 면담	• 한·EU FTA 추진의 시급성 및 서비스 무역자유화에 초점을 둘 것을 강조
Copenhagen Economics(2007)	• CGE 모형 (GTAP DB 6.2) • 정태모형	• 시나리오에 따라 EU의 GDP가 0.01%~0.05% 증가 • 한국의 GDP는 0.58~2.32% 증가
IBM Belgium (2008)	• CGE 모형(GTAP DB 6.2) • 정태모형	• EU의 GDP는 0.01%, 한국의 GDP는 0.15% 증가 • EU의 수출은 0.25%, 한국의 수출은 1.68% 증가
CEPII/ATLASS (2010)	• CGE 모형 (GTAP DB 6.0/MIRAGE) • 정태모형	• EU의 GDP는 0.07~0.08%, 한국의 GDP는 0.46~0.84% 증가 • EU의 수출은 0.96~1.40%, 한국의 수출은 4.01~5.50% 증가

주 : 참고문헌에 각 선행연구 첨부

상기의 선행연구들은 대부분 FTA 추진을 위한 타당성 조사의 성격을 가지며, 시나리오별로 양허수준을 가정한 후 GTAP을 활용해 실시되었다. CGE 모형에 기반을 둔 타당성 조사는 FTA와 같은 '극적인 정책변화'를 추진하기 위해서 필수적이며, 특히 관세철폐가 다양한 경제활동에 미치는 영향을 포착할 수 있다는 점에서 유용하다. 반면에 데이터 구축의 한계와 비관세장벽에 대한 가정 등을 기반으로 실시되므로 품목별 정교한 분석이 어렵다. 이에 대한 보완을 위해 부분균형모형을 활용할 수 있으나, 이 또한 관세철폐에 따른 수출입 증가를 추정하기 위한 것으로 경기변화나 환율변화에 따른 수출입의 변화를 추정해 내는 데에는 한계가 있기 때문이다. 무역데이터를 활용한 분석은 또 다른 한계가 있는데, 환율, 경기변동에 따른 수요변화, 산업계 해외투자 등 구조변화, 대외환경의 급변 등을 모두 반영하기 어렵기 때문에 분석결과가 도출해 내는 정확한 수치에 큰 의미를 부여하기 보다는, 방향성과 수치의 크기에 중점을 두고 해석할 필요가 있다.

2. FTA 발효 이후의 무역변화

한·EU FTA는 2010년 10월에 서명되었고, 한국과 EU 양측 의회의 비준을 거쳐, 2011년 7월에 발효되었다. <그림 7>은 무역수지의 변화를 좀 더 정교하게 파악하기 위해 월별 대 EU 수출입 추이를 나타내었다. 월별 변동 폭을 억제하기 위해 <그림 8>은 월별수출입 추이를 6개월 이동평균으로 나타내었다. FTA 발효 직후부터 수출은 확연한 감소세를 보인 반면, 수입은 꾸준히 증가, 2012년을 기점으로 무역수지 적자로 전환되었다. 대 EU 수입증가는 사실 글로벌 금융위기(2008~09년) 이후부터 계속된 현상인 반면, 수출 감소는 시기별로 구분이 가능하다. 수출이 감소하는 첫 번째 시기는 2011~13년으로 EU 경제의 침체시기와 일치한다. 두 번째 수출 감소 시기는 전 세계적 유가하락 시기(2014~16)와 부분

<그림 7> 월별 대 EU 무역추이

(백만 달러)

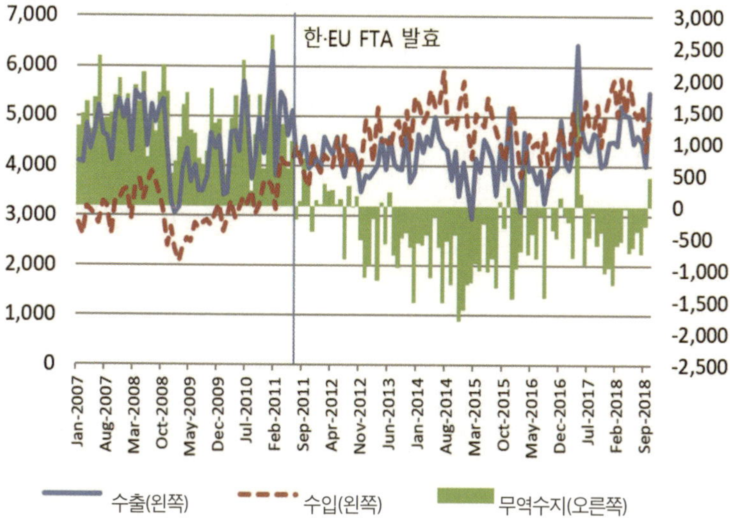

자료 : 한국무역협회(KITA).

<그림 8> 월별 대 EU 무역추이(6개월 이동평균)

(백만 달러)

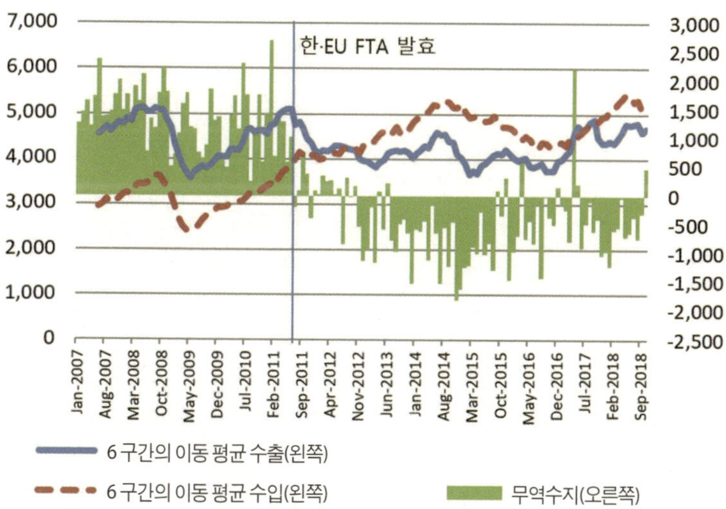

주 : 수출과 수입은 6개월 이동평균으로 계산
자료 : 한국무역협회(KITA).

적으로 겹친다. 이후 대 EU 수출은 2017년 초부터 증가세를 보이고 있다. 수출과 수입을 종합한 무역수지는 "감소→현상유지→개선"의 추이로 진행되었다.

한·EU FTA는 7월에 발효가 되었기 때문에 무역자료의 분석에 있어 연간 데이터가 아닌, 월별 데이터를 바탕으로 1년의 이행 기간(7월~이듬해 6월) 단위로 구분하여 살펴볼 필요가 있다. 이에 <표 2>는

<표 2> 한·EU FTA 발효 기간 중 주요국에 대한 수입 변화

(백만 달러)

	1년 전	1년 차	2년 차	3년 차	4년 차	5년 차	6년 차	7년 차	7년 합계
EU	57,889	50,823	48,428	51,645	47,602	47,501	51,652	54,721	-5.5
	변화율(%)	-12.2	-4.7	6.6	-7.8	-0.2	8.7	5.9	
	누적(%)	-12.2	-16.3	-10.8	-17.8	-17.9	-10.8	-5.5	
미국	54,150	59,063	59,163	64,582	72,140	68,476	66,102	69,066	27.5
	변화율(%)	9.1	0.2	9.2	11.7	-5.1	-3.5	4.5	
	누적(%)	9.1	9.3	19.3	33.2	26.5	22.1	27.5	
중국	125,562	133,177	140,492	145,775	143,789	127,471	131,612	155,867	24.1
	변화율(%)	6.1	5.5	3.8	-1.4	-11.3	3.2	18.4	
	누적(%)	6.1	11.9	16.1	14.5	1.5	4.8	24.1	
일본	34,332	40,099	36,555	33,738	29,319	23,762	26,060	28,817	-16.1
	변화율(%)	16.8	-8.8	-7.7	-13.1	-19	9.7	10.6	
	누적(%)	16.8	6.5	-1.7	-14.6	-30.8	-24.1	-16.1	
ASEAN	62,207	75,469	82,937	84,441	78,350	72,497	84,946	97,973	57.5
	변화율(%)	21.3	9.9	1.8	-7.2	-7.5	17.2	15.3	
	누적(%)	21.3	33.3	35.7	26.0	16.5	36.6	57.5	
총수출	518,652	556,599	549,369	566,365	557,960	499,464	533,319	591,300	14.0
	변화율(%)	7.3	-1.3	3.1	-1.5	-10.5	6.8	10.9	
	누적(%)	7.3	5.9	9.2	7.6	-3.7	2.8	14.0	

주 : 발효 1년 전은 2010년 7월~2011년 6월을 의미하며, 이후 각 연차는 7월부터 이듬해 6월까지를 의미함.
자료 : 한국무역협회(KITA).

한·EU FTA 발효 이후 7년의 기간 중 대 EU 수출 추이를 요약하였고, 비교를 위해 같은 기간 주요 무역상대국에 대한 수출추이도 포함시켰다. 한·EU FTA 발효 7년의 기간 중 대 EU 수출은 5.5% 감소하였다. 1년차에 12.2%가 감소하여 감소폭이 가장 컸고, 2년 연속 감소 후에 3년 차에 반등한 반면, 4년 차에는 또 다시 7.8%의 큰 폭의 감소를 기록하였다. FTA 발효 4년차까지 대 EU 수출은 17.8% 감소했다. 이후 6년차부터는 비교적 높은 폭의 증가를 기록하였다. FTA 발효 기간 중 수출 감소는 앞서 언급된 어느 경제적 분석에서도 예상되지 못했던 결과이다. 특히 같은 기간 대 미 수출은 27.5%, 대 아세안 수출이 57.5% 증가했음을 감안할 때, 대 EU 수출 감소는 매우 이례적인 것이다. 반면에 연차별 대 EU 수출증가율을 한국의 총수출 증가율과 비교할 때, 주목할 점이 있는데, 3년차와 5년차, 그리고 6년차의 경우 대 EU 수출증가율이 총수출 증가율보다 양호했다는 점이다. 특히 5년차의 경우 총수출이 10% 이상 감소하는 가운데, 대 EU 수출은 거의 감소하지 않아 현상을 유지했다.

<표 3>은 한·EU FTA 이행 기간 중 수입변화를 요약하였다. 수출변화와 비교할 때 두드러진 점은 대 EU 수출이 감소한 반면 수입은 크게 증가했다는 점이다. 수입증가는 특히 1~3년 차에 집중적으로 나타났는데, 이 기간 중 대 EU 수입은 총수입 증가율을 크게 상회한다. 특히 1~4년차의 수입증가율은 총수입 증가율을 상회하는 것으로 나타나, FTA를 통한 관세인하효과가 수입증가로 이어졌음을 유추해볼 수 있다. 반면에 5년 차에는 수입이 크게 감소하는데, 후술하겠으나, 이 기간 발생한 저유가 현상이 북해산 브렌트유의 수입가격 하락으로 이어지면서 수입에 큰 영향을 준 것으로 판단된다. 이와 같은 수출과 수입의 대조되는 추이로 인

<표 3> 한·EU FTA 발효 기간 중 주요국에 대한 수입 변화

(백만 달러)

	1년 전	1년 차	2년 차	3년 차	4년 차	5년 차	6년 차	7년 차	7년 합계
EU	43,373	49,070	53,017	59,987	60,399	54,000	53,614	62,048	43.1
	변화율(%)	13.1	8	13.1	0.7	-10.6	-0.7	15.7	
	누적(%)	13.1	22.2	38.3	39.3	24.5	23.6	43.1	
미국	42,419	45,725	40,826	43,662	44,163	43,357	48,043	53,679	26.5
	변화율(%)	7.8	-10.7	6.9	1.1	-1.8	10.8	11.7	
	누적(%)	7.8	-3.8	2.9	4.1	2.2	13.3	26.5	
중국	80,990	83,770	81,311	85,886	90,623	87,457	93,127	101,979	25.9
	변화율(%)	3.4	-2.9	5.6	5.5	-3.5	6.5	9.5	
	누적(%)	3.4	0.4	6	11.9	8	15	25.9	
일본	67,608	66,800	62,163	56,316	50,808	44,065	52,522	56,052	-17.1
	변화율(%)	-1.2	-6.9	-9.4	-9.8	-13.3	19.2	6.7	
	누적(%)	-1.2	-8.1	-16.7	-24.8	-34.8	-22.3	-17.1	
ASEAN	48,749	53,473	51,649	53,807	48,989	43,792	48,856	57,441	17.8
	변화율(%)	9.7	-3.4	4.2	-9	-10.6	11.6	17.6	
	누적(%)	9.7	5.9	10.4	0.5	-10.2	0.2	17.8	
총수입	479,674	530,266	511,973	522,418	484,455	407,368	447,284	509,652	6.2
	변화율(%)	10.5	-3.4	2.0	-7.3	-15.9	9.8	13.9	
	누적(%)	10.5	6.7	8.9	1.0	-15.1	-6.8	6.2	

주 : 발효 1년 전은 2010년 7월~2011년 6월을 의미하며, 이후 각 연차는 7월부터 이듬해 6월까지를 의미함.
자료 : 한국무역협회(KITA).

해 한·EU FTA 발효 기간 중 대 EU 무역수지 흑자에서 적자로 전환되었다. 이는 비슷한 시기에 발효된 한미 FTA와 이후 크게 증가한 대 미 무역수지흑자와 비교할 때 사뭇 대조되는 모습이라 할 수 있다.

<그림 9>는 EU 회원국별 상황이 상이함을 감안하여 한국의 대 EU 회원국별 무역추이를 나타내었다. 우선 FTA 이행 기간 중

(2011~2017년) 한국의 무역수지가 개선된 국가와 악화된 국가로 구분을 해 보면, 무역수지 악화를 기록한 대표적인 대상은 독일, 프랑스, 이탈리아 등이 경제규모가 큰 국가들이다. 영국과 스페인의 경우에도 FTA 발효 전반기에는 수출이 부진한 반면, 수입이 급증하면서 무역수지가 악화되었다. 한-EU 무역구조 상 흑자를 시현해온 중동부유럽을 대상으로는 무역수지 흑자폭이 유지되었으나, 국가별로 편차가 존재한다. 가령, 대 체코, 대 슬로베니아 무역은 수출이 지속적으로 증가하면서 무역수지가 개선된 반면, 대 폴란드와 대 슬로바키아 무역은 수출이 감소하면서 무역수지가 악화되었다. 후술하겠으나, 이와 같은 변화는 한국과 유럽의 전반적인 경기상황, 한국-중동부유럽-서유럽으로 연결되는 생산네트워크, FTA 발효에 따른 관세철폐 효과 등이 복합된 결과이다. 한편 일부 국가의 경우 계약규모가 큰 한국의 선박수출(그리스, 몰타)과 항공기수입(프랑스), 국제유가(영국) 등이 연도별 무역수지 변화에 큰 영향을 끼치기 때문에 무역 데이터 해석에 주의가 필요하다.[3)]

3) 수출 및 수입변화를 구체적으로 비교하기 위해서는 부록의 표를 참조할 것.

<그림 9> 한국의 대 EU 회원국 무역추이(2005~2017년)

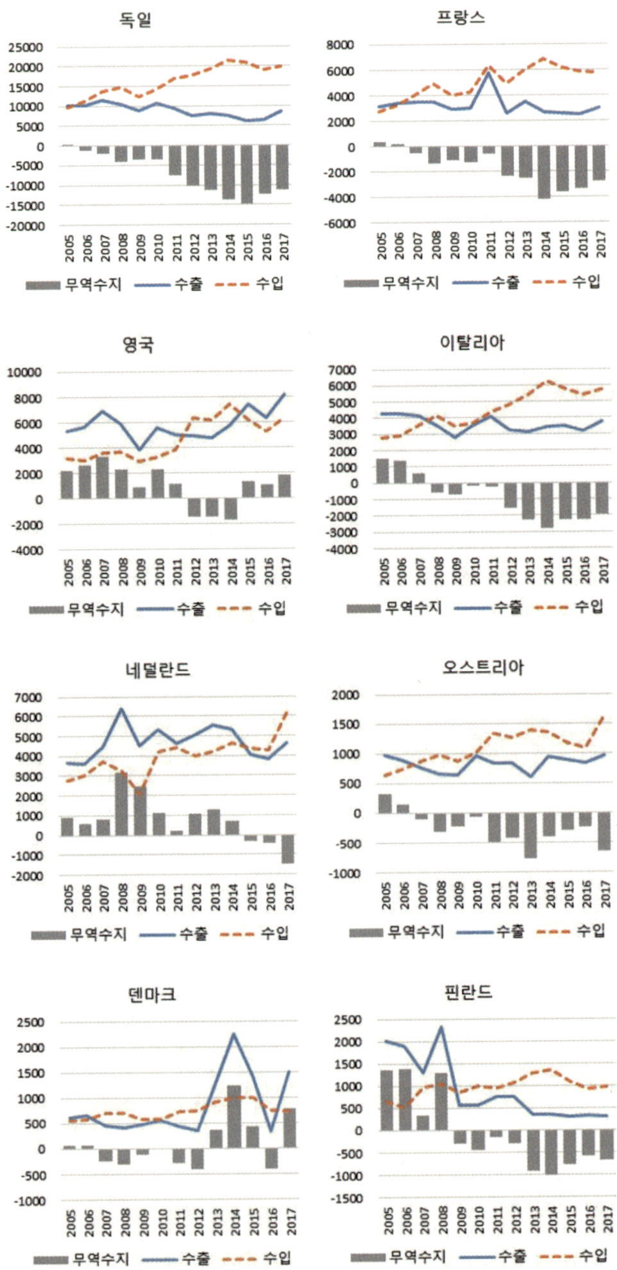

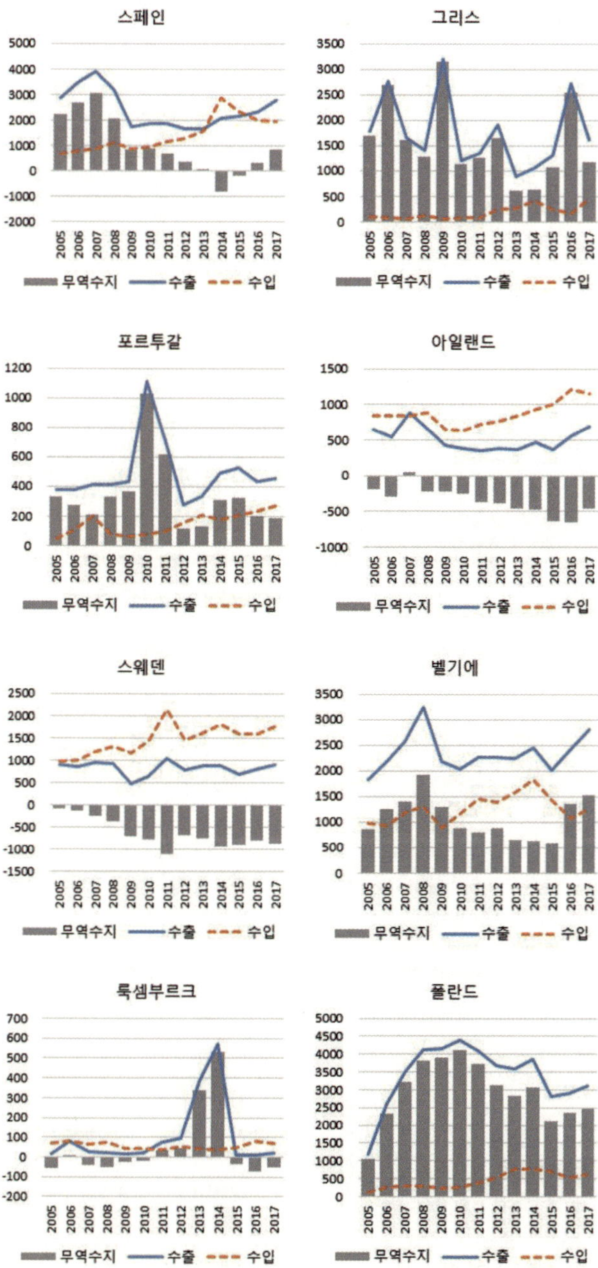
스페인
5000
4000
3000
2000
1000
0
-1000
-2000
그리스
3500
3000
2500
2000
1500
1000
500
0
포르투갈
1200
1000
800
600
400
200
0
아일랜드
1500
1000
500
0
-500
-1000
스웨덴
2500
2000
1500
1000
500
0
-500
-1000
-1500
벨기에
3500
3000
2500
2000
1500
1000
500
0
룩셈부르크
700
600
500
400
300
200
100
0
-100
-200
폴란드
5000
4500
4000
3500
3000
2500
2000
1500
1000
500
0
2005 2006 2007 2008 2009 2010 2011 2012 2013 2014 2015 2016 2017
무역수지
수출
수입

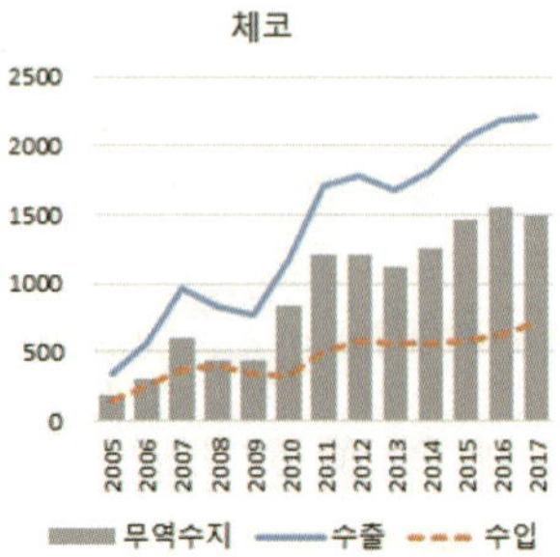
체코
2500
2000
1500
1000
500
0
2005 2006 2007 2008 2009 2010 2011 2012 2013 2014 2015 2016 2017
무역수지 수출 수입

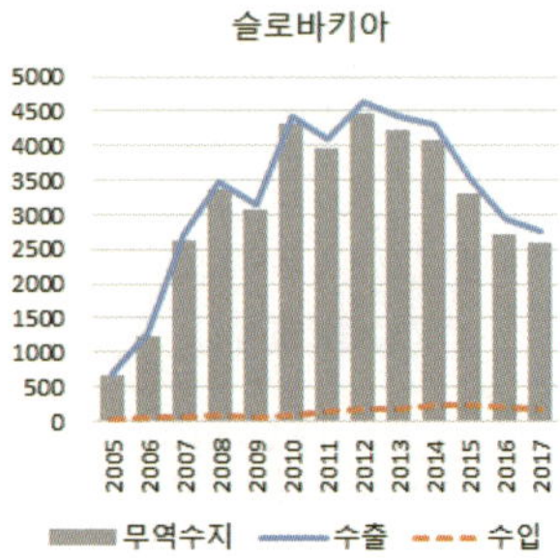
슬로바키아
5000
4500
4000
3500
3000
2500
2000
1500
1000
500
0
2005 2006 2007 2008 2009 2010 2011 2012 2013 2014 2015 2016 2017
무역수지 수출 수입

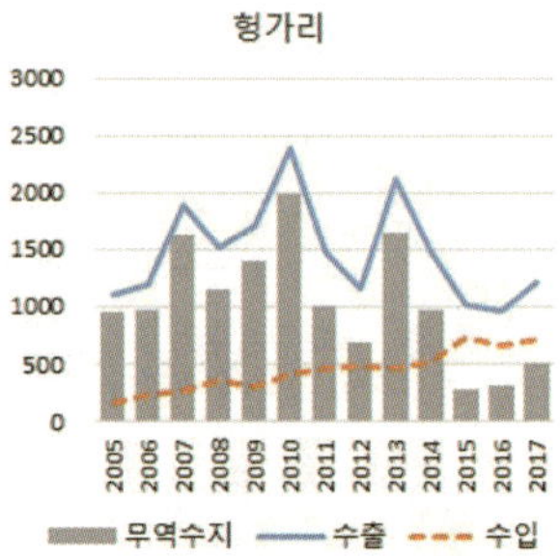
헝가리
3000
2500
2000
1500
1000
500
0
2005 2006 2007 2008 2009 2010 2011 2012 2013 2014 2015 2016 2017
무역수지 수출 수입

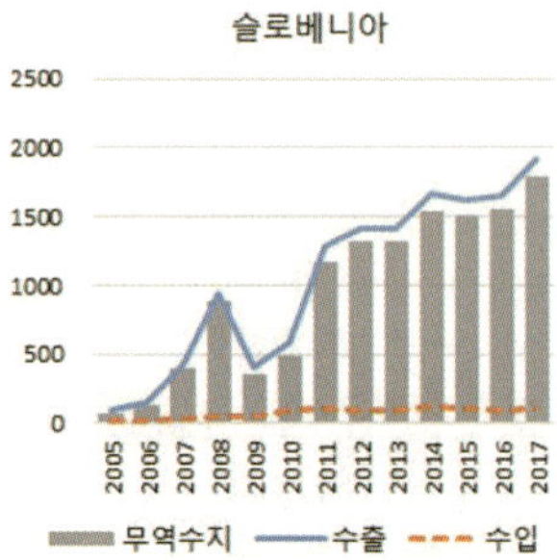
슬로베니아
2500
2000
1500
1000
500
0
2005 2006 2007 2008 2009 2010 2011 2012 2013 2014 2015 2016 2017
무역수지 수출 수입

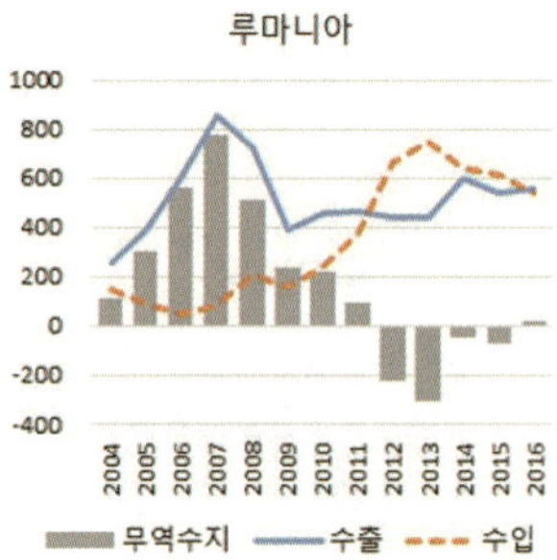
루마니아
1000
800
600
400
200
0
-200
-400
2004 2005 2006 2007 2008 2009 2010 2011 2012 2013 2014 2015 2016
무역수지 수출 수입

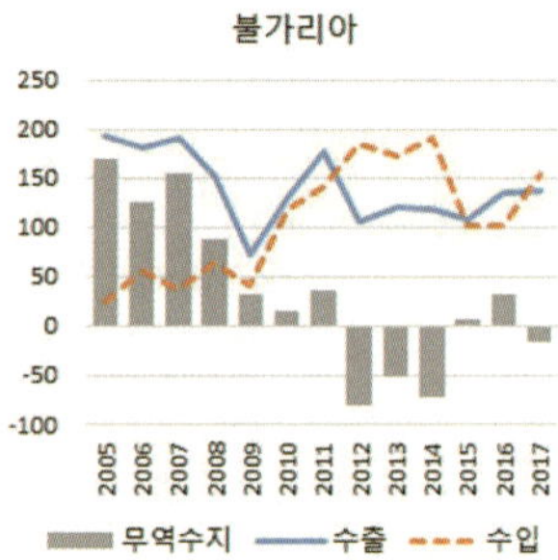
불가리아
250
200
150
100
50
0
-50
-100
2005 2006 2007 2008 2009 2010 2011 2012 2013 2014 2015 2016 2017
무역수지 수출 수입

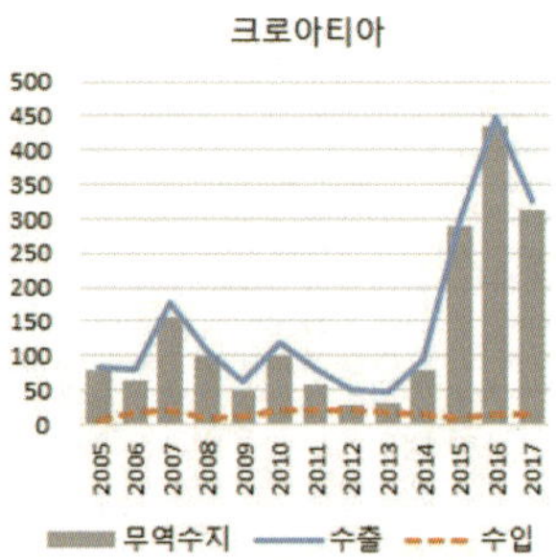
크로아티아
500
450
400
350
300
250
200
150
100
50
0
2005 2006 2007 2008 2009 2010 2011 2012 2013 2014 2015 2016 2017
무역수지 수출 수입

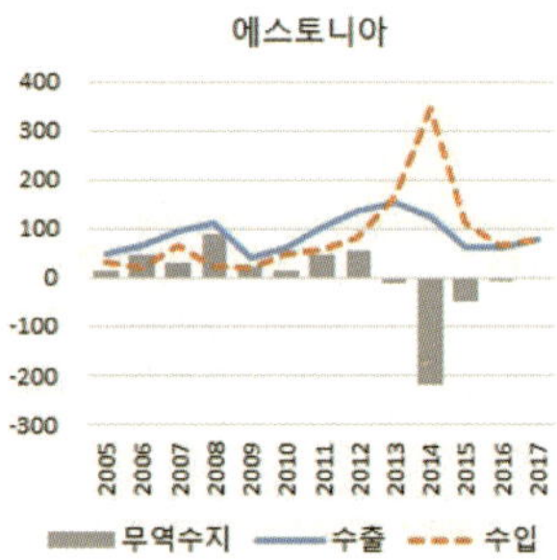
에스토니아
400
300
200
100
0
-100
-200
-300
2005 2006 2007 2008 2009 2010 2011 2012 2013 2014 2015 2016 2017
무역수지 수출 수입

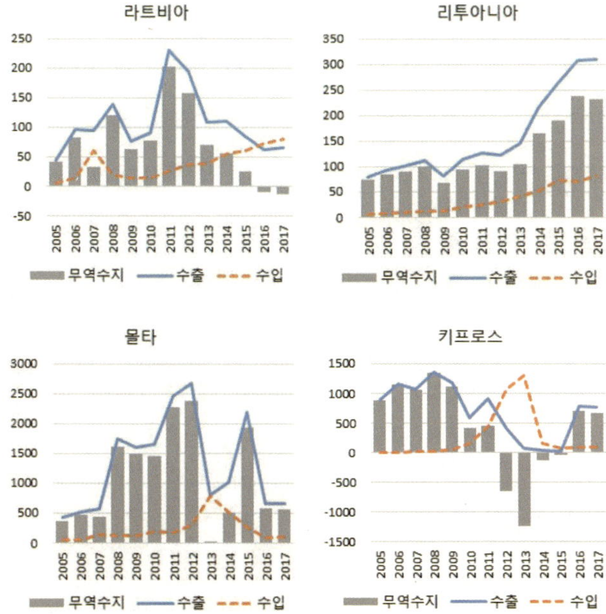

자료 : 한국무역협회(KITA).

Ⅳ. 무역변화의 요인분석

FTA 발효 이후 수출이 감소한 것은 관세인하로 인한 수출증가를 예상한 기존의 연구결과와 비교할 때 매우 이례적인 결과이다. 앞서 언급한 바와 같이 기존 FTA의 경제적 효과분석은 거시경제적 상황 및 산업구조의 재편 등을 감안하지 못하는 한계가 있는 바, FTA의 사후적 분석을 위해서는 FTA 발효 이후 나타난 거시 경제적, 구조적 변화를 파악하고, 이 변화가 무역에 미친 영향을 살펴보는 것이 필수적이다. 한-EU 간 무역변화에 영향을 끼친 요인은 크게 일시적(거시 경제적) 요인과 구조적 요인으로 구분할 수 있다.

1. 일시적 요인

우선 일시적 요인을 살펴보도록 한다. 첫 번째 요인은 경기변화이다. EU 경제는 2011년 하반기부터 경기침체에 직면하여 2년 연속 마이너스 성장을 기록하였으며, 2014년 초에도 1.0% 대 초반의 저성장을 기록하였다. <그림 10>에 나타난 바와 같이, 한국과 EU의 경제성장률 격차는 2%p 이상으로 확대된 상태가 유지되었다. 2011~14년의 기간 중 한국의 연평균 경제성장률이 3.1%였던 데 반해 EU의 연평균 경제성장률은 0.7%에 불과하였으며, 특히, 남유럽을 중심으로 한 경기침체는 전체 EU 경제에 대한 하방요인으로 작용하였다. 경기침체기의 소비와 투자 감소는 수입 감소를 유발하며 무역상대국 입장에서는 수출에 불리한 여건을 형성할 수밖에 없다. 이른바, EU 입장에서의 '불황 형 흑자' 현상이 발생한 것이다.

<그림 10> 한국과 EU의 분기별 GDP 성장률(연율)과 경기격차(%)

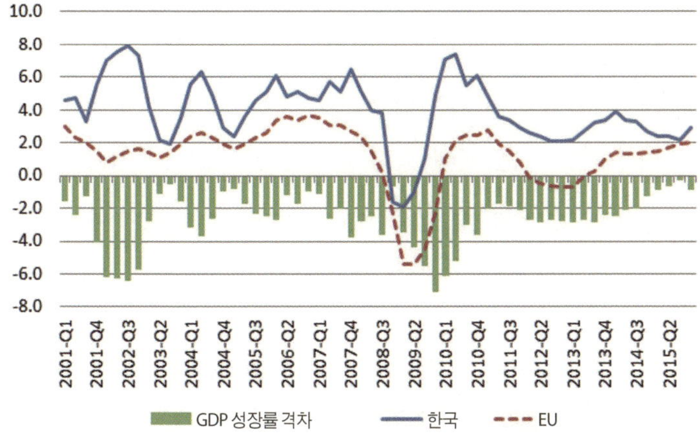

자료 : Global Insight.

<그림 11> 원/유로화, 미달러/유로화 환율 추이

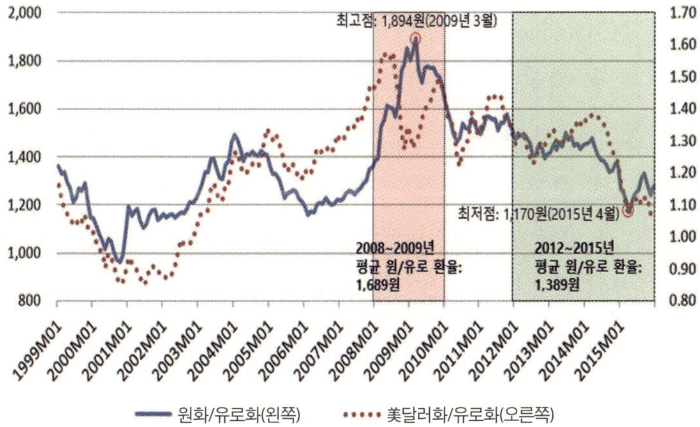

자료 : European Central Bank.

두 번째 요인은 이 기간 중 발생한 유로화 약세현상이다(그림 11). 환율이 수출에 미치는 영향은 품목별 수요의 가격탄력성, 제품차별화의 정도, 수입산 중간재 사용의 정도 등 다양한 요소에 영향을 받을 수 있으나, 2011년 이후 상당기간 계속된 바 있는 유로화 약세는 대 EU 수출에 불리하게 작용하였을 가능성이 높다. 이 기간 중 남유럽 국가들의 무역수지는 크게 개선되었고, 독일의 역외무역수지는 역대 최고치를 갱신하였다.[4] 유럽중앙은행(ECB)는 유로 존 전반에 걸친 디플레이션 타개를 위해 대규모 양적완화를 실시하였고, 이로 인해 유로화는 장기간 약세현상을 보였다.

세 번째 요인은 원유수입의 급증이다. FTA 발효 이후 원유에 부과되던 관세율 3%가 즉시 철폐되고, 대이란 제재분위기가 맞물리면서 2011년부터는 북해산 원유가 대거 수입되기 시작했다(그림 12). 원유(HS 2709) 및 정제석유(HS 2710)의 대 EU 수입은 한·EU FTA 발효 이전에는 전체 대 EU 수입의 1%에 불과하였으나, 2년차에는 11.4%(60.2억 달러)까지 증가했다. 2014년 기준 원유와 정제석유는 총 대 EU 수입 중 각각 2위, 3위 품목을 차지했으며, 대 EU 수입의 8.0%를 차지했다. 이후 유가하락으로 인해 가치기준 원유수입은 큰 폭의 감소를 기록하였으나, 물량기준(kg)으로는 여전히 같은 수준의 물량을 수입하고 있다. 대 EU 원유수입이 구조적으로 고착화될 것인지, 아니면 일시적 현상인지는 아직은 판단하기 어렵다. 반면에 향후 일정량의 수입은 계속 이루어질 것으

---

4) 특히 독일의 대미국 무역수지 흑자는 최고치를 기록하면서 미국-독일 무역 갈등의 원인이 되었다. 다음의 기사를 참조할 것. The Washington Post, "Trump's administration has a new target on trade – and it's not China or Mexico", January 31, 2017; The Economist, "Germany's current-account surplus is a problem", February 11, 2017.

<그림 12> 한국의 대 EU 원유, 정세석유 수입

(백만 달러)

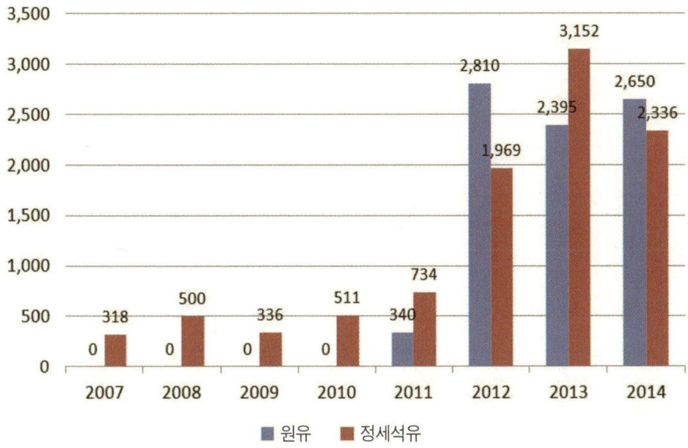

자료 : 한국무역협회(KITA)

<그림 13> 배럴당 국제 원유가격

(US 달러)

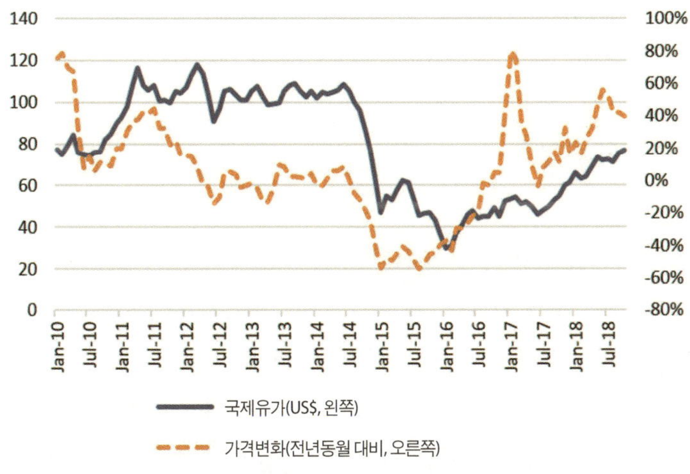

주 : 원유가격은 세계 3대 유종(두바이유, 브렌트유, WTI)의 평균이며, 1배럴 당 가격임.
자료 : Indexmundi.com.

로 예상되며, 중동정세 등등 대외적 여건에 영향을 받을 수 있다.

마지막으로 국제유가의 변동도 대 EU 수출입에 큰 영향을 끼치는 주요 요인이다. 한·EU FTA 발효 4, 5년 차에 한국의 총수출과 총수입은 모두 감소하면서 한국의 대외무역량 자체가 감소하였는데, 이는 이 기간 중 발생한 저유가 현상에 기인한 바가 크다. <그림 13>에 나타난 바와 같이 국제유가는 2012년 3월 1배럴 당 117.79 달러로 최고치를 기록했으나, 2014년 하반기부터 국제유가는 폭락하기 시작했다. 2015년 8월에는 배럴당 45.72 달러로 50% 이상 하락했으며, 2016년 1월에는 29.92 달러로 2014년 8월 대비 70% 하락하였다. 이후 서서히 회복하고 있으나, 2018년 10월 기준 배럴 당 76.73달러로 아직까지는 과거에 비해서는 낮은 수준이다. 저유가는 디플레이션을 유발하면서 수출과 수입 양측에 모두 가격하락에 따른 하방효과를 끼친다. 이 효과는 석유관련 업종에서 가장 크게 나타나나, 화석연료를 중간재 또는 에너지원으로 활용하는 모든 업종에 영향을 줄 수 있는 바, FTA 발효 이후 무역추이를 분석하기 위해서는 유가에 대한 고려가 필요하다.

2. 구조적 요인

한-EU간 무역수지 변화에 영향을 끼친 구조적 요인으로는 첫째, 특정 분야에 수출이 집중된 한국수출 산업의 특징을 들 수 있다. 한국의 대 EU 수출은 선박, 자동차, 전자분야가 전체 수출의 60%에 가까울 정도로 그 비중이 높아 일본, 중국의 대 EU 수출형태와는 큰 차이가 있다. 특히 선박의 경우 2010년 135.9억 달러를 수출하여 총 대 EU 수출의 25.4%를 차지하였다. 그러나 전 세계적인 선박수요의 극감과 일부 선박분야의 과잉생산 속에서 2013년 대 EU

수출은 56.8억 달러로 극감하면서 2010년 대비 절반 이하로 감소하였다(그림 14). 반면에 일본과 중국의 경우 대 EU 수출에서 선박이 차지하는 비중이 각각 1.0%와 2.7%에 불과하여 EU의 선박수요의 급감이 전체 대 EU 수출에 미치는 영향은 미미하다.[5]

둘째, 대 EU 수출의 감소 중 일부는 한국기업의 생산시설 해외 이전에 따라 과거 '한국→EU' 형식의 무역흐름이 '한국→제3국 생산→EU' 형식의 흐름으로 변했기 때문이다. 대표적인 분야가 지난 수년간 해외생산이 확대된 통신기기 분야이다. <그림 15>는 통신기기 분야에서 한국의 대 베트남 투자와 수출, 그리고 베트남의 대 EU 수출을 나타내었다. 삼성 등 한국기업들은 베트남을 통신기기 생산을 위해 해외생산거점으로 선정, 2010년부터 투자를 급속히 늘리기 시작했다. 이에 이 분야의 중간재 공급을 위한 대 베트남 수출이 급증했다. 2010년 이전에는 통신기기 분야에 있어 베트남의 대 EU 수출은 전무하였으나, 이후 급격히 증가했다. 이와 더불어 같은 기간 한국의 대 EU 통신기기 수출은 극감하였는데, 이는 한국의 대 EU 직접수출이 해외생산을 통한 수출로 전환된 결과이다. 이와 같은 현상은 정도의 차이는 있으나, 체코, 슬로바키아, 터키 등을 현지생산기지로 활용하는 자동차 부문에서도 발견할 수 있다. 반면에 한-EU 간의 양자 무역수지에 초점을 둘 경우 이와 같은 기업의 글로벌가치사슬(GVC: Global Value Chain) 활용을 온전히 포착하는 것이 어렵다. 따라서 FTA의 이행평가를 위해서는 향후 GVC 활용에 따른 무역수지의 변화를 반영하는 작업이 필수적이라 사료된다.

---

5) 대 EU 선박 수출은 감소했으나, EU 선박시장에서 한국의 시장점유율은 꾸준히 30% 이상을 유지하고 있다. 따라서 수출급감이 한국産 선박의 경쟁력 감소로 인한 것은 아니며, 동 분야의 전반적인 수요급감 현상이 원인이 된 것임을 알 수 있다.

<그림 14> 한국의 대 EU 수출 추이(선박, 자동차, 전자)

(단위 : 백만 달러)

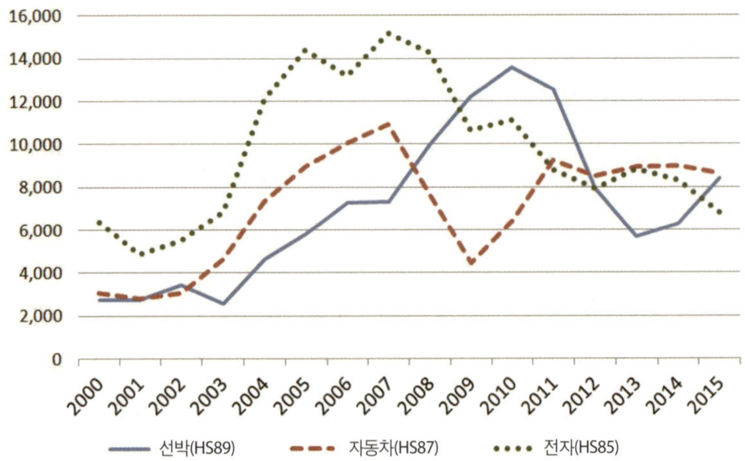

자료 : 한국무역협회(KITA).

<그림 15> 한국의 대 베트남 투자와 전자부품 수출, 베트남의 대 EU 전화기 수출 추이

(단위 : 백만 달러, 유로) (백만 달러)

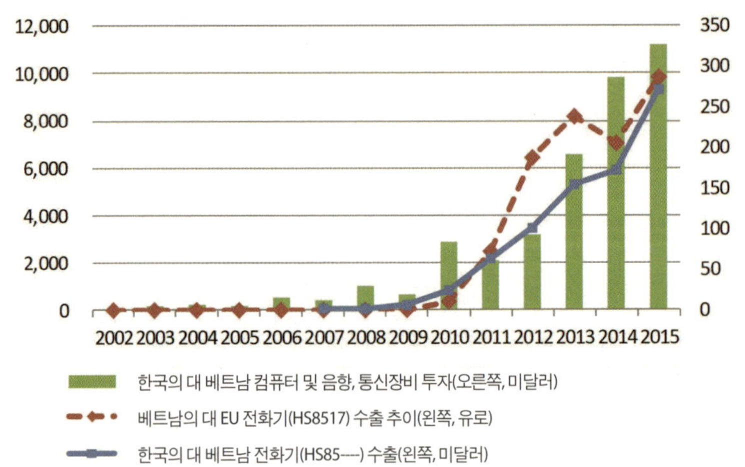

자료 : 한국수출입은행, 한국무역협회, Eurostat.

3. 유럽의 경기변화

앞서 설명한 요인 중 구조적 요인 외에 일시적 원인에 의한 무역수지 악화는 거시 경제적 환경이 변화할 경우, 반전될 가능성이 있다. 앞서 설명한 바와 같이 한·EU FTA 6년차(2016년 7월~2017년 6월)에 대 EU 수출은 큰 폭으로 증가하였고, 수입은 오히려 감소세를 보였다. 같은 기간 중 EU 경제의 회복세가 점차 가속화되었다는 점을 감안할 때, 향후 한-EU 간의 무역수지는 제품의 경쟁력과 같은 품질, 가격변수 외에도 양측의 경기에 따라 크게 좌우될 가능성이 높다. 또한 관세인하에 비해 훨씬 변동 폭이 심했던 환율추이도 무역수지에 중요한 영향을 끼칠 것으로 보인다. 이러한 배경 속에서 향후 대 EU 수출전망을 위해서는 EU 경제의 성장률과 환율에 전망이 필수적이다. <그림 16>은 EU 경제 중 핵심인 유로 존의 경제성장률을 GDP 구성요소별로 표현하였다. 2012~13년의 기간 중 유로 존 경제는 투자와 민간소비가 크게 하락하면서 경기침체의 주원인이 되었던 반면, 순 수출은 2010~13년의 기간 중 경기성장에 긍정적으로 기여하였다. 이러한 모습은 불황 속에서 내수가 위축된 가운데, '불황 형 흑자'가 나타나는 전형적인 예이다. 반면에 2014년부터 회복세를 나타낸 유로 존 경제는 점차 내수가 경제성장에 기여하는 정도가 강해지고 있으며, 2015년에 이르러는 완연한 내수위주의 성장세를 보이고 있다. 2016년에는 2010년 이후 처음으로 순 수출이 경제성장률에 부정적으로 기여하였는데, 이는 점차 경기가 호황의 모습을 띠어감에 따라 수입이 증가함을 의미한다. 이러한 모습이 한-EU 간 무역관계에 반영될 경우, 2018~19년 중에도 대 EU 무역수지는 개선될 가능성이 높다.

<그림 16> 유로존의 GDP 성장률과 요소별 기여도

(%, %p)

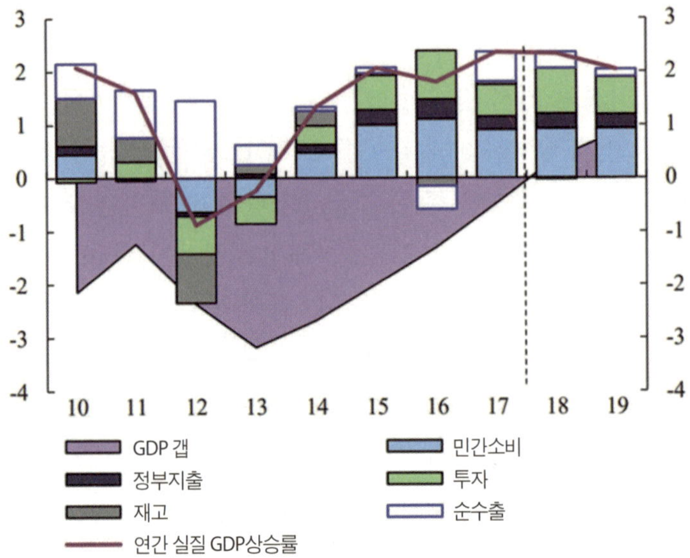

자료 : European Commission(2018).

또 중요한 거시 경제적 변수는 유로화 환율의 변화이다. ECB는 기준금리를 역대 최저치로 하향조정한 후, 장기간 저금리 기조를 유지하고 있으며, 2015년 3월부터는 매월 600억 유로의 국공채를 매입하는 양적완화를 실시하였고, 같은 기간 미연방준비은행이 실시한 점진적인 금리인상과 테이퍼링은 유로화 약세가 형성되는 주요원인이 되었다. 반면에 현재 유로 존은 디플레이션에서 벗어나, 2018년 7월 이후 2%를 상회하고 있다. 따라서 가까운 시일 내에 ECB는 기존의 양적완화를 중단할 것이며, 유로화는 강세로 전환될 가능성이 높다. 유로화 강세는 한국産 제품의 EU 시장에서의 가격경쟁력이 높아지고, EU産 제품의 가격경쟁력이 낮아짐을 의미한다. 이러한 이유로 거시 경제적 변화로 인해 한-EU 간 무역추이가 다시 영향을 받게 될 것으로 예상된다.

V. 향후 FTA 운영에 대한 시사점

1. 한·EU FTA 이행에 관한 평가

1) 무역변화에 관한 평가

2016년 중 한국과 EU 양측에서는 모두 한·EU FTA에 관한 이행 평가가 실시되었다. 이 연구들은 모두 동 FTA의 이행 기간 중 양자무역이 크게 증가했음을 지적하고, 이에 대해 만족감을 표시했다. 반면에 앞서 지적한 바와 같이 무역증가 주로 한국의 대 EU 수입증가로 인해 이루어졌고, 이러한 측면에서 비대칭적 성격이 강하다. 앞서 설명한 바와 같이 유럽의 경기침체와 장기화된 유로화 약세는 대 EU 수출에 불리하게 작용하여, FTA 발효에도 불구하고 한국의 대 EU 수출이 감소하는 결정적인 원인이 되었다. 유럽의 수요둔화와 유로화 약세가 대 EU 수출부진의 원인이 된다는 점은 한·EU FTA 이행 기간 중 여러 연구를 통해 지적된 바 있다(최남석 2013, 49-73; 강유덕 2016, 187-206).

먼저 수출측면을 살펴보면, 수출이 감소한 것은 사실이나, FTA의 관세철폐로 인해 수출이 증가한 품목도 많고, 특혜관세활용률도 높다는 점에서 FTA를 통한 수출증가효과가 있었음을 무시할 수 없다(명진호, 김유경 2010, 123-146). 대 EU 총수출이 감소한 것은 한국만이 아니라, 중국, 일본, 대만 등 동아시아의 수출중심 국가들은 모두 한국과 마찬가지로 대 EU 수출증가가 급속히 둔화되거나, 수출 감소 현상을 겪었다. 따라서 FTA 발효 이후 수출이 감소했다는 사실 만으로 FTA의 효용성이나 성과를 논하는 것은 지나치게 단면적인 분석이다. 오히려 더 위축될 수 있는 대 EU 수출을 한·EU FTA가 견인해준 것으로 생각해 볼 수도 있다.

수입에 있어서는 많은 품목에 걸쳐 수입이 급증하였다. 수입은 소비재와 원자재(원유), 내구재(기계장비)에 걸쳐 고르게 증가하였다. 흔히 수출을 긍정적으로, 수입을 부정적으로 보는 경향이 강한데, 이는 수출주도형 경제성장의 잔영이 깊이 투영되었기 때문이며, 궁극적으로 수입의 증가는 소비자 후생을 증진하고, 산업경쟁력 확대에 기여할 수 있다. 무역학에서 수출입다양도(extensive margin)으로 표현되는 무역품목의 다원화는 소비자의 선택의 폭을 확대시켜 생활수준 향상에 기여한다. 국제적 비교가 가능한 소비자의 등장은 장기적으로 국내시장에서의 경쟁을 심화시켜, 국내기업의 경쟁력 강화에도 기여할 수 있다.

수출 감소와 수입증가로 인해 무역수지가 감소한 것은 사실이나, 이는 한국의 총 무역·경상수지와 연관하여 생각해볼 필요가 있다. 2016년 기준 한국의 경상수지는 986.8억 달러 흑자로 전년도(1059.4억 달러)에 비해 다소 감소하였으나, 여전히 역대 최고수준을 기록하고 있다(그림 17). 이는 GDP 대비 7%로 한국은 독일, 스위스와 함께 비산유국 중 GDP 기준 가장 높은 경상수지 흑자를 기록하고 있다. 이중 가장 많은 부분을 차지하는 상품수지는 1,204.4억 달러에 이르는데, 이는 2011년의 290.9억 달러에 비해 4배 이상 증가한 것이며, GDP 대비 8.5%에 해당한다. 또한 과거 적자를 기록하던 본원소득수지는 2010년을 기점으로 흑자로 전환된 이래 2012년에는 121.1억 달러로 역대 최고수준을 기록하였다. 막대한 상품수지 흑자 수준을 감안할 때, 대 EU 무역수지 적자는 한국의 거시경제 운영에 큰 부담을 주지 않을 것으로 예상된다. 또한 본원소득수지가 흑자로 전환된 점은 한국기업의 해외진출 또는 해외투자 수입의 확대와 직접적인 관련을 갖는다. 한국기업의 해외생산 확대에 따라 대 EU 직접수출이 감소하였다

<그림 17> 한국의 경상수지 및 구성요소 추이(GDP 대비 %)

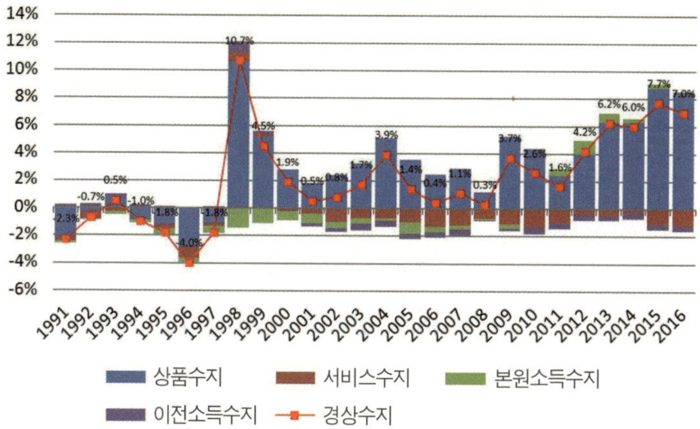

자료 : 경상수지-통계청, 명목 GDP-World Bank.

면, 이로 인한 무역수지 적자는 투자대상 국가(예: 베트남)에 대한 무역수지 흑자 확대와 본원소득수지 흑자 확대로 인해 어느 정도 상쇄되었을 가능성이 높다.

2) 한·EU FTA를 통한 국내 법제개혁

FTA 발효 이후 수출입 변화에 관해서는 많은 관심이 집중되나, 정작 간과하기 쉬운 사실은 한·미, 한·EU FTA 추진이 국내 제도개혁과 병행해서 이루어졌다는 사실이다. FTA를 통한 제도개혁은 FTA를 추진한 본래의 목적은 아니지만, 국내제도를 국제기준에 보다 부합하게 고쳐나간다는 점에서 무역 및 투자 순응적 성격을 갖는다. 물론 FTA 추진과정에서 국내정책 주권의 확보는 매우 중요한 문제이다. 그러나 내수규모가 작은 한국의 여건 상, 국내 정책주권을 침해하지 않는 한계 내에서 국제기준을 선별적으로 수용하는 것은 한국산업의 수출경쟁력 증진에 기여할 수 있다.

한·미 FTA 추진과정에서 한국정부는 국내 법률과 시행령, 시행

<표 4> 한·EU FTA 발효와 관련된 국내법 개정

분야	신규 적용	한·EU FTA 조항 및 국내 조치
통신 서비스	국내 기간통신사업 간접투자 100% 허용	• 한·EU FTA, 부속서 7-가-4 • 방송통신위원회 전체회의 의결(2012. 11. 29) →전기통신사업법, 법률 제11690호, (타법개정, 2013.3.23), 시행 2013.3.23
	국제 위성전용회선 서비스 중 방송 중계 부문 허용	위와 동일
법률 서비스	법률시장 개방	• 한·EU FTA, 부속서 7-가-4 • 외국법자문사법, 법률 제10629호(타법개정, 2011.5.19), 시행 2011.7.20
금융 서비스	금융기관의 고객정보 처리를 위한 해외위탁을 허용	• 한·EU FTA, 제7.43조 자료처리 • 금융회사의 정보처리 및 전산설비 위탁에 관한 규정, 금융위원회 입법고시(2013.6.25)
지적 재산권	저작자 사후 저작권 연장(50 → 70년)	• 한·EU FTA 제10.6조 및 제10.14조) • 저작권 보호기간 20년 연장(국회 본회의 의결, 2011.6.23) →저작권법, 법률 제10807호(일부개정, 2011.6.30), 시행 2013.7.1
	통관보류조치 적용대상 확대 (특허 및 디자인)	• 한·EU FTA 제10.67조 • 특허권 침해품목 통관제도 개선방안 마련(기획재정부 보도자료 2011.12.2) →관세법 제235조, 법률 제11873호(부가가치세법) 일부개정 (2013.6.7)

자료 : 강유덕·김준엽(2013, 16)

규칙 등 57건을 개정했다.[6] 2003년에 발표된 FTA 로드맵은 미국과 EU를 모두 중장기 FTA 상대국으로 선정한 바 있으며, 따라서 한·미 FTA 추진과정에서의 국내법 개정은 한·EU FTA까지 염두에 둔 것으로 보는 것이 맞다. 또한 한·EU FTA 추진과정에서 한국은 통신, 법률, 금융, 지적재산권 분야에서 추가적인 국내법 개정을 통해 이 FTA를 통한 개방내용을 국내법규에 반영한 바 있다. 그렇다면, 추후의 FTA 관련 분석은 이러한 국내법 개정이 국내 제도개혁 또는 국내규제의 선진화에 어떠한 영향을 끼쳤는지,

6) 오마이뉴스. '한미FTA, 국내 법률과 시행령 등 모두 57건 바꿨다' 2012년 9월 7일

정량지표를 개발하거나 정성적 분석 위한 방법론을 개발할 필요가 있다. 특히 관세장벽의 역할이 점차 미미해지고, 규범, 기술표준, 제도의 차이 등으로 인한 비관세장벽의 존재가 더 부각되는 상황에서 FTA의 이행과 국내제도 변화를 연계시켜 모니터링 할 수 있는 체제 또는 연구방법론 개발이 필요하다.

2. 향후 운영방향

한·EU FTA는 양측의 통상장관을 의장으로 하는 무역위원회를 이행협의체로 갖고 있으며, 산하에 7개(6+1)의 전문위원회와 다수의 작업반(Working group)을 갖고 있다(그림 18). 1년에 한 차례 개최되는 무역위원회에 비해 전문위원회와 작업반은 필요에 따라 수시로 개최될 수 있다. 이 이행협의체에서는 양측의 무역동향을 관찰하는 한편, 이행과정에서 불거질 수 있는 상호간의 이견을 조율하고, 필요에 따라 협정문의 개정에 관해 논의한다. 특히 FTA 체결 당시에는 예상치 못했던 이슈나, 논의에 있어 시기상조였던 주제들이 부상함에 따라 이행협의체의 역할은 계속 중요할 것이다.

한·EU FTA 15.5조는 양측의 서면합의가 있을 경우 FTA의 개정이 가능함을 명시하고 있다. 일반적으로 발효 5년을 FTA 이행의 첫 기간으로 삼는다는 점에서 현 시점은 FTA의 개정에 관한 논의가 시작될 수 있는 시점이다. 아직 양측에 있어 개정을 위한 요구는 불거지지 않은 상황이다. 다만 FTA 이행과정에서 EU측은 한국에 FTA의 직접운송 규정을 제3국에서의 분할탁송(splitting of consignment in third countries) 이 가능하도록 수정해줄 것을 요구한 바 있으며, 항공기 부품에 적용될 수 있도록 수리, 개조 후 무관세반입(Good re-entered after repair) 조항을 신설해 줄 것을 요구

<그림 18> 한·EU FTA 이행협의체

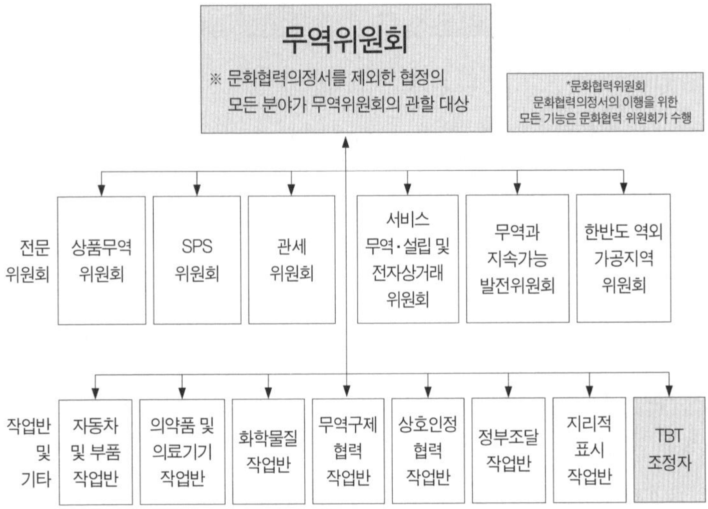

한 바 있다. 첫 번째 요구사항의 경우, EU 업계의 의견이 반영된 것으로 EU는 싱가포르와의 FTA에 반영된 '추가가공 금지(Non Alteration)' 조항이 한·EU FTA에 적용될 수 있도록 동 FTA의 13장 직접운송(Direct Consignment)을 변경해 줄 것을 요구한 바 있다. 두 번째 요구사항의 경우, 한국 항공가의 EU 역내수리가 활성화될 수 있도록 하기 위한 것이다. 이러한 EU 측의 요구를 한국 측은 수용하지 않고 있으나, 제3국과 체결한 FTA의 내용을 통일하고자 하는 EU 통상정책의 경향을 감안할 때 주기적으로 대두될 가능성이 높다. 또한 EU가 대서양경제동반자협정 (TTIP: Trans-Atlantic Partnership Agreement) 추진과정에서 미국 측에 제안한 투자법원(Investment Court)의 설립을 한국 측에 요구할 가능성도 있다.

한국은 EU 측에 의약품·의료기기 수입에 있어 우수제조품질기준(GMP)의 상호인정(MRA) 체결과 건축사, 기술사 등 전문직 상호교류를 위한 상호인정 등을 요구한 바 있으며, EU의 환경규제,

일부 식품품목(예: 명태)의 원산지 비율 완화등 비관세장벽 철폐를 요청한 바 있다.[7]

새로운 산업의 등장과 국제 경제 질서의 변화에 따라 무역협정문은 그 내용이 계속 변화할 수밖에 없다. 가령 디지털 무역의 확산과 GVC의 확대는 과거에 없었던 데이터의 대량이동과 공정단위의 무역을 활성화시키고 있으며, 이에 따라 새로운 규제이슈들이 등장하고 있다. 따라서 이행과정에서 새로운 이슈를 FTA의 틀 속으로 포괄하는 작업이 필요할 것이다. 2018년 말 한·EU FTA 13장 '무역과 지속가능한 개발'에 의거, EU 집행위원회는 한국 정부에 ILO 핵심협약을 모두 비준할 것을 요청, 정부 간 협의를 요청하였다. 이는 FTA가 단순히 무역·투자관계 뿐만 아니라, 양측의 국내제도를 조율하는 문제임을 다시 한 번 상기시킨다. 이와 같은 EU의 입장은 규범권력(normative power)의 입지를 활용하는 EU의 대외정책 기조 외에도 EU 통상정책의 외연확대, EU 내 사회·이익집단 간의 정치역학관계, EU의 통상압박 등을 복합적으로 내포하고 있다. 또한 현재 진행 중인 브렉시트(Brexit: 영국의 EU 탈퇴) 협상 결과가 어떻게 귀결되느냐에 따라 대 EU 통상관계에 변화가 있을 수 있다. 이러한 상황에서 한국 정부와 산업단체들은 FTA 이행과정에서 업계의 불편사항을 접수하고, 상호 동등한 이익의 관점에서 EU측에 요청할 수 있는 양허마련이 필요할 것이다.

---

7) 산업통상자원부. 보도자료: EU와의 무역장벽 해소로 수출길 넓힌다. 2016년 12월 18일

참고문헌

강유덕. 2016. "유럽의 경기침체가 한·EU FTA 이후 대 EU 수출에 미친 영향: 벡터오차수정모형(VECM)을 활용한 요인분석." 『무역연구』 제12권 6호. pp.187-206.

강유덕, 김준엽. 2013. 한·EU FTA 발효 2년의 평가와 향후 과제. 오늘의 세계경제 Vol. 13 No. 18.

고종환. 2006. 한·EU FTA의 산업별 영향 분석. 한국EU학회, 한국유럽학회 주최 세미나 발표자료 2006년 8월.

국책연구기관합동연구. 2010. 한·EU FTA 경제적 효과 분석. 2010년 10월 6일.

김흥종, 이창수, 김균태, 강준구, 박순찬. 2005. 한·EU FTA의 경제적 효과분석과 정책적 대응방안. 정책연구 05-09. 대외경제정책연구원.

명진호·김유경. 2010. "한 EU FTA의 對EU 수출 확대 효과 분석." 『국제지역연구』 제16권 제3호. pp.123-146.

박순찬. 2004. 한-EU FTA 타당성 검토. KIEP 용역보고서.

조경엽·송원근. FTA의 경제적 효과 분석을 위한 KERI-CGE 모형 개발 연구 - 한·EU FTA 분석을 중심으로. 연구보고서 09-01. 한국경제연구원(2009).

최남석. 2013. "유럽위기에 따른 EU 경제성장률 하락의 한국수출 파급효과 분석," 『무역학회지』 제28권 5호. pp.49-73.

Centre for European Policy Studies (CEPS). 2007. A Qualitative Analysis of a Potential Free Trade Agreement between the European Union and South Korea. Study submitted by a consortium consisting of: CEPS, Brussels (Project Coordinator) KIEP, Seoul.

Copenhagen Economics. 2007. Economic Impact of a Potential Free Trade Agreement (FTA) Between the European Union and South Korea.

CEPII/ATLASS. 2010. The Economic Impact of the Free Trade Agreement (FTA) between the European Union and Korea - Report for the European Commission.

European Commission. 2018. Economic Forecast 2018, Spring.

______. 2017. Economic Forecast 2017.

______. 2006. Global Europe: Competing in the World. A Contribution to the EU's Growth and Jobs Strategy. COM(2006) 567 final.

IBM Belgium. 2008. Trade Sustainability Impact Assessment of the EU-Korea FTA: Draft Final Report (commissioned and financed by DG Trade, European Commission).

산업통상자원부. "보도자료: EU와의 무역장벽 해소로 수출길 넓힌다." 2016년 12월 18일.

오마이뉴스. "한미FTA, 국내 법률과 시행령 등 모두 57건 바꿨다.' 2012년 9월 7일.

The Economist. "Germany's current-account surplus is a problem." February 11, 2017.

The Washington Post. "Trump's administration has a new target on trade – and it's not China or Mexico". January 31, 2017.

한국무역협회(한국무역협회(KITA)): http://www.한국무역협회(KITA).net.

한국수출입은행: https://stats.koreaexim.go.kr/odisas.html.

Global Insight: https://ihsmarkit.com/industry/economics-country-risk.html.

European Central Bank: http://sdw.ecb.europa.eu/browse.do?node=bbn1863.

Eurostat: http://ec.europa.eu/eurostat.

Index Mundi: Indexmundi.com.

부록

<표 5> 대 EU 회원국 수출과 수입비교

(백만 달러)

수출					수입				
	2011	2017	2011~17년 증감			2011	2017	2011~17년 증감	
			증감	변화율 (%)				증감	변화율 (%)
영국	4,969	8,122	3,153	63.4	독일	16,963	19,749	2,786	16.4
덴마크	438	1,496	1,059	241.9	영국	3,818	6,319	2,501	65.5
스페인	1,857	2,791	934	50.3	네덜란드	4,426	6,142	1,716	38.8
슬로베니아	1,277	1,913	636	49.8	이탈리아	4,374	5,696	1,322	30.2
벨기에	2,255	2,795	540	23.9	스페인	1,162	1,953	791	68.1
체코	1,713	2,212	499	29.2	아일랜드	719	1,148	429	59.7
아일랜드	356	693	337	94.9	그리스	91	446	356	391.2
그리스	1,350	1,628	278	20.6	오스트리아	1,330	1,615	285	21.4
크로아티아	79	328	248	312.6	폴란드	376	628	252	67.0
리투아니아	127	310	184	144.7	헝가리	471	706	235	49.9
오스트리아	838	959	121	14.4	체코	501	716	214	42.8
네덜란드	4,627	4,649	22	0.5	포르투갈	100	270	170	169.7
에스토니아	103	78	-24	-23.7	루마니아	371	451	80	21.6
루마니아	463	432	-31	-6.7	리투아니아	25	80	55	223.1
불가리아	177	137	-39	-22.3	라트비아	27	80	53	197.6
룩셈부르크	74	19	-54	-73.6	핀란드	935	975	40	4.3
키프로스	900	765	-135	-15.0	슬로바키아	141	177	36	25.8
스웨덴	1,043	896	-147	-14.1	룩셈부르크	40	69	29	74.5
라트비아	229	66	-163	-71.0	에스토니아	58	79	22	37.8
포르투갈	713	459	-255	-35.7	불가리아	140	154	14	9.8
헝가리	1,476	1,206	-269	-18.3	슬로베니아	103	113	11	10.2
이탈리아	4,107	3,758	-350	-8.5	덴마크	715	721	6	0.8
핀란드	766	297	-469	-61.2	크로아티아	20	16	-4	-21.2
폴란드	4,101	3,116	-984	-24.0	몰타	179	96	-83	-46.5
독일	9,501	8,484	-1,017	-10.7	벨기에	1,450	1,273	-177	-12.2
슬로바키아	4,103	2,773	-1,331	-32.4	키프로스	451	97	-354	-78.4
몰타	2,458	660	-1,798	-73.2	스웨덴	2,144	1,762	-382	-17.8
프랑스	5,707	2,995	-2,713	-47.5	프랑스	6,315	5,746	-569	-9.0
EU28	55,807	54,037	-1,768	-3.2	EU28	47,445	57,277	9,834	20.7

주 : 수출증가와 수입증가 순으로 정렬함.
자료 : 한국무역협회(KITA).

한-EU 기후변화대응 협력과 향후 과제

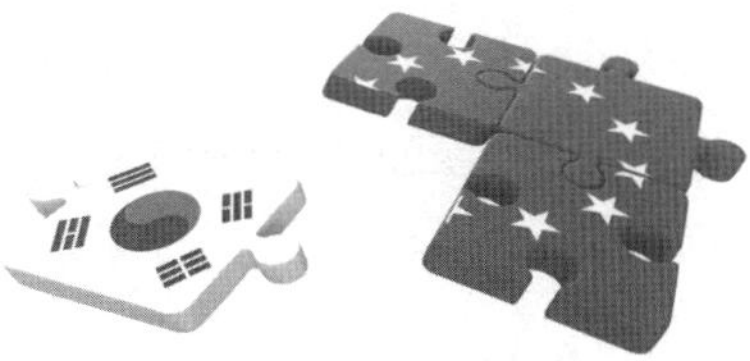

송병준 (한국외대)

I. 서론

한국과 EU는 2010년 한-EU 자유무역협정(FTA) 체결과 함께 기 체결된 기본협력협정(Framework Cooperation Agreement)을 전략적 동반자(strategic partnership) 관계로 격상하여 다양한 분야에서 협력을 강화하고 있다. 한-EU 관계는 여러 분야에서 양자관계가 구축되어 있지만 상호간 핵심적 이해는 통상 분야에 집중되어 있다. 이에 따라 자유무역협정에 부수되는 경쟁, 지적소유권 및 시장규제의 상호인증 등을 중심으로 양측간 협력과 조정이 집중되어 있다.

한편으로 EU 내에서 일종의 분배정책(distribution policy)의 성격을 내포하여 대규모 재원을 통해 운영되는 과학기술정책에서는 한국과 EU 모두 재정출자 여력을 갖고 이해를 공유하여 여러 부분에서 학계와 기업 간 양자협력이 활발하다. 2014년부터 실행되고 있는 8차 프레임워크프로그램(8th. Framework Programme)인 호라이즌 2020(Horizon 2020)으로 명명한 과학기술정책은 통상 이외의 분야에서 양측 간 이해와 협력필요성으로 양자사업이 가장 활발한 분야로 지목된다.

그러나 유럽적 규제가 극대화된 에너지, 환경, 기후변화 부분에서도 한국과 EU는 규제적 조화 및 국제사회에서 공동대응의 여지가 크지만 구체적 협력은 통상과 과학기술 분야에 비해 미진한 것이 현실이다. 또한 기후변화대응은 주요한 통상이슈로서 한-EU FTA 체결 시 협정문에 다루어진 사안이지만, 양측 간 실질적 협력은 배출권거래제도(ETS: Emissions Trading System)에 단순한 기술교류로 협력이 한정되고 있다.

이러한 배경에서 한국에서는 통상, 환경, 과학기술 및 지속가능한 발전 등 다양한 이슈와 연계되는 EU의 기후변화대응정책을 파악하고 본 이슈에서 EU와 다방면의 협력방안을 모색할 필요가 있다.

II. EU의 기후변화대응정책

1. 기후변화대응 정책기조와 실행내용

2000년 5월 리스본 특별유럽이사회에서 리스본 전략(Lisbon Strategy)이 결정되면서 이후 EU에서는 기후변화대응이 환경, 에너지 및 과학기술정책과 연계되어 실행되어 왔다. 여기에는 화석연료 저감과 청정에너지 확대를 위한 규제적 조치확대와 기술개발과 국제적 협력을 포함한다. 특별히 EU는 기후변화대응 조치 중 배출권거래제도(ETS) 등 일부 사안에서는 한국을 위시하여 국제적 공조에 주력하였다.

EU 기후변화대응정책의 직접적 목적은 에너지효율성 강화 및 저탄소 경제(low-carbon economy) 실현을 통한 지속가능한 발전이다. EU 집행위원회는 1990년대 초부터 이산화탄소 배출저감 등 기후변화대응을 위한 다양한 조치를 취하여 왔다. 나아가 집행위원회가 의도한 기후변화대응의 궁극적 목적은 새로운 성장 동력 창출로 해당 분야에서 글로벌 차원의 선도적 위치를 점하여 서비스 수출과 고용확대를 촉진하는 것이다. 또한 집행위원회는 저탄소 경제가 에너지 소비감소를 가져와 역외로부터 에너지 의존을 완화하여 대러시아 관계 등에서 긍정적 영향을 야기할 것으로 전망하고 있다(Bals et al. 2013, 18).

EU는 2003년 환경정책 차원에서 배출권거래제도(EST) 도입에 관한 지침(Directive 2003/87/EC)을 제정하여 2005년부터 국내입법을 완료하여 정책을 실행하고 있다. 2007년 리스본조약(Treaty of Lisbon) 제정 이후 EU에서는 환경총국에서 기후변화대응을 분리하여 별도의 총국을 신설해 기술입법 제정에 주력하였다. 이 결과 EU의 기후변화대응정책은 배출권거래제도, 저탄소, 오존층 보호, 온실효과 저감, 에너지 효율성 향상과 청정에너지 개발 등 기술입법의 성격을 내포한다. 따라서 본 이슈는 명확한 목표와 시한설정이 용이하여 10년 단위의 정책주기를 두어 패키지입법을 통해 정책이 진행되고 있다(Federal Ministry for the Environment 2018).

2007년 3월 유럽이사회에서는 2020년까지 1990년 대비 최소 20% 온실가스 저감을 결정하고 본 사항을 유럽 2020 전략(Europe 2020 Strategy)의 주요 목표로 설정하였다. 유럽이사회의 결정에 따라 2009년 이른바 2020 에너지기후패키지(2020 Energy & Climate Package)로 불리는 4개의 2차 입법(secondary legislation)이 제정되었다.[1] EU의 2020 에너지기후패키지 입법은 에너지 효율성 향상으로 대외 에너지 의존을 완화하여 에너지안보를 강화하고, 녹색성장을 촉진하여 산업계의 경쟁력 향상과 일자리 창출을 의도한 것이다(European Commission 2018a).

뒤이어 2014년 유럽이사회는 경쟁력을 갖춘 저탄소경제로의 전환을 위한 2030 기후에너지 프레임워크(2030 Climate & Energy Framework)를 결정하였다. 본 프레임워크는 2020 기후에너지패키지의 연장선에서 2030년까지 1990년 대비 온실가스 배출 최소 40% 저감, 동 기간 신재생 에너지 비율과 에너지 효율성 각각 최소 27%까지 향상이라는 확대된 목적을 담았다. EU는 이러한 목표 달성을 위해 2030년 까지 EU 회원국의 총 GDP 대비 0.15%의 비용이 소요될 것으로 예상하지만 이는 일종의 투자비용으로 유럽경제의 발전으로 상쇄될 것으로 예상하고 있다(European Commission 2018b).

이와 같이 EU는 2000년대 들어 중장기 프레임워크 목표를 설정하여 기후변화대응 정책을 취하고 동시에 대외적으로는 국제기구에서 개발도상국까지 다양한 수준의 협력을 취하고 있다(European Commission 2018d). EU 기후변화대응정책의 대외부분에서 핵심 사안은 주요 국제기구와의 협력과 경험교류이다. EU는 1992년 UN의 기후변화협약(UNFCCC: United Nations Framework Convention on Climate Change), 1997년 교토의정서(Kyoto Protocol) 그리고 2015년 글로벌 차원에서 최초의 구속력 있는 기후변화대응

1) 4가지 2차 입법 패키지는 탄소거래시스템지침(Directive 2009/29/EC), 탄소거래시스템이 적용되지 않는 부분에서 회원국의 온실가스 저감 결정(Decision No 406/2009/EC), 신재생에너지지침(Directive 2009/28/EC) 그리고 이산화탄소 저감지침(Directive 2009/31/EC) 등으로 구성된다(Dehausse and Zgajewski 2010).

<표 1> EU의 2030 기후와 에너지 프레임워크 목표

구분	목표 (2030년까지)	실행방안
온실가스 배출	1990년 기준 최소 40% 감축	• 2050년 까지 1990년 대비 최소 80-95% 감축 • 배출권거래제도(ETS) 개혁과 확대
재생에너지	2030년까지 에너지 수요의 최소 27% 충당	• 2016년 11월 집행위원회는 청정에너지 관련 8개의 패키지 입법 제안
에너지 효율성	2030년까지 에너지 절감 27% 달성	• 기술적 어려움으로 당초 에너지 절감 30%에서 목표 하향조정
새로운 에너지 거버넌스	에너지연합 (Energy Union) 달성	• 에너지시장 통합 • 에너지안보를 위한 회원국 간 연대 • 기후변화대응: 탈 탄소경제 구축 • 연구개발 확대

자료 : European Commission (2018c)

조치라 할 수 있는 파리협정(Paris Agreement) 체결에 중추적 역할을 담당하였다.

한편 EU는 기후변화대응에 있어 호주, 캐나다 및 일본을 위시한 OECD 주요 국가는 물론이고 러시아와 우크라이나 등 동유럽 국가 그리고 중국, 인도 및 브라질을 포함한 여러 개도국과 각기 다른 수준에서 협력을 취하고 있다. 단적으로 집행위원회, 회원국 및 유럽투자은행(European Investment Bank)은 각기 자체 예산을 통해 파리협정을 체결한 개도국을 대상으로 기후변화 대응을 위한 프로그램 실행과 기술이전을 지원하였다. 이외에 EU는 ACP 및 ASEAN 등 핵심적인 지역통합체와 협력 역시 병행한다.

2. 기후변화대응 조치의 한계

집행위원회를 중심으로 한 장기적 계획에 따른 진행에도 불구하고 기후변화 대응은 높은 실행비용으로 즉각적 성과를 야기하는 정책은 아니다. 보다 중요한 사실은 EU에서 기후변화대응은 여타 규제정책과 달리 회원국 간 이해가 극명하게 엇갈린 정책이라는 점이다. 즉 본 이슈에서는 독일, 프랑스 영국 및 스칸디나비아 국가를 위시한 환경선도국과 폴란드, 체코 등 중동유럽 후발가입국과 기술발전 정도, 에너지 소비 및 산업구조 등 여러 요인에 기인하여 정책내용과 실행목표에서 현격한 이해관계 대립을 갖는다.

유럽연합은 1990년대 이후 기후변화대응을 위해 신재생에너지 확대 및 화석연료에서 천연가스로의 에너지원 전환을 지속적으로 취하여 왔으나, 기술적 한계와 높은 비용으로 여전히 화석연료 사용비중이 높아 저탄소 정책의 성과가 예상보다는 미진하다 (Pami and Dicle 2014, 761).

한편 회원국 간 에너지 소비구조, 산업구조, 신재생에너지 부분의 기술격차로 독일과 스칸디나비아 등의 환경선진국을 제외하면 다수의 회원국들은 집행위원회의 야심찬 저탄소 조치에 회의적 시각을 갖고 EU 내에서 새로운 동서갈등의 원인으로 지목되고 있다(Desmond 2010, 472-473). 2009년 에너지기후패키지 입법은 광범위한 부분에서 EU 차원의 기후변화대응 목표를 담았다. 그러나 본 입법에는 어떻게 회원국 간 극명한 편차를 갖는 기후변화대응 환경을 개선하여 목표를 달성할 것 인가에 대한 해답은 유보되어 이후 회원국 간 정책실행을 둘러싼 갈등의 원인이 되었다(Desmond 2010, 475).

영국은 브렉시트 (Brexit) 이후에도 EU가 2030년까지 달성목표로 설정한 여러 기후변화대응 조치는 영국의 이해와 부합하므로 그대로 수용한다는 입장이다(House of Commons Business 2017, 5). 그러나 중동유럽 신규회원국의 이해는 이와 상반된다. 중동유럽 신

<표 2> 유럽연합의 에너지 소비구조

(단위 : %)

년도/비고	석유	천연가스	석탄	원자력	재생에너지
1990년	38.0	18.0	27.4	12.4	4.3
2013년	33.7	23.4	17.3	13.7	11.9

자료 : Carbon Brief (2015)

규 가입국은 기후변화대응정책 실행을 위해서는 러시아로부터의 천연가스 의존완화와 석탄발전소의 점진적 폐쇄에 따른 비용부담 문제에 EU 차원의 조치가 선행되어야 한다는 입장이다.

중동유럽 신규 가입국은 이산화탄소 배출의 주원인으로 지목되는 석탄발전에 크게 의존한다. 특히 자국 내 풍부한 매장량을 보유한 폴란드와 체코의 경우 화석연료 사용 비중은 2015년 기준 각각 50%와 30% 수준에 달한다. 반면 서유럽 주요 국가들은 1990년대부터 석탄과 석유에서 천연가스로 에너지원 전환과 신재생에너지 소비비중을 확대하여 왔다. 이 결과 2015년 기준 이들 국가의 화석연료 사용비중은 프랑스 3%, 스페인 11%, 영국 12% 그리고 독일 15% 등 프랑스를 예외로 대부분 10% 초반 수준이다(European Commission 2017, 23).

이러한 상황에서 후발국으로 EU 내 제조업 생산기지 전략을 내세운 중동 유럽 국가는 에너지 소비증가폭이 클 수밖에 없어 경제발전을 위해 EU의 온실가스감축계획을 수용키 어렵다는 입장이다. 나아가 전력생산의 94%를 석탄발전에 의존하는 폴란드의 경우 여타 비세그라드(Visegrad) 국가와 연대하여 EU의 온실가스감축계획에 강하게 저항하고 있어 구조기금(structural fund) 배분문제에 이어 동서유럽 간 또 다른 갈등으로 비화되고 있다(Dave Keating 2014).

III. 한-EU 에너지와 기후변화대응 양자협력

1. EU의 대외정책기조: 동반자실행조치(PI)

리스본조약(Treaty of Lisbon) 체결로 EU의 대외관계 실행은 일부 해당 총국의 정책집행을 제외하고 대개의 이슈는 유럽대외관계청(EEAS: European External Action Services)을 실행주체로 단일화되었다(2010/427/EU Council Decision). 한편 한-EU 관계에 있어 유럽대외관계청의 정책기조와 더불어 통상을 위시한 여러 분야에서의 양자협력은 한-EU FTA 협정과 한-EU 기본협정(Korea-EU Framework Agreement)에 명기된 사안을 중심으로 진행된다.

2011년 1월부터 활동을 개시한 유럽대외관계청은 출범 이후 EU의 전략적 이해를 위해 전 세계 주요국가 및 지역통합체와 정치경제를 망라한 협력내용을 담은 유럽 2020 전략(Europe 2020)을 수립하였다. 뒤이어 2014년 대외관계청은 유럽의회와 각료이사회의 승인을 얻어 유럽 2020 전략의 실행성격을 갖는 동반자실행조치(PI: Partnership Instrument 2014-2018)를 출범하였다. 동반자실행조치는 2014년-2017년 그리고 2018-2020년을 구분하여 총예산 9억 6,040만 유로를 통해 실행되고 있다. 다만 EU의 전체 예산에서 대외관계 부분은 약 6% 내외라는 점을 고려하면 동반자실행조치 비용은 사업규모에 비해 다소 적은 금액이라 할 수 있다(Regulation (EU) No 234/201).

동반자실행조치는 EU 측에서 예산을 확보하여 주요 정책의제를 중심으로 해당국과 특정 프로젝트를 진행하는 형식이다. 즉 동반자실행조치에서는 유럽대외관계청이 계획을 수립하고 이후 집행위원회 내 독립적 총국의 성격을 갖는 외교정책실행국(FPI:

<표 3> 비세그라드(Visegrad) 국가와 주요 서유럽 회원국의 에너지 구성 (2015년)

(%)

구분		화석연료 (석탄)	석유	천연가스	원자력	재생 에너지	비활용, 폐기
비세그라드	폴란드	50	22	18	-	9	1
	체코	38	20	14	15	12	1
	슬로바키아	20	21	23	23	12	1
	헝가리	10	29	32	20	8	1
주요 서유럽 회원국	독일	25	33	21	8	12	1
	영국	12	38	34	8	7	1
	스페인	11	42	20	16	11	-
	프랑스	4	33	9	44	9	1

자료 : European Commission (2017, 23)

Service for Foreign Policy Instruments)과 해당 총국에서 연간실행계획(Annual Action Programmes)을 설정해 사업을 진행한다.[2] 동반자실행조치는 에라스무스(Erasmus)를 위시한 고등교육 및 호라이즌 2020(Horizon 2020)을 위시한 과학기술협력 등 해당 총국에서 대외관계 부분을 담당하는 사업을 제외한 환경, 에너지, 기후변화, 노동, 이민 및 문화정책 등을 망라한다(European Commission 2018e).

유럽대외관계청의 동반자실행조치를 통한 프로젝트는 2014-18년(상반기) 기간 총 101건이 진행되어 한국은 배출권거래제도(Emission Trading Scheme RoK), 녹색성장(Green Gateway to Republic of Korea) 그리고 저탄소(Low Carbon Action in Republic of Kore) 등 3건이 EU와 양자관계를 통해 사업이 진행되고 있다. EU가 중국과 아세안(ASEAN)을 위시한 아시아 국가를 대상으로 한 여러 건의 프

2) 외교정책실행국(FPI)은 리스본조약 체결로 집행위원회 내에 기존 대외정책총국(DG External Relations)을 대치하여 설립되었다.. 약 140여명에 달하는 외교정책실행은 유럽위원회 내 총국에 위치하지만 외교안보정책고위대표(HR)의 지휘를 받아 외교안보 부분 예산 집행 등 실무지원 기능을 갖는다. (송병준 2016, 156)

<표 4> EU의 동반자실행조치(PI) 프로젝트

<table>
<tr><th rowspan="2">연도</th><th rowspan="2">사업비
(백만유로)</th><th rowspan="2">사업건수</th><th colspan="2">한-EU 프로젝트</th></tr>
<tr><th>사업명</th><th>예산</th></tr>
<tr><td rowspan="2">2014</td><td rowspan="2">107</td><td rowspan="2">20</td><td>Emission Trading Scheme RoK</td><td>350만 유로</td></tr>
<tr><td>Green Gateway to Republic of Korea</td><td>2,000만 유로</td></tr>
<tr><td>2015</td><td>103.72</td><td>17</td><td>-</td><td></td></tr>
<tr><td>2016</td><td>109.72</td><td>22</td><td>Low Carbon Action in Republic of Korea</td><td>240만 유로</td></tr>
<tr><td>2017</td><td>116.9</td><td>23</td><td>-</td><td></td></tr>
<tr><td>2018
(1단계)</td><td>96.4</td><td>19</td><td>-</td><td></td></tr>
</table>

자료 : European Commission (2018e)

로젝트는 사이버안보와 디지털경제, 해상안전, 식품안전, 경제개혁 등 다양한 분야를 망라하지만 한국은 기후변화 그리고 일본은 통상촉진 등으로 프로젝트가 특화되어 있다(European Commission 2018e). 따라서 한국과 EU간 통상 분야 이외에 양자관계가 가장 활발한 분야는 과학기술분야이며 이를 제외하면 양측 간 협력이 가시화된 부분은 기후변화대응이라 할 수 있다.

2. 한-EU 양자협력: 제도적 기반

2010년에 체결된 한-EU FTA에서는 국제사회에서 환경문제 공유와 협력이라는 선언적 내용과 함께 여러 이슈에서 협력촉진을 명기하였다. 한-EU FTA 협정문 13장의 무역과 지속가능한 발전(Chapter 13 Trade and Sustainable Development)에는 양측이 기후변화에 관한 국제연합 기본협약(UNFCC: United Nations Framework Convention on Climate Change)과 교토의정서의 목적을 재확인한다는 일반적인 내용을 담았다. 뒤이어 본 협정문에는 경제사회발전과 환경보호는 지속가능한 발전을 위한 상호의존적 관계라는 점을 들어 통상과 관련된 환경문제 협력이 명기되어 있다(외교부 2010, 1318-1319).

나아가 본 협정문 13장과 부속서 13 무역과 지속발전에 관한 협력(Annex 13 Co-operation on Trade and Sustainable Development)을 통해 저탄소를 위시한 환경기술, 재생에너지, 에너지효율 제품과 서비스, 환경라벨, 녹색공공조달, 및 탄소시장 등 무역과 관련된 양측 간 협력이 명기되어 있다. 이와 같이 한국과 EU는 FTA 체결 시 추후 에너지, 환경과 기후변화대응 및 과학기술 등 다방면에서의 협력 여지를 두었다고 할 수 있다(외교부 2010, 1319, 1324).

한편 2010년 한-EU FTA와 더불어 체결된 한-EU 기본협정(Korea-EU Framework Agreement) 역시 에너지와 기후변화대응이 별도의 조항으로 명기되어 양측 간 협력목표를 담았다. 구체적으로 기본협정 2조(Framework Agreement Art. 2)에는 공동의 이해를 갖는 부분에서 동반자관계를 구축하고 가치를 공유한다는 내용이 명기되고, 대표적 협력 분야로 에너지, 환경과 기후변화에 관한 협력이 거론되어 있다(European Union 2010, 12-13).

이외에 기본협정 17조(Framework Agreement Art. 17)에도 에너지 부분에서 양측 간 협력사항이 명기되어 있다. 한국과 EU간 에너지 협력의 핵심은 에너지안보, 신재생에너지 확대와 관련 부분에서 기술개발로 압축된다. 이외에 본 협정에는 에너지시장에서의 공정하고 투명한 경쟁 등 시장운영 그리고 제 3세계를 위시한 글로벌 에너지 시장에서 양측 간 의견 교환에 관한 내용이 명기되어 있다. 협정문에 따르면 이러한 에너지정책에서의 협력은 에너지정책과 시장상황에 대한 정보교환과 공동연구개발 및 에너지 관련 무역과 투자 확대 등을 통해 진행된다(European Union 2010, 27-28).

이외에 한-EU 기본협정 24조(Framework Agreement Art. 24)에는 저탄소 및 온실가스 감축을 위한 양측 간 경험과 정보교환, 관련 프로그램 채택 그리고 교토의정서를 위시한 여러 국제적 협약 준수 등 다양한 내용을 담고 이를 위해 정치적 대화와 실무수준의 기술적 논의가 명기되어 있다(European Union 2010, 38-39).

한-EU 기본협정이 FTA와 비교하여 에너지와 기후변화 부문에서 더욱 진일보한 협력을 담았다는 사실은 정치, 정책 및 기술적 부분에서 집중적 대화와 협력(intensify dialogue and cooperation at political, policy and technical levels)을 명시한 점에서 확인할 수 있다. 정치적 대화에서부터 기술적 협력까지 모든 단계에서 걸친 협력을 제시한 협정내용은 현실적으로 배출권거래제도, 에너지효율 향상 및 저탄소 부분에서 양측 간 동등한 제도적 조건과 기술축적을 전제한 수평적 동반자라는 사실을 내포한 것이다(Croquet 2013, 80). 따라서 한-EU 기본협정 체결 이후 기후변화대응을 중심으로 한 협력은 양측이 인식을 같이하면서 높은 기술수준을 배경으로 진행된다고 할 수 있다.

3. 한-EU 양자협력: 배출권거래제도(ETS)

EU의 동반자실행조치(PI)에 따라 진행되는 한-EU의 대표적 프로젝트는 2014년부터 진행된 배출권거래제도와 녹색성장 및 2016년부터 진행되는 이산화탄소 저감 등 기후변화대응 부분이다. 배출권거래제도(ETS)는 EU가 기후변화 대응을 위해 2030년까지 1990년대 대비 40% 감축을 실행한다는 명시적 목적을 설정한 핵심 정책으로 역외 주요 국가 혹은 국제기구와 양자 및 다자 협력에 각별한 관심을 두고 있다.

EU는 2005년 국제사회에서 최초로 배출권거래제도를 도입하고 거래규모도 가장 큰 시장으로 이 부분에서 운영과 기술축적이 상당한 수준에 도달하였다. 이러한 배경에서 EU는 역외국가와 자유무역협정 체결 시 기후변화대응과 배출권거래제도 부분에서 양자협력을 주요 이슈로 다루고 있다. EU에서는 배출권거래제도 확대가 환경과 기후변화대응 측면에서 온실가스 감축은 물론이고 장기적으로 관련 기술개발을 통해 새로운 성장 동력을 야기할 것으로 전망한다.

한편 한국의 경우 에너지 소비는 경제규모에 비례하여 세계 10위권에 이를 정도로 대표적인 에너지 과소비 국가로 지목된다. 그럼에도 한국에서 소비되는 원유, 천연가스 및 일부 발전용 석탄 등 대표적인 화석연료는 국내수요의 약 97%를 수입으로 충당한다. 한국은 전력생산 부분에서 수입에 의존하는 화석연료를 사용하는 화력발전소의 전력생산이 약 60%를 점하고, 원자력 발전 비중도 32% 정도로 여타 선진국에 비해 과도한 원전의존율을 갖는다(Jung Jung Ki 외 2017, 9).

이러한 배경에서 한국 역시 EU와 유사하게 기후변화대응을 위해 2030년까지 발전부분에서 재생에너지 사용 20% 그리고 2024년까지 에너지 총 소비에서 재생에너지 비율 10%를 달성한다는 목표를 설정하였다. 이러한 목표에 따라 한국은 OECD 주요국과 보조를 맞추어 아시아국가에서 두 번째로 배출권거래제도를 도입하였다(Climate Action Tracker 2018). 이와 같이 한국과 EU 모두 배출권거래제도 확대를 통한 친환경 및 저탄소 에너지원으로의 전환 그리고 온실가스 감축이 주요 정책기조로 본 부분에서 기술협력이 활발하다.

특별히 온실가스 감축에 있어 EU는 2030 기후에너지 프레임워크 목표를 통해 2030년까지 1990년 대비 40%감축 그리고 한국은 현시점에서 2030년까지 온실가스 37% 감축으로 양측이 유사한 목표를 갖는다. 따라서 한-EU 에너지 및 기후변화대응 협력은 에너지안보와 에너지시장 자유화보다는 배출권거래제도, 저탄소 혹은 신재생에너지에 한정해 온실감소 감축 등 기술부분의 협력에 초점이 맞추어져 있다(한-유럽 배출권거래제 기술협력 사업팀 2018).

2014-19년 기간 진행되는 한-EU 배출권거래제도 기술협력사업(ETS RoK)은 한국배출권거래제도(KETS: Korea Emissions Trading System) 운영지원과 정책수립을 목적으로 실행되고 있다. 한-EU 배출권거래제도 기술협력사업은 준비기간을 거쳐 2016년 7월에 공식적으로 출범하여 향후 10여 년간 양국 간 본 분야에서 운영경험과 지식을 공유한다.[3)]

본 협력 사업은 집행위원회 내 기후변화총국(DG Climate Change)과 한국정부 측에서는 환경부가 사업운영주체로 참여하고 5개의 기업 및 협회가 국제기술전문가지원팀(ITAT: International Technical Assistance Team)으로 참여하고 있다. 구체적인 사업은 지식관리, 기술 및 전략 워크샵, 배출권거래제도 준수 및 거래전략 그리고 탄소거래 모델링 구축 등 기술적 협력에 집중되어 있다(한-유럽 배출권거래제 기술협력 사업팀 2018). 한국과 EU는 배출권거래제도 분야에서 이러한 기술협력과 국제사회에의 선도적 지위를 통해 정책, 운영시스템 및 기술개발 부분에서 양자협력이 더욱 활성화 될 것으로 전망된다.

한편 2014년부터 EU의 동반자실행조치 프로젝트로 선정되어 2016-20년 기간 시행되는 Green Gateway to Republic of Korea 사

3) 대한민국정부, (2016) 『EU-Korea ETS Project: 한-유럽 배출권거래제 기술협력 사업』, 한국기업을 대상으로 한 워크숍 개최. (검색일: 2018. 11. 19)

업은 EU가 아시아 지역 주요 9개국(한국, 일본, 중국, 필리핀, 태국, 싱가포르, 베트남, 말레이시아, 인도네시아)에서 EU 기업진출 확대를 위한 프로젝트인 EU Gateway Business Avenues 사업의 일환으로 진행되고 있다. EU Gateway 프로젝트는 아시아 전역에서 9개 주요 분야에 약 2,700여개의 EU 기업이 참여하고 있다(EU Gateway).

2016년부터 2,000만 유로의 예산으로 집행되는 EU Gateway to Korea는 그린에너지, 환경과 수자원처리, 유기농식음료, 디자인 그리고 헬스케어의료 등 EU 측 기업이 경쟁우위에 있는 5개 산업부분에서 현지기업의 한국진출과 협력을 지원하는데 목적이 있다. 따라서 EU의 동반자실행조치로 실행되는 EU Green Gateway to Republic of Korea 프로젝트는 사실상 그린에너지 부분에서 민간기업 지원으로 한정되어 한-EU 양측 정부 간 공식적 협력프로젝트의 성격을 갖는 것은 아니다(EU Gateway).

이외에 2016년부터 실행되는 EU의 동반자실행조치 프로젝트 22건 중 1건은 2017년부터 2020년까지 240만 유로의 예산으로 실행되는 한국의 저탄소 실행계획(Low Carbon Action in the Republic of Korea)이다. 2017년 7월 집행위원회의 발표(EU OJ 2017/S 076-146558)로 사업공모가 이루어져 2018년에 프로젝트 선정과 함께 사업이 개시될 예정이다. 한국의 저탄소실행계획은 여타 EU의 동반자실행조치 프로젝트와 같은 맥락에서 글로벌 차원에서 EU의 전략적 이해를 확대하는데 있다. 더불어 본 실행계획은 특별히 EU가 중점을 둔 기후변화대응 부분에서 아시아의 선도국인 한국과 협력을 통해 양측 간 정책결정자, 산업계, 학계와 시민사회 등을 망라한 광범위한 협력을 취하는데 목적을 둔다.[4]

---

4) EEAS, Contract Notice for the Low Carbon Action in the Republic of Korea. (검색일: 2018. 11. 24)

최종적으로 2018년 8월 EU의 동반자실행조치로 2018-21년을 시행기간으로 한 한-EU 기후변화 프로젝트(Korea-EU Climate Action Project)가 결정되어 이듬해 2019년 3월 출범식이 개최되어 본격적으로 진행되고 있다. 한-EU 기후변화 프로젝트는 양측 간 네트워킹 강화, 정책에 대한 논의 및 지방정부와 도시 간 협력 그리고 기업, 학계, 연구기관과 NGO 등 여러 이해관계 주체의 역량 강화를 목적으로 한다. 본 프로젝트는 신재생에너지, 건축물 에너지 효율화, 저탄소 교통수단 및 순환경제(circular economy) 그리고 기업의 실행 등 5가지 사업 분야에 걸쳐 EU 측에서 일종의 플랫폼을 제공하여 모니터링, 모범사례의 홍보, 공동연구와 시범사업 등 세부 프로젝트 형태로 진행된다(Climate Action EU-Korea 2019).

이와 같이 한국과 EU 간 기후변화대응 협력은 배출권거래제도 확대를 통한 친환경 및 저탄소 에너지원으로의 전환 그리고 온실가스 감축 등 기술부분에 집중되어 있다.

<표 5> 한-EU의 기후변화대응 양자협력사업

사업기간	사업명	예산
2016-19	한-EU 배출권거래제도 기술협력사업(Emission Trading Scheme RoK)	350만 유로
2016-20	Green Gateway to Republic of Korea	2,000만 유로
2017-20	저탄소 실행계획(Low Carbon Action in Republic of Korea)	240만 유로
2018-21	한-EU 기후변화 프로젝트(Korea-EU Climate Action Project)	자료없음

자료 : European Commission (2018e); Climate Action EU-Korea (2019) 취합.

IV. 결론: 향후 협력확대방안

EU의 외교정책 목표는 국제사회에서 규범권력(normative power)의 확대이다. 국제적 질서는 강성권력(hard power)을 배경으로 한 미국의 주도하에 규범권력을 내세운 EU가 뒤따르는 구조이다(Artan Murati 2015, 46-47). 2000년대 들어 전개된 이라크 전쟁은 이러한 EU의 대외정책 기조를 보여준다. 문제는 동아시아는 미국과 중국의 세력균형 접점 지역으로 EU의 규범권력이 제약된다는 점이다. 따라서 EU는 본 지역에서는 통상, 환경, 에너지, 기후변화 및 교육 등 비정치적 이해를 갖는 경제사회정책에 집중할 수밖에 없고, 통상이외의 분야에서 EU의 이해를 충족할 동반자는 한국 및 일본으로 한정된다.

한편 중국을 중심으로 한 동아시아 국가의 경제성장은 지정학적 측면에서 권력의 변화를 야기하여 냉전시대의 양극체제와 유사하게 국가 간 제로섬 게임논리가 적용되고 있다. 특별히 새로운 경제대국으로 부상하는 중국은 이에 걸맞은 경제적 이해는 물론이고 정치적 영향력을 급속히 확대하고 있다(Reiterer 2017, 3). 이러한 EU의 대외정책과 동아시아에서의 정치경제변화를 고려할 때 한-EU 관계는 통상이외에 다양한 이슈에서도 긴밀한 협력이 요구되는데, 기후변화 대응은 양측 간 이해를 충족하면서 포지티브섬(positive-sum) 효과를 야기할 수 있는 대표적 분야라고 할 수 있다.

EU는 리스본조약 체결 시 기후변화대응에 관한 조항을 공식적으로 조약에 명기하고, 2009년 이후 기후변화와 에너지 문제에 대응한 패키지 입법을 제정하였다. 또한 집행위원회 내 환경총국(DG Environment)에서 기후변화 부분의 업무를 분리하여 새롭게 기후변화총국(DG Climate Change)을 출범하여 정책의 독립성과 전문성을 강화하였다. 이러한 EU의 발 빠른 움직임은 광범위한 기후변화대응 조치는 관련 기술개발과 고용창출로 이어져 새로운 경제성장의 기회를 가져온다는 기대에서 비롯된 것이다.

그러나 이러한 EU의 의도가 모두 순조로운 것은 아니다. 단적으로 기후변화대응 정책의 핵심인 배출권거래제도의 경우 총 온실가스배출 규모에서 배출권거래제도 적용은 약 45% 수준에 머물러 있다. 또한 회원국의 온실가스감축을 다룬 2009년 결정(Decision 406/2009/EC)에서 확인 할 수 있듯 농업 등 예외적용 분야와 일부 회원국에 대한 차등 적용 등 적지 않은 제약요인을 갖고 있다(Decision No 406/2009/EC).

이와 같이 배출권거래제도에 확인할 수 있듯 EU의 기후변화대응은 문제해결을 위한 관련 정책의 동반 등 복잡한 양상을 갖는다. 따라서 한국은 기후변화대응정책에서 EU와 단순한 기술교류를 넘어 문제해결을 위한 정책 그리고 더 나아가 제3국에 대한 공동 진출과 타 정책으로의 연계와 파급 등 다양한 부분에서 협력을 취할 필요가 있다.

첫째, 기후변화대응정책은 다양한 이슈를 포함한 포괄적 정책이며 단기간에 효과를 야기하는 규제정책과 성격을 달리하므로 장기적 협력이 요구된다. 물론 EU에서는 1990년대 통독으로 구동독 지역의 산업기반이 붕괴되면서 본 지역의 석탄발전소를 모두 폐쇄하여 저탄소 감소조치를 획기적으로 실행한 독일의 선례가 있다(Desmond 2010, 472). 그러나 이는 정책발전과 무관한 정치적 요인에 기인한 결과로 EU의 정책은 기술발전 속도와 산업구조 등을 고려한 점진적 시행이 이루어지는바 한국은 여러 이슈에서 EU와 장기적 관점에서의 협력을 취할 필요가 있다.

둘째, 이슈 간 연계이다. EU에서 기후변화대응정책의 경우 통상, 환경, 과학기술 및 에너지 등 여러 경제사회정책과 불가분의 관계로 각각의 해당 총국(DG: Directorate General)이 업무를 담당하지만 정책 간 연계성으로 총국 간 협력이 활발한 분야이다. 그러나 한국은 동 분야에서 EU와의 협력은 탄소거래권 운영에서 기술적 문제 정도로 협력이 제한적이다.

기후변화대응정책에서 양측 간 성공적 협력은 추후 통상, 에너지와 환경정책 등으로 긍정적 파급을 야기할 수 있을 것이다. 단적인 예로 EU는 주요 선진국 및 개도국과 자유무역협정(FTA) 체결 시 양측 간 기후변화대응을 위한 협력조항을 반드시 명기하고, 이후 과학기술정책인 호라이즌 2020(Horizon 2020)을 통해 관련 기술협력을 확대하는 전략을 취하고 있다. 한국은 이러한 정책기조의 대표적 사례라는 점에서 추후 FTA 협정 개정 및 여타 통상부분의 협상 시 상호 이해를 공유하는 기후변화대응에 관한 양자협력 강화를 적극 추진할 필요가 있다.

셋째, 한국은 EU와의 기후변화대응정책 협력 시 상호간 경쟁우위 부분을 고려하여 협력시너지를 만들 필요가 있다. 단적으로 배출권거래제도는 EU가 2005년에 세계 최초로 도입하여 최대 규모의 거래량을 갖는다. 반면 한국은 2015년 아시아에서 카자흐스탄에 이어 두 번째로 본 시스템을 도입한 후발국이지만 총 온실가스배출 규모 대비 거래권 제도 적용 규모가 EU의 45% 보다 큰 60%에 달해 더욱 진일보한 측면을 갖는다(Climate Policy Info Hub). 이러한 점에서 향후 한국은 EU와 상호간 우위요소를 파악하여 취약부분에서 전략적 협력을 취하고, 상호간 경쟁우위 부분을 결합하여 제3국 동반 진출 등의 협력모델 구축도 고려 할 필요가 있다.

넷째, 기후변화대응정책은 온실가스감축계획을 둘러싼 동서유럽 간 갈등에서 확인 할 수 있듯 EU 내에서도 회원국 간 구조적 편차로 이해가 엇갈리는 정책으로 실행에 여러 제약조건을 안고 있다. EU의 온실가스감축계획에 노골적으로 반기를 든 폴란드는 본 계획은 온실가스저감 기술을 보유한 독일과 덴마크 등 일부 국가의 경제적 이해를 고려한 것으로 동서유럽 간 기술적 종속을 야기한다며 정책수용을 거부하고 있다(VoxEurop 2012).

한국은 이러한 상황을 고려하여 EU 내 기후변화대응 선도국의 기술도입에 한정치 말고 후발국인 중동유럽국가와 기술개발 및 경제사회적 파급 등에 공동연구 및 협력을 취하는 것도 본 분야에서 장기적으로 EU 시장 진출과 중동유럽국가와의 관계 심화를 위한 전략이 될 수 있을 것이다.

참고문헌

대한민국정부. 2016. 『EU-Korea ETS Project: 한-유럽 배출권거래제 기술협력 사업』, 한국기업을 대상으로 한 워크숍 개최. https://eeas.europa.eu/sites/eeas/files/kets_project_press_release_for_industries_saneobgye_weokeusyob_gongdongbodomun_5nov_engkor.pdf (검색일: 2018. 11. 19).

송병준. 2016. 『유럽연합 거버넌스 II』. 서울: 높이깊이.

외교통상부. 2016.『대한민국과 유럽연합 및 그 회원국 간의 자유무역협정』.

한-유럽 배출권거래제 기술협력 사업팀. 2018.『한-유럽 배출권거래제 기술협력사업』.

Bals, Christoph, Charlotte Cuntz, Oldag Caspar and Jan Burck. 2013. "The End of EU Climate Leadership." Brief Paper, Germanwatch, https://germanwatch.org/sites/germanwatch.org/files/publication/8591.pdf (검색일: 2019. 1. 3).

Carbon Brief. 2015. Seven charts showing how the EU's energy use is being transformed.

Climate Action Tracker. Country summary, South Korea. https://climateactiontracker.org/countries/south-korea/ (검색일: 2018. 11. 10).

Climate Policy Info Hub. 2018. Scientific Knowledge for Decision-Makers, The Global Rise of Emissions Trading, https://climatepolicyinfohub.eu/global-rise-emissions-trading (검색일: 2018. 11. 4).

Croquet, Nicolas A.. 2013. "The Climate Change Legal Framework under the EU-Korea Free Trade Agreement: Interaction Between Various Levels of Normativity." Axel Marx et. al (eds.), EU-Korea Relations in a Changing World. Leuven: Leuven Centre for Global Governance Studies, pp.67-104.

Decision No 406/2009/EC of the European Parliament and of the Council of 23 April 2009 on the effort of Member States to reduce their greenhouse gas emissions to meet the Community's greenhouse gas emission reduction commitments up to 2020. *Official Journal of the*

European Union, 140 (2009), pp.136-148.

Dehousse, Franklin and Tanja Zgajewski. 2010. The EU Climate Policy After the Climate Package and Copenhagen-romiss and Limits. Royal Institute for International Relations Egmont Paper 38, pp.1-113.

Dinan, Desmond. 2010. "The Environment, Energy, and Climate Change," Ever Closer Union: An Introduction to European Integration 4th. (ed.), Colorado, Lynne Rienner Publishers, pp.451-482.

EEAS. EU and the Republic of Korea launch € 3.5 million Emissions Trading System cooperation project. https://eeas.europa.eu/headquarters/headquarters-homepage/16712/eu-and-republic-korea-launch-eu-35-million-emissions-trading-system-cooperation-project_en (검색일: 2018. 11. 10).

______. Contract Notice for the Low Carbon Action in the Republic of Korea. https://eeas.europa.eu/delegations/south-korea/24793/contract-notice-low-carbon-action-republic-korea_en (검색일: 2018. 11. 24).

EU Gateway Business Avenues, About. https://www.eu-gateway.eu/ (검색일: 2018. 11. 10).

EU Gateway to Korea, EU 게이트웨이 소개. http://www.eu-gateway.kr/overview-eu.jsp (검색일: 2018. 11. 23).

European Commission. 2017. EU Energy in Figures Statical Pocketbook 2017.

______. 2018a. Energy, Market legislation. https://ec.europa.eu/energy/en/topics/markets-and-consumers/market-legislation (검색일: 2018. 11. 11).

______. 2018b. Climate Actions, 2020 climate & energy package. https://ec.europa.eu/clima/policies/strategies/2020_en (검색일: 2018. 11. 12).

______. 2018c. Climate Actions, 2030 climate & energy framework. https://ec.europa.eu/clima/policies/strategies/2030_en (검색일: 2018. 11. 12).

______. 2018d. Climate Actions, Cooperation with non-EU countries & regions. https://ec.europa.eu/clima/policies/international/cooperation_en (검색일: 2018. 11. 10).

______. 2018e. The Partnership Instrument, advancing the EU's core interests. https://ec.europa.eu/fpi/what-we-do/partnership-instrument-advancing-eus-core-interests_en (검색일: 2018. 11. 23).

European Union. 2010. Framework Agreement between the European Union and Its member States, on the One Part, and the Republic of Korea, on the Other Part.

Federal Ministry for the Environment. 2018. Natural Conversation and Nuclear Safety, EU Climate and Energy Policy. https://www.bmu.de/en/topics/climate-energy/climate/eu-climate-policy/ (검색일: 2018. 11. 9).

House of Commons Business. 2017. ″Energy and IndustrialStrategy Committee, Leaving the EU: negotiation priorities for energy and climate change policy." Government Response to the Committee's Fourth Report of Session 2016–17.

Jung, Jung ki et. al.. 2017. "Fusion energy development status in Korea." International Journal of Energy Research, Vol. 42, pp.9-26.

Keating, Dave. "Poland blocks EU's low-carbon roadmap Poles refuse to set greenhouse-gas reduction targets for after 2020." Politico, 2014. https://www.politico.eu/article/poland-blocks-eus-low-carbon-roadmap/ (검색일: 2019. 1. 9).

Murati, Artan. 2015. "The Factual Situation: EP Involvement in International Agreements in Practice." European Parliament in EU International Agreements After Lisbon Treaty Beyond the "Power of Consent": Toolbox of Non-formal Powers, Artan Murati (ed.), Akademikerverlag, pp.31-65.

Regulation (EU) No 234/2014 of the European Parliament and of the Council of 11 March 2014 establishing a Partnership Instrument for cooperation with third countries.

Reiterer, Michael. 2017. "Supporting NAPCI and Trilateral Cooperation: Prospects for Korea-EU Relations." Istitiuto Affari Internazionali, Working paper 17/01, pp.1-10.

VoxEurop. 2012. Why Poland says no to EU's climate policy. https://voxeurop.eu/en/content/article/1610421-why-poland-says-no-eu-s-climate-policy (검색일: 2019. 1. 10).

2010/427/EU Council Decision of 26 July 2010 establishing the organisation and functioning of the European External Action Service.

한-EU 교육협력

오정은 (한성대)

I. 한-EU 교육협력 개관

한국과 EU 사이의 교육협력은 2000년대 이후에 시작되었다. 1963년에 양자 간 공식적인 외교관계가 수립되고, 1965년에 대한민국상주대표부가 개설되었다는 사실을 고려할 때[1], 양자 사이의 교육분야 협력은 늦은 감이 있다. 한국과 EU가 오랫동안 교육분야 협력이 미미했던 이유는 한국이 2000년대 이전까지 주변 4강-미국, 일본, 중국, 러시아-에 비해 EU와의 협력에 소극적이었다는 데에서 찾을 수도 있지만, 보다 중요한 이유는 교육분야에서 EU차원의 공동정책 발전이 늦었다는 데에서 찾아야 한다.

EU의 전신인 유럽공동체(European Communities: EC)에서 1950년

1) 1960년대 당시엔 한국과 유럽공동체(European Communities)의 양자관계.

대부터 회원국 사이의 교육협력 필요성이 거론되었고, 1970년대부터는 교육협력 프로그램이 등장하였지만, 구체적인 목표와 비전을 담은 EU차원의 교육정책으로 발전하기까지는 오랜 시간이 걸렸다. EU차원의 교육정책 추진을 뒷받침하는 법적 근거는 1993년 마스트리히트조약 발효로 비로소 갖추어졌다. 다행스럽게도 마스트리히트 조약 발효 이후에는 EU차원에서 적극적으로 회원국 공동의 교육프로그램을 개발하였다. 나아가 21세기를 맞이하면서 EU 회원국들이 지식기반 사회로 진입하는데 교육의 역할이 중요하다는 사실에 의견을 같이하면서, 교육은 EU의 핵심 정책 분야 중 하나로 급부상하였다.

초기의 EU차원 교육정책은 유럽 국가들 사이의 협력프로그램 성격을 띠었다. 그러나 점차 EU역내의 협력 경험을 EU역외지역으로 확장하는 노력이 전개되었고, 교육정책과 대외정책 연계가 이루어지면서, EU와 비EU 회원국 사이의 구체적인 교육협력 프로그램들이 등장하였다. 이 과정에서 한국은 EU의 역외국가와의 협력프로그램에 동참하였고, EU의 중요한 대외협력 파트너가 되었다.

한국과 EU의 교육협력은 주로 고등교육분야에서 전개된다. 양측 모두 지식기반 사회를 이끌어가는 고부가가치 산업에 종사할 고급 인력 양성에 역점을 두고, 이를 위해 고등교육의 국제화를 지향한다는 점에서 이해관계가 일치하기 때문이다. 2000년대 들어와 한국과 EU의 대학들은 공통적으로 국제화라는 명목 하에 외국인 유학생 유치, 외국인 교원 충원, 외국 대학과의 인적교류 활성화, 공동학위제 도입 등을 확대하고 있으며, 이러한 양측의 공통점이 상호간의 협력을 촉진하였다.

EU는 교육분야 대외협력을 크게 선진 산업국가와의 협력과 개발도상국과의 협력으로 구분하는 전략을 취하였다. 한국은 선진 산업국가 유형의 협력 파트너가 되었다. 한국 입장에서는 EU가 전략적 동반자로 인식되었기에, 양자 공동 출자 방식을 통한 한-EU 교육협력 프로그램에 적극적으로 참여하면서 EU의 중요한 파트너로서의 입지를 다졌다. 현재 한국과 EU 사이에는 공동학위 수여, 공동 연구프로젝트 진행, 학생교류, 교직원교류 등이 이루어지고 있다.

본 장에서는 한-EU의 교육분야 협력을 소개하고자 하며, 이를 위해 양자간 교육협력 배경과 발전 과정을 살펴보고, 나아가 향후 한-EU 교육협력을 전망하고자 한다. 한국 입장에서 EU와의 교육협력은 유럽의 문화를 더 깊이 이해할 수 있다는 의미를 넘어, 한국의 젊은이들이 유럽이라는 선진세계에 진출하고, 국경을 초월한 경쟁이 가열되는 글로벌 노동 시장에서 성공적인 삶을 개척하는데 도움이 된다는 점에서도 중요한 의미가 있다.

II. EU의 교육정책

1. EU차원의 교육정책 발전과정

1) 1950년대~마스트리히트조약 발효(1993년) 이전

유럽의 지도자들은 오랫동안 교육을 국가 존립을 좌우할 정도로 중요한 정책분야로 간주했다. 교육이 한 국가의 과거유산을 현재와 미래로 전달하고, 국가구성원 사이에 국가정체성을 형성, 유지, 발전시키는 기능을 한다는 점에서, 국가 지도자가 교육을 양도할 수 없는 주권의 영역으로 인식하는 것은 당연했다. 결과적으로, 제 2차 세계대전 이후 유럽 각국이 주권의 일부를 공동체에 양도하면서 유럽통합운동을 시작했을 때, 교육은 통합 대상에서 제외되었다.[2] 그러나 유럽통합운동이 진행되면서 더 많은 협력이 필요해졌고, 다양한 정책 분야에서 유럽 국가들 사이의 조율과 협력이 결실을 보면서, 교육분야에서도 유럽차원의 초국가적 협력 논의가 시작되었다.

유럽차원의 교육협력 필요성에 대한 언급은 1955년 메시나 회의에서부터 등장한다. 당시의 회의는 1952년 유럽석탄철강공동체(European Coal and Steel Community: ECSC)를 설립한 6개국이 유럽차원의 협력 경험을 타 분야로 확산시키고자 유럽안보공동체(European Defense Communitiy: EDC) 설립을 추진하다가 1954년 프랑스 의회 비준 실패로 무산되자, 향후 협력 방향을 논의하기 위해 만난 자리였다. 이 회의에는 ECSC 6개 회원국 외교담당자들이[3] 참석했는데, 참석들이 향후 유럽석탄철강공동체 설립 정신을 확장하는 방법을 논의하던 와중에, 서독 대표였던 할슈타인(Walter Hallstein)이 유럽차원에서 운영하는 유럽대학(European University) 설립을 제안하였다(Anne Corbett 2003, 317). 당시 할슈타인의 제안은 참가국들로부터 그다지 호응을 얻지 못했다. 그러나 유럽의 지도자 사이에 유럽차원의 교육정책 필요성을 고려하는 계기를 제공했다.

1970년대에 들어오면서 유럽차원의 교육문제가 다시 유럽 지도자들의 관심사로 등장하였다. 1952년 설립된 ECSC에 이어 1958년에 유럽경제공동체(European Economic Community)와 유럽원자력공동체(Euratom)가 설립되고, 1967년에는 3개 공동체가 유럽공동체

2) 1957년에 서명된 초기 유럽공동체법인 로마조약에서 교육에 대한 조항이 전혀 없었음.

3) 벨기에, 프랑스, 이탈리아, 룩셈부르크, 네덜란드의 외무부장관과 서독 외무부국장.

(European Communities: EC)로 통합되자, 유럽 지도자들은 보다 다양한 영역에서의 유럽차원의 협력을 모색하게 되었다. 이 와중에 1971년 11월 EC 회원국 교육담당 장관회담이 열렸다. 당시의 모임에서 논의된 내용은 주로 EC의 경제협력을 위한 유럽차원의 노동인력 양성문제였고, 교육문제 전반에 대한 의견이 개진되지는 않았다. 하지만 EC 교육담당 장관들이 한 자리에 모인 첫 번째 회담이자, 유럽차원에서 교육에 관한 첫 번째 결의문도 채택되었다는 점에서 EU의 교육정책 발전사에 중요한 의미를 가진다.[4]

이듬해인 1972년 7월에 EC집행위원회는 브뤼셀자유대학의 교수이자, 벨기에 교육부장관을 역임했던 쟌느(Henry Janne)에게 EC의 교육정책의 원칙이 될 수 있는 보고서 작성을 의뢰했다. 그 결과, 1973년 쟌느보고서가 발표되는데, 보고서의 전반적인 내용은 유럽차원의 교육협력 필요에 대한 강조였다.[5] 이 보고서는 유럽의 지도자들이 교육분야 협력의 필요성에 공감하는데 기여했다. 한편, 1973년 회원국이 확대된 것을 계기로 EC 조직개편이 이루어지는데, 이 과정에서 연구·과학·교육 총국(DG XII)이 설립되고, 1974년 6월에는 EC 내부에 교육위원회가 설치되었다. 이로서, 유럽차원에서 교육협력을 논의할 수 있는 조직이 갖춰지게 되었다.

마침내 1976년에 EC 차원에서 구체적인 공동 교육 프로그램이 등장하였다. 공동연구프로그램(Joint Study Programme: JSP)이라 불리는 이 프로그램은 유럽 각국 대학들이 역내 외국 대학과 국경

---

4) "Résolution des ministres de l'éducation, du 16 novembre 1971 concernant le domaine de l'enseignement," Textes relatifs à la politique européenne de l'éducation, Troisième édition, Luxembourg: Office des publications officielles des Communauté européenne, 1987, pp.9-11.

5) "Pour une politique communautaire de l'éducation," Bulletin des Communautés européennes, supplément, 10/73, p.11.

을 초월하여 학과 간 자매결연을 맺고 상호 학생교류 여건을 조성하도록 EC 집행위원회가 지원하는 것이 주요 내용이다. JSP를 통해 EC 회원국들은 서로 간에 더 많은 교육정보 교류와 공유의 필요성을 느끼게 되었고, 이에 영향을 받아 1980년에 회원국들의 교육정보 공유를 위한 웹사이트인 유리디스(EURYDICE)가 구축되었다. 유리디스는 EC집행위원회와 회원국이 공동으로 개설한 웹사이트로, 각국 교육부를 비롯한 유럽의 국립기관들이 참여하여 정보를 제공한다. EU28개 회원국뿐만 아니라 EFTA 회원국(아이슬란드, 리히텐슈타인, 노르웨이, 스위스)과 EU 평생교육프로그램에 참여하는 EU가입후보국가(터키)도 참여하면서 웹상에서 유럽 교육에 대한 풍부한 자료가 제공된다.[6]

JSP와 유리디스 구축에 힘입어 1987년에는 에라스무스(ERASMUS) 프로그램이 등장하였다. ERASUMS라는 명칭은 European Community Action Scheme for the Mobility of University Students의 약자인데, 명칭을 통해 중세 유럽의 보편주의 철학가를 떠올리도록 유도하고, 유럽차원의 교육프로그램이라는 상징성을 부여하였다.

에라스무스 프로그램은 시행 첫 해인 1987/1988학년도에 11개국 3,244명으로 시작하였고 이듬해인 1988/1989학년도에 9,914명, 1989/1990학년도 19,456명으로 참여자가 급격히 증가하였으며, 참가자가 계속 증가하여 현재까지 200만 명이 넘는 사람들이 이 프로그램을 경험하였다. 여전히 활발하게 운영되는 프로그램으로 유럽차원의 교육협력을 상징하는 프로그램이자 일종의 유럽교육 브랜드사업으로 자리매김하였다.

---

6) EURYDICE에 대한 자세한 설명은, http://www.eurydice.org 참조.

2) 마스트리히트조약 발효 이후~현재

1993년 발효된 마스트리히트 조약 제126조와 127조에 교육협력 항목이 포함되면서, EU의 교육협력을 가능하게 하는 명시적인 법적 근거가 마련되었다. 이를 계기로 EU는 소크라테스(Socrates)라 불리는 교육분야 종합 프로그램을 개발하고 1995년부터 시행에 들어갔다. 소크라테스 이전의 교육 프로그램들은 고등교육에 한정되던 것과 달리, 유치원부터 초등·중등·고등교육, 나아가 성인을 위한 평생교육까지 포함하였다. 소크라테스 프로그램은 고등교육을 위한 에라스무스, 유치원 및 초·중등교육을 위한 코메니우스, 외국어 교육을 위한 링구아(Lingua), 교육정보교류를 위한 유리디스, 아리온(Arion),[7] NARIC,[8] 그 밖에 원격교육을 위한 다양한 활동 프로그램들을 소크라테스라는 큰 틀로 묶은 것이다. 1995년부터 1999년까지 4년간 9억 2000만 ECU[9]의 예산을 배정받아 운영된 소크라테스 프로그램은 유럽차원의 종합교육프로그램의 가치를 확인시켰다. 소크라테스 프로그램 운영 경험을 토대로 EU는 이후 지속적으로 EU의 종합교육 프로그램을 개발하고 시행해 왔다. 1999년 소크라테스 프로그램 종료 이후 2000년부터 2006년까지는 소크라테스2 프로그램을, 2007년부터 2013년까지는 평생학습프로그램(Lifelong Learning Programme: LLP)을 시행하였고, 2014년부터는 2020년까지 지속되는 에라스무스 플러스(Erasmus+) 프로그램을 시행 중이다.

---

7) 1987년 시작된 프로그램으로, 유럽 각국의 교육체제에 대한 상호 이해를 증진할 목적으로, EU 회원국의 교육정책 책임자를 비롯한 교육전문가들이 각 회원국의 교육관련 기관을 방문하는 것을 지원하는 프로그램.

8) The National Rehabilitation Information Center의 약자로, EU각 회원국의 서로 다른 학위와 자격증을 상호 인증하기 위해 1984년 설치된 국가 간 네트워크.

9) European Currency Unit. Euro화 출범 이전까지 통용되던 유럽 화폐 가치.

EU차원의 종합교육프로그램 시행 초기에 EU와 EU 역외지역 사이의 협력 프로그램은 EU의 종합프로그램과 별도의 일정에 따라 진행되었다. 예컨대, 에라스무스프로그램의 성공경험을 EU역외지역으로 확장하기 위해 에라스무스문두스 프로그램이 개발되었는데, 에라스무스문두스 프로그램은 소크라테스2 프로그램이 한창 진행 중이던 2004년에 시작되어 소크라테스2가 종료된 지 2년이 지난 2008년까지 지속되는 4년간 프로그램으로 진행되었다. 그러나 소크라테스를 계승하여 EU의 종합적인 교육프로그램으로 등장한 LLP부터는 EU역외지역과의 협력프로그램의 기간도 EU의 교육프로그램 기간과 일정을 조율하였고, 2014년 에라스무스플러스가 시작되면서부터는 역외지역과의 협력사업도 에라스무스플러스의 한 부분으로 포함되었다.

지금까지 설명한 EU차원 주요 교육협력 프로그램을 시기별로 정리하면 <표 1>과 같다.

2. EU의 교육분야 대외협력

EU차원의 교육정책이 발전하면서, EU와 EU 역외지역 국가 사이의 교육협력도 활발해졌다. 현재 EU가 추진하는 EU 역외지역 국가와의 교육협력은 주로 고등교육분야에서 이루어지고 있다.

EU의 교육분야 초기 대외협력은 개발도상국에 대한 원조 성격이 강했다. 그러나 2000년대로 들어오면서 선진국과의 고등교육 협력도 확대되었다. 선진국과의 협력은 세계무대에서 EU회원국 고등교육의 경쟁력 강화를 목적으로 한다. 선진국 가운데 EU의 주요 교육협력 상대는 미국, 캐나다, 호주, 뉴질랜드, 일본 등이며, 한국도 이들 국가와 대등한 협력 상대의 위상을 차지하고 있다.

<표 1> 시기별 EU차원 주요 교육협력 프로그램

<table>
<tr><th colspan="8">프로그램</th><th>시기</th></tr>
<tr><td rowspan="2">Eurotecnet
-기간: 1990~1994
-예산: 750만 ECU
-내용: 청년층에 대한 지속적 직업훈련으로서 정보화 교육 지원</td><td rowspan="2">FORCE
-기간: 1991~1994
-예산: 2400만 ECU
-내용:청년층에 대한 지속적 직업훈련 지원</td><td>PETRA 제 1기
-기간: 1988~1991
-예산: n.a.
-내용:청년층 초기 직업훈련 지원</td><td>Comett 제 1기
-기간: 1987~1989
-예산: 4500만 ECU
-내용: EC역내 산학협력 지원</td><td colspan="2" rowspan="2">Lingua
-기간:1990~1994
-예산: 2억 ECU
-내용: 유럽 각급 학교의 외국어교육 지원</td><td colspan="2">ERASMUS 제 1기
-기간: 1987~1989
-예산: 8500만 ECU
-내용: 유럽 대학생 교환활동 지원</td><td rowspan="2">1986
~1994
1986
~1994</td></tr>
<tr><td>PETRA 제 2기
-기간: 1992~1994
-예산: 1억 7740만 ECU
-내용:청년층 초기 직업훈련 지원</td><td>Comett 제 2기
-기간: 1990~1994
-예산: 2억 ECU
-내용: EC 역내 산학협력 지원</td><td colspan="2">ERASMUS 제 2기
-기간: 1990~1994
-예산: 1억 9200만 ECU
-내용: 유럽 대학생 교환활동 지원</td></tr>
<tr><td colspan="4">Leonardo da Vinchi 제 1기
-기간: 1995~1999
-예산: 6억 2000만 ECU
-내용: EU역내 직업훈련 지원</td><td colspan="4">Socrates 제 1기
-기간: 1995~1999
-예산: 9억 2000만 ECU
-내용: 유럽교육 전 단계 포괄</td><td>1995
~1999</td></tr>
<tr><td colspan="4">Leonardo da Vinchi 제 2기
-기간: 2000~2006
-예산: 12억 5500만유로
-내용: EU역내 직업훈련 지원</td><td>Erasmus Mondus
-기간: 2004~2008
-예산: 2억 3000만유로
-내용: 유럽과 유럽 이외 지역 대학생간의 교환활동 지원</td><td colspan="2">eLearning
기간: 2004~2006
예산: 4400만유로
내용:교육과 훈련에서 ICT활용를 활용한 수업 지원</td><td>Socrates 제 2기
-기간: 2000~2006
-예산: 20억 6000만유로
-내용: 유럽교육 전 단계 포괄</td><td>2000
~2006</td></tr>
<tr><td colspan="4">대외협력 프로그램
-Erasmus Mondus Programme (전 세계적 협력)
-Tempus Programme (개발도상국 협력)
-Bilateral Cooperation Programme (선진국 협력)</td><td colspan="4">Lifelong Learning Programme
-기간: 2007~2013
-예산: 약 70억
-내용: 교육과 훈련의 전 영역 포괄</td><td>2007
~2013</td></tr>
<tr><td colspan="8">Erasmus+
- 기간: 2014~2020
- 예산: 약 147억€
- 내용: 교육을 넘어 취업률 제고를 위한 해외 인턴십 지원 포함</td><td>2014
~2020</td></tr>
</table>

주 : EU설립 이전 시기는 EC차원의 프로그램
자료 : 오정은(2009)을 토대로 재구성.

EU가 역외지역 국가와 함께 수행중인 주요 교육협력 프로그램을 간략히 소개하면 다음과 같다.

1) 개발도상국 협력

(1) 템푸스(TEMPUS)

TEMPUS는 Trans-European Mobility Scheme for University Studies의 약자로, EU가 EU 주변국과 고등교육협력을 통해 주변국의 고등교육 질적 향상을 도모하는 프로그램이다. 1990년에 시작되어, 1990년 7월 1일부터 1994년 6월 30일까지 템푸스 제1기 프로그램이 진행되었고, 1994년 7월 1일부터 2000년 6월 30일까지 템푸스 제2기, 2000년 7월 1일부터 2006년 12월 31일까지 템푸스 제3기, 2007년 1월 1일부터 2013년 12월 31일까지 템푸스 제4기 프로그램이 진행되었다. 현재는 2014년 1월 1일부터 2020년 12월 31일까지 진행되는 템푸스 제5기 프로그램이 진행 중이다.

2018년 12월 현재 템푸스 참여국은 발칸국가, 동유럽국가, 중앙아시아, 북아프리카, 중동 등을 포함한 50여 개국에 이른다. 템푸스의 내용은 크게 세 가지 활동으로, 첫째는 대학차원의 공동 프로젝트(Joint Projects)를 통한 EU회원국과 제3국 대학 사이의 경영방식 전수와 인적교류, 둘째는 국가차원의 고등교육 질 관리 및 질 보장 시스템 개혁, 고등교육 거버넌스 구조 개혁, 고등교육계의 사회적 소통 증진 등을 위한 지원, 셋째는 네트워크를 통한 동행평가(Accompanying Measures) 대학운영의 우수사례 소개와 이해당사자 컨설팅 제공이다.

(2) 알파(ALFA)

ALFA는 스페인어인 América Latina-Formación Académica의 약자로, EU회원국과 라틴아메리카 국가들 사이의 고등교육 협력 프로그램이다. 프로그램 목적은 EU와 라틴아메리카 국가들의 고등교육 협력을 통해 라틴아메리카 지역의 고등교육의 질적 향상을 도모하고, 이 지역의 균형잡힌 경제적, 사회적 발전을 돕는 것이다. 알파 프로그램 참여국은 EU 28개 회원국과 EU 역외국가 가운데 아르헨티나, 볼리비아, 브라질, 칠레, 콜롬비아, 코스타리카, 쿠바, 에쿠아도르, 엘살바도르, 구아테말라, 온두라스, 멕시코, 니카라과, 파나마, 파라과이, 페루, 우루과이, 베네수엘라 등 18개국이다.

알파 프로그램은 1994년에 시작되어 1994년부터 1999년까지 제1기, 2000년부터 2006년까지 제2기, 2007년부터 2013년까지 제3기 프로그램이 진행되었다. 프로그램 참가는 EU 회원국과 라틴아메리카의 참가국에 소재한 고등교육기관이 컨소시움을 구성하여 공동 프로젝트를 제안하고, 유럽집행위원회가 선정된 프로그램에 프로젝트 비용을 지원하는 방식이다. 프로그램 진행을 위한 EU지원은 총 비용의 80%로 제한되고, 나머지 20%는 컨소시움이 자체적으로 해결하는 것을 원칙으로 한다.

(3) 에듀링크(EDULINK)

에듀링크는 EU와 아프리카, 카리브, 태평양(African Caribbean and Pacific: ACP) 국가들 사이의 고등교육 협력 프로그램이다. 2002년 요하네스버그에서 열린 지속가능한 발전을 위한 세계 정상회담과 ACP 국가들의 지속가능한 발전을 위한 교육분야 활동 프레임워크와 관련하여 유엔선언이 발표된 것이 계기가 되어 유럽집행위

원회가 ACP 국가들의 고등교육 지원을 계획하며 시작되었다.[10)]

에듀링크의 목표는 ACP 지역 고등교육기관의 행정적, 학문적, 연구기술의 질적 강화이다. 세부 목표는 크게 일곱 가지이다. 첫째는 고등교육분야에서 지역 간 협력 강화를 위해 국가정책 및 지역정책 제공하는 것이다. 둘째는 EU와 ACP 지역의 대학들이 네트워크를 구성하여 네트워크를 통한 교류협력을 증가시키는 것이다. 셋째는 대학부설 연구소 및 과학기술 혁신센터 사이의 실효성 있는 네트워크 구축하여 지역여건을 개선하는 것이다. 넷째는 고등교육기관의 경영과 재정의 행정력을 강화하는 것이다. 다섯째는 ACP 국가 소재 대학이 지역사회와 국제사회의 소통장소가 되도록 발전시키는 것이다. 여섯째는 고등교육의 학문적 우수성을 추구할 구 있는 대학차원의 프레임워크를 개발하는 것이다. 일곱째는 ACP 국가들이 국가와 지역 의 사회경제적 발전을 도모할 수 있는 전략적인 전문영역을 개발하는 것이다.

2006년부터 2008년까지 제 1기 프로그램, 2009년부터 2011년까지 제 2기 프로그램이 진행되었다. 이후 에듀링크는 EU와 ACP의 협력 대신 ACP 역내 협력에 초점을 둔 ACP 역내 아카데미교류사업(Intra-ACP academic mobility scheme)으로 변경되었다.

2) 선진국 협력

(1) EU-US Atlantis

EU와 미국은 1995년 양자 협력협정 서명을 계기로 EU-US Atlantis라는 양자 협력 프로그램 시작하여 현재까지 꾸준히 진행

10) 에듀링크 홈페이지(http://www.acp-edulink.eu).

하고 있다. EU-US Atlantis는 EU와 미국의 고등교육 및 직업훈련 협력 프로그램으로, EU회원국과 미국 시민 간의 상호 이해를 높이고, 인적자원개발을 강화하는 것을 목적으로 한다.[11] 양측 고등교육 및 직업훈련 기관이 컨소시엄을 구성하는 것을 지원하여 교육 서비스의 질 향상, 교과과정의 현대화, 공동연구프로그램의 개발을 도모한다. 사업비 부담과 프로그램 관리는 EU집행위원회와 미국정부가 동등하게 1:1로 부담한다.

EU-US Atlantis는 크게 세 가지 활동으로 구성된다. 첫째는 범대서양 공동학위 프로젝트(Transatlantic Degree Consortia Project: TD)로, EU와 미국의 고등 교육 기관이 컨소시엄을 구성하여 복수 학위 및 공동 명의 학위를 취득할 수 있도록 지원하는 것이다. 둘째는 우수 교류 프로젝트(Excellence in Mobility Project: EIM)로, 학위 취득과 같은 장기 교류가 아닌, 단기 교류 방식으로 국제적 차원의 교과과정을 개발하는 것을 지원하는 활동이다. 셋째는, 정책지향평가(Policy-oriented Measures: POM)로, 고등교육 및 직업 훈련 분야에서 EU와 미국의 협력을 강화하기 위해 고안된 각종 활동들을 지원하는 프로젝트이다.

(2) EU-캐나다 협력 프로그램

EU와 캐나다도 1995년 공식적인 양자 협력 협정을 체결하면서 본격적인 양자 간 고등교육 협력을 시작하였다. 처음에는 5년간의 협력 협정으로 시작하였고, 이후 기간을 연장하면서 현재에 이르고 있다.

EU-캐나다 고등교육 협력의 목적은 양자 간 교육분야의 협력

11) http://ec.europa.eu/education/eu-usa/doc1156_en.htm.

을 통해 양측 시민들의 상호 이해를 높이고 인적자원의 질을 제고하는 것이다. 이에 따라 고등교육 뿐 아니라 직업 훈련, 언어 연수 분야에서도 학생 교류 활동과 국제적 차원의 교과과정 개발 프로젝트에 대해 재정적인 지원을 하고 있다. 특히, 교과과정의 개발과 학점인정제에 의한 학생 교류, 행정관계자의 교류, 공동연구프로그램을 통한 해외 인턴십 등의 활동이 중점적인 지원 대상이다.

EU-캐나다 협력 프로그램은 크게 두 가지 활동으로 구성된다. 하나는 범대서양 교류 파트너십(Transatlantic Exchange Partnership: TEP)으로, 인적교류 활성화를 위해 양측 학생, 교수 및 교직원 교환에 소요되는 비용을 지원하는 것이다. 다른 하나는 범대서양 학위 파트너십(Transatlantic Degree Partnership: TDP)으로, 공동학위 개발과 운영에 필요한 비용을 지원하는 것이다.

(3) EU-ICI ECP

ICI ECP는 Industrialised Countries Instrument Education Cooperation programme의 약자로, EU-ICI ECP는 EU회원국과 EU 역외 선진산업국가와의 고등교육분야 협력 프로그램이다. EU가 정의하는 ICI(Industrialised Countries Instrument)는 2006년 12월 21일 유럽이사회 규정(Regulation 1934/2006)에 명시된 EU와 북미, 아시아 태평양, 걸프만 지역의 산업화되고 소득수준이 높은 국가를 의미한다. 이 가운데 EU-ICI ECP 참여국은 호주, 뉴질랜드, 일본, 한국이다.

ICI ECP의 목적은 EU와 파트너국가 국민들이 언어, 문화, 제도 등에 대한 상호이해를 증진하고, 유럽과 파트너국가의 고등교육기관 및 직업훈련 기관들이 대등한 파트너십을 발전시켜 고등교육과 교육훈련의 질을 향상하는 것이다. 이를 위해 고등교육기관과 직업훈련기관 사이에 공동수업 개발과 인적교류 증진을 통한 협력 지원, 교육과 훈련 및 연구기간과 질에 대한 투명성 제고 및 상호인증 제도화, EU회원국과 파트너국가 사이의 학생교류 활성화, 상호이해 및 전문적인 연수를 위한 교수와 교직원 교류 지원, 고등교육과 직업훈련 분야에서 EU와 파트너국 사이의 공통 관심사 발견 및 문제해결을 위한 의견 교환 등을 지원한다.

EU-ICI ECP의 사업은 크게 두 가지이다. 첫째는 공동 학위 프로젝트(Joint Degree Projects)로 파트너 국가에서 복수 학위 또는 공동 명의 학위를 취득하도록 지원한다. 둘째는 인적교류프로젝트(Joint Mobility Projects)로, 장·단기적인 교류를 통해 공동 교과과정을 개발하고, EU와 파트너 국가 학생들 상호 이동과 상대국 학교에서 이수한 학점을 인정하도록 지원한다.

3) 전 세계적 협력

(1) 에라스무스 문두스(Erasmus Mundus)

에라스무스 문두스(Erasmus Mundus) 프로그램은 EU의 대표적인 교육분야 성공 프로그램인 에라스무스 프로그램을 EU 역외지역으로 확대한다는 취지로 2004년 시작되었다. 선진국과 개발도상국을 구분하지 않고, 전 세계적으로 진행되는 프로그램이다.

에라스무스 문두스의 구체적인 사업 내용은 크게 세 가지 활동으로 구성된다. 첫째는 공동 프로그램 활동으로, EU회원국과 역외 국가가 공동으로 컨소시엄을 구성한 석사과정 및 박사과정 운영 비용과 이 프로그램에 참여하는 학생들에게 이동에 필요한 장학금을 지원하는 것, 둘째는 파트너십 활동으로, EU회원국과 역외 국가와의 협력 파트너십을 통해 관련 학생, 교수, 연구원에게 연구비를 지원하는 것이다. 셋째는 유럽 고등교육 기관 매력 증진 프로젝트 활동으로, 전 세계에 유럽 고등교육 기관의 접근성, 질 보장, 학점 인정, 교과과정 개발과 교류 활동 등을 홍보하여 유럽 고등교육의 매력도과 이해가능성을 증진시키는 것이다.

III. 한-EU 교육협력

한국과 EU의 양자 간 공식적인 교육협력은 2000년대 이후에 시작되었다. 그 시작은 EU국가와 ASEAN을 비롯한 아시아 국가들이 만나는 아셈(Asia-Europe Meeting, ASEM) 차원의 협력이었다. 이후 EU가 개발한 협력 프로그램에 한국이 참여하면서 양자 간 협력이 공고화되고 있다. 한국과 EU의 주요 교육협력 프로그램을 소개하면 다음과 같다.

1. 아셈듀오(ASEM-DUO)

ASEM에 참여하는 아시아 국가와 EU회원국이 자국 대학구성원을 1:1 비율 참여시켜 상호 인적교류를 진행하는 프로그램이다. 2000년 10월 서울에서 개최된 제3차 ASEM 정상회의 때 한국이 프랑스, 싱가포르와 공동 제안하여 신규 사업으로 채택되었다. 2001년 기금이 마련되었으며, 2001년 10월 25일 서울에 운영사무국이 설립되었다.

아셈듀오는 ASEM회원국 가운데 희망하는 국가가 아셈듀오 장학기금을 마련하여 참여하는 방식이다. 회원국이 자발적으로 참여하는 기금을 토대로 사업이 진행되며, 한국, 싱가포르, 프랑스, 덴마크 등이 기금을 출연하였다. 2018년 현재 교류 기간 및 1인당 지원액은 대학생은 월 1,000유로씩 4개월간, 교수·교원은 1개월간 3,000유로이다. 장학금 지원의 구체적인 조건 등은 기금 제공국에서 제시한다. 기금은 출연국 이름을 붙여 듀오-코리아, 듀오-싱가포르, 듀오-태국, 듀오-스웨덴, 듀오-벨기에/플랜더스, 듀오-벨기에/왈로니아 등으로 불린다.

듀오-코리아는 학생, 교사 및 교수들이 한국인(한국 국적 소지자) 1명과 유럽인(아셈유럽 국적 소지자) 1명으로 한 조를 이루어 맞교환 하도록 하고, 양측 참가자 모두에게 장학금을 제공한다. 한 조를 이룰 때에는 '학생-학생', '교수-교수'와 같이 동일 영역 대상자끼리 조를 이뤄야 하며, '한국학생-유럽교수'와 같은 조합은 선정 대상이 될 수 없다. 장학금 수혜자 선발은 매년 아셈듀오장학재단 누리집(www.asemduo.org)을 통해 공고된다. 듀오-코리아 시작 첫해인 2001년에는 30명(학생 16명, 교수 14명)이 지원받았고, 이후 2017년까지 1,650여 명의 한국과 유럽의 학생과 교직원들의 교류가 이루어졌다. 2017년에는 총 313건의 지원서가 접수되고, 최종 50조가 선발되어 약 6:1의 지원 경쟁률을 보였다.

참가자격은 교류를 원하는 한국의 정규교육기관과 유럽의 정규교육기관에 이 조를 이룬 팀으로, 양측 사이에 교류협정이 체결되었고, 한국의 교육기관이 한국 국적 소지자인 교류예정자(학생, 교사 혹은 교수) 파견에 대해 유럽교육기관으로부터 사전 동의를 받았으며, 상대측 유럽 교육기관에서도 아셈 유럽 국적 소지자인 교류예정자 파견에 대해 한국 교육기관의 동의를 받아 양측 교육기관이 해당 교류예정자들의 맞교환을 합의한 상태이어야 한다.

2. 에라스무스 문두스(Erasmus Mundus)

2004년 에라스무스 문두스 프로그램이 시작되었다. 한국인들은 시행 첫해부터 한국인들도 이 프로그램에 참여하였다. 시행 첫해인 2004년에 한국인 학생이 3명이 EU와 공동 프로젝트에 참여하면서 장학금 수혜자가 되었고, 이후 2016년을 제외하면, 장학금 수혜자가 꾸준히 배출되고 있다.

시행초기 에라스무스 문두스 프로그램은 석사학위 과정에 한해 장학금을 지원하였다. 하지만, 2010년부터는 지원대상을 박사과정으로까지 확대하였다. 박사과정 한국인 장학금 수혜자는 시행 첫

<표 2> 연도별 에라스무스 문두스 장학생 및 선정 프로그램

과정 / 연도	석사과정			박사과정		
	한국인 장학생	전체 장학생	전체 선정 프로그램	한국인 장학생	전체 장학생	전체 선정 프로그램
2004	3	140	19	-	-	-
2005	3	808	37	-	-	-
2006	4	1,377	67	-	-	-
2007	5	1,825	91	-	-	-
2008	6	2,031	120	-	-	-
2009	11	1,795	105	-	-	-
2010	9	2,141	118	1	130	13
2011	6	1,917	125	0	216	24
2012	4	1,923	133	2	298	34
2013	6	1,966	138	1	364	42
2014	5	1,379	149	0	250	42
2015	2	1,308	120	0	153	29
2016	0	1,347	87	0	116	18
2017	4	1,556	100	1	55	8

자료 : European Commission.

해 1명이 배출되었고, 2017년까지 총 5명이 배출되었다. <표 2>는 에라스무스 문두스 프로그램 시행 이래 연도별 한국인 장학생 배출 현황을 보여준다.

에라스무스 문두스 프로그램 시행 15년차에 접어들면서, 이 프로그램에 대한 국제사회의 인지도가 점점 높아지고 있다. 한국에서도 에라스무스 문두스 프로그램에 대한 관심이 증가하였고, 정부도 국내대학에 에라스무스 문두스 공동석사학위(Erasmus Mundus Joint Master Degree: EMJMD) 참여를 적극 권장하고 있다. 하지만 높아지는 관심에 비해 실제로 한국인이 장학금 수혜자 되는 경우는 많지 않다.

한국인의 에라스무스 문두스 수혜가 저조한 중요한 이유 중 하나는 한국과 다른 EU의 행정업무에 소요되는 행정력 부담으로 국내대학의 참여가 소극적인데 있다. 프로그램 신청과정 및 선정 이후 요구되는 각종 행정업무가 한국에서 익숙하지 않은 방식이기 때문에, 국내의 대학들은 에라스무스 문두스 프로그램에 주도적으로 참여하기를 주저하고 유럽대학이 주도하는 프로젝트에 부분적으로 참여하려는 경향이 있다. <표 3>은 에라스무스 문두스 공동

<표 3> 한국대학의 에라스무스 문두스 공동석사학위과정 참여실적

유형 \ 연도	2014	2015	2016	2017
전체 EMJMD 선정	11	15	27	39
전체 제안서 접수	61	76	92	122
한국 관련 제안서 접수	2	3	2	4
한국 관련 EMJMD 선정	0	1	2	3
한국대학 공동학위 수여	0	0	1	0
한국대학 부분 참여(공동학위 없음)	0	1	2	3

자료 : European Commission.

석사학위과정에 대한 한국대학 참여 유형을 보여준다. 주도적인 역할이 요구되는 공동학위과정보다는 국내대학은 학위를 수여하지 않는 부분참여 방식이 주를 이루고 있음을 확인할 수 있다.

3. EU센터

EU는 제3국에 EU에 대한 정보와 교육활동 홍보 및 전개를 지원하기 위해 제3국의 주요 EU관련 사업 기관을 EU센터로 지정하여 지원하고 있다. EU센터는 EU로부터 약 4년 반 동안 지원금을 받으며 제3국에서의 EU의 정치, 경제, 문화 등을 이해하고 EU와 자국 관계의 중요성에 대한 인식을 확산시키는 기능을 한다.

한국은 2006년 서울대학교에서 대외경제연구원과 컨소시엄을 구성하고 지원하여 국내 최초로 EU의 지원을 받는 SNU-KIEP EU센터를 개소하였다. 이후, 2009년 연세대학교가 삼성경제연구원과 컨소시엄을 구성한 YONSEI-SERI EU Centre for Excellence, 2009년 부산대의 PNU EU센터, 2010년 한국외국어대학교가 현대경제연구원과 컨소시엄을 구성한 HUFS-HRI EU센터, 2011년 영남대의 YU-EU센터, 2014년 고려대학교가 대외경제연구원(KIEP) 및 SBS와 컨소시엄을 구성한 KU-KIEP-SBS EU센터 등이 개소하고 활발한 활동을 벌여 왔다.

4. 한-EU ICI ECP

2007년 11월 29일 유럽집행위원회가 한국정부에 ICI ECP 참여를 제안하고, 한국 정부가 2008년 3월 21일 EU에 공식적으로 참여의사를 밝히면서 시작되었다. 한국정부는 ICI ECP 참여로 국제 학생교류에서 상대적으로 소원했던 EU지역에 네트워크를 형성하면 국가권역별 불균형 현상 해소할 수 있다는 기대감으로 EU제의 수락하였다.

프로그램 운영은 한국소재 대학과 EU소재 대학이 컨소시엄을 구성하여 프로젝트를 제안하고, EU와 한국정부가 함께 심사하여 프로젝트 선정하는 방식이다. ICI ECP는 인적교류프로젝트(Joint Mobility Projects: JMP)와 공동학위프로젝트(Joint Degree Projects: JDP)로 구성되는데, 한국은 인적교류프로젝트 중심으로 참여하면서, 한국과 EU회원국 고등교육기관 및 직업훈련기관 사이의 학생, 교수 및 교직원교류에 소요되는 비용을 지원한다.

한국은 현재 ICI ECP에 참여하는 역외 4개국 가운데 가장 마지막에 합류하였지만, 활발하게 참여하고 있다. 현재까지 경북대, 계명대, 영남대, 서울대, 숙명여대, 전북대, 인천대, 한양대, 건국대, 아주대, 금오공대, 울산대, 부경대, 한국외대, 고려대, 순천대, 충북대, 배재대, 충북대, 계명문화대, KDI 국제정책대학원, 부산대, 영진전문대, 숭실대 등 주관기관 및 협력기관 자격으로 한-EU ICI ECP에 선정되어 활동한 바 있다.

5. 장모네 프로그램(Jean Monnet Programme)

장모네 프로그램은 전 세계 고등교육기관에서 유럽통합에 관한 연구와 강의의 질적 제고를 도모하기 위해 연구와 교육활동을 지원하는 프로그램이다. EU와 유럽통합 관련 연구 및 교육을 수행하는 대학부설 연구소에 대한 지원을 위한 장모네 센터(Jean Monnet European Centres of Excellence) 지원, EU관련 교육 교과목 운영 지원을 위한 장모네 교육 모듈(Jean Monnet teaching modules) 지원, 유럽학 우수연구자의 연구활동 지원을 위한 장모네 석좌교수 (Jean Monnet Chair) 지원 등으로 구성된다.

최근 장모네 프로그램 수혜를 희망하는 전 세계 고등교육기관으로부터 제출되는 지원서 수가 매년 증가하는 추세이다. 한국에서도 연간 제안서 제출이 조금씩 증가했다. 그러나 아직 한 자리 수를 넘어서지 못하는 단계이다. <표 4>는 최근 한국의 장모네 프로그램 지원과 수혜 현황을 보여준다.

<표 4> 한국의 장모네 프로그램 수혜

유형 \ 연도	2014	2015	2016	2017
전체 제안서 수	493	879	1,034	1,177
전체 선정 프로젝트	212	260	270	238
한국 제출 제안서 수	2	6	9	0
선정된 한국 제안서 수	0	0	8	0
한국이 파트너로 참여하는 네트워크 수	0	1	1	0

자료 : European Commission.

우수한 유럽학 연구자에 대한 장모네 석좌교수는 기관이 아닌 연구자 개인에게 부여되는 혜택이다. 장모네 석학에 선정되면 2018년 현재 기준으로 3년 동안 총 5만 유로의 연구비를 지원받는다. 2010년대에 들어와 한국인 교수 5명이 장모네 석학에 선정된 바 있다.

Ⅳ. 한-EU 교육협력 평가 및 개선방향

한-EU의 양자 간 교육협력은 20년에도 채 이르지 않는 짧은 기간 동안 빠르게 발전했다. 향후에도 한-EU 교육협력은 지속적으로 증가할 가능성이 높다. 한국과 EU 모두 지식기반 사회에 필요한 고급인재를 양성하는 고등교육의 역할을 중시하고, 고등교육의 경쟁력 강화를 위해 인적교류를 포함한 대학교육 국제화를 추구한다는 점에서 이해관계가 일치하기 때문이다.

그동안 진취적인 국내 EU연구자와 학생들의 도전에 힘입어 에라스무스 문두스 프로그램에서 한국인 수혜자가 배출되었고, 국내 대학들이 EU센터 유치, 한-EU ICI ECP 프로그램 유치, 장모네 프로그램 센터 및 교육모듈 유치 등이 이루어져 대학가에 EU 연구와 교육이 확산되었다. 나아가 한국인 교수들이 EU연구 분야에서 세계적으로 권위를 인정받는 장모네 석학에 선정되기에 이르렀다. 지금까지의 성과가 국내 EU관련 연구와 교육의 인프라로 작용하여, 국내대학 구성원들이 EU에 대한 관심을 가지고 한-EU 교육협력 프로그램에 도전할 동기를 제공하고, 실제로 협력 증대를 이끌 것이다.

지난 2013년 11월 11일 한-EU 교육협력 공동선언(Joint Declaration of the EU and Korea in Education and Training) 발표는 한-EU 교류협력의 긍정적 전망을 뒷받침한다. 당시 한-EU 수교 50주년을 기념하여 한국의 서남수교육부장관과 EU의 바실리오(Androulla Vassiliou) 교육·문화·다언어·청소년 집행위원이 발표한 이 공동선언은 한국과 EU의 교육분야 협력의 의지를 재확인하고, 한-EU 고등교육 파트너십 강화를 지원하겠다는 정부차원의 약속으로서, 민간과 정부의 합심으로 한-EU 교육협력이 한층 강하게 추진될 것이라는 의미를 담고 있다.

요컨대, 향후 한-EU 교육협력 증가 전망은 밝다. 하지만 양적 증대가 실질적인 대한민국 교육의 질 제고와 국제경쟁력 강화로 이어지려면, 지금까지의 협력 방식에 개선이 필요하다. 현재까지 진행되어 온 양자 간 교육협력은 고등교육 분야에 한정된 협력, 일부 EU전문가가 중심이 되어 계획한 한시적인 공동 프로젝트 기반 협력, EU의 제안을 한국이 수용하는 방식의 수동적 협력이라는 특징을 가지고 있으며, 이러한 방식은 평소 EU에 대해 관심을 기울이지 않았던 대다수의 교육계 관계자들을 한-EU 교육협력의 수혜자로 흡수하는데 한계가 있다. 이에 더하여 현재 양자 간 1:1 인적 교류가 요구되는 상황에서 유럽행을 희망하는 한국인에 비해 한국행을 희망하는 유럽인이 부족하여, 협력을 위한 파트너 찾기에 반복되고 있다. 현재의 문제점을 극복하고 향후 한-EU 교육분야 협력이 양과 질 측면 모두 만족시키는 결실을 거두기 위해서는 다음과 같은 개선이 필요하다.

우선, 고등교육 이전의 청소년 단계, 예컨대 중학교나 고등학교 과정의 학생들을 포함하는 양자 간 교육협력 프로그램을 개발이 필요하다. 2010년부터 유럽집행위원회는 하나의 유럽교육지역(European Education Area) 건설을 통한 역내 청소년의 교육협력을 추진하고 있다. 그런데 한-EU사이에는 고등교육 이전의 청소년들을 위한 교육협력이 사실상 전무하다. 반드시 인적교류 방식이 아니더라도, 중등교육 과정 수업에서 한국과 EU지역 청소년들이 상대방을 이해하고, 상호 협력의 필요성에 공감하도록 유도하는 교육협력 프로그램이 실행된다면, 고등교육 과정에 진학한 한국과 EU의 젊은이 가운데 더 많은 수가 양자 간 교육협력에 프로그램 참여에 관심을 기울일 것이고, 더 적극적으로 참여하여 한-EU

교육협력의 효과를 배가시킬 수 있다.

다음으로, EU가 개발한 프로그램에 한국이 참여하는 방식을 탈피하여, 한국이 적극적으로 새로운 양자 간 협력 프로그램을 제시하는 방식으로 한-EU 맞춤형 프로그램을 발전시키는 노력이 필요하다. 유럽이 개발한 제3국과의 협력 프로그램은 EU역외지역에 위치한 다양한 국가들의 특성이 충분히 고려되지 않은 상황에서 아시아, 아프리카 등 국가의 위치와 선진국, 개발도상국 등 국가의 경제력을 기준으로 전 세계 국가들을 분류하고 적용하는 협력프로그램이 대부분이다. 한국의 교육은 다른 나라 교육과 구분되는 특수성이 있으며, 한국의 특성을 감안하고 양자 교육협력의 효과를 극대화할 수 있는 교육협력 프로그램을 개발하려면 한국이 먼저 나서서 한-EU의 협력을 극대화할 수 있는 교육프로그램을 개발하고, EU에 제안하는 것이 효과적이다.

나아가, 이미 체결되고 실행 중인 한-EU FTA의 서비스부분을 응용하여 교육서비스 교류와 개방을 활성화할 필요가 있다. 교육이 자국 인재 육성 수단을 넘어 국제적인 서비스상품 기능을 한 지 오래다. 한국과 EU는 모두 교육협력을 통해 교육이라는 서비스상품 경쟁력 강화를 추구하고 있다. 한-EU 교육협력이 국제무대에서 경쟁력 있는 교육상품 생산으로 이어질 수 있도록, 한-미 FTA에서 고민하였던 것처럼, 한-EU FTA에서도 교육서비스 개방과 교류 방식을 적극 고려하고, 결실을 거두기 위한 노력을 기울이는 것이 바람직하다.

참고문헌

오정은. 2009. "유럽연합 교육정책의 현황과 전망." 『민족연구』, 제39권, pp.69-87.

Corbett, Anne. 2003. "Ideas, Institutions and Policy Entrepreneurs: towards a New History of Higher Education in the European Community." European Journal of Education, Vol. 38, No. 3. pp.315-330.

"Pour une politique communautaire de l'éducation." Bulletin des Communautés européennes, supplément, 10/73.

"Résolution des ministres de l'éducation, du 16 novembre 1971 concernant le domaine de l'enseignement." Textes relatifs à la politique européenne de l'éducation, Troisième édition, Luxembourg: Office des publications officielles des Communauté européenne, 1987,

"Erasmus+ for higher education in Republic of Korea." https://ec.europa.eu/assets/eac/erasmus-plus/factsheets/asia-pacific/erasmusplus_korea_2017.pdf. (검색일: 2018.12.15.).

"Higher Education: EU and Korea agree new era of cooperation." http://europa.eu/rapid/press-release_IP-13-1061_en.htm. (검색일: 2018.12.15.).

한-EU 문화협력[1)]

윤성원 (수원대)

I. 서론

2018년 한-EU 관계는 55주년을 맞이하였다. 한국의 EU와의 관계는 미국, 중국, 일본과는 달리 시작이 늦었지만 꾸준하게 진전되어 온 것이 특징이다. 1963년 유럽경제공동체(EEC)와 공식적인 외교관계를 맺은 후 1965년 주EEC 한국대사관이 설립되었다.[2)] 이후 1987년 한국과 EEC 간에 섬유제품에 관한 무역체결협정이 마련되기도 하였으나 본격적으로 양국 간의 관계가 진전되기 시작한 시점은 한국에 유럽공동체 대표부(EC Delegation)가 설치된

---

1) 이 장은 2014년 정부(교육부)의 재원으로 한국연구재단의 지원을 받아 수행된 연구임 (NRF-2014S1A5A8014664).

2) 1999년부터는 주벨기에 대한민국대사가 주유럽연합 대한민국대사를 겸임하고 있다.

1990년 이후이다. 1993년 집행위원회는 양국 간의 관계 발전을 위한 제안서(communication)를 각료이사회에 제출하였고(European Commission, 1993) 이 제안서를 통해 양국 간 관계 발전을 위해 상호 노력할 필요가 있음을 역설하였다. 그 후 1996년 무역·통상에 관한 기본협력협정(Framework Agreement)[3]과 정치적 협력에 관한 공동 선언(Joint Declaration on the Political Dialogue)을 채택함으로써 정상회담 및 외교장관 회담이 정례화 되기에 이르렀다. 그리고 이 기본 협정은 2010년 양국 간의 관계가 '전략적 동반자관계(Strategic Partnership)'으로 격상됨과 아울러 협력의 범위를 무역, 통상에서 정무·내무사법의 범위까지 확대함으로써 협력의 정도와 범위가 한층 심화·발전되었다. 그러나 이러한 과정에서도 문화차원의 협력은 직접적인 논의의 주제로 다뤄지지 않았다.

문화협력이 가시화되고 공식화된 것은 2010년에 서명되고 2011년 7월에 발효된 한-EU FTA를 계기로 해서이다. 한-EU FTA는 한국이 협상 중이거나 체결한 여타 FTA와 비교했을 때 문화협력을 공식적으로 명문화하였다는 점에서 많은 주목을 받았다. 이 협정의 부속서로 체결된 '문화협력의정서(Protocol on Cultural Cooperation)'는 한국과 EU 양측이 공동 제작한 시청각물에 관해 다양한 혜택을 부여할 것을 명시함으로써 시청각산업의 교역 활성화와 상호교류 제고에 대한 기대감을 반영하였다(윤성원, 박성훈 2013, 82-83). 그리고 문화협력의정서는 2014년부터 EU가 운영 중에 있는 문화정책인 'Creative Europe'의 주요 골자와 맥을 같이한다. Creative Europe 실행을 결정한 유럽의회 및 각료이사회 규정

3) 이 기본협력협정의 공식 명칭은 "무역과 협력에 관한 한-EU 기본협정(Korea-EU Framework Agreement on Trade and Cooperation)"으로 1996년에 체결되고 2001년 4월 발효되었다.

(Regulation)에 따르면, Creative Europe 프로그램은 시청각분야와 문화분야의 지원과 이들 분야에 대한 초국가적 교류·협력을 중점적으로 지원할 것을 명시하고 있다(Regulation (EU) No 1295/2013). 그리고 시청각분야에 대한 초국가적 교류·협력은 한국의 경우 바로 이 문화협력의정서에 반영되어 있으며, 문화 분야에서의 초국가적 교류·협력은 유럽문화수도프로그램의 사례를 들 수 있다. 이 글에서는 한-EU FTA 발효 이후 양국 간의 문화교류가 어떻게 발전되어 왔는지를 전체적으로 조망해보고자 한다. 이 글은 서론과 결론을 포함하여 총 다섯 개의 장으로 구성된다. 두 번째 장에서는 현재 EU가 진행 중인 'Creative Europe' 프로그램의 내용과 특징을 조망한다. 세 번째 장에서는 시청각분야에서의 교류·협력에 관해 집중적으로 논의한다. 네 번째 장에서는 유럽문화수도프로그램의 사례를 중심으로 문화공동체 이벤트를 통한 교류·협력 현황에 대해 살펴본다.

II. EU의 문화정책: 'Creative Europe'

1. 주요 내용

EU의 문화정책은 1992년 마스트리히트조약(Maastricht Treaty)에서 공식적으로 정책영역으로 편입된 후 90년대 중반부터 본격적으로 실행되었다. 처음에 운영되었던 프로그램은 칼레이도스코프(Kaleidoscope), 라파엘(Raphael), 아리안(Ariane) 프로그램이다. 이들은 각각 행위·시각·응용예술에 대한 지원과 문화유산보존지원, 그리고 문학번역을 지원하는 사업들이라고 할 수 있다. 2000

<표 1> Creative Europe의 주요 내용

지원분야	주요 내용
시청각활동 (MEDIA Sub-programme)	• 디지털 기술 활용한 신시장개척 • 신문화소비층 확대 • 신사업 모델 구축 • 역내·외에서의 공동제작 장려 • 역내·외 시장에서의 지원사업 홍보 촉진 • 유럽시청각연구소(European Audiovisual Observatory)를 통한 법률적, 시장 정보 교류 촉진
문화활동 (Culture Sub-programme)	• 디지털 기술을 접목한 문화·창조활동 장려 • 문화·창조 관련 역량 강화 지원 • 문화종사자들 간의 국제적 네트워킹 지원 • 문화상품 및 인적 자원의 초국가적 유통 및 교류 강화 • 문학작품 번역 지원 • 문화유산 및 문화·창조 작품에 대한 접근성 제고 • 유럽문화수도 프로그램 등 문화다양성 이벤트 지원
문화교류 (Cross-sectoral Strand)	• 신사업 발굴 및 운영 노하우 공유 위한 초국가적 교류 협력 • 각국의 문화정책 분석 및 관련 연구 내용 수집 • 신사업 모델 테스팅 • 문화 및 미디어 문식력 제고에 관한 회의, 세미나 개최

자료 : Regulation No 1295/2013에서 저자 정리.

년에 접어들면서 기존의 프로그램들은 하나로 통합·운영되었다. '문화 2000(Culture 2000)'이라 불리는 이 프로그램은 2000~2006년 기간 동안 운영되었으며 혁신적이고 실험적인 문화 활동, 문화협력활동, 유럽 및 국제적 차원의 문화 이벤트를 중점적으로 지원하였다. 이 프로그램은 2007년 '문화 프로그램 2007-2013(Culture Programme 2007-2013)'이라는 명칭으로 이어졌다. 이전의 문화 2000 프로그램과의 차이점은 문화 프로그램 2007-2013에서는 기존의 문화활동에 대한 지원 외에도 유럽차원의 네트워킹과 문화활동 홍보에 대한 지원이 주로 이루어졌다는 점이다.[4)]

현재 진행 중인 프로그램은 Creative Europe 프로그램이다(Regulation (EU) No 1295/2013). 이는 2014년부터 2020년까지

4) '문화 2000'과 '문화 프로그램 2007-2013'에 관한 구체적인 내용에 관해서는 다음의 문헌들을 참고할 것: 윤성원(2017a, 343-373; 2018, 393-420).

진행 중인 것으로 EU는 일찍이 2020년을 대비하기 위해 '유럽 2020 전략보고서(Europe 2020 Strategy)'에서 스마트하고 지속가능하며 고용률과 성장률을 높이기 위해 노력해야 함을 역설한 바 있다(European Commission 2010). 이를 위해 혁신과 창조의 중요성이 강조되었으며, 이는 문화 분야에서도 예외 없이 적용되었다. 특별히 급변하는 디지털 시대에 적응하고 이에 대비하고자 시장접근성 확대와 신규 소비층 확보, 그리고 예술분야 종사자들의 일자리 창출에 역점을 두었다. 그 결과 기존의 문화프로그램과 시청각정책 하에 운영되어 오던 MEDIA 프로그램, MEDIA MUNDUS 프로그램 모두를 '창조적인 유럽(Creative Europe)'이라는 이름으로 하나로 통합, 문화가 창조경제의 원천임을 강조하였다(윤성원 2017a, 357). Creative Europe 하의 지원 사업은 '시청각활동', '문화활동', '문화영역 간 교류'의 세 가지 영역을 중점적으로 지원한다.

2. 정책적 특징

현재 진행 중인 Creative Europe 프로그램은 앞서 기술한 바와 같이 시청각정책과 문화정책 하에서 운영 중이던 모든 프로그램들을 하나로 통합하였다. 시청각정책 하에서 운영되던 MEDIA programme은 정보화 사회 도래에 따른 유통·배급망 확충과 새로운 콘텐츠 및 서비스 개발에 역점을 두고 지원하였다(윤성원 2018, 393-420). 반면 Creative Europe은 디지털 기술을 시청각 분야와 문화·창조 분야와 접목하여 경쟁력을 갖추고 이를 소비할 새로운 수요시장을 개척하는 데에 중점을 두고 있다. 기존 프로그램(Culture 2007-2013, MEDIA Programme, MEDIA MUNDUS Programme)

에 지원한 총액 11억 7천만 유로에서 18% 증액하여 14억 7,270만 유로를 책정하였고, 그 중 시청각 프로그램에는 56% (8억 1,900만 유로) 이상을, 문화 프로그램에는 31% (4억 5,300만 유로) 이상을 집행하기로 결정하였다. 문화교류 영역은 최대 1억 9천만 유로까지 집행할 수 있다(Regulation (EU) No 1295/2013).

이 프로그램의 특징은 다음의 세 가지로 요약될 수 있다. 첫째, Creative Europe을 새로운 일자리 창출과 새로운 성장 동력의 기반으로 삼고 있다는 점이다. 새로 채택한 규정문에서도 볼 수 있듯이, 이 프로그램 도입의 취지는 디지털 기술을 활용한 신시장 및 신소비층 개척에 있다. 디지털 기술을 활용한 시청각물을 제작하여 해외시장 판로를 개척하고 이를 소비할 새로운 소비층을 개척해 나가고, 한편으로 디지털 기술을 문화·창조 활동과 결합시켜 새로운 일자리 창출과 연계시키고자 하고 있다. 둘째, 공동제작을 장려하고 있다. 특히 앞서 언급한 일자리 창출 및 성장 동력의 기반으로 삼기 위해 역내 회원국 간의 공동제작이 활성화될 필요가 있음을 강조하고 있다. 이에 따라 Creative Europe 프로그램 하에 지원받을 수 있는 대상의 폭을 획기적으로 확대하였다. EU 회원국뿐만 아니라 후보국과 잠재 후보국에게까지 수혜대상을 확대하였으며 EEA 회원국이 아니라는 이유로 이전 프로그램에서는 수혜 대상에서 배제되었던 스위스까지도 포함하였다(윤성원 2018, 412-413). 또한 지리적 차원에서도 수혜 대상 지역을 확대하였다. 동쪽으로는 러시아와의 접경 지역을 아우르고 남쪽으로는 북아프리카 지역으로까지 확대하였다. 이들 지역은 EU 근린정책의 직접적으로 대상이 되는 지역이다. 이렇게 수혜 대상을 전폭적으로 확대한 것은 EU 시청각산업을 범유럽적 차원에서 활성화시킴으로써 해당 산업의 경쟁력 강화 및 영향력을 제고하기 위한 방법으로 여겨진다(윤성원 2018, 413). 셋째, 그 어느 때보다도 국제 교류 및 협력을 강조하고 있다. EU 규정문은 해외 공동제작, 해외 마케팅 및 유통을 강화할 필요가 있음을 매우 구체적으로 명시하고 있다. 시청각물에 대한 공동제작을 위해 EU는 유럽에 국한하지 않고 전세계적으로 누구와도 적극 협력할 의지가 있음을 반증한다. 앞서 언급한 유럽 전역에 걸친 공동제작 활성화에 대해서도 방점을 두고 있지만 궁극적으로 추구하고자 하는 바는 제3국과의 공동제작을 활성화하여 해당국 진입을 용이하게 하고, 이를 통해 유통 및 판매와도 연결될 수 있도록 하는 것을 염두에 두고 있다고 볼 수 있다(윤성원 2018, 413). 시청각물을 공동제작하고 또 이를 위해 상호간 인적 교류를 촉진할 것을 강조하고 있다. Creative Europe을 통해 EU가 구현하고자 하는 바를 이해하고 나면, EU가 한국과의 FTA 협상에 있어 문화협력의정서를 별도로 첨부토록 했으며 문화협력의정서에서도 특별히 시청각물 공동제작을 강조했는지 이해할 수 있게 된다. 다음 장에서는 문화협력의정서의 주요내용과 실제적으로 한-EU 간의 시청각물 공동제작이 얼마만큼 활성화되었는지에 관해 살펴보고자 한다.

III. 시청각분야

1. 문화협력의정서의 내용 및 의미[5)]

한-EU FTA 협정의 부속서로 체결된 문화협력의정서는 총 10개의 조항으로 구성되어 있다. 문화협력의정서의 적용 대상과 목족을 명시한 제1조를 제외하면 나머지 9가지 조는 크게 '수평적 규정'과 '분야별 규정'으로 나뉜다. 그리고 '분야별 규정'은 다시 '시청각 분야'와 '시청각 외 문화 분야'로 구분된다.

<표 2> 한-EU 문화협력의정서의 주요 내용

<table>
<tr><th colspan="2">구분</th><th>내용</th></tr>
<tr><td colspan="2">적용범위·목적 및 정의</td><td>제1조 – 적용범위·목적 및 정의</td></tr>
<tr><td colspan="2" rowspan="3">수평적 규정</td><td>제2조 – 문화교류 및 대화</td></tr>
<tr><td>제3조 – 문화협력위원회, 분쟁해결</td></tr>
<tr><td>제4조 – 예술가와 그 밖의 문화전문가 및 실연자</td></tr>
<tr><td rowspan="6">관련 분야별 규정</td><td rowspan="3">시청각물 관련 규정</td><td>제5조 – 시청각 공동제작물</td></tr>
<tr><td>제6조 – 그 밖의 시청각 협력</td></tr>
<tr><td>제7조 – 시청각물 촬영 목적을 위한 자재 및 장비의 일시적 수입</td></tr>
<tr><td rowspan="3">시청각 외 문화분야의 증진</td><td>제8조 – 공연 예술</td></tr>
<tr><td>제9조 – 출판</td></tr>
<tr><td>제10조 – 문화유적지 및 역사적 기념물의 보호</td></tr>
</table>

자료 : 한-EU 문화협력의정서 협정문 내용 정리.

문화협력의정서의 제2조에서 제4조에 해당되는 '수평적 규정'은 의정서의 적용 주체와 의사결정 주체, 분쟁해결방법 등을 규정하고 있다. 특별히 제3조는 양국이 문화적 역량을 제고하고 문

5) III.1에 관한 내용은 다음 논문의 제VI장 제1절의 내용을 수정·보완한 것이다: 윤성원, 박성훈(2013, 82-83).

화교류를 증진시키기 위해 각국 해당 부처 소속의 고위 공무원들로 구성된 문화협력위원회(Committee on Cultural Cooperation)를 구성하여 매년 회합할 것을 규정하고 있다. 문화협력위원회는 한-EU FTA의 전체 협상 결과에 대한 이행을 감독하는 무역위원회(Trade Committee)와는 별개로 운영된다(제3조 제3항). 이에 따라 한국과 EU는 매년 문화협력위원회를 서울과 브뤼셀에서 번갈아 가며 개최하고 있다.

'분야별 규정'에 해당되는 제5~10조는 의정서 규정의 적용 범위를 분야별로 나열하고 있다. 이는 다시 '시청각물에 관한 규정'(제5~7조)과 '시청각 이외 분야에 관한 규정'(제8~10조)으로 나뉜다. 시청각물에 포함되는 대상으로는 애니메이션, 방송 콘텐츠, 영화 등이 해당되고, 시청각 이외 분야로는 공연 예술, 출판, 문화유산 등이 해당된다. 내용적 측면에서는 문화 예술인의 상호간 단기 방문(90일 이내) 활성화와 시청각물 공동 제작에 대한 혜택 부여라는 두 가지를 강조하고 있다. 이중 특별히 시청각물 공동제작에 관한 규정이 구체적으로 명시되어 있어, 문화협력의정서에서 가장 핵심이 되는 사안이 시청각물 공동제작 활성화임을 알 수 있다. <표 3>의 내용은 한국과 EU가 시청각물을 공동으로 제작하였을 때 각국의 문화콘텐츠 진흥 체제로부터 혜택을 받을 자격이 부여되는 조건을 정리한 것이다.

<표 3> 문화협력의정서 상 시청각 공동제작 관련 규정

구분		내용
인정 기준	애니메이션	EU 회원국 3개국 이상이 참여하고 양측 재정·기술·예술적 기여도가 각각 35% 이상인 경우*
	영화 등 기타 시청각물	EU 회원국 2개국 이상이 참여하고 양측 재정·기술·예술적 기여도가 각각 30% 이상인 경우*
제3자 참여		문화다양성협약 비준국만이 20% 범위 내에서 참여 가능
혜택부여기간		혜택부여는 의정서 발효 후 3년 동안 인정되며, 일방이 3개월 전 종료를 서면통보하지 않는 한 혜택기간은 자동 갱신

주 : *이 경우 EU 회원국 국적별 재정적 기여도는 각 10% 이상이어야 함.
자료 : 문화체육관광부.

인정기준에 대한 구분은 크게 애니메이션과 기타 시청각물로 구분된다. 애니메이션의 경우 EU 회원국 중 세 개 이상의 회원국이 참여하여야 하고, 한국과 EU 측이 제공한 재정적, 기술적, 예술적 기여의 정도가 각각 35%를 넘어야 한다. 반면 영화 등의 기타 시청각물의 경우는 EU 측에서는 두 개국 이상만 참여하면 된다. 그리고 한국과 EU 양측의 재정적, 기술적, 예술적 기여도는 각각 30% 이상이어야 한다. 그리고 애니메이션이든 비애니메이션이든 간에 참여하는 EU 회원국들의 개별적인 기여도는 각각 10% 이상이어야 한다. 한편 제3자의 참여 또한 가능하게 하였다. 여기서 제3자는 유네스코의 문화다양성협약을 비준한 국가에 국한하며, 이 제3국은 20%의 범위 내에서 기여할 수 있다.

그리고 이러한 조건을 충족하여 공동제작물로 인정이 되면 양측이 자국물에 제공하는 혜택을 공동으로 받을 수 있게 된다. 의정서에서는 의정서가 발효되는 시점부터 3년간 혜택을 부여하기로 정하였으며, 기본적으로 혜택 수혜 기간은 어느 한 쪽이 서면으로 통보하기 전까지는 자동적으로 연장된다. 실제로 양국은 공동제작물에 대해 보조금 지원과 쿼터제 적용 배제라는 두 가지 혜택을 부여한다(김규찬 2016, 98). 이 중 보조금 제도는 수혜 대상이 가변적일 수 있으나 스크린 쿼터제는 수혜 대상이 되면 지속적으로 적용받는 것인 만큼 효과가 크다. 한국의 경우 영화에서는 연간 73일의 스크린 쿼터 규정을 준수해야 하며,[6] 방송물의 경우는 최대 80%까지는 의무적으로 국산물로 편성해야 한다.[7] 유럽에서는 프랑스의 경우 지상파 채널과 비지상파 채널 모두 총 방송시간의 60%를 유럽산으로, 또한 40%는 프랑스어 방송물로 방영해야 하며, 이는 주시청 시간대에도 동일하게 적용된다(김규찬 2016, 100). 방송채널 사업자의 경우도 마찬가지로 연간 방영되는 총 영화작품 편수들 중 60% 이상을 유럽산 영화로 방영하여야 하며 40%는 프랑스어로 표현된 작품을 방영해야 한다. 따라서 영화 또는 방송 형태의 공동제작물이 자국물로 인정받게 되면 이러한 제한을 받지 않게 되어 보다 유통이 활발해질 수 있는 이점이 있다(김규찬 2016, 100).

문화체육관광부는 양국 간의 공동제작을 통해 향후 15년간 생산유발효과로 연평균 103억 원, 그리고 부가가치 유발효과로는 46억 원의 경제적 효과가 발생할 것으로 추산하였다(표 4 참조).

<표 4> 공동제작협정 체결에 따른 경제적 효과(연평균, 억원)

	연평균	1~5년 (2010~2014)	6~10년 (2015~2019)	11~15년 (2020~2024)
생산유발효과	102.5	46.5	85.6	175.5
부가가치유발효과	45.8	20.8	38.3	78.5

자료 : 문화체육관광부.

6) ‘영화 및 비디오물의 진흥에 관한 법률 제40조’에 근거한 시행령 제19조에 따른다.
7) ‘방송법 제69조 방송프로그램의 편성 등’에 근거한 ‘방송 프로그램 등의 편성에 관한 고시 제3조 국내제작 방송프로그램의 편성 비율’에 따른다.

이러한 사실을 근거로 한-EU FTA가 체결될 당시 양국 간 문화콘텐츠 공동제작에 대한 기대감이 적지 않았다. 다음 절에서는 문화협력의정서 체결 이후 실제 양국 간의 공동제작이 얼마만큼 활발하게 이루어졌는지를 살펴보고자 한다.

2. 시청각공동제작 현황

1) 애니메이션[8)]

<표 5>는 2010년에서 2017년 상반기까지 한국이 유럽과 공동제작한 애니메이션 작품 수 현황을 정리한 것이다. 이 기간 중 총 21편이 공동제작되었는데 영국과의 공동제작이 8편으로 제일 많고, 다음으로는 프랑스(7편), 네덜란드(3편), 스페인(2편), 독일(1편) 순이다. 시기적으로는 2011년이 6편으로 공동제작이 제일 활발하게 진행되었으며, 그 다음으로는 2013년이 5편을 기록했다. 해마다 증감의 차이는 있으나 최근 들어 공동제작의 빈도는 줄어들고 있다. 2017년 상반기에는 전무한 상황이다.

실제로 공동제작된 작품들의 예는 <표 6>과 같다. 영국과 공동제작한 작품은 <로켓보이와 토로>, <캐니멀>, <시계마을 티키톡1, 2>, <책과 팡> 등이 있고, 프랑스와는 <빠삐에 친구들 1, 2>, <미앤마이로봇>, <피쉬와 칩스>, <오아시스> 등이 공동제작되었다. <묘&가>, <깜부의 미스터리 아일랜드>는 스페인과 공동제작된 작품들이고 <풍선코끼리 발루뽀>는 네덜란드와 2013년에 공동으로 제작된 작품이다.

한국 애니메이션 업체가 진행하고 있는 공동제작의 전체 편수

8) 이 장은 다음 논문의 IV장 1절을 수정·보완한 것이다: 윤성원(2016, 32-35).

<표 5> 한-유럽 애니메이션 공동제작 현황 (2010~2017년 상반기)

국가	2010년	2011년	2012년	2013년	2014년	2015년	2016년	2017년 (상반기)	합계
네덜란드	0	0	0	1	1	1	0	0	3
독일	1	0	0	0	0	0	0	0	1
스페인	0	2	0	0	0	0	0	0	2
영국	1	2	1	1	1	1	1	0	8
프랑스	1	2	1	3	0	0	0	0	7
소계	3	6	2	5	2	2	1	0	21

자료 : 한국콘텐츠진흥원(2015, 82; 2016, 178; 2018, 69-70)을 바탕으로 재구성.

<표 6> 한-유럽 애니메이션 공동제작 국가 및 작품의 예 (2010~2017년 상반기)

국가	작품
영국	<로켓보이와 토로>, <캐니멀>, <시계마을 티키톡1, 2>, <책과 팡> 등
프랑스	<빠삐에 친구들 1, 2>, <미앤마이로봇>, <피쉬와 칩스>, <오아시스> 등
스페인	<묘&가>, <깜부의 미스터리 아일랜드>
네덜란드	<풍선코끼리 발루뽀> 등

자료 : 한국콘텐츠진흥원(2015, 82; 2016, 178; 2018, 69-70)을 바탕으로 재구성.

를 고려한다면 유럽 국가와의 공동제작은 다른 지역과의 제작에 비해 저조한 편이다. 2010~2017년 상반기까지 진행된 공동제작 총 82편 중 아시아 국가들과의 공동제작은 56편인 반면, 유럽과의 공동제작은 21편에 그치고 있다(한국콘텐츠진흥원 2015, 82; 한국콘텐츠진흥원 2018, 69-70). 그리고 시청각물 공동제작과 관련하여 한-EU 문화협력의정서 발효가 직접적으로 공동제작 활성화에 기여하고 있다는 징후는 그다지 감지되지 않고 있다.

한국과 EU와의 애니메이션 분야 교류는 특별히 유럽애니메이션 협회인 '카툰(Cartoon)'을 통해 이루어지고 있다. 이 협회는 EU가 운영 중에 있는 Creative Europe 프로그램을 통해 지원받고 있으며, 미주 및 아시아와의 교류를 위해 카툰 커넥션(Cartoon Connection)이라는 마케팅 행사를 매년 운영해오고 있다. 특별히 아시아 국가 중에는 한국을 유일하게 선정하여 파트너십 체결을 제안하였고, 그 결과 매년 이 행사를 통해 유럽 애니메이션 업체들이 방한하여 한국 업체들과 계약을 체결하고 있다.

2) 영화

양측이 공동으로 제작한 영화 편수는 그다지 많지 않다. 2002-2013년 기간 동안 총 9편이 공동으로 제작되었다(<표7> 참조). 그러나 이 중 공식적으로 국내물로 판정받은 영화는 <필름메이커>, <두만강>, <여행자> 세 편에 불과하다. 나머지 6편은 국산영화 인증 신청을 하지 않았거나 국산물 인정 판정 기준에 미흡하여 비공식적 공동제작물로 남아있는 경우이다(김규찬 2016, 103). 영화진흥위원회에 따르면 외국과의 공동제작이 처음 시작된 것은 2000년으로 처음 몇 년간은 시장규모가 크거나 공동제작의 경험이 많이 있다는 특징을 가지고 있는 미국, 중국, 일본에 국한되어 진행되었다(영화진흥위원회 2011, 11). 그러다가 점차 다른 서구권 국가들과의 공동제작도 이루어지기 시작했는데, 이들과는 주로 선판매 또는 현지 로케이션 촬영 등 상대적으로 몰입도가 적은 분야에서의 협업에 국한하여 이루어졌다(영화진흥위원회 2011, 12). 대상 국가로는 2006년 영화공동제작 협정을 체결한 프랑스와의 공동제작이 전체 9편 중 6편을 차지할 정도로 절대적으로 우위를 차지하고 있는데, 이마저도 2012년 이후로는 부진한 상태이다(김규찬 2016, 103). 게다가 문화협력의정서 체결 이후 그 결과 공동제작된 작품은 현재까지는 없는 상태이다.

<표 7> 한-유럽 공동제작 영화 현황

구분	영화명	참여국	제작연도	감독
공식적 공동제작	필름메이커	한국, 프랑스	2002	게젤바쉬 레지스
	두만강	한국, 중국, 프랑스	2009	장률
	여행자	한국, 프랑스	2009	우니 르콩트
비공식적 공동제작	설국열차	한국, 체코	2013	봉준호
	어프로보드 포 어답션	한국, 벨기에, 프랑스	2012	로랑 부알로, 정 에냉
	베를린	한국, 독일	2012	류승완
	밤과 낮	한국, 프랑스	2008	홍상수
	경계	한국, 몽고, 프랑스	2007	장률
	데이지	한국, 홍콩, 네덜란드	2006	유위강

자료 : 김규찬(2016, 103).

IV. 지역문화공동체 행사 분야[9]

1. 유럽문화수도 프로그램

그리스 멜리나 메르쿠리(Melina Mercouri) 문화부 장관의 제안으로 비롯된 유럽문화수도 프로그램은 1985년 처음 도입된 이후 현재까지 30년 이상 운영되어 오고 있는 EU의 대표적인 문화공동체 행사라고 할 수 있다. 1980년대 중반 유럽통합의 새로운 동력을 찾고 있던 유럽정상들은 무엇보다도 유럽시민들의 관심과 참여를 통해서만이 그것이 가능하다고 보았고, 이 문화행사가 유럽시민의 관심과 참여를 제고시킬 적합한 방법임을 인식했다. 유럽시민이 함께 하는 회원국 간의 문화교류를 통해서만이 정치협

9) 이 장은 다음의 논문에서 일부(II장 2절, IV장)를 발췌하여 요약·정리한 것이다: 윤성원(2017b, 181-212).

력으로의 유럽통합의 외연을 확대할 수 있을 것이고, 궁극적으로는 유럽통합을 완성시킬 수 있는 중요한 열쇠가 된다고 본 것이다(European Council 1983, 25). 1983년 스튜트가르트(Stuttgart)에서 발표된 "유럽연합에 대한 엄숙한 선언(Solemn Declaration on European Union)"이라는 성명서는 바로 이러한 염원을 반영한 유럽 정상회담(European Council)의 결과물이자 메르쿠리 장관이 유럽문화수도 프로그램[10]을 제안하게 된 결정적 계기가 되었다.

유럽문화수도 프로그램은 '회원국 간 공통점과 다양성을 가지고 있는 문화를 통해 회원국 국민들을 하나로 연결해주자는 것'에 개최 목적을 담고 있다(Council of Ministers 1985). 초기 유럽문화도시(European City of Culture)라는 이름으로 시작된 이 행사는 그리스 아테네에서 개최된 것을 비롯하여 피렌체, 암스테르담, 서베를린, 파리, 글라스고, 더블린, 마드리드 등의 차례로 개최되었다(이후 개최지에 관해서는 <표 9> 참조).

프로그램 운영 및 개최지 선정 방식이 확립되어 있지 않았던 초기에는 개최지별 형편에 맞게 행사의 규모, 일정, 운영 기간 등이 결정되었다.[11] 그러나 초기 개최지들은 이미 관광도시로서 널리 알려진 곳들이었던 만큼 자체적으로 기획된 문화행사

10) 유럽문화수도 프로그램은 처음에는 유럽문화도시(European City of Culture)라는 이름으로 등장했다. 그러다가 행사 규모가 확대되면서 1999년 유럽의회와 이사회의 결정으로 '유럽문화수도(European Capital of Culture)'로 개명되었다. 이에 관해서는 다음을 참고: Decision No 1419/1999/EC of the European Parliament and the Council of 25 May 1999. 본 논문에서도 1999년 이전까지는 '유럽문화도시'라 칭하고 그 이후는 '유럽문화수도'라 칭한다.

11) 그리스를 이은 다음 개최지로는 이탈리아와 네덜란드가 경합을 벌인 바 있다. 프랑스는 특별히 프랑스혁명 200주년이 되는 해인 1989년도에 개최하기를 희망했으며, 아일랜드는 1990년 유럽이사회 순환의장국 임기를 마친 이듬해에 개최하기를 희망하였다. 결국 이들 국가의 희망사항은 모두 반영되어 최종적으로 개최 순번이 결정되었다. 이에 관해서는 다음을 참조: Myerscough, (1994).

<표 8> '유럽문화의 달(European Cultural Month)' 개최도시

연도	국가	도시
1992	폴란드	크라코우
1993	오스트리아	그라즈
1994	헝가리	부다페스트
1995	사이프러스	니코시아
1996	러시아	상트페테르부르크
1997	슬로베니아	류블랴나
1998	오스트리아	린츠
1999	불가리아	플로디브
2001	라트비아	리가
	스위스	바젤
2003	러시아	상트페테르부르크

자료 : 박성훈, 윤성원, 김장호(2008, 37).

에 '유럽문화도시'라는 이름을 더하여 EU 차원에서 인정하는 문화도시라는 의미를 부여하는 데에 그쳤다. 그러다가 1990년 이후 이 문화행사 자체의 존재감이 높아지면서 개최기간이 1년으로 연장되었을 뿐만 아니라 개최지 또한 이 문화행사 준비에 더욱 많은 힘을 들이기 시작했다. 한편 EU는 아직 EU에 가입하지 않은 동유럽 도시들을 대상으로 이 프로그램과 방식은 유사하나 행사기간이 짧은 '유럽문화의 달(European Cultural Month)'을 별도로 기획하였다. 갓 민주화를 이룬 동유럽 국가들이 수년 내 EU에 가입할 것이 예상되었던 만큼, 동·서 유럽 시민들 간의 상호 문화교류를 통해 가입 이후의 부작용을 최소화하기 위한 장치라 할 수 있다.

2004년 동유럽 국가들의 EU 가입과 맞물려 유럽문화의 달 프로그램은 유럽문화수도 프로그램에 흡수되었고, 현재는 매년 1곳의 서유럽 도시와 1곳의 동유럽 도시가 유럽문화수도 프로그램을 공동으로 개최하고 있다. 개최도시 간 반드시 일정 부분 공동 프로그램을 기획하도록 되어 있어 동·서 유럽도시 간의 교류와 협력이 제고되는 결과도 가져오고 있다. 유럽문화수도 프로그램은 1년간 진행되는 문화행사로 개최 기간 동안 거의 매일 지역주민들과 관광객 모두 다양하게 참여하고 경험할 수 있도록 다양한 문화 관련 행사들이 제공된다(음악, 미술, 연극, 영화, 무용, 전시 등).

1999년에 채택된 이사회와 유럽의회의 결정(Decision)은 이 프로그램을 더욱 체계화하는 데에 중요한 역할을 하였다. 1999년 결정문에서 채택된 내용은 크게 다섯 가지이다:

- 프로그램의 운영 목적을 명시
- 프로그램 위상 강화
- 개최지 선정 절차 구체화
- 개최지 대상 확대
- 프로그램 구성 기준 마련

첫째, 1999년 결정문은 이 프로그램의 운영 목적이 "유럽 시민들 간의 상호 이해 증진을 장려하면서 유럽 개별 문화들의 풍요함과 다양함, 그리고 각 문화들이 공유하는 특징을 부각시키는 것"에 있음을 분명하게 하였다(Decision No 1419/1999/EC). 다음으로는 '유럽문화도시(European City of Culture)'라는 명칭을 '유럽문화수도(European Capital of Culture)'로 변경함으로써 개최지의 이미지와 위상을 더욱 강화하였다. 그 다음으로는 개최지 선정 절차를 구체적으로 명시하였는데, 특히 개최지 선정을 집행위원회, 유럽의회, 각료이사회, 지역위원회가 임명한 7인의 '선정위원회(selection panel)'를 통해 선정하도록 함으로써 보다 공정하고 객관

<표 9> 역대 유럽문화수도 개최지 및 개최예정지

<table>
<tr><th>연도</th><th>개최국</th><th>개최도시</th><th>연도</th><th>개최국</th><th>개최도시</th></tr>
<tr><td>1985</td><td>그리스</td><td>아테네</td><td>2006</td><td>그리스</td><td>파트라스</td></tr>
<tr><td>1986</td><td>이탈리아</td><td>피렌체</td><td rowspan="2">2007</td><td>룩셈부르크</td><td>룩셈부르크</td></tr>
<tr><td>1987</td><td>네덜란드</td><td>암스테르담</td><td>루마니아</td><td>시비우</td></tr>
<tr><td>1988</td><td>독일</td><td>서베를린</td><td rowspan="2">2008</td><td>영국</td><td>리버풀</td></tr>
<tr><td>1989</td><td>프랑스</td><td>파리</td><td>노르웨이</td><td>스타방게르</td></tr>
<tr><td>1990</td><td>영국</td><td>글라스고우</td><td rowspan="2">2009</td><td>오스트리아</td><td>린츠</td></tr>
<tr><td>1991</td><td>아일랜드</td><td>더블린</td><td>리투아니아</td><td>빌리우스</td></tr>
<tr><td>1992</td><td>스페인</td><td>마드리드</td><td rowspan="3">2010</td><td>독일</td><td>에센</td></tr>
<tr><td>1993</td><td>벨기에</td><td>안트워프</td><td>헝가리</td><td>피치</td></tr>
<tr><td>1994</td><td>포르투갈</td><td>리스본</td><td>터키</td><td>이스탄불</td></tr>
<tr><td>1995</td><td>룩셈부르크</td><td>룩셈부르크</td><td rowspan="2">2011</td><td>핀란드</td><td>투르크</td></tr>
<tr><td>1996</td><td>덴마크</td><td>코펜하겐</td><td>에스토니아</td><td>탈린</td></tr>
<tr><td>1997</td><td>그리스</td><td>데살로니카</td><td rowspan="2">2012</td><td>포르투갈</td><td>기마랑스</td></tr>
<tr><td>1998</td><td>스웨덴</td><td>스톡홀름</td><td>슬로베니아</td><td>마리보르</td></tr>
<tr><td>1999</td><td>독일</td><td>바이마르</td><td rowspan="2">2013</td><td>프랑스</td><td>마르세유</td></tr>
<tr><td rowspan="7">2000</td><td>벨기에</td><td>브뤼셀</td><td>슬로바키아</td><td>코시체</td></tr>
<tr><td>스페인</td><td>산티아고</td><td rowspan="2">2014</td><td>스웨덴</td><td>우메아</td></tr>
<tr><td>이탈리아</td><td>볼로냐</td><td>라트비아</td><td>리가</td></tr>
<tr><td>프랑스</td><td>아비뇽</td><td rowspan="2">2015</td><td>벨기에</td><td>몽스</td></tr>
<tr><td>노르웨이</td><td>베르겐</td><td>체코</td><td>플젠</td></tr>
<tr><td>폴란드</td><td>크라코우</td><td rowspan="2">2016</td><td>스페인</td><td>산 세바스티안</td></tr>
<tr><td>핀란드</td><td>헬싱키</td><td>폴란드</td><td>브로츠와프</td></tr>
<tr><td rowspan="2">2001</td><td>체코</td><td>프라하</td><td rowspan="2">2017</td><td>덴마크</td><td>오르후스</td></tr>
<tr><td>포르투갈</td><td>포르토</td><td>사이프러스</td><td>파포스</td></tr>
<tr><td rowspan="2">2002</td><td>벨기에</td><td>브뤼헤</td><td rowspan="2">2018</td><td>네덜란드</td><td>레이우아르던</td></tr>
<tr><td>스페인</td><td>살라만카</td><td>몰타</td><td>발레타</td></tr>
<tr><td>2003</td><td>오스트리아</td><td>그라츠</td><td rowspan="2">2019</td><td>이탈리아</td><td>마테라</td></tr>
<tr><td rowspan="2">2004</td><td>이탈리아</td><td>제노아</td><td>불가리아</td><td>플로브디프</td></tr>
<tr><td>프랑스</td><td>릴</td><td>2020</td><td colspan="2">크로아티아, 아일랜드</td></tr>
<tr><td>2005</td><td>아일랜드</td><td>콕</td><td>2021</td><td colspan="2">루마니아, 그리스</td></tr>
</table>

자료 : 윤성원(2017a, 362).

적으로 선정하도록 절차적 정당성을 보완하였다. 또한 개최지 대상을 확대하였다는 점도 중요하다. EU 회원국이 아니더라도 개최를 희망하는 도시가 있을 경우 객관적인 심사 절차를 통해 선정될 수 있도록 기회를 확대하였다. 마지막으로, 이벤트 내용의 기획 및 평가 기준에 관해 명확하게 하였다. EU는 이에 관한 가이드라인을 마련하여 유럽시민들이 이 문화행사를 통해 상호 이해의 폭을 넓히고 '다양성 속의 통일성(unity in diversity),' 즉, 유럽 개별 문화의 다양성과 각 문화 간의 공통된 특성을 이해하게 하여야 함을 언급하고 있다.[12]

2006년에 채택된 이사회와 유럽의회의 결정문은 1999년 결정문 내용에서 두 가지 사항을 수정하여 보완하였다:

- 행사 내용에 관한 기준 제시
- 선정위원회 위원 수 확대

첫째, 행사 구성 내용으로 포함되어야 할 기준을 명확히 제시하였다. 특별히 '유럽적 차원(European dimension)'과 '도시와 시민(City and Citizen)'이라는 두 가지 기준을 제시하여 본 프로그

---

12) 1999년 채택된 이사회와 유럽의회의 결정은 세부적으로 문화행사를 기획함에 있어서 다음의 내용들을 포함할 것을 제시하고 있다: 개최지가 중요한 역할을 한 예술 운동에 대한 홍보; 음악, 무용, 연극, 비주얼 아트, 영화 등 다양한 문화 행사 기획 및 홍보; 개최지의 역사 및 문화에 있어 중요한 의미가 있는 인물 또는 사건을 유럽적 차원에서 널리 홍보; 예술적 혁신 또는 새로운 문화적 행위를 장려하기 위한 특별한 활동; 개최지에 특별한 의미가 있는 예술적 자산과 예술 작품에 대한 대중적 접근과 인지도 제고; 청소년들이 참여할 수 있는 문화 행사; 사회 결속 강화를 위한 문화 행사; 보다 널리 대중에게 확산하기 위한 멀티미디어, 시청각 수단, 다국어 수단을 활용한 문화 활동; 고용, 관광 등 경제활동 활성화에 기여; 문화유산을 기반으로 한 혁신적 문화관광 개발; 전통적인 건축 유산과 새로운 도시 개발을 접목시키기 위한 프로젝트 구현; 유럽 개별 문화와 기타 지역 문화 간의 교류 증진. 이에 관해서는 다음을 참조: Decision No 1419/1999/EC.

<표 10> 유럽문화수도 프로그램의 평가 영역 및 세부 기준

영역	세부기준
유럽적 차원 (European dimension)	• 해당 회원국의 문화 종사자들 및 도시 간의 협력 장려 • 유럽 내 문화적 다양성에 대한 진작 • 개별 유럽 문화 간의 공통점 제고
도시와 시민 (City and Citizen)	• 개최지 및 인접 지역 주민들의 행사 참여 독려 • 장기적 관점에서 개최지의 문화 및 사회 발전에 기여

자료 : 윤성원(2017b, 193).

램의 세부 행사들을 기획함에 있어서 이 두 가지 기준이 반드시 포함되도록 규정하였다. 세부 기준에 관한 내용은 다음과 같다(Decision No 1622/2006/EC).[13]

둘째, 선정위원회의 구성 위원수를 늘렸다. EU 기구가 지명하는 7인의 위원에 더하여 회원국이 지명하는 6인을 추가로 배정하여 구성함으로써 개최지 선정이 보다 객관적으로 이루어 질 수 있도록 제도적 장치를 마련한 것이다(Decision No 1622/2006/EC).

EU는 매년 이 프로그램 개최도시에게 소정의 상금을 지급하고 있다.[14] 도입 초기에는 지급액이 유동적이었으나 2002년부터는 개최도시 당 50만 유로씩 지급되었고 2007년도부터는 150만 유로를 지급하고 있다. 이는 행사기간의 확대 및 강화된 위상과도 관련이 있어 보인다. 처음 몇 년간은 2~3개월 기간 동안 개최되었지만 1990년대부터는 12개월 동안 확대 개최되었고, 명칭 또한 '유럽문화수도'라는 명칭으로 바뀌면서 이 프로그램이 가지는 대외적인 위상 또한 높아졌다. 공동체 차원에서는 행사 운영에 관한 시스템 구축과 본 프로그램에 대한 중요성의 인식 제고의 결과 상금의 규모 또

13) 프로그램 기획시 반영되어야 할 내용상 기준은 2014년 이사회와 유럽의회의 결정을 통해 수정, 보완되었다. 이는 2020년부터 적용되는 내용으로 자세한 내용은 다음을 참조할 것: Decision No 445/2014/EU.

14) 이 상금은 처음 이 프로그램을 제안한 그리스 장관의 이름을 따서 만든 '멜리나 메르쿠리 상(Melina Mercouri Prize)'이라는 이름으로 지급된다.

한 확대한 것으로 보인다(박성훈, 윤성원, 김장호 2008, 43). 그러나 이 지급금은 '상금'이라는 공식명칭에서처럼 어디까지나 상징적인 금액일 뿐이고, 실제로 행사 기획과 운영을 위해서 지방 및 중앙정부가 전폭적으로 재정 지원을 아끼지 않고 있다.

이 프로그램에 관해서는 다양한 평가가 엇갈리지만 대체적으로 '유럽성(Europeanness)'에 대한 인식 고취(Sassatelli 2006)와 개최도시로서의 자긍심, 그리고 도시 간 네트워크를 강화시킨다는 세 가지 측면에서 유럽통합에의 긍정적인 역할을 하는 것으로 평가되고 있다. 현재 유네스코 창의도시 네트워크(UNESCO Creative Cities Network: UCCN) 등 국제기구에서 뿐만 아니라, 아랍문화수도(Arab Capital of Culture), 아메리카문화수도(American Capital of Culture), 동아시아문화도시(Culture City of East Asia) 등 각 지역에서도 본 프로그램을 벤치마킹하여 자체적인 프로그램을 운영 중에 있어, 유럽문화수도 프로그램이 내부 통합에의 결속력을 강화시키는 효과 뿐 아니라 대외적으로도 지역문화공동체 행사의 성공적인 사례로 자리매김하고 있다.

2. 동아시아문화도시 프로그램

Creative Europe 프로그램 도입을 공식화한 2013년 이사회 및 유럽의회 규정문에 따르면, EU는 유럽문화도시 프로그램을 대외적으로 널리 알리는 것을 주요 목표 중 하나로 삼는다고 명시하였다(Regulation (EU) No 1295/2013). 이러한 정책적 주안점은 한-EU 문화협력의정서에서도 반영되어 있다. 의정서 도입 부분에서 언급된 '지방/지역 문화 콘텐츠의 진흥'과 '문화적 다양성의 인정, 보호 및 증진'을 지향하는 것을 목적으로 한다는 부분은 바로 Creative Europe 결정문에서 명시된 유럽 문화의 다양성을 널리 알리고 문화 간 대화를 통해 상호 이해의 폭을 넓힌다'는 부분(Regulation (EU) No 1295/2013)과 맞닿아 있다.

앞서도 언급했지만 유럽문화수도 프로그램을 벤치마킹하는 사례는 많이 있어 왔다. 국내에서는 2000년대부터 동아시아 지역통합의 필요성 및 방향성에 관해 본격적으로 논의되기 시작되었는데(전영평, 박경하 2003; 양기호 2004; 김명섭, 이동윤 2005; 류지성, 김형수 2008; 전영선 2010), 지정학적 특수성, 과거사 인식 차이, 경제발전의 차이 등으로 인해 공동체 형성의 초기 모델로서 한·중·일을 중심으로 한 문화공동체 설립을 하자는 방안이 강하게 주장되고 있다(전영선 2010, 7).

실제로 한·중·일 3국 문화장관회의를 통해 매년 국가별로 대표적인 문화도시를 선정하여 '동아시아의 의식, 문화교류와 융합, 상호문화의 이해' 정신을 실천하자는 취지로 동아시아 문화도시(Culture City of East Asia) 프로그램이 발족되었다(한국문화관광연구원 2018, 41). 이 프로그램은 이듬해인 2014년부터 실시되었으며 각국 지방 도시들의 자체적인 문화행사 및 이들 도시 간의 공동행사를 개최함으로 인해 교류를 확대하고 상호 간의 이해의 폭을 넓히는 것에 그 의의를 두고 있다(변우열 2015). 현재까지 동아시아문화도시 프로그램을 개최한 도시들은 <표 11>과 같다.

<표 11> 역대 동아시아 문화도시 개최지

개최연도	한국	중국	일본
2014	광주	취안저우	요코하마
2015	청주	칭다오	니가타
2016	제주	닝보	나라
2017	대구	창사	교토
2018	부산	하얼빈	가나자와

자료 : 윤성원(2017b, 207)에서 보완.

개최도시 선정 기준은 <표 12>에서와 같다. 크게 '개최지로서의 역량'과 '사업 추진 역량'의 측면에서 평가한다. 개최지로서의 역량은 문화도시 역량으로 그간 국제문화행사를 개최한 실적과 제도적 장치 마련 여부, 문화에의 예산 배정 비율 등을 기준으로 평가한다. 사업 추진 역량은 다시 지역문화 발전 계획과 사업 추진 계획, 그리고 재원조달 계획의 측면에서 평가된다.

<표 12> 동아시아문화도시 선정기준

	구분	세부내용
개최지 역량	문화도시 역량	• 중장기 문화기본계획 수립 등 문화정책 추진 실적 및 계획 • 총 예산 중 문화 분야의 예산 비율 • 문화기반시설 현황 및 문화재단 설립 등 지역문화조직 구성 여부 • 국제문화행사 개최 등 국제문화교류 추진실적 등
사업 추진 역량	지역문화 발전 계획	• 지역문화 균형발전에의 기여, 동아시아 문화 교류 확산 가능성
	사업추진 계획	• 동아시아 문화도시 참여 목적 및 선정시 중장기 기대효과 • 사무국 설치 등 추진조직 구성의 적절성 • 지자체의 중장기 문화기본계획 등과의 연계성 • 세부 행사계획의 구체성 및 실현가능성 • 관광숙박시설, 교통편의성 등 도시인프라 • 대내외 파급효과 확산을 위한 홍보 전략의 적절성
	재원조달 계획	• 사무국 및 프로그램 추진을 위한 예산 확보 계획의 적정성

자료 : 한국문화관광연구원(2018, 42)에서 수정·보완.

이 프로그램이 실행된 지 5년이 지났음에도 불구하고 아직 대외적으로 널리 알려져 있지는 않다. 이는 아마도 본 프로그램 운영을 위한 재원이 대부분 해당 지자체에서 부담을 하고 일부만 중앙정부의 지원을 받는 구조로 진행되기 때문에(한국문화관광연구원 2018, 42), 개최도시 입장에서는 이 프로그램을 도시 홍보를 위한 계기 정도로만 간주하고 있는 듯하다. 그러나 장기적으로 이 프로그램이 지속적으로 유지되기 위해서는 중앙정부의 적극적인 관심과 지원이 필요하다. 소통 및 홍보 창구를 다변화하여 방문자와 참여자의 수를 늘리고 개최 사례들에 관한 자료들을 데이터베이스로 구축하여 지속적으로 평가하고 보완해나간다면 이 프로그램을 도입하게 된 원래의 취지인 한·중·일 3국 간의 네트워크 형성을 보다 견고하게 할 수 있을 것이고, 동북아공동체 형성의 발판으로서의 역할도 기대해 볼 수 있을 것이다. 유럽문화수도 프로그램이라는 성공 사례가 동아시아문화도시 프로그램에 그대로 적용되기는 어렵겠지만, 데이터베이스를 구축하여 계속적으로 평가하고 부족한 점을 보완해 나가는 노력들은 동아시아문화도시 프로그램의 성공적인 안착을 위해 필요해 보인다.

V. 결론

지난 반세기 이상 지속되어 온 한국과 EU와의 관계는 한국이 다른 주변 국가들과 가져온 관계들에 비해서 비교적 완만하게 큰 굴곡 없이 발전되어왔다는 점이 큰 특징이라 할 수 있다. 또한 '문화'를 별도의 키워드로 삼아 협력을 위한 공식적인 분야로 인정하고 협력관계 구축을 위해 힘쓰고 있다는 점도 중요한 특징이다. 그간의 양국 간 협상과정과 문화협력의정서로 대변되는 협상 결과물을 살펴보면 대외협력 관계에 문화를 활용하려는 EU 측의 적극적인 의사와 의지가 반영된 것으로 보인다. 창조와 혁신이 강조되는 이 시기에 문화를 접목함으로써 새로운 일자리를 창출하는 원동력으로 활용하려는 의지가 담겨져 있다. 유럽문화수도 프로그램으로 대변되는 지역문화공동체 행사 또한 개별 도시 차원에서 정체성을 제고하고 도시 간 네트워크 구축을 강화하여 궁극적으로는 초국가적 공동체 구축에 긍정적인 영향을 미치고자

<표 13> 한-EU 문화협력위원회 개최 현황

	일시	장소	주요 의제
제1차	2013.12.5	브뤼셀	• 한-EU 문화협력위원회 의사규칙(ROP) 채택 • 문화예술, 문화산업 및 저작권 정책에 대한 소개와 예술가, 문화전문가와 실무자 간의 교류사례와 애로사항을 설명 • 시청각 공동제작물에 대한 혜택을 받을 수 있는 자격부여(3년) 기간 연장 논의
제2차	2014.10.10	서울	• 한-EU 중재패널 명부 공식 승인 • 문화 및 문화산업 정부 정책, 문화유산, 영화, 예술가 이동성 촉진 등을 위한 정보 공유 • 애니메이션 공동제작에서의 어려움 등 현안에 대해 논의
제3차	2016.2.5	브뤼셀	• 문화 및 창조 분야, 예술가 레지던시 및 이동성, 시청각 공동제작 관련 양측 간 정책 정보 공유와 협력 방안 • 예술 기업 기술 간 문화융합 지원 방안 • 크라우드 펀딩 등 재원 접근성 제고를 위한 새로운 펀딩모델 • 국제 공동제작 혜택과 홍보캠페인 정보
제4차	2017.3.6	서울	• 서울아트마켓 프로그램 소개 및 교류방안 논의 • 국제 레지던시 프로그램 소개 및 교류방안 논의 • 국제 공동제작 지원 현황 소개 • 공동제작 인정 기준 완화 필요성 및 개선방안 논의 • 공동제작 프로젝트 시범제작
제5차	2018.4.9	브뤼셀	• 문화와 도시 • 문화·창조산업 분야의 새로운 발전 • 2018 서울공연예술마켓 등 문화교류 방안 • 2018유럽 문화유산의 해

자료 : 김규찬(2016, 116)을 바탕으로 저자 추가 및 보완.

하는 프로그램으로 이러한 지역공동체 문화행사 형식을 널리 전파하여 문화강국으로서의 EU의 위상을 강화하는 측면도 가지고 있다고 볼 수 있다.

2013년 문화협력위원회가 설립된 이후 현재까지 5차례에 걸쳐 문화협력 회의가 매년 개최되어 왔다. 역대 개최 현황을 정리하면 <표 13>과 같다.

<표 13>에서처럼 시청각 공동제작은 매 회의의 주요 의제로 등장했다. 이에 관한 진행 상황을 여러 자료들을 통해 유추해보면, 시청각 공동제작의 경우 아직까지 문화협력의정서 발효가 시청각 공동제작에 직접적으로 어떠한 영향을 미쳤는지를 판단하기 어려운 점

이 있다. 실제로 의정서가 발효된 시점은 잠정발효인 2011년 7월 1일이 아니라 2015년 12월 13일 전체 발효시기이고 문화 산업 관련 통계들은 2016년 또는 2017년까지만 집계되어 있는 상태라 영향을 평가하기엔 시기적으로 때 이른 감이 없지 않다. 그러나 애니메이션 종사자들을 대상으로 면담한 바에 따르면 의정서의 내용이 현실을 반영하고 있지 못하기 때문에 현실적으로 공동제작을 활성화시키기에는 한계가 있을 것이라는 우려가 있다.[15] 따라서 정부 차원에서는 업계 종사자들의 의견을 반영하는 창구를 마련하여 지속적으로 논의해 나갈 필요가 있어 보인다.

지역문화공동체 행사도 이번 5차 회의에서 비로소 주요 의제로 등장했다. 그러나 이번 회의에서는 양측 간의 프로그램 소개에 그쳤다고 한다.[16] 동아시아문화도시 프로그램은 유럽문화수도 프로그램을 벤치마킹한 것이니만큼 막 시작된 동아시아문화도시 프로그램의 성공적인 안착을 위해서는 유럽 사례에 대한 성공 포인트를 분석할 필요가 있으며 제도적 보완이 필요할 것이다. 또한 동아시아 개최 사례에 대한 자료와 정보를 데이터베이스화할 필요가 있다. 더 나아가 프로그램 운영 시 EU 측과 협력하여 일부 행사들을 공동 기획·운영하는 것으로 진행해 볼 수 있을 것이며, 이 과정에서 EU측의 노하우를 벤치마킹 할 수도 있을 것이다.

한-EU 관계는 과거 반세기를 거치면서 '전략적 동반자'로서 자리매김하는 과정을 거쳤다면 향후 반세기는 전략적 동반자로서의 관계의 결실을 맺는 시기로 삼을 필요가 있다. 이를 위해 '문화'에 대한 시대적 수요와 의미에 맞게 양국 간에 심도 있고 지속적인 논의가 있어야 할 것이다.

15) 인터뷰 내용에 관해서는 다음을 참조할 것: 윤성원(2016, 55-57).
16) 문화관광체육부 담당자와의 2018년 11월 7일 전화 인터뷰.

참고문헌

김규찬. 2016.『한-EU 문화협력위원회 핵심의제 개발연구』. 한국문화관광연구원.

김명섭, 이동윤. 2005. “동북아공동체의 이상과 현실: 문화적 대안의 모색.”『일본연구논집』. 21권 2호, pp.1-30.

류지성, 김형수. 2008. “동북아문화공동체 구성에 관한 이론적 논의.”『서석사회과학논총』. 제1권 2호, pp.287-314.

박성훈, 윤성원, 김장호. 2008.『EU 문화정책의 유럽통합에 대한 파급효과와 동아시아 통합에 대한 시사점: 유럽문화수도 프로그램의 사례연구를 중심으로』. SNU-KIEP EU 센터 시리즈 08-03. 대외경제정책연구원.

영화진흥위원회. 2011.『공동제작 영화를 보는 서로 다른 시각 연구』.

양기호. 2004. “동북아공동체 형성을 위한 대안으로서 한·중·일 지방간 국제교류.”『일본연구논집』. 20권, pp.33-63.

윤성원, 박성훈. 2013. “시청각분야를 중심으로 본 한-EU 문화협력 현황과「한-EU 문화협력의정서」의 역할.”『EU학 연구』. 제18권 1호, pp.81-110.

윤성원. 2016. “한-EU 문화협력: 애니메이션 산업을 중심으로.”『통합유럽연구』. 제7권 2호, pp.35-64.

______. 2017a. “문화정책.” 이무성 (편).『통합과 갈등의 유럽연합』. 서울: 높이깊이, pp.343-373.

______. 2017b “유럽연합과 문화이벤트: 유럽문화수도프로그램의 통합적 기제로서의 역할 및 동북아공동체 구상에의 함의.”『세계지역연구논총』. 35권 3호, pp.181-212.

______. 2018. “유럽연합의 시청각정책.” 유럽정치연구회 엮음.『유럽정치론』. 서울: 박영사, pp.393-420.

전영선. 2010. “동북아 문화공동체와 문화콘텐츠.”『한국문화기술』. 9권, pp.41-63.

전영평, 박경하. 2003. “평화와 번영의 동북아 문화공동체 형성의 구상과 전략.”『한국거버넌스학회보』. 10권, pp.39-52.

한국문화관광연구원. 2018.『문화도시 지정 및 지원 방안 연구』.

한국콘텐츠진흥원. 2018. 『2017 애니메이션 산업백서』.

______. 2016. 『2015 애니메이션 산업백서』.

______. 2015. 『2014 애니메이션 산업백서』.

Council of Ministers. 1985. Resolution of the Ministers responsible for Cultural Affairs, meeting within the Council, of 13 June 1985 concerning the annual event 'European City of Culture', *Official Journal C 153*, 22/06/1985.

Decision No 1419/1999/EC of the European Parliament and of the Council of 25 May 1999 establishing a Community action for the European Capital of Culture event for the years 2005 to 2019.

Decision No 1622/2006/EC of the European Parliament and of the Council of 24 October 2006 establishing a Community action for the European Capital of Culture event for the years 2007 to 2019.

Decision No 445/2014/EU of the European Parliament and of the Council of 16 April 2014 establishing a Union action for the European Capitals of Culture for the years 2020 to 2033 and repealing Decision No 1622/2006/EC.

European Commission. 1993. *Relations between the European Community and the Republic of Korea*. Communication from the Commission to the Council. SEC(94)642final.

______. 2010. *EUROPE 2020: A strategy for smart, sustainable and inclusive growth*. Communication from the Commission, COM(2010)2020final.

European Council. 1983. *Solemn Declaration on European Union*. Stuttgart, Bulletin of the European Communities, No. 6/1983.

Myerscough, J. 1994. *European Cities of Culture and Cultural Months: summary report*. Network of Cultural Cities of Europe.

Regulation (EU) No 1295/2013 of the European Parliament and of the Council of 11 December 2013 establishing the Creative Europe Programme (2014 to 2020) and repealing Decisions No 1718/2006/

EC, No 1855/2006/EC and No 1041/2009/EC.

Sassatelli, M. 2006. "The Logic of Europeanizing Cultural Policy." U. Hanna Meinhof and A. Triandafyllidou, (eds.), *Transcultural Europe: Cultural Policy in a Changing Europe*, Palgrave MacMillan, pp.24-42.

문화체육관광부. http://www.mcst.go.kr/web/cultureInfoCourt/ftanew/ftaFAQ/ftaFAQConts.jsp (검색일: 2013. 4. 23).

변우열. "한·중·일 '동아시아 문화도시 협의체' 설립 가시화."『연합뉴스』, 2015년 12월 30일 기사. http://www.yonhapnews.co.kr/bulletin/2015/12/30/0200000000AKR20151230003400064.HTML (검색일: 2017. 7. 17).

"FTA 강국, KOREA." http://fta.go.kr/webmodule/_PSD_FTA/eu/doc/kor/k_eu_ccp.pdf (검색일: 2018. 11. 10).

한-EU 연구개발협력의 현황과 전망

김면중 (한국연구재단/한-EU연구협력센터)[1)]

I. 들어가기

한국과 유럽연합(European Union, 이하 EU)간 관계를 부문별로 조망하는데 있어 과학기술 및 연구개발 부문의 협력 관계를 파악하는 것은 양측 모두의 성장과 발전을 위해 중요한 영역으로 볼 수 있다. 이 글에서는 한-EU 연구개발 협력의 의미, 과거와 현재 그리고 미래를 살펴보고자 한다.

한-EU간 외교적 관계(diplomatic tie)는 55주년을 맞이하게 되었으나, 상대적으로 과학기술 및 연구개발 영역의 협력은 그리 길지 않은 역사를 갖고 있다. 공식적이고 본격적인 연구개발 협력의 시작은 2007년으로 보는 것이 타당하다. 10년 남짓한 협력의

1) 이 글은 필자 개인의 판단과 견해인 바, 한국연구재단의 공식적인 입장과 다를 수 있음

연혁이 어떤 의미를 갖고 어떻게 진행되어 왔는지를 살펴보고, 이를 토대로 향후 한-EU 관계의 전망을 통해 '예측'하고, 또 '대비'하는 것은 매우 중요한 작업이라 할 수 있다.

이러한 작업을 위해 먼저, 현대사회에서 과학기술 및 연구개발이 국가 혹은 공동체의 발전 전략에 있어 어떠한 위치와 의미를 갖는지에 대해 파악하는 것이 필요하겠다. 아울러, 이러한 측면에서 EU 차원에서는 어떤 특성과 내용으로 관련 정책이 추진되어 왔는지를 살펴봄으로써 '예측'과 '대비'를 위한 근거를 마련해야 한다. 다음으로는 한-EU 간 동 부문 협력의 경과와 내용에 대한 고찰을 통해 협력의 현주소를 파악하고자 한다. 이를 토대로 궁극적으로는 한-EU 연구개발 협력에 있어 시사점을 도출하고 전망을 제시하고자 한다.

따라서, 2절에서는 공공정책(Public Policy)으로서 과학기술과 연구개발이 어떤 위치에 있는지에 대해 다룰 것이다. 3절에서는 2절에서의 인식 아래 EU는 어떠한 방식으로 정책을 추진해 왔는지에 대해 그 특성과 프로그램 구성을 중심으로 서술하게 된다. 4절에서는 한-EU 간 연구개발 협력의 주요 경과와 현황을 다루는 동시에 협력 파트너로서의 EU가 갖는 중요성을 파악할 것이다. 이러한 논의를 바탕으로 결론에 해당하는 5절에서는 정책적 함의를 도출하고 향후 전망과 정책적 제안을 제시할 것이다.

II. 공공정책으로서의 과학기술과 연구개발

유럽연합은 1951년 파리조약의 체결과 발효를 시점으로 꾸준히 개별국 주권의 '이양과 공유(pooling & sharing)'라는 과정을 거쳐오면서 새로운 정체(polity)로서의 모습을 '실험'해 오고 있다. 유럽이 이와 같은 과정을 통해 결국 단일화된 정치 공간을 지향하고 있음은 주지의 사실이다.

한편, 세계 각국은 기술변화와 확산 속도의 증가 추세 속에서 연구개발을 더 이상 특정 부문의 정책으로만 인지하지 않는다. 즉, 과거 과학기술을 단지 경제 및 산업의 성장과 발전에 연계하는 개념으로 인식하는 수준을 넘어 복지, 사회 통합, 지역개발, 교육 및 문화 등에서도 중요한 정책 의제로 떠오르는 하부구조형 정책으로 그 인식이 전환되고 있는 것이다. 이러한 연구개발정책의 패러다임 전환은 혁신 체제(innovation system)의 진화 과정 속에서 이해될 수 있으며, 일반적으로 다음과 같이 3단계를 거쳐 변화되어 오고 있다고 볼 수 있다.

1세대 혁신정책[2]은, 혁신의 과정에 대해 기초연구에서 출발하여 응용 및 개발 그리고 이것이 혁신과 확산으로 이어지는 선형적(linear) 모델을 상정한다. 2세대 정책의 경우, 혁신체제론에 입각한 접근이다. 즉, 다양한 혁신주체 간 상호작용을 통해 혁신이 이뤄진다고 보는 시각이다. 이에 따라 직접적인 과학기술분야 외

2) 1세대 혁신정책은 '기술혁신(technology innovation)'의 개념으로 보는 것이 타당하다. 1980년대 이후 OECD를 중심으로 광의의 '혁신정책'이라는 개념이 사용되었다.(이장재 외 2011) 또한 연구개발정책 혹은 과학기술정책은 '혁신정책'의 범주에 포함시킬 수 있다. 이러한 맥락에서 유럽연합도 혁신정책 조합(innovation policy mix)의 구성에 연구개발정책과 산업정책, 교육정책 등을 포함하여 설명한다.

에도 기업 간 상호작용이나 산학연 협력, 인력양성 체계 등의 중요성도 강조되었다. 기존의 1,2세대 혁신정책이 여전히 산업경쟁력이나 경제발전의 범주에서만 논의된 반면, 3세대 정책은 2세대 '체제(system)론'의 연장선에서 경제, 사회적 수요를 전반적으로 대응하는 것으로 '체제'의 영역을 확장하였다. 이에 따라, 경제성장 뿐 아니라 삶의 질이나 국가 및 사회의 지속가능한 발전(sustainability)도 정책 목표의 범주에 포함시키게 된다(송위진 2007; OECD 2005).

이상에서와 같이 연구개발이 국가 공공정책으로서 갖는 위상은 더 이상 과학기술 발전에 한정하여 이해되기 힘들다. 즉, 과학기술과 연구개발은 정치공동체의 다양한 공공정책과 연관성을 갖는 혁신정책에 있어 중추적 기능을 하는 바, 국가 혹은 공동체의 역량 강화와 성장 및 발전을 위한 핵심 영역으로 인식된다는 것이다.

이러한 인식과 궤를 같이 하여 유럽연합은, 1965년 '연구 및 혁신 정책(Politiques de la recherche scientifique et technique, PREST)'을 발표하고 유럽 내 연구역량 강화와 혁신을 위한 사회적 합의를 촉구하는 것을 시작으로, 2000년 리스본 전략의 발표와 더불어 '스마트하고 지속가능하며 포괄적인 성장'을 지향하는 '혁신 연합(innovation union)'의 개념을 도입한 Europe 2020[3] 전략의 수립에 이르게 되었다(Laurie Buonanno 외 2013).

3) 유럽연합의 공동 연구개발정책 프로그램인 'Framework Programme'의 제8차 버전이라 할 수 있는 'Horizon 2020'은 바로 Europe 2020 전략에 포함된 연구개발 정책 프로그램이다.

III. EU 연구개발정책

1. EU 연구개발정책 개관

1) EU 연구개발정책의 태동

1950년 5월 9일 당시 프랑스 외무장관 로베르 슈망은 장 모네의 사상을 기반으로 이른바 '슈망 선언'을 발표하였다. 동 계획은 이듬해인 1951년 4월 체결된 파리조약에 근거하여, 자원의 공동활용과 전쟁 재발방지를 목적으로 하는 유럽석탄철강공동체(ECSC, European Coal & Steel Community)의 출범을 낳게 되었고 이것이 오늘날 유럽연합(EU)의 전신이다. 이렇게 시작된 유럽의 통합 움직임은 1957년 3월, 로마조약 체결을 통해 유럽원자력공동체(EURATOM, European Atomic Energy Community)의 탄생으로 이어진 뒤, 점차 통합의 수준과 영역을 심화 및 확대하여 오늘날의 모습을 갖춰오고 있는 것이다.

통합 초기 이들 두 공동체도 세부적으로는 유럽 공동의 연구개발과 관련이 있다고 볼 수 있겠지만, 1958년 설립된 공동연구센터(Joint Research Center)를 유럽연합의 첫 개입으로 보는 시각도 존재한다(Desmond Dinan 2010).

본격적인 유럽 공동의 연구개발에 관한 논의의 출발점은 1965년 3월에 조직된 '과기연구정책 실무그룹(Working Group on Scientific and Technical Research Policy)'에서 찾을 수 있다. 동 그룹은 혁신의 중요성을 강조하면서 당시 유럽이 '연구와 혁신을 수행하기 위한 환경이 미흡하고, 대학의 역동성이 떨어지며, 전문 인력이 부족하다'고 평가하고 공동체 및 각 회원국 차원에서의 '체계적인 노력(systematic effort)'이 필요함을 지적하였다.

이러한 배경 하에 유럽집행위원회는 1967년 과학연구개발 '총국(Directorate General, 이하 DG)'을 설치하고 1970년대 기간 중 다양한 산업영역에 걸쳐 공동체 차원(Community-level)의 연구개발 프로그램을 발의하게 되었다. 특히, 유럽에 있어 1970년대는 특별한 의미를 갖는다. 당시 두 차례의 오일쇼크와 함께 몰아닥친 세계경제의 위기에도 불구하고 미국과 일본은 빠른 속도로 경제적, 산업적 회복을 보인 반면 유럽은 여전히 어려움을 겪고 있다는 인식과 함께 이른바 '유럽 패러독스(European Paradox)[4]'를 우려하고 있었다. 같은 맥락에서 이후 유럽은 혁신의 의미를 포괄하는 '연구혁신(Research & Innovation)'이라는 용어와 개념을 종종 강조한다(Desmond Dinan 2010; 한성안 2006).

이러한 논의들은 1980년대에 이르러 다양한 연구개발 프로그램의 출현을 가져오게 되었다. 1983년 정보통신분야 연구개발사업인 ESPRIT(European Programme for Research in Information Technology)가 출범하여 1984년부터 공동체 차원의 펀딩이 투입되기 시작하였고 이후 RACE,[5] BRITE[6]/EURAM[7] 등도 잇따라 출범하게 되었다. 이와 같은 기존의 개별 프로그램을 모두 '통합하는(framework)' 의미와 개념에서 EU의 첫 번째 공식적인 공동 연구개발 프로그램이 '프레임워크 프로그램(Framework Programme,

4) 연구 생선성과 관련된 연구의 역설(Reseach Paradox)에 빗대어, 유럽이 기초연구부문의 성장에도 불구하고, 산업부문으로의 확산과 활용이 매우 더딘 상황을 의미하는 표현임(한성안 2006).

5) RACE(Research and Development in Advanced Communication Technologies for Europe) : 유럽 첨단통신기술 연구개발 프로그램 (1985년 개시)

6) BRITE(Basic Research in Industrial Technology for Europe) : 유럽 산업기술 기초연구 프로그램 (1986년 개시, 1989년에 EURAM과 통합되어 BRITE/EURAM으로 운영)

7) EURAM(European Research in Advanced Materials) : 유럽 첨단재료 연구 프로그램 (1988년 개시)

이하 FP)'이라는 이름으로 시작된 것이다.

2) EU 연구개발정책의 주요 특성

(1) 정책 추진근거

유럽통합사의 관점에서 볼 때 현재 유럽이 경험하고 있는 체제의 제도적 기반을 대부분 형성한 것은 바로 1987년에 체결된 단일유럽의정서(SEA, Single European Act)이다. 1985년부터 정부 간 회의를 수차례 거치면서 체결된 SEA는, 기존의 만장일치 결정방식을 가중다수결(QMV, Qualified Majority Voting)로 바꾸는 의사결정 체계의 획기적 변화 뿐 아니라, 경제 중심의 통합 영역을 정치, 사회적 수준으로 확대하기 위한 토대를 구축하였다. 유럽의 연구 및 기술개발 영역에서의 공동정책을 위한 '조약 기반(treaty basis)'을 제공한 것도 바로 이 SEA를 통해서였다.

결국 SEA의 발효를 기반으로 통합의 영역은 획기적으로 확장되었으며, 과학기술 부문의 경우에도 연구지원을 위한 다년간 공동 프로그램인 '프레임워크 프로그램(FP)[8]'이 EU 차원의 본격적인 공동 프로그램으로 추진되었다.

좀 더 명확하게는 1992년 2월 체결, 1993년 11월 발효된 일명 마스트리히트 조약 체결시 함께 수정된 '유럽연합운영조약(TFEU, Treaty on the Functioning of the EU)' 제163조부터 173조에 연구개발에 관한 사항이 구체적으로 명시되어 있다.[9]

---

8) 제1차 Framework Programme은 1984년부터 시작되었는데, 기존 산재한 프로그램의 통합 운영 수준이었고, 본격적으로 1987년에 제2차 프로그램을 통해 공동체 차원의 종합적 지원이 운영되었다.

9) 2007년 12월에 서명된 리스본 조약에서는 조항 부여를 변경하여 179조부터 189조에 새롭게 적용되어 있다.

(2) 정책 추진주체

유럽연합은 지난 2016년 탈퇴를 결정한 영국을 제외하더라도 총 27개국의 연합체적 성격을 갖고 있다. 이에 따라, 유로화나 관세 등과 같이 '초국가적(supranational)' 차원의 정책만 존재하거나 혹은 외교나 안보와 같이 '개별국(member states)' 차원의 정책이 가장 우선시 되는 경우 외에, 많은 정책영역에 있어 EU 차원의 '초국가적'인 정책과 동시에 '개별 회원국' 차원의 정책이 혼재되어 추진되고 있다. 이러한 이원적 구조에 기인하여 정책의 추진주체 역시 공동체 및 개별국가 수준에 각각의 주체들이 존재한다. 특히 EU의 공동정책은 다소 복잡한 구조를 갖고 있음에 따라 종종 접근용이성의 문제가 제기되곤 하는데, 연구개발 부문에서는 이러한 문제들을 해소하기 위해 초국가적인 주체 외에도 원활하고 상호보완적인 개념에서 공동정책을 추진하기 위한 개별국가의 주체도 존재한다. 즉, 초국가적인(supranational) 주체와 범국가적인(transnational) 주체가 있어 상호 보완적인 관계를 보이고 있는 셈이다.

먼저, 관련 추진근거에 따라, 각 해당 기구들이 초국가적인 주체로서 정책을 추진하고 있다. 관련 정책의 입안부터 그 결정과 집행을 담당하는 핵심기구로서 유럽집행위원회(European Commission)가 움직인다. 동 위원회는 공동정책의 초안을 마련하여 경제사회위원회(Economic and Social Committee)와 협의를 거쳐 유럽의회(European Parliament) 및 이사회(European Council)에 보고, 검토, 결정, 채택의 과정을 통해 확정하게 된다. 이러한 과정을 거쳐 확정된 정책은 다시 유럽집행위원회에서 집행하게 된다. 이때 행정조직으로서 연구, 과학 및 혁신 집행위원(Commissioner)[10] 산

10) 2014~2019년 연구, 과학 및 혁신 집행위원은 포르투갈 출신의 Carlos Moedas가 맡고 있다.

하에 '연구총국(DG RTD, Directorate General for Research, Technology and Development)'이 설치되어 있다.

정부 부처 수준의 주체가 연구총국이라 한다면, 실무적인 주체로 유럽연구위워회(ERC, Europea Research Council)가 있다. 유럽연구위원회는 2007년, 7차 프레임워크 프로그램 수립과 함께 기초연구 지원을 위해 설립되어, 모든 연구 분야에서 최고의 연구자를 지원함으로써 유럽 내 과학기술의 우수성을 촉진하는데 그 목적을 두는 연구지원이 주된 기능이다. 특히 연구부문의 유럽통합을 의미하는 단일유럽연구공간(European Research Area, 이하 ERA) 완성을 위한 중추적 기관으로 볼 수 있다.

초국가적 기구로서 집행위원회의 산하 연구총국 등이 기능하고 있는 반면 개별 회원국에도 공동 연구개발정책의 원활한 수행을 진행하는 주체가 있다. 각국에 이른바 국가조정관(NCP, National Contact Point)을 두어 공동 연구개발 프로그램의 진행에 있어 범국가적인 활용과 참여 촉진 등을 도모하고 있는 것이다. 이들은 유럽집행위원회에서 실시하는 다양한 프로그램에 대한 정보를 자국에 전파하는 한편 국내에서의 수요와 니즈를 전달하고 상호 공유하는 역할을 수행한다. 이러한 국가조정관은 회원국과 준회원국은 물론이고 유럽연합과의 협력이 있는 비회원국의 경우에도 설치되어 있는데, 한국의 경우에도 지난 2006년 이후 총괄 및 분야별 국가조정관을 지정하여 운영해 오고 있다.

(3) 정책 권한관계

초국가적 차원과 개별국가 차원의 정책이 공존하는 유럽연합은, 유럽연합운영조약(TFEU, Treaty on the functioning of the European Union) 제2조 6항에 따라 각 영역별 정책 권한(competence)이 상이하게 설정되어 있다. EU에서의 정책권한은 EU와 각 회원국 간의 권한 관계 수준에 따라 배타(exclusive), 공유(shared), 보조(supplementary) 권한으로 구분된다. 예컨대 통화나 통상 정책은 배타적 권한으로 EU가 독점적 권한을 보유하고, 소비자 보호나 에너지 정책은 EU와 회원국 간 상호 공유적 권한으로 분류되며, 산업이나 교육 등은 EU가 단순히 보완적 수준의 개입만이 허용된다. 물론, 이상의 3개 분류 외에 외교 및 안보 등 일부 정책은 개별 국가만이 정책 권한을 갖고 있다(Michelle Cini 2013).

연구개발 부문은 '공유 권한(shared competence)'에 해당됨에 따라 EU와 회원국 차원의 정책권한이 공존한다고 할 수 있다. 세부적으로는 위 조약 제4조에 의거하여, EU는 개별 회원국 정책과 상충되지 않는 범위 내에서 관련 프로그램의 입안과 실행 권한을 보유한다.

연구개발 정책의 의사결정 절차는 위 조약 182조에 근거한다. 즉, 경제사회위원회와의 협의를 거쳐 일반입법절차(Ordinary Legislative Procedure, OLP)에 따라 유럽의회 및 유럽이사회에서 채택되는 것이 원칙이다. 한편, 유럽연합은 1990년대 이후 공동체와 회원국 간 유연한 정책 조정을 위해 개방형 정책조정(Open Method of Coordination, OMC)을 도입한 바 있으며, 연구개발 부문도 바로 이러한 개방형 정책 조정을 적용하는 대표적인 영역이다.

2. Framework Programme : 1984~2013

유럽의 공동 연구개발 정책을 구현하는 종합적 사업인 프레임워크 프로그램(FP)은, 1984년부터 2013년까지 총 7차에 걸친 다년간(5년 또는 7년) 계획으로 추진되었다. 1차 프로그램의 예산규모는 32억 유로로 시작하여, 7차까지 총 1,140억 유로가 투자되었다.

<표 1> 1차~7차 FP 추진연도 및 예산액

(백만 유로)

구분	1차	2차	3차	4차	5차	6차	7차	합계
시기	'84~'87	'87~'91	'91~'94	'94~'98	'98~'02	'02~'06	'07~'13	'84~'13
예산액	3,750	5,400	6,600	12,300	14,960	17,883	53,272	114,165

자료 : EU 과학기술혁신 정책백서(한국연구재단 2014) 내용 재구성.

7차까지의 프로그램들은 크게 보면 그 주된 목적이나 특성에 따라 3단계로 구분하여 살펴볼 수 있다. 우선 1단계 초기 프로그램들(1,2차)은 '통합'에 초점을 맞추고 있다. 1차 프로그램(1984~1987)은 기존에 유럽 차원으로 추진되어 온 ESPRIT(정보), RACE(통신), BRITE/EURAM(소재 및 재료, 산업기술) 등의 개별 프로그램을 통합하여 운영하는데 주력하였고, 2차 프로그램(1987~1991)은 단일시장을 완성하기 위한 기획이 중점이었던 바, 기존 통합 분야를 확대하여 에너지, 환경, 농업 등을 포함하게 되었다.

2단계의 프로그램들(3,4차)은 본격적인 연구개발 지원이 추진되어 중점 분야 및 활동영역 설정(priority-setting)을 통한 선택과 집중이 있었고 동시에 사업영역의 확대도 이뤄졌다. 3차 프로그램(1990~1994)에서는 6개 중점분야(정보통신, 산업재료, 환경, 생명과학, 에너지, 인적자원 개발 및 인력교류)를 설정하였다. 4차 프로그램(1994~1998)에서는 활동영역에 따라 3개 연구활동 분야(분야별 R&D, 역외국가 및 국제기구 협력, 연구인력 양성 및 교류 증진)를 지정하고 또한 인문사회, 국제협력, 연구 성과 활용 부문도 신설 추진하게 되었다.

마지막 3단계로 구분할 수 있는 5차~7차 프로그램은 유럽 연구개발 정책의 지평을 확대한 시기로 볼 수 있겠다. 즉, 직접적인 과학기술과 연구개발 뿐 아니라, 사회적, 경제적 부문과의 연계라든가 협력기반 조성 등도 다루게 된다. 5차 프로그램(1998~2002)은 사회적 과제의 해결, 경제적 파급효과 등이 키워드로 등장하게 되었고, 동시에 연구결과의 활용 측면에서 응용연구 중심의 전환도 이뤄지게 되었다. 6차 프로그램(2002~2006)에서는 특정분야의 연구개발 뿐 아니라 기반조성 및 저변확대, 협력강화를 위한 사업성 프로그램이 강화되었다. 특히 2000년 3월에 발표된 리스본 전략에 근거한 단일연구공간(ERA)의 창출도 강조되었다. 7차 프로그램(2007~2013)에서는 획기적인 예산규모의 확대를 통해 컨소시움 형태의 대형 프로젝트를 지원하는 동시에 4개 특성화 프로그램(협력, 기획, 인력, 인프라 구축)을 구성하였다. 아울러, 동 기간 프로그램의 사업과 예산을 기반으로, 2007년 유럽연구위원회(ERC)를 창설함으로써 '단일유럽연구공간(ERA)' 구현의 중추적인 추진기구로 기능하게 된다.

한편, 프레임워크 프로그램은 (준)회원국 뿐 아니라 역외국가들의 참여도 가능한데 한국은 7차 프로그램부터 공식적으로 참여해 오고 있다.

이상에서 살펴본 프레임워크 프로그램은 무엇보다 연구개발 부문에 있어서의 통합을 위한 공동체 차원의 행보로 이해될 수 있다. 총 7차에 걸친 경과를 살펴보면 예산 규모의 점차적인 확대와 동시에 연구개발 정책 추진 대상과 범위가 점차 심화 및 확대되어 온 것도 긍정적인 부분이다. 하지만, 여전히 유럽 회원국 연구자는 물론이고 역외국 연구자들이 어려움을 겪고 있는 것은 '접근용이성(accessability)'이다. 이는 유럽의 여타 공동정책(common policy)의 문제점과도 일정부분 유사한 내용으로서, 개별 국가 차원의 사업들과 비교할 때, 정보의 부족, 행정절차의 복잡성 등은 여전히 취약하다는 것이 대부분의 의견이다. 유럽연합 정책 당국인 집행위원회는 국가조정관(NCP) 제도 운영이나 관련 정보 확산 기제들을 동원하고 행정 처리의 간소화를 위해 노력하고 있고 실제로 일부 개선되기도 하였지만 여전히 해소되지 못하고 있다.

3. Horizon 2020 : 2014 ~ 2020

Horizon 2020은 앞서 설명한 FP의 연속으로서 제8차 프로그램으로 볼 수 있으나, 명칭의 변경에서 유추할 수 있듯이, 대내외 환경에 대응하는 새로운 차원의 접근이다.

7차 프로그램이 개시된 2007년 이후 유럽연합은 다시금 새로운 도전에 직면하게 되었다. 이미 2000년에 성장과 고용 개선을 위한 리스본 전략을 야심차게 기획, 추진하였음에도 불구하고, 2008년의 경제위기로 인해 유럽경제의 구조적 약점이 드러났고 여전히 미국이나 일본 등 전통적 선진국가는 물론, BRICs 등 신흥국가와의 경쟁도 날로 심해지고 있었다. 이러한 배경과 인식 아래 유럽연합은, 글로벌 금융위기로 인한 경제 침체를 해결하고자 3대 정책방향(Priority)과 7대 핵심정책(Flagship Initiative)을 주요내용으로 하는 신성장동력정책인 '유럽 2020 전략(Europe 2020 Strategy)'을 발표하게 되었다.

EU의 새로운 전략인 Europe 2020의 7대 핵심정책 중 하나는 연구개발 정책으로 볼 수 있는데, <그림 1>에서와 같이, Europe 2020의 우산 아래에 위치한 Horizon 2020은, 기존의 프레임워크 프로그램(FP)에 더하여 경쟁력 및 혁신 프로그램(CIP)[11] 및 유럽

11) CIP(Competitiveness and Innovation Framework Program) : 중소기업을 주된 대상으로 혁신 관련 활동을 지원

<그림 1> Europe 2020 전략과 Horizon 2020 프로그램의 구조

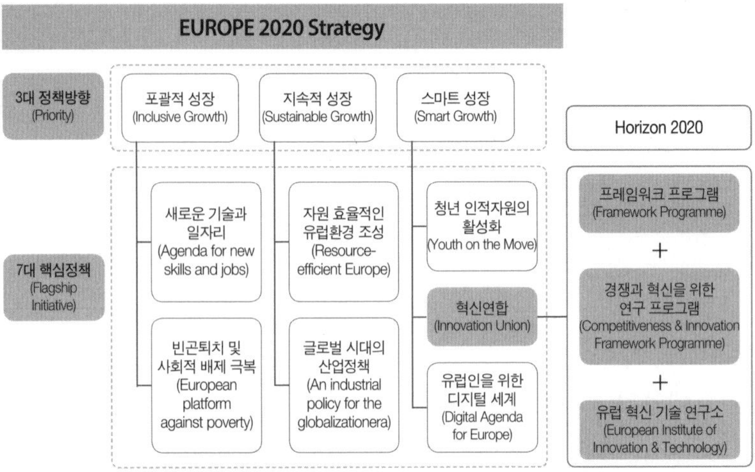

자료 : EU 과학기술혁신 정책백서(한국연구재단 2014).

혁신 및 기술 연구소(EIT)[12]를 포함한 3개 R&D 사업들을 통합하여 운영하는 방식으로 출발하게 되었다.

이렇게 시작된 Horizon 2020 프로그램은, 과학기술을 경제발전, 기후변화, 고령화 등 사회적 과제를 해결하는 돌파구로 인식하고, 2014년부터 2020년까지 총 786억 유로에 달하는 역대급의 대규모 예산이 여기에 투입되었다.

Horizon 2020의 기획 단계부터 주안점을 둔 주요 특성을 살펴보면, 우선 통합 지원방식을 꼽을 수 있겠다. 기존의 프레임워크 프로그램과 혁신중심의 CIP 및 EIT를 포괄함으로써 기초연구 수준부터 상업적 응용단계까지의 연구 전 단계를 다루고 있다. 다음으로 제도개선을 위한 노력도 눈에 띈다. 프레임워크 프로그램 7차까지의 과정 중 드러난 사업구조의 복잡성과 서류 및 절차 등 행정 프로세스가 매우 더딘 양상을 개선하고자 노력하였다. 또한

12) EIT(European Institute of Innovation and Technology) : 유럽의 혁신 경쟁력 강화를 위해 미국의 MIT를 벤치마킹하여 설립한 연구소

Europe2020 전략의 한 축으로 추진된 만큼, 산업계 참여를 촉진하기 위해 유망 산업기술 분야 지원, 리스크 파이낸스에의 접근성 확보, 중소기업 혁신 및 지원 강화 등을 추진하였다. 마지막으로는 '세계에 대한 개방(open to the world)'이라는 개방원칙을 추진하며 역외국가와의 호혜적 협력을 장려하는 등 국제협력 확대도 강조하였다.

유럽집행위는 Horizon 2020의 정책적 목표로서 과학기술 역량 제고(Excellent Science), 행복 사회 추구(Better Society), 산업 경쟁력 확보(Competitive Industries)를 제시하고, <표 2>와 같이 각 목표에 기반한 3대 중점 추진사항(3 pillars)에 따라 프로그램 기본 구조를 설계하였다.

현재 Horizon 2020의 마지막 단계에 다다르고 있는 2018~2020년 사업계획(Work Programme)이 진행 중이다. 현 시점에서 살펴보면, 크게 두 가지 측면이 여전히 과제로 남아있다.

<표 2> Horizon 2020 3대 중점 추진사항 및 주요 특징

중점사항(3 Pillars)	특징	비고
과학기술 탁월성 제고 (Excellent science)	• 유럽 과학기술의 탁월성 향상 및 세계 최고수준 연구 발전을 목표함 • 자율형 상향식(Bottom-up) 중점 지원 • 과학적 우수성을 근간으로 하는 기초과학분야 연구 및 교류 지원	ERC,[1] Marie-curie, FET[2] 활용
사회적 과제 해결 (Societal Challenges)	• Europe 2020 정책 우선사항 반영 및 유럽내 공통 관심사에 대응 • 지정형 하향식(Top-down) 및 정책전략 중점 지원 • 대형 협력과제 중심 • 학문적 통섭을 통한 지식 축적	건강, 인구변화, 식량안보, 에너지, 운송, 기후, 자원효율 등 집중투자
산업 리더십 창출 (Industrial Leadership)	• 연구/혁신 투자에 매력적인 환경 조성 • 핵심 산업기술 자금 투자를 통해 성장잠재력 극대화 및 혁신 중소기업의 세계적 기업으로의 성장 도모 • 연구결과의 제품 및 서비스화 지원	ICT, NT, 첨단소재, BT, 첨단제조·가공, 우주분야 지원

주 : 1) ERC : European Research Council.
2) FET : Future and Emerging Technologies.
자료 : http://ec.europa.eu/programmes/horizon2020/en/what-horizon-2020

첫째, 초기 단계부터 '혁신'부문에 대한 지원을 강조하였음에도 불구하고 유럽의 경제적 상황은 여전히 쉽지 않은 것이 사실이다. 단기간에 가시적인 성과를 얻기 어려운 연구개발 분야의 특성도 있겠으나 어쨌든, 산업부문과의 연계는 지속적으로 강화되어야 할 것이다. 둘째, 개방성(Openness)에 주목하였으나, 실제로 Horizon 2020 체제에서의 국제협력은 그다지 활성화되지 못하였다. 이는 제도개선과도 맥을 같이 하고 있다고 볼 수 있는데, 아직도 비회원국 연구자들에 있어 Horizon 2020 프로그램의 접근용이성이나 활용성은 저조한 수준에 머물고 있다. 유럽집행위원회도 이러한 사실을 인지하고 다양한 제도적 장치들을 동원하고는 있으나, 꾸준한 개선과 노력이 필요할 것이다.

4. Horizon Europe : 2021~2027

2018년 5월, 유럽집행위원회는 2021년~2027년의 '중기재정계획(Multiannual Financial Framework)' 발표를 통해, 동 기간 중 Horizon 2020의 후속 프로그램을 Horizon Europe이라 명명하고, 약 1000억 유로의 예산 투입을 제안하였다. 이어서 7월에는 Horizon Europe에 대한 계획안을 채택하였다. 현재 유럽의회 및 이사회 등 관련 기구와의 협상이 진행 중이며, 재원 확보방안 등이 논의되고 있다.

Horizon Europe은 첫째, 유럽연합의 과학기술 기반을 강화하고 둘째, 유럽의 혁신역량과 경쟁력 그리고 고용을 증진하며 셋째, 유럽 시민들의 우선순위에 부합하는 동시에 유럽의 사회경제 모델과 가치를 존속하는데 그 목적을 두고 있다. Horizon Europe의 구체적 목표(specific objectives)와 중점 추진사항(Pillars)은 <그림 2>와 같다.

<그림 2> Horizon Europe 추진목표 및 3대 중점 추진사항

출처 :유럽집행위원회 자료 (http://ec.europa.eu/horizon-europe) 재구성.

현재 계획 중인 Horizon Europe의 주요 특성을 살피자면, 기존 Horizon 2020과 대비하여 '획기적인 변화보다는 점진적인 개선(Evolution not Revolution)'이 있을 것으로 보인다.[13] 먼저 혁신에 대한 지원이 주목할 만하다. Horizon 2020 프로그램 이후 혁신에 대한 중요성은 지속 강조되어 왔다. 유럽집행위는 기존의 연구지원 기구인 유럽연구위원회(European Research Council)와 별도로 '유럽혁신위원회(European Innovation Council)'를 설치할 계획이다. 다음으로는 국제협력의 활성화를 위한 준회원 자격 관련 변화이다. 현재 계획으로는 역외국가의 경우라도 분담금을 납부할 경우 연구개발 부문 준회원국 수준의 참여를 제공할 것으로 예측된다. 예를 들어 이전 프로그램에서 한국의 경우 비회원국임에 따라 EU로부터 예산을

13) 유럽집행위원회는 '혁명이 아닌 진화(Evolution not Revolution)'라는 표현으로 Horizon Europe의 특성을 보여주고 있다(Horizon The EU Research & Innovation Magazine, Interview(Jean-Eric Paquet), 28 March 2018).

지원받는 것이 아니라 자국의 매칭펀드가 요구되었으나, 준회원국 자격을 취득할 경우 EU 측으로부터 예산을 지원받을 수 있게 된다. 그 밖에 Horizon 2020에서도 꾸준히 노력해 왔던 개방성과 관련하여 '열린 과학 정책(Open Science Policy)'이 심화될 것으로 보여진다.

IV. 한-EU 연구개발협력 현황

1. 협력 연혁 및 실적

1) 한-EU 협력의 경과

유럽연합과의 외교관계(diplomatic tie)는 1963년 7월을 기점으로 한다. 이후 양측의 관계는, 1996년 10월, 무역 및 협력에 관한 기본협정(Framework Agreement) 합의를 거쳐, 2010년, 기본협정의 개정을 통해 전략적 동반자(Strategic Partnership)로서의 관계를 정립하기에 이르렀다. 또한 2013년에는 수교 50주년 공동선언을 발표하면서 미래형 파트너십[14]에 합의하기도 하였다.

이와 같은 양자 간 관계의 발전 과정에서 연구개발 협력의 시작은, 2007년 양자 간 기본협정 개정을 통해 과학기술을 포함하는 협력 부문의 확대와 아울러, 같은 해 발효된 과학기술협력협정(the Agreement for Scientific and Technological Cooperation) 체결에서 찾을 수 있다.

한-EU 간 과학기술 협력의 정치적 기제는 격년 주기로 개최되는 과학기술공동위원회(JSTCC, Joint S&T Cooperation Committee)이

---

14) 한-EU 관계의 발전에 대한 평가, 전략적 동반자 관계('10)에 기초한 양자차원의 미래 비전공유 및 협력 강화, 지역안보 및 다자간 협력 강화 등이 포함됨

다. 차관급 레벨로 개최되는 과기공동위는 2007년 7월 9일 서울에서 개최된 제1차 회의를 시작으로 2017년 9월 20일 브뤼셀에서 제6차 위원회가 개최되었다. 이러한 과기공동위 개최를 통해, 유럽 측은 집행위원회의 연구혁신총국(DG R&I)이, 한국 측은 과학기술정보통신부가 각각 회의 테이블에 앉게 되고 관련 전문가들이 참여하여 다양한 협력의제의 도출과 점검이 이뤄진다. 일반적으로 위원회 의제는 전반적인 협력 기반(Framework Condition) 등 정책적 논의를 시작으로 각 분야별 협력 현황과 계획에 대한 제안 및 공유, 신규 협력분야 도출 등이 다뤄진다. 위원회 개최 이듬해에는 전년도 합의사항 이행여부에 대한 실행도 제고를 위해 양측 간 실무그룹 회의(Working-Level Meeting)도 진행된다.

1차부터 5차까지 한국과 벨기에에서 교차로 개최되어온 위원회별 주요 의제 및 결과는 <표 3>과 같다.

한국의 과기정통부 차관과 유럽집행위 연구혁신총국장이 각 수석대표로 참석한 6차 과기공동위는, 2017년 9월 브뤼셀의 유럽집행위 본부에서 개최되었고, 크게 10가지 사안이 아래 <표4>와 같이 논의 되었다.

한-EU 과학기술협력 협정 발효 10주년에 개최된 6차 공동위원회에는 유럽 측에서 연구혁신총국 외에도 정보통신총국, 에너지총국, 기업산업총국 등 7개 기관이 참석하여 우리나라와의 협력에 높은 관심을 표명하였다. 특히 향후 양측이 ICT, 나노기술, 자율주행차 등 분야에서 향후 3년간 Horizon 2020을 통해 전략적으로 협력하기로 합의함에 따라 국제 과학기술 무대에 국내 우수한 연구자들의 진출이 확대될 것으로 기대된다.

<표 3> 제1차 ~ 5차 한-EU 과기공동위원회

구분	주요 의제 및 내용
1차 위원회 ('07년 7월/ 서울)	• 프레임워크 프로그램(7차)에의 한국 공식 참여 및 구체적 협력 • 핵융합, 정보통신, 인력교류 등 다양한 분야의 양측간 협력가능성 논의
2차 위원회 ('09년7월/ 브뤼셀)	• 기후변화 대응(극지연구), 녹색성장, 식품안전, 신약개발(결핵/당뇨) 등 분야 협력 • 양측간 연구인력 교류 확대
3차 위원회 ('11년 7월/ 서울)	• 양측간 과학기술정책 정보 공유 : 한국연구재단(한), 혁신연합(EU) 등 • 에너지, 나노, 정보통신, 인력교류 등 분야별 협력
4차 위원회 ('13년 6월/ 브뤼셀)	• 나노, 정보통신, 에너지, 생명공학 분야 공동 연구과제 추진 협의 • ERC 연구자 파견(인력교류) 및 한-EU 연구혁신센터 설치(협력기반)
5차 위원회 ('15년 6월/ 서울)	• 나노안전성(NT), GloPID-R(BT), CCS(ET), 5G·IoT·클라우드(ICT) 공동연구 개시 • NT, BT, ET, ST 분야별 신규 협력분야 도출

자료 : 과학기술정보통신부 및 한국연구재단 관련 문서 재구성.

<표 4> 제6차 한-EU 과기공동위 주요 결과

구분	주요 내용
협력기반	Horizon 2020의 차기(2018 – 2020) 사업계획(Work Programme) 일정, 연구교류 강화 정책 등 공유
정보통신(ICT)	향후 3년간 5G·클라우드 컴퓨팅 관련 2차 공동연구(약 160억 원) 추진 합의, ICT Proposal Day(2017.11.9~10, 부다페스트)에 한국 초청
환경(ET)	청정에너지혁신미션(Mission Innovation) 및 기후변화기술 로드맵(CTR)을 중심으로 에너지기술 협력 방안을 추후 협의
나노(NT)	공동워크숍 등을 통해 나노전자 분야의 신규 협력 방안 마련 합의
바이오(BT)	항생제 내성 관련 연구네트워크인 JPIAMR 프로젝트 협력에 합의
우주(ST)	Horizon 2020 등을 활용한 공동연구 등 협력 방안 논의 예정
신규분야	Horizon 2020을 통한 한국과의 자율주행차, 재난안전, 기후변화(극지연구) 분야 협력을 유럽측이 요청
공동연구센터 (JRC)	핵 데이터, 나노 안전, 건설 표준화 등 분야에서 EC 공동연구센터(JRC)와 한국 기관들의 협력 촉진에 노력하기로 함
연구자 교류	유럽연구위원회(ERC) 연구팀 파견 대상자 확대 합의
과학외교	국제관계 향상 등에 과학기술이 중요한 수단이 될 수 있음을 공감하고 중동의 대형 연구시설(SESAME) 등 사례 공유

자료 : 과학기술정보통신부 및 한국연구재단 관련 문서 재구성.

2) 한-EU 협력의 실적

앞서 언급한 한-EU 연구개발 협력 기반과 기제를 토대로 양측은 다양한 분야에 걸친 협력 실적을 도출해 왔다. 10여년 남짓한 연구개발 부문의 협력 과정을 통해 기본적으로 양측 간 상호 이해도 제고와 협력을 위한 정보 공유 및 확산 등의 성과가 있었다.

보다 구체적으로 보자면, '유럽'과의 협력은 각 개별국과의 양자협력이 있어 왔으나, '유럽연합'과의 협력 실적을 가늠하기 위해서는 공동체 차원의 협력 프로그램을 통한 한-EU 다자간 협력의 성장을 살펴보는 것이 타당하다.

프레임워크 프로그램에의 공식적인 한국 참여는 2006년 11월에 체결하고 2007년부터 발효된 '과학기술협력협정'에 따라 7차 프로그램부터 시작되었다. 7차 프레임워크 프로그램에 참여한 국내 기관은 총 66개 기관이며, 53개 과제, 284백만 유로의 연구비 규모에 참여하였다. 주요 분야를 살펴보면, 정보통신, 보건, 나노기술, 재료 및 생산기술, 환경, 원자력 등이 해당된다.

2014년부터 개시된 Horizon 2020의 경우 한국의 53개 기관이 참여하여 총 41건의 공동연구 및 인력교류가 진행되어 오고 있다. Horizon 2020을 통한 협력 분야는 주로 정보통신, 보건, 에너지, 기후, 위성항법 등이 해당된다.

프레임워크 프로그램과 Horizon 2020을 통한 국내 연구진의 참여를 위해서는, 자체적인 예산 투입과 사업 운영이 필요한 바, 과학기술정보통신부와 산업통산자원부의 예산으로 각각 한국연구재단 및 한국산업기술진흥원에서 유럽연합과의 협력사업을 추진하고 있다. 이 중 한국연구재단[15]의 연도별 협력 지원실적은 <표 5>와 같다.

---

15) 연도별 추이를 살펴보는데 있어, 한국산업기술진흥원의 경우 공동체 차원의 유럽연합 프로그램과 구분되는 EUREKA 프로그램에 주력하고 있음에 따라 안정

<표 5> 프레임워크프로그램(2007~2013) 및 Horizon 2020(2014~2018) 지원 실적

(단위 : 백만원)

사업년도	2007	2008	2009	2010	2011	2012	2013	2014	2015	2016	2017	2018	합계
신규 과제 수(건)	5	5	7	11	4	9	5	5	4	5	4	5	69
계속* 과제 수(건)	-	5	7	7	16	12	20	13	14	11	11	10	126
지원 예산	449	550	2,600	2,600	2,600	2,600	2,600	2,080	1,600	1,850	1,675	1,625	22,829

주 : * 동 사업은 다년간 진행되는 사업임. 계속과제는 이전년도에 기 선정된 과제의 당해연도 지원을 의미함.
자료 : 한국연구재단 관련 문서 재구성.

<표 5>에서와 같이, 2007년 이후 프레임워크 프로그램, 2014년 이후 Horizon 2020에의 한국 연구진 참여는 꾸준히 진행되어 2018년까지 약 230억 원의 예산이 투자되었다.[16]

2. 협력대상으로서의 유럽, 유럽연합

지금까지 EU의 정책과 프로그램, 그리고 이와 연계된 한국과의 협력이 '어떻게' 전개되어 왔는지 살펴보았다. 그렇다면 EU와의 협력은 한국의 입장에서는 '왜' 필요한 것일까? 다시 말해서 한국의 연구개발 협력 파트너로서의 EU는 어떤 의의는 갖고 있을까?

이에 대한 답은 크게 세 가지로 나누어 제시할 수 있다. 요약하면 풍부한 연구자원의 활용, 호혜적이고 적극적인 입장, 협력의

적인 흐름을 살펴보기 위해서는 한국연구재단의 자료가 더 의미있다.

16) 2014년 이후 연간 예산의 감소를 볼 수 있는데, 이는 한-EU간 협력의 축소로 이해되어서는 곤란하다. 2013년부터 양측 협력이 대폭 확대된 시기로서, 2014년에는 중점분야(IT, NT, BT 등) 지원 및 협력증진을 위해 별도 예산(15억원)이 추가로 투입되었다. 이후 중점 협력분야 지원을 위해 동 사업과는 별도로 예산이 지속적으로 투입되었고, 2015년 이후에는 동 사업과 별개로 협력 진흥을 위한 국내 연구자 지원사업(EU협력진흥사업)이 새롭게 추진되는 등 전체의 협력활동은 물론 국내 예산규모도 점진적인 증가 추세에 있다.

다양화 및 다각화로 나누어 아래와 같이 답할 수 있다.

첫째, 유럽이 보유한 풍부한 연구자원이다. 근대과학의 모든 진보를 주도했던 유럽은 오랜 시간 특히 기초과학의 발전이 축적되어 왔다. 세계 최고 수준의 대학과 아울러 막스플랑크(Max Planck Institute), 카롤린스카(Karolinska Institutet), 파스퇴르(Institut Pasteur) 등과 같은 굴지의 연구소들이 존재한다. 여기에 유럽입자물리연구소(CERN, Conseil Européenne pour la Recherche Nucléaire) 및 국제 열핵융합 실험로(ITER, International Thermonuclear Experimental Reactor) 등 국제적인 대형 연구 장비와 기관들이 다수 소재하고 있다. 이를 토대로 유럽연합은 전 세계 인구의 7%에 불과함에도 전 세계 연구예산의 24%를 투자하고 있으며 세계적인 영향력을 갖는 논문의 32%와 특허 출원의 32%를 차지하고 있다. 이처럼 연구개발의 인적, 물적 자원이 풍부한 유럽과의 협력은 이러한 자원을 공동으로 활용하는 기반과 경로, 기회를 제공한다. 이를 토대로 과학기술의 집적효과 혹은 규모의 연구(scale of research)를 기대할 수 있다(유럽집행위원회 2018).

둘째, EU의 정치적 구조에 기인하는 적극성과 호혜성을 꼽을 수 있다. 유럽연합은 '주어진(given)' 공동체가 아니라 '구성해 가는(being constructed)' 공동체로 볼 수 있다. 이에 따라 EU 역내적으로는 '다양성 속의 통일성(unity in diversity)'을 추구하는 동시에 역외국가라는 타자와의 끊임없는 관계 형성을 통한 정체성 구축의 노력이 '정책적'으로 추진된다. 앞서 언급한 프레임워크 프로그램이나 Horizon 2020 등도 과학적 탁월성이나 연구력 증진 외에 '통합'이라는 키워드가 늘 전면에 배치되어 왔다. 이러한 맥락에서 유럽연합은, 연구개발 공동정책의 추진에 있어 역외국가와의 협력에도 매우 적극적인 입장을 견지한다. 유럽집행위원회는 지난 2018년 7월, EURAXESS[17]의 한국지부 사무소를 설치하기도 하였다. 아울러, 그간의 과학기술공동위원회 참여 등 현장에서의 경험에서 볼 때, 유럽연합은 호혜성을 매우 중요한 요소로 접근한다. 또한 정책당국 뿐 아니라, 유럽의 연구자들도 한국과의 협력을 희망하고 있다.[18] 이는 무엇보다 한국이 최근 바이오 및 정보통신을 중심으로 세계적 수준의 연구력을 보유하게 되었고, 부수적으로는 한국 연구자와의 공동연구 컨소시움 구성이 Horizon 2020 사업 평가 시에 영향력(impact) 항목 중 '통합에의 기여' 부문에도 긍정적인 효과를 줄 수 있음에 기인한다.[19]

셋째, 협력의 다양화 및 다각화를 꾀할 수 있다는 점이다. 연구개발 부문을 포함하여 EU의 모든 정책 및 프로그램을 통한 국제협력은 '다자간(multilateral)' 협력을 원칙으로 한다. 즉, 3개국 이상의 참여가 필수 조건으로 부여된다. 이미 수차례 검증된 사실로서, 다자간의 연구개발 협력은 다양성 강화 뿐 아니라, '양자간(bilateral)' 협력과 비교할 때 더 뛰어난 연구성과를 도출한다. 그 밖에 한국의 경우 미국이나 일본, 최근 중국 등에 협력 대상이 편향적이라고 볼 수 있다. 유럽연합은 이와 같은 편향성 극복에 기여하는 대상이기도 하다. 또한 이를 기반으로, (브렉시트에 따른 영국

---

17) 유럽과의 연구 협력 및 유럽 진출에 관심이 있는 연구자들을 대상으로 다양한 서비스를 제공하는 연구자 교류 플랫폼. 유럽 내 연구 관련 일자리 정보를 공유하고 유럽진출을 희망하는 연구자들을 위해 비자 절차, 주거문제, 사회보장 제도, 기금 제도, 자녀 학교 등 실질적인 도움을 제공함(http://ec.europa.eu/euraxess 참조)

18) 실례로 2013년 한-EU간 협정에 의해 운영되어온 '한-EU(ERC) 연구자교류협력사업'과 관련하여, 유럽연구위원회 관련 연구소 중 한국 연구자 파견을 희망하는 수요는 연간 200건을 상회한다. 최근 2018년 공모 시 256건의 수요가 접수되었다. (자료 출처 : 한국연구재단 2018년도 한-EU(ERC) 연구자교류협력사업 신규과제 공고문)

19) 2017년 9월까지 Horizon 2020 관련 한국 연구자 참여시의 선정률은 약 25.7%로 평균 선정률 14.7%에 비해 매우 높은 수준을 보이고 있다(European Commission 2017).

을 제외하더라도) 27개 회원국과의 협력 기회를 모색할 수 있는 '관문(portal)'으로서의 의미 역시 크다.

V. 결론 : 정책적 함의와 전망

1. 정책적 함의

상기에서 기술한 바와 같이, 유럽연합은 한국의 연구개발 협력 대상으로서 그 필요성이나 효과성에 있어 충분한 의미를 갖고 있다. 그렇다면 이와 같은 유럽연합이 추진하고 있는 연구개발 프로그램들은 한국의 현황에 견주어 볼 때 어떤 시사점을 갖고 있는지에 대해 살펴보는 것도 향후 협력 관계의 지속과 발전에 있어 중요한 요소로 볼 수 있다.

Horizon 2020 프로그램을 중심으로 하는 EU의 공동 연구개발 정책을 통해 검토한 바, 크게 4가지 정책적 함의를 도출할 수 있다.

첫째, 국가(공동체) 및 사회에의 적극적인 응답이다. EU는 연구개발 정책을 공동체 발전 전략의 핵심에 위치시키고 있다. Europe2020 전략 추진을 위한 과제 중 연구개발 부문은 매우 핵심적인 정책이며 이에 걸맞은 예산이 투여되고 있다. 또한, 프로그램 구성 시 사회적 이슈에의 대응에 큰 무게를 싣고 있다. Horzion 2020의 3대 중점 추진사항의 예산규모를 살펴보면, 그중 하나인 '사회적 과제(Societal Challenge)'에 약 296억 유로의 예산을 책정하여 전체 프로그램 구성 중 가장 큰 규모인 39%의 점유율을 보이고 있다. 유럽의 현황에 비해 부족하기는 하지만, 한국의 경우에도 근래에 이와 같은 정책적 방향이 포함되고 있는데, 최근

'국민생활연구'라는 테마를 설정하여 사회현안 및 국민생활 밀착형 연구에 대한 지원을 늘려가고 있다.[20]

둘째, 지속적인 모니터링과 점검 그리고 공개를 들 수 있다. 정책 추진은 기획(Plan)단계 뿐 아니라, 이후 집행(Do)과 점검(See) 단계가 매우 중요한 영역이며 이 과정이 목표 달성도를 높이는 핵심이다. 프레임워크 프로그램과 Horizon 2020은 다양하고 다층적인 내용을 모니터링하고, 정례적인 중간 평가(Interim Evaluation)를 실시하는 것과 아울러 실질적인 효과성에 관한 평가(Impact Assessment)도 실시하고 있다. 이러한 평가결과는 다음 차수의 프로그램 기획으로 환류된다. 한편, 이러한 모든 내용과 보고서 등은 유럽집행위원회 관련 홈페이지를 통해 공개하고 있다.[21]

셋째, 정책의 예측가능성이다. 유럽의 공동정책들은 구조적 문제(국가 간 연합, 공식기구들의 권한 배분 등)로 인해 많은 경우 행정절차의 복잡성이 취약점으로 드러나고 있다. 연구개발 정책 역시 이러한 문제점을 노정하고 있고 유럽집행위원회도 이를 인식하고 개선하려 노력하고 있다. 이에 반해 예측가능성은 한국에 비해 높다고 볼 수 있다. Horizon Europe의 경우 2021년을 개시연도로 설정하고 있음에도 불구하고 2018년에 이미 전반적인 프로그램 구조를 설계하고 제안서가 마무리 되어 이를 공개하고 있다. 한편 Horizon 2020 프로그램의 경우 2년 이상의 사업계획(한국의 사업계획은 일반적으로 1년 단위임)을 사전에 공지하고, 연간 세부공고프로그램의 일정이나 지원분야 및 내용 등을 일괄적으로, 상세하게, 사전에 공지한다. 이러한 진행방식은 연구현장에서의 접

20) 「제4차 과학기술기본계획(2018~2022)」및「2019년 과학기술·ICT 분야 R&D사업 종합시행계획」참조

21) https://ec.europa.eu/programmes/horizon2020/en/evaluations-monitoring

근용이성과 활용도를 높일 수 있는 요소이다.

넷째, 다양한 참여 촉진기제의 가동이다. 프레임워크 프로그램 추진 기간 이래로 공동 프로그램에의 각 회원국과 비회원국의 참여도를 높이기 위해 다양한 물적, 인적제도를 운영하고 있다. 유럽집행위는 개별국가 소속 연구자들이 타 국가 및 지역 연구자들과 원활히 소통하고 협력할 수 있도록 '공동 연구개발 정보 서비스(CORDIS)[22)]'를 운영하고 있다. 이를 통해 EU의 연구개발 일반 현황, EU 공식 문서, 과제 수행기관 등 정보 공유와 관련 행사 소개, 연구협력 파트너 중재 등이 종합적, 체계적으로 이뤄지고 있다. 아울러, 회원국(일부 비회원국 포함) 자국 내 관련 소통의 채널로서 국가조정관(NCP)을 지정하여 운영하고 있다. 국가조정관은 유럽집행위원회와 각국 연구현장과의 연결고리 역할을 수행함으로써, 개별 국가 소속 연구진들이 공동 프로그램에 보다 적극적으로 참여할 수 있도록 분야별 정보제공은 물론, 네트워킹과 파트너링 등의 기능을 수행한다. 결국 이러한 기제들은 정책의 현장 적용과 참여 촉진에 활발히 기여하고 있다.

2. 전망 및 제언

한국과 유럽연합은 연구개발 협력에 있어 지난 2007년 이래 꾸준한 심화와 확대의 과정을 걸어왔다. 양측의 협력을 위한 플랫폼이 정식으로 구축되어 있고, 정례적인 위원회 개최를 통한 협력과제 수행과 신규 협력분야 발굴도 함께 이어지고 있다. 한국 정부에서도 꾸준한 정책적 지원을 노력해오고 있으며 이를 기반

22) Community Research and Development Information Service, 유럽집행위의 연구기술개발 정보서비스 시행 방안에 따라 1990년 개설

으로 점차 한국 연구자들의 대(對) EU 협력 수요와 경험도 지속 증가되어 오고 있다. 이와 같은 기조는 지속될 것으로 보인다.

지난 2018년 11월에 개최된 한-EU 정상회담에서 '과학기술'과 '정보통신'이 혁신, 중소기업 등과 함께 부문별 협력의 주된 대상으로 언급되며 공동의 긴밀한 노력을 합의하였다. 이를 토대로 정책적인 영역에서의 협력도 그간의 과기공동위원회 결과의 후속조치를 중심으로 점차 확대될 전망이다. 또 각 분야별 협력의 체계화 및 활성화가 꾸준할 것으로 보인다. 기존의 중점 협력분야라 할 수 있는 정보통신, 환경, 나노, 바이오, 우주 분야들은 네트워킹 수준을 넘어 공동연구 프로젝트를 통한 협력이 점차 확대될 것이다. 이들 분야의 경우 대규모 공동연구 프로젝트를 포함한 실질적인 협력 활동이 이미 개시되어 진행되고 있으며 그동안의 경과에 비추어 볼 때 향후 해당 분야별로 추가적인 과제들이 도출 및 추진될 것으로 보인다. 아울러, 지난 6차 과기공동위에서 논의된 새로운 협력 분야로서, '자율주행' 및 '재난 안전' 그리고 '극지연구(기후 및 빙하권 변화)' 분야의 협력이 기대된다. 특히 Horiozon Europe이 출범함에 따라, 실익에 대한 판단과 호혜적 접근을 전제로 한국이 분담금 납부에 동의, 참여하게 된다면 '준회원(Association)'의 자격으로 참여하게 될 것으로 보이며 이는 곧 양측 협력의 성장과 발전을 더욱 가속화할 것으로 예상된다.

연구개발 부문에서의 양측 간 협력은 길지 않은 역사에도 불구하고 가시적인 성과와 확대 경과를 보여 왔고 이는 당분간 지속될 것으로 보인다. 앞서 언급하였듯이, 연구개발 정책은 국가 정책적, 전략적 발전의 핵심 영역이며, 유럽연합은 연구개발 협력의 대상으로서 충분한 의미 갖고 있다. 그렇다면 양측 간 협력의 지속가능한 발전을 위해 어떤 부문을 강화 혹은 보완해야 할까?

이에 대한 답변은 세 가지로 나누어 제시하고자 한다.

첫째, 단기적으로 가장 우선시 되어야 하는 영역은 관련 예산의 증액이다. 유럽연합과의 협력이 증가 추세를 보이고는 있으나 여전히 국내 연구진에게 있어서는 덜 익숙한 대상이라 하겠다. 결국 정부 차원의 견인이 당분간은 요구될 수밖에 없는데, 그 핵심으로 예산 투자를 들 수 있다. 기본적으로 유럽연합과의 연구협력은 매우 큰 규모의 예산과 인력이 참여하는 다자간의 대형 컨소시움이 주를 이루고 있는 점도 고려되어야 한다. 또한 오는 2021년, Horizon Europe이 개시될 경우 준회원국 자격 취득 조건이 확장될 예정이다. 물론 자격 취득을 위해서는 분담금 납부가 필요한 바, 국내 연구역량의 증진과 같은 국가 차원의 이해관계에 대한 검토가 반드시 선행되어야 하겠다. 한편 준회원국 자격을 위한 분담금 납부는 분명히 예산 투자를 수반하게 되는데, 이때 기존에 운영되어 온 지원예산의 삭감이나 조정은 곤란하다. 준회원국으로서의 참여는 협력의 활성화에는 의미가 있겠지만, 프로젝트에 대한 평가는 유럽 측이 주로 진행하게 되는 만큼, 한국 측의 입장이나 이익이 충분히 반영되기 어려울 수도 있다. 따라서 국내에서의 평가를 거쳐 지원하는 기존의 프로그램들은 별도로 존속되어야 의미가 있다고 본다.

둘째, 기 구축된 협력 플랫폼의 적극적인 활용과 지속이 요구된다. 양측의 연구개발 협력은 2013년 이후 새로운 확장 국면을 맞이하게 된 바, 여기에는 두 가지 사안이 관련되어 있다. 같은 해 10월 이래 한-EU 연구개발 포털(www.haneurope.com)구축과 정책백서 및 국내 연구자 참여 가이드북 발간, 한-EU R&D Fair 개최 등이 진행되면서 협력기반이 한층 강화되었는데, 이러한 협력진흥 활동은 모두 KONNECT[23]라는 명칭의 프로젝트에 기반한다. 이렇게 형성된 협력진흥 자원들은 지속적으로 유지 및 갱신, 활용되어야 하나, 동 프로젝트 종료 이후 후속 프로젝트가 아직 추진되지 못하고 있다. 차기 과기공동위 개최(7차, 2019년 예정) 혹은 Horizon Europe 추진 관련 분담금 납부 결정 과정 등을 통해 KONNECT의 후속 프로젝트 추진을 적극적으로 논의할 필요가 있다. 한편, 역시 같은 해인 2013년 11월에는 벨기에 브뤼셀에 현지 거점으로 '한-EU 연구협력센터(KERC, Korea Europe Research Centre)'[24]가 설치되었다. 현재 주된 기능은 EU 연구혁신총국(DG R&I)과의 긴밀한 정책 협력, 유럽 및 유럽연합 관련 연구개발 정책 정보의 국내 전파, 한국-유럽 연구자 간 협력수요 대응과 네트워킹 및 파트너링 등을 꼽을 수 있다. 현 시점에서는 동 센터의 활동 강화를 위한 인력과 예산, 사업 등의 고도화와 아울러 적극적인 활용을 위한 국내 홍보 강화 등이 필요하다. 그 밖에도 국내 각 대학에 설치된 EU 관련 센터들과의 체계적인 연계, 국내의 국가조정관(NCP)의 가시적, 구체적 활동 제고 등 이미 구축된 협력기반들의 활성화를 통해 양측 간 연구개발 협력의 지속가능성을 높일 수 있다.

셋째, 협력 분야의 꾸준한 확장이 필요하다. 그간의 협력 분야는 정보기술과 바이오에 집중되어 왔다. 이는 국내 연구진의 연

23) 7차 프레임워크 프로그램의 국제협력 부문 정책과제 공모를 통해 선정된 프로젝트로서, 5개국(한국, 독일, 스페인, 네덜란드, 터키) 8개 기관과 컨소시움을 구성, 한국이 주관기관으로 참여. 2013년 10월 ~ 2017년 3월까지 유럽집행위로부터 총 135만 유로를 지원 받음

24) 당시에는 KIC(Korea Research & Innovation Centre)라는 명칭으로 설립되어, 2016년 12월까지 과학기술 및 연구개발 협력과 아울러 현지 창업 및 사업화 기능들을 포함하고 있어 집중도가 다소 떨어질 수밖에 없었다. 이후 창업 및 사업화 등의 기능은 별도 사무소로 이관하게 되었고, 명칭도 현재의 KERC로 변경하게 되었다.

구역량이 국제적으로 인정받는 분야로서 양측 간 이해관계의 조율이 상대적으로 쉬운 영역이라 하겠다. 최근에는 점차 협력 분야가 확장되고 있는데, 향후에도 신규분야 도출은 지속되어야 한다. 특히 과학기술은 물론 인문사회를 포괄하는 학제적 연구 분야의 공동연구는 협력의 효과성 측면에서도 매우 큰 의미를 가질 수 있다.

이상에서 살펴본 바와 같이, 유럽연합과의 연구개발 협력은 긍정적인 방향이 기대된다. 여기에 연구개발 정책이 국가적으로 갖는 중요성, 협력 파트너로서 유럽연합이 갖는 의미, 협력의 지속과 확대를 위해 필요한 사항 등에 대한 종합적인 인식과 실천이 동반된다면 양측 협력은 더욱 활성화될 뿐 아니라 보다 효과적으로 추진될 것이다.

참고문헌

과학기술정보통신부. 2018.『제4차 과학기술기본계획(2018~2022)』.

______. 2019.『2019 과학기술·ICT 분야 R&D사업 종합시행계획』.

송위진. 2012. "기술혁신정책의 진화와 과제" STEPI WP 2012. pp.1-12.

유럽집행위원회. 2018. "2018 유럽의 과학기술혁신."

이장재, 현병환, 최영훈. 2011.『과학기술 정책론 : 현상과 이론』. 서울:경문사.

한국과학기술기획평가원. 2018.『2018년 유럽혁신지수 분석과 시사점』.

한성안. 2002. "EU 과학기술 정책의 문제점과 정책적 시사점."『EU학 연구』Vol.7, No.2. pp.53-77.

한국연구재단. 2014.『EU 과학기술혁신 정책백서』.

Buonanno, Laurie and Nugent, Neill. 2013. *Policies and Policy Processes of the European Union*. Macmillan International Higher Education.

Cini, Michelle and Nives Pérez-Solórzano Borrágan. (Eds.). 2013. 4th edt. *European Union Politics*. Oxford University Press.

Dinan, Desmond. 2010. 4th det. *Evercloser Union*. Lynne Rienner.

El-Agraa., Ali M. 2011. *The European Union-Economics and Policies*. Cambridge University Press.

European Commission. 2018. Commission Proposal for Horizon Europe.

______. 2017. Roadmap for EU - Republic of Korea S&T cooperation.

______. 2016. Science, Research and Innovation Performance of the EU.

OECD. 2005. Governance of Innovation Systems.

http://cordis.europa.eu/home_en.html.

http://ec.europa.eu/euraxess.

http://ec.europa.eu/research/index.cfm?pg=dg.

http://ec.europa.eu/programmes/horizon2020/en/official-documents..

http://ec.europa.eu/programmes/horizon2020/en/what-horizon-2020.

https://ec.europa.eu/programmes/horizon2020/en/evaluations-monitoring .

독일의 대유럽연합 정책과 대한민국: 독일 리더십을 중심으로

이규영 (서강대)

I. 들어가는 말

대한민국의 대외정책분야에서 유럽이 차지하는 비중은 날로 증대되고 있다. 대한민국의 번영과 발전을 염두에 둘 때, 대외통상부문은 두말할 필요도 없지만 외교·안보부문 그리고 기타 영역에서도 유럽 국가들과 긴밀한 협력은 아무리 강조해도 지나치지 않다. 대유럽정책은 기본적으로 유럽 대륙에 존재하는 개별국가들과 쌍무적 관계에 기초하지만, 유럽 국가들이 오랜 기간 지속적으로 추진하고 있는 유럽연합이라는 또 하나의 정체(polity)를 결코 도외시 할 수 없다. 요컨대 대한민국의 대유럽관계는 한편으로 유럽 내 개별국가와 양자적 관계(bilateral relations), 다른 한편으로 유럽 국가들의 연합체인 유럽연합과 다자적 성격(multilateral relaions)에 기초한 변형된 쌍무적 관계로 보아야 한다. 이는 동북아지역에서 한반도의 안보환경이 미국과 핵심적 협력을 일차적·최우선적 양자관계를 토대로 하면서, 주변국들과 다자적 관계 시각으로 분석되어야 함과 맥을 같이한다.

유럽연합은 기본적으로 정부간주의(intergovernmentalism)에서 출발하였으며, 궁극적으로 완전한 유럽통합을 지향한다. 물론 최종 목표를 달성하는 과정이 순조롭지 않다. 개별 회원국들마다 자국의 국가이익에 반하는 사안이 제기되었을 때, 유럽연합의 통합과정은 여러 유형의 장애 또는 문제점에 직면할 수밖에 없다. 그럼에도 유럽통합이 완성되는 단계에 이르는 경우 유럽연합의 조직 및 운영원리는 초국가주의(supranationalism)에 기초하게 된다. 이행과정에서 제기되는 다양한 사안들이 개별 회원국들의 기본 입장들을 성공적으로 조율될 때, 유럽연합이 추구하려는 유럽통합은 완성될 수 있다. 유럽통합은 1950년대에 출범한 이후 주로 프랑스와 독일 등 두 나라에 의하여 주도되었다. 그러나 유럽연합에 회원원국으로 가입한 이후 탈퇴한 경우로서, 최근 영국이 주장하는 브렉시트는 유럽연합의 향후 진로 나아가 유럽통합의 최종 목표 실현이라는 측면에서 전혀 새로운 동시에 복잡한 문제를 제기하고 있다. 물론 전자와 후자의 사례는 역사적 배경이 다르며, 주된 쟁점 역시 동일하지 않다. 분명한 것은 브렉시트 쟁점이 어떻게 해결되는 가에 따라 향후 유럽연합은 새로운 국면으로 들어갈 수 있다.

유럽연합은 다층적 운영구조(multi-governance)원리로 작동된다. 그렇지만 유럽연합이 완전통합을 향한 초국가주의 단계에 진입하지 못한 이상, 과도기일지라도 특정국가의 주도 내지 영향력 행사는 불가피하다. 전 세계적으로 몸살을 앓았던 2008년 금융위기 이후 이 문제는 유럽연합의 향후 진로에 중요한 요인으로 등장하는 국면에 있다. 유럽통합을 주도하는 국가 또는 국가군이 어떻게 형성되는 가에 따라 브렉시트 등과 맞물려 향후 유럽연합의 방향이 결정될 것이다.

이와 같은 시각을 바탕으로 하여 이 글의 목적은 유럽연합 리더십에 대하여 합리적이고 객관적으로 분석하는데 있다. 유럽통합사를 돌이켜 보건대, 기능주의적 관점에서 시작된 회원국 간 순기능적 협력경험은 경제적 연합단계를 거쳐 1993년 11월부터 효력을 발생한 마스트리히트조약(The Treaty of Maastricht)를 정점으로 정치적 연합을 추구하는 단계로 접어들었다. 그럼에도 이러한 합의는 회원국 간 합의에 기초한 것일 따름이며, 유럽연합이라는 정치체가 개별 회원국의 입장을 도외시하고 독자적으로 결정한 것이 아니었다. 나아가 자체 내에 다양한 조직이나 기구들이 존재함에도, 유럽연합은 유럽 대륙이나 국제적으로 발생한 다양한 사안들에 대하여 각 회원국들의 입장보다 자체의 입장을 대변하는 결정을 내릴 수 없는 상황이다. 이는 초국가주의라는 궁극적 목표는 여전히 현실적으로 돌출하는 다양하고 복잡한 사안들 앞에서 유럽연합 자체의 독자적 해결능력 부재로 인하여 달성되기 어렵다는 구체적 증거이다. 결국 유럽연합 내지 유럽통합은 일부 국가군 또는 특정 국가의 리더십이 없으면 순조롭게 진전될 수 없다는 논리적 귀결로 이어진다. 대한민국의 대유럽정책은 앞서 지적한 바와 같이 한편으로 개별 국가들과 양자적 관계, 다른 한편으로 유럽연합 및 회원국들과 다자적 관계라는 특성을 고려하면서, 현재 상황에 대한 변화추이에 대한 지속적 관찰과 분석 하에 수립되고 전제되어야 한다.

1990년 분단을 극복하고 독일 통일이 완성되기 이전에도 서독의 유럽 내 국제적 위상은 결코 취약하지 않았다. 전범국가라는 비판과 주변국의 우려를 인지하면서, 독일 국가 지도자들은 비교적 합리적 국가경영을 주도하였다. 건실한 경제부흥에 입각한 내실 있는 국력 신장은 미국, 영국, 프랑스, 소련 등 분단관리국가들을 설득하고 동-서독 통일을 견인하는 밑거름이 되었고, 이후 엄청난 통일비용에 불구하고 성공적으로 통합을 추진하는 동시에 유럽통합을 선도하는 유럽연합의 선도국가로 바뀌었다. 급기야 2008년 금융위기 이후 독일은 통일 이후 강대국으로서 위상 및 과거 경험에 기초한 우려와 정반대로 회원국들로부터 유럽연합과 유럽통합을 주도해주도록 요청받는 상황에 이르렀다. 반면 독일은 2016년 이후 유럽대륙에 휘몰아쳤던 난민위기와 관련하여 인도주의적 입장에서 내렸던 대규모 수용조치가 국내적으로 엄청난 저항에 직면하였다. 결과적으로 독일 국내에는 통일 이후 상대적으로 외부환경요소를 덜 고려하려는 이른 바 극우주의가 정치세력화하는 정치지형이 전개되고, 독일의 유럽연합에 대한 입장은 '패권적 리더십'(hegemonial leadership)보다 이른바 '마음 내키지 않는 선도국가'(reluctant leadership)로 이해된다.

II. 한국-독일 간 외교·정무 및 경제·통상관계

1. 한국-독일 간 외교·정무 약사(略史)

조선 16대 인조의 아들 소현세자가 병자호란으로 청나라에 체류하던 1644년 독일인 신부 아담 샬(A. Schall)을 만난 것이 양국 간 최초의 만남으로 기록된다. 이후 약 200여 년 간 접촉이 없다가 1860년대 독일의 극동지역에 대한 관심 고조로 조선과 관계를 맺으려 하였다. 그러나 당시 대원군의 쇄국정책으로 이러한 시도는 무산되었다. 대원군이 1873년 하야한 이후 몇 차례 외교상 우여곡절을 거쳐 1883년 11월 26일 당시 민영목 외무독판과 자페(Eduard Zappe) 주요코하마 독일총영사간 조선-독일 통상·우호·항해조약이 체결되었고, 이듬해 11월 18일 서울에서 비준서가 교환되면서 양국 간 국교가 정식으로 수립되었다.

이 시기에 청나라 이홍장이 조선에 친청국세력을 구축하고자 천진(天津) 주재 독일영사 묄렌도르프(P. G. von Möllendorf)를 천거하였다. 그는 고종황제의 고문으로 취임하여 당시 조선의 대열강 외교 및 부국강병을 위하여 힘썼다. 또한 독일의 군사제도를 배우고자 관립(官立) 독일학교(1895년 5월)에서 활동한 볼얀(J. Bolljahn)이나 1901년 에커르트(F. von Eckert)의 대한제국 시위대 군악대장으로서 대한제국 국가를 작곡하고 서양음악을 보급한 인물들도 있었다.

대한민국 정부가 수립된 이후 한국전쟁으로 말미암아 제2차 세계대전에서 패전국 독일은 서방 전승국으로부터 재무장을 승인받았고, 1955년 11월에야 독자적 군대를 보유하게 되었다. 1955년 12월 1일 양국은 상호 국가를 승인하였다. 이듬해 10월 독일총영사관이 서울에 개설되었고, 1957년 10월 양국은 총영사관을 공사관으로, 1958년 8월 대사관으로 승격시켰다. 대체로 양국은 분단경험 공유로 긴밀하게 결속하였고, 1960년대 중반까지 서독의 외교정책 기조인 할슈타인(Hallstein)원칙은 한국 외교정책의 근간으로 적용되었다. 전후 서독은 한국 경제부흥을 위하여 재정, 경제 및 기술원조를 하였고, 동시에 한국정부에 자국의 경제재건을 위한 노동력 파견을 요청하였다. 이에 따라 한국 광부와 간호사들이 파견되었다.[1] 반면 1967년 7월 이른 바 '동베를린사건'으로 양국은 일정 기간 매우 불편한 관계에 빠져들기도 했고, 1969년 1월 프랑크(P. Frank) 특사의 방한으로 본 사건의 해결에 합의하여 양국관계가 회복되었다.

1983년 11월 26일 양국정부는 수교 100주년을 계기로 다양한 기념행사를 개최하였고, 1990년 양독의 통일사건은 한반도의 평화적 통일을 위한 경험공유로 이어졌다. 통일을 계기로 독일은 명실상부하게 유럽에서 강국으로 등장하였고, 유럽에서 대한민국의 가장 중요한 협력파트너로 성장하였다. 이후 2013년 수교 130주년을 맞이하여 양국은 다양한 기념 및 문화행사를 개최하였다.

한국과 독일 양국은 1981년 제1차 한-독정책협의회를 개최한 이후 직급에 구애받지 않고 수시로 이 협의회 채널을 유지하고 있으며, 1994년부터 한-독 정책기획협의회를 개최하고 있다. 나아가 한-독 사이버정책협의회, 한-독 다자외교정책협의회, 한-독포럼 뿐만 아니라 여러 채널[2]로 한-독 통일관련 협의회를 운용하고 있다.

2. 한국-독일 간 경제·통상관계

독일은 유럽에서 우리나라의 최대 교역 상대국이며, 한국은 아태지역에서 독일의 주요 교역상대국(3위)이다. 2018년을 기준으로 할 때, 한·독 간 교역규모는 300억 달러 규모에 달한다(표 1 참조). 주요

---

1) 파독광부의 경우 "1963년 12월 이래 독일 땅을 밟은 파독 광부들은 1977년까지 7,936명에 달했고, 이 중 3,000여 명은 현지에 정착해 살고 있다."(파독광부 45년사, 재독한인 글뤽아우프회) 그리고 파독간호사의 경우 "1966년부터 1976년까지 약 1만 226명의 간호인력이 독일에 파견되었다."(한국민족문화대백과 사전)

2) 대표적으로 한-독 통일정책협의회, 한-독 통일외교정책 자문위원회, 한-독 통일 자문위원회 등

<표 1> 대 독일교역 현황

연도	수출금액	수입금액	교역규모	무역수지
2000	5,153,833	4,624,655	9,778,488	529,177
2001	4,321,766	4,473,417	8,795,183	-151,651
2002	4,287,214	5,472,379	9,759,593	-1,185,165
2003	5,603,330	6,821,739	12,425,069	-1,218,410
2004	8,334,232	8,485,567	16,819,799	-151,335
2005	10,303,964	9,774,210	20,078,174	529,754
2006	10,056,207	11,364,578	21,420,785	-1,308,372
2007	11,542,529	13,534,323	25,076,852	-1,991,794
2008	10,522,711	14,769,118	25,291,829	-4,246,408
2009	8,820,863	12,298,461	21,119,324	-3,477,598
2010	10,702,180	14,304,896	25,007,076	-3,602,716
2011	9,500,927	16,962,579	26,463,506	-7,461,652
2012	7,509,691	17,645,374	25,155,065	-10,135,682
2013	7,907,865	19,335,968	27,243,833	-11,428,104
2014	7,570,926	21,298,750	28,869,676	-13,727,825
2015	6,220,211	20,956,544	27,176,755	-14,736,334
2016	6,442,963	18,917,285	25,360,248	-12,474,322
2017	8,483,847	19,748,743	28,232,590	-11,264,896
2018	9,372,386	20,852,203	30,224,589	-11,479,817

자료 : 관세청 (https://unipass.customs.go.kr:38030/ets/) (검색일: 2018. 11. 30).

수출입 품목을 들자면, 수출 품목으로 자동차, 건전지 및 축전지, 반도체, 자동차 부품, 선박, 해양 구조물 및 부품이 해당되며, 수입 품목으로 자동차, 농약 및 의약품, 계측제어분석기, 원동기 및 펌프, 자동차 부품 등이 속한다. 우리나라는 독일과 무역에서 양국 산업 구조(완성품-부품), 유럽의 전반적 경기부진, 우리 주력 수출품인 선박의 글로벌 시장 침체에 따른 발주 감소, 자동차·휴대폰 등의 해외 생산 확대 등으로 인해 무역수지 적자가 지속될 수밖에 없는 상황에 놓여 있다.

한국 기업의 대독일 투자는 1990년 독일통일 이후 활발해졌다. 기본적으로 유럽연합 시장을 공략하기 위하여 일차적으로 지리적 관점에서 유리한 독일에 영업거점을 구축하는 전략을 취하고 있다. 구체적으로 유한회사(GmbH) 등 현지법인이나 연락사무소를 개설하는 방식이다. 또한 독일이 유럽에서 가장 커다란 시장일 뿐만 아니라 한국과 왕래가 간편하고, 현지 유학생 및 교포 수가 많은 관계로 업무처리에 필요한 고급인력을 보다 수월하게 채용할 수 있기 때문으로 파악된다(KOTRA 2016, 209).

최근 몇 년간 국내 소규모의 중소기업과 개인들의 대독일 투자가 활발해 지고 있으며, 투자진출 분야 역시 다양해지는 경향을 보인다. 기존에 한국 기업들의 대독일 투자는 주로 전자·정보통신·자동차·금융·의료기기 분야에서 활발하였으나, 자가혈당 측정기를 비롯해 임플란트, 진단기자재 및 시약, 차량용 인포테인먼트 등 높은 기술력을 바탕으로 한 신규 성장 분야로 진출하는 현상 역시 현저하다. 아울러 음주측정기나 혈당측정기, 극세사 제품, 인조대리석 분야에 관련된 중소기업의 진출도 눈에 띠면서, 진출분야가 보다 다양해지는 양상이다(KOTRA 2016, 209).

한국 기업의 대독일 투자는 2010년 경기 회복세 이후 투자규모면에서 2009년 대비 161.3%의 높은 증가율을 보이며, 역대 최고치를 달성하였었다. 그러나 2011년 하반기 이래 유럽재정위기가 장기화되고 경기 둔화로 이어지면서 투자 경기 역시 지속적으로 위축되었다. 2013년 유럽 및 글로벌 경기가 전반적으로 회복세의 기미를 보이며 한국의 대독일 투자 확대에 대한 기대감을 불러일으켰으나, 2012년도의 높은 감소세 이후 여전히 예년의 수준으로 회복하지 못하였다. 2014년도에는 전반적인 유럽연합 내 경기 회복세에도 불구하고 그리스의 유로존 탈퇴, 그리고 유럽연합과 러시아 간 정치적 갈등이 고조되었고, 예상보다 경기의 흐름이 순탄하지 않았으며, 한국의 국내경기 역시 원화 강세에 따른 수출 경기 둔화세가 지속되면서 대독 투자진출에도 다소 부정적 영향을 미친 것으로 평가된다. 그러나 2015년에는 유럽연합의 양적 팽창정책에 따른 저유로 확산과 아울러 상대적으로 강한 원화를 활용한 해외투자 진출이 어느 때보다 활발히 진행되었다. 2016년의 경우 지속되는 수출 감소세 및 소비 등 내수 개선움직임이 약화됨으로서 대독일 투자에 타격을 입었다. 또한 동년 6월 24일에 발표된 영국의 브렉시트 조치로 인해 한국경제에 대한 영향은 대영국 직접수출량이 소규모인 관계로 제한적일 것이라고 전문가들은 판단된다. 그러나 환율 불안정과 특혜관세 상실, 영국 및 유럽연합 경기 둔화에 따른 구매력 약화로 인한 부정적 영향에 대해서는 지속적인 모니터링이 필요하다(KOTRA 2016, 209).

독일은 유럽 국가 중 네덜란드, 영국에 이어 제3위의 대한 투자국으로 2016년 누적 기준으로 125.6억 달러를 기록하였으며, 주로 금융·화학·기계 분야에 진출하고, 최근에는 독일 자동차 판매 증가에 따른 금융서비스 동반 진출 등 서비스부문에 대한 투자도 확대하는 중이다. 한국 업체의 대독일 투자는 2016년 말 누적 기준으로 52억 달러를 기록하여, 네덜란드, 영국에 이어 유럽의 제3위 투자 대상국이고, 주로 자동차 부품·화학·기계 분야에 진출하였으며, 최근 독일 기업에 대한 M&A가 증가하는 추세이다(외교부 2017, 195-196). 베를린을 포함한 구 동독지역에 대한 우리 기업의 투자·진출도 근래 들어 증가세에 있다. 예를 들자면, 2013년 한화의 태양에너지기업 Q-Cell 인수, 삼성의 OLED·조명기업 Novaled 인수 등이다(외교부 2017, 195-196).

반면 지난 몇 십년동안 독일 기업들은 한국 경제와 사회의 한 축으로 발전했다. 약 500개의 한국주재 독일 기업들이 공장, 사무실, 대리점, 물류센터, 연구소 등을 통하여 100,000여 명을 고용하며 일자리 창출에 기여해 왔다. 하지만 독일 기업들은 단순한 고용주의 역할을 넘어 학자금 프로그램을 설립, 소외계층 지원, 자선사업 등을 통해 더 많은 사회적 책임감을 가지며 한국 사회에 기여하고 있다.[3] 독일의 대한국 투자규모는 다음과 같이 나타났다.

<표 2> 독일의 대 한국 투자 추이

(단위 : 억 달러)

연도	2010	2011	2012	2013	2014	2015	2016	누계 (1962~2016)
규모	2.7	14.7	4.1	3.6	2.3	5.4	3.1	125.6

자료 :『2017 독일개황』(외교부 2017, 196).

III. 독일의 대유럽연합정책[4]

독일은 외교정책을 결정하는 과정에서 다음 요소들을 고려한다: ① 기본법, ② 유럽통합, ③ 미국 주도의 범대서양 안보체제 참여, ④ 중·동유럽국가의 안정과 선린우호관계, ⑤ 개방적 국제경제체제 유지, ⑥ 역사성(나치정권의 오류 책임)(Woyke 1995, 24)

탈냉전 이후 유럽에서 독일외교정책이 중시되는 배경은 유럽분단의 극복 때문이며, 유럽통합과 독일통일은 동전의 양면에 비유된다. 유럽의 전후 질서는 동·서 갈등과 독일분단으로 요약되었으나, 1990년 10월 3일 이후 독일은 국가주권을 회복하여 국제

3) "사회공헌활동(CSR)은 한국-독일 모두에게 윈윈," http://news.hankyung.com/article/201810315 337a. (검색일: 2019.01.29)

4) 이 장(章)은 이규영(2010, 22-34) 참조

공동체의 완전한 회원자격을 갖게 되었다. 이후 새로 형성된 유럽의 제반 환경에서 독일의 역할은 대단히 민감하게 여겨진다. 반면 통일독일의 국내정치나 외교정책은 원칙적으로 서독의 기본 노선을 그대로 유지해 왔다.[5] 다만 범유럽적 통합정책이 분단과 냉전시대의 동방정책 내지 평화공존정책을 대체하였다. 유럽정치는 양 진영 간 분단에서 다자주의로 변화했으며, 높은 제도화 수준과 국가 간 상호의존이라는 특징을 보인다.

1. 독일 유럽정책의 지속과 변화

1) 통일 이전 독일의 유럽정책(1949년~1991년 마스트리히트조약 체결까지)

유럽에서 제2차 세계대전의 결과와 이에 따른 미국-소련 간 대립은 기본적으로 독일이 갈등의 원인이자 결과였으며, 동시에 중심 대상이었다. 독일은 패전국으로서 그리고 유럽질서의 파괴에 대한 책임 및 명예회복을 위해서 「전방위외교」를 추진해야만 했다. 이는 국제적으로 동등한 힘과 영향력을 행사하고 독일의 안보와 복지를 담보하기 위한 결과였다.

따라서 독일의 유럽정책은 제2차 세계대전 이후 유럽에서 새로운 정치논리를 요구하는 역사적 상황에 동참해야만 했다. 독일이 서유럽 진영에 통합키로 한 것은 유럽인들이 피폐화된 민족들의 관심사와 권력형태에 커다란 관심을 가졌으며, 전쟁이 가져온 참화로부터 혁신적 국가 간 협력방법을 모색하려는 인식 때문이었

5) 이에 반하여 1949년 10월에 출범한 동독을 소련의 기본 정책 및 독일정책을 위해 이용된 도구였다. 따라서 동독의 외교정책은 소련의 기본정책노선을 벗어나지 못하는 절대적 한계를 가졌다.

다. 헤이그 회의의 결과 1949년 유럽연합이사회가 창설되고, 정부 간 협의원리가 구축되었으며, 유럽에서 정치대화와 인권실현에 대한 토대가 마련되었다. 다만 당시에 공동운명체로서 미래를 담보하기 위한 초국가적 통합개념이 국가간 논쟁의 대상으로 떠올랐다. 이러한 변화과정에서 독일은 건설적 유럽정책의 국시를 채택할 필요성이 제기되었고, 아데나워 신정부의 외교정책원리로 「협력」, 「다자주의」, 「통합」 및 「자기제한원칙」(Meyer 1999, 565)이 채택되고, 탈민족적 외교정책유형을 갖추게 되었다.

(1) 서방진영 합류의 필요성

히틀러의 패배 이후 서방진영은 소련과 동맹을 파기하였다. 미국은 소련이 중·동부유럽 및 남동유럽에 공산정권을 수립하고, 유럽의 헤게모니를 장악하려는 것으로 판단하였다. 이는 정치적, 경제적, 지리적 의미에서 미국의 이익과 배치되었다. 1947년 트루만 대통령은 유럽국가들을 소련의 영향력을 차단하고 경제적으로 지원하는 마샬플랜을 실시하고, 초강대국의 대립으로 냉전이 시작되는 동시에 독일과 유럽의 분단이 시작되었다(Gateyer 1994). 미국은 봉쇄전략을 추진하는 한편 서유럽, 특히 서독 내의 안정을 추구하였다. 그러나 1949년 수립된 서독은 피점령국이라는 지위와 안정이라는 명분 때문에 주권행사에 제한을 받았다. 왜냐하면 독일의 잠재력은 서방의 전략적 입장에서 매우 유용하고 동시에 통제할 필요성이 있었기 때문이다.

초대 수상 아데나워는 서방편입결정을 통하여 신생독일연방이 국내적으로 민주체제를 확립하여 국가의 생존을 보장하고, 대외적으로 행동의 여지를 확보하는 유일한 방법이라고 판단했다. 또한 안보, 국제적 평등권, 화해 및 특히 (프랑스와) 동반자관계, 민주적 안정과 복지를 달성할 수 있다고 보았다. 독일은 40여 년 동안 서방진영에 합류하였다. 1949년부터 일관된 독일외교정책, 즉 「필연성과 가능성의 예술」(Kunst des Notwendigen und der Möglichen)(Hanrieder 1995, 1)이 1990년 통일의 초석이 되었다. '독일의 자유'를 위하여 정책의 우선순위에서 유보하였던 민족통일까지 달성하였다.

서방 진영에 철저히 합류함으로써 독일의 형식적 주권은 주변국과 관계에 영향을 받았고, 상대적 상황에 놓이게 되었다. 반면 국제사회에서 평등권과 영향력이 신장됨으로써, 강력한 독일재건, 재무장 그리고 서방통합이 가능해졌고, 결국 40년 후 재통일의 기초가 되었다. 물론 아데나워의 서방진영 편입정책에 대해 국내적으로 비판이 제기되기도 했다. 일부 기독민주연합(CDU)와 자유민주당(FDP)를 포함하여 사회민주당(SPD)측의 민족주의 지향세력은 서방편입으로 말미암아 냉전이 더욱 첨예화되고 독일의 민족분단이 심화될 수 있다고 비판했다. 독일의 서방편입은 「민족」 개념과 결코 합치될 수 없다고 주장했다(Grauning 1991, 300). 또한 소련이 50년대에 중립을 전제로 독일 재통일을 지지한다고 하였으나 아데나워정부의 서방동맹편입정책은 조금도 흔들림이 없었고, 이러한 상황은 특히 1961년 베를린 장벽으로 더욱 굳건해졌다(Meyer 1999, 567).

(2) 서방경제통합의 추진

서방 진영에 독일이 편입한 결과 프랑스와의 관계도 재정립되는 계기가 되었다. 1950년 프랑스는 독일개념을 바꾸었다. 프랑스는 전통적으로 유럽에서 대독일 억제정책을 견지하였다. 그러나 한국전으로 인하여 미국이 독일 재무장을 추진하려는 정책을 막을 수 없었다(Poiderin 1990, 257). 프랑스는 경제적·제도적으로 부분통합을 추진하면서 정치적으로 포위하려는 슈만플랜을 제안한다(Monnet 1988). 슈만플랜은 1951년 유럽통합의 핵심요소인 유럽석탄철강공동체로 이어졌다. 독일을 서방측에 굳게 통합시키려는 프랑스의 관심사는 아데나워의 개념과 일치하였고, 양국 간 적대관계를 극복하는 시발점이 되었다.

미국의 경제원조와 에르하르트 경제장관의 경제정책에 힘입어 독일은 50년대에 라인강의 경제기적을 이룩해냈다. 이는 국제경쟁력, 완전고용, 수출보조금 지불능력초과달성, 화폐태환성 등으로 이어졌다. '사회적 시장경제모델'도 완성하였다. 독일은 유럽방위공동체(EDC)의 실패 이후 미국과 독일 그리고 베네룩스국가 내에서 범대서양 경제헤게모니의 수립을 위해 동방블록의 차단, 독일의 편입상태유지 및 서방동맹의 안정이 중요하다고 보았다. 경제적 통합과정을 거쳐 유럽정치연합이 가능할 것으로 내다보고, 1955년부터 경제공동체 수립을 위한 협상이 시작되었다. 1957년 로마조약을 체결하고 유럽경제공동체가 창설되었다. 유럽경제공동체가 수립되면서, 독일은 경제통합이 정치통합으로 이어질 수 있다고 보았다. 다만 정치연합의 형태에 대해 분명한 입장을 확립하지 못했다. 정부간기구, 초민족적 기구 등 여러 가지 정치유형과 개념에 제기되었으나, 분명한 것은 통합보다 조정이 더 강조되었다.

(3) 유럽공동체 수립의 난관

유럽경제공동체의 수립으로 국제법적 정체성을 갖춘 유럽행위주체자가 국제정치무대에 등장하였다. 독일은 경제공동체의 창설회원국이자 높은 통합의지를 보였다. 그러나 60년대에 유럽경제공동체의 발전 가능성은 높지 않았다. 당시 국제정세와 각국의 특수한 국가이익 때문에 경제공동체 조약의 비준이 어려웠기 때문이었다. 특히 독일의 경우 건설적 유럽정책 수립을 어렵게 만드는 외교 딜레마에 빠졌다. 독일은 1959년 승전국간 회담이 파국으로 끝나고, 두 개의 독일국가가 존재하는 것이 확정됨으로써 국제무대에서 서독만이 대표권을 갖게 하려는 정책을 관철시킬 수 없었다. 독일의 「독일정책」은 동독의 소비에트 블록의 편입과 장벽구축 이후 서방동맹국들이 재통일을 계속 지원할 것인지에 대해 깊은 의구심을 갖게 되었다.

서독의 동방정책 역시 경직화되어, 소련과 동유럽 국가들과의 접촉 채널이 폐쇄되었다. 독일은 과연 미국이 자국이 심각한 위기에 처했을 때 최후까지 지원해 줄 것인가에 대해 의구심을 제기하였다. 영국이 1962년 미국으로부터 핵폭탄을 받고, 1966년 프랑스의 NATO 탈퇴로 경제 및 통화정책에서 범대서양 갈등은 더욱 첨예화되었다. 더욱이 1958년부터 프랑스는 독일의 어려운 파트너가 되었다.

제5공화국 수립 이후 드골대통령은 로마조약의 초국가적 통합 노력과 정치적 목표의 달성여부에 의문을 제기하였다. 대신 유럽통합을 국내적 목표를 위해 도구화하고, 미국의 유럽에 대한 영향을 차단하려고 하였다. 드골은 공동체의 심화는 물론 확장정책을 독일의 비중이 강화됨을 우려하여 봉쇄하였다(Loth 1991). 독일은 독일정책 및 동방정책에 대한 프랑스의 지지를 희망했다. 1961/62년 푸쉐계획에서 밝힌 바와 같이 드골의 「정부간구상」에 따라 로마조약을 초국가적 개념으로도 생각할 용의를 보였으나, 독일-프랑스의 헤게모니를 우려하는 벨기에와 네덜란드가 반대하여 실패하였다. 또한 프랑스는 영국을 공동체 회원국으로 승인하는 문제에 소극적이었다. 1963년 영국의 가입 협상은 프랑스의 거부권 행사로 중단되었다. 이로써 계속되어야 하는 통합과정은 위기에 봉착하였다. 본래 프랑스는 유럽공동체를 초국가적 구조로 추진하려는 의도였다.

(4) 새로운 이니셔티브와 통합용의의 한계

신임 브란트 수상은 냉전체제 하에서 유럽이 독자적 입장을 내세우고자 유럽공동체를 확대하고 심화시키는 것을 찬성하였다. 동시에 새로운 외교정책 원칙 하에서 무엇보다 동방정책 및 독일정책을 우선순위로 하였다. 독일은 보다 더 많은 행동의 자유를 확보하고자 나름대로 긴장 완화에 기여하였으며, 유럽전체의 협력을 용이하게 만들었다(Müller-Roschach 1980, 286). 공동체의 확장을 위해서 1967년 영국, 아일랜드, 덴마크와 노르웨이가 유럽공동체에 가입을 신청했으나, 드골은 여전히 거부권을 행사하였다. 유럽공동체의 통합노력은 1968/69년에야 새로운 분위기가 형성되었다. '프라하의 봄'으로 인해 서유럽 진영은 강력한 유럽만이 동방으로부터의 공격에 저항할 수 있다고 보았다. 브레튼우즈 협정이 슬그머니 해체되면서 경제 및 통화정책수단이 발전되지 않으면 유럽통합과정이 진전되기 어려운 분위기가 형성되었다. 1968년 드골대통령이 신임투표에서 패배하여 이듬해 친유럽주의적 성향의 퐁피두가 대통령에 취임하였다. 독일은 1969년 처음으로 사민당이 FDP와 연정으로 정권을 장악하여, 「신동방정책」이 시동되고, 동방에서 독일의 특별갈등이 종식되었다. 이로써 서독에 대해 안보정책과 관련한 국제적 행동여력이 신장되었다. 브란트수상은 아데나워의 노선을 견지하고, 독일 외교정책은 현실정치적 그리고 윤리적 필요성에 따라 궤도를 수정하고, 서방

결속과 더불어 두 번째 외교정책전통을 수립하였다(Baring 1982; Bender 1986; Ash 1993).

브란트 동방정책의 전제조건은 서방에 대한 굳은 결속력이다. 독일은 유럽정책을 유지하고, 1969년 헤이그 정상회담에서 유럽공동체의 확대와 심화가 제기된다. 독일은 프랑스에게 농업정책의 계속을 약속하고, 반면 프랑스는 북유럽국가들의 가입협상을 지지하였다. 경제 및 화폐통합의 수립을 위한 단계적 계획도 확정되었다. 1973년 영국, 덴마크 및 아일랜드가 유럽공동체에 가입하고, 유럽공동체와 유럽자유무역연합(EFTA)간 자유무역지대가 수립되었다. 중장기적으로 「유럽연합」을 수립하는 목표도 확정되었다. 그러나 70년대 경제 및 화폐통합의 실현은 실패하였다. 브레튼우즈통화체제가 붕괴되고, 에너지 및 원자재 가격이 상승하고, 인플레이션이 증가하여 세계경제위기가 초래하였기 때문이다. 이는 서유럽의 정치적 안정을 저해하였다. 미국과 관계는 종속적 통화 및 교역정책상 그리고 안보정책적 긴장 때문에 심각한 부담이 되었다.

1978년 슈미트 독일수상과 데스텡 프랑스대통령이 주도한 통화체제는 정치적 필요성과 민족국가적 행동 여지의 필요성을 반영한 타협안으로 나타났다. 이로써 독일과 프랑스는 다시 동반자적 재정정책, 경제정책 및 통화정책을 수립하고 유럽통합을 선도적으로 수행하게 된다. 유럽공동체의 대외관계면에서도 유럽정치협력을 도출하였다.

(5) 유럽공동체의 활성화

독일 콜 수상은 서방진영을 결속시키고자 1982년 새 유럽 및 대서양전략을 추진하였다(Gaddum 1994; Wessels, Regelsberger 1988; Bulmer 1987). 그는 독일의 대유럽정책이 강대국이 대결하는 상황인 소련군의 아프가니스탄 침공, 폴란드에서 위기적 상황, 핵군비 확산논쟁 등에서 실용적 방안만으로 대처할 수 없음을 알고 있었다. 더욱이 유럽 경제의 침체, 만장일치에 의거한 유럽공동체의 결정방식 그리고 농업정책 및 영국의 할인 요구로 인한 예산위기는 대외적으로 중요한 역할을 수행해야 하는 유럽의 발전 잠재력에 장애요인이 되었다. 스페인과 포르투갈이 가입하기 이전에 유럽공동체는 기반을 공고하게 해야 했으며, 연방적 구조를 내세우면서 새로운 통합목표를 수립했어야 했다. 따라서 독일은 1981년 분명하게 재차 주권포기를 확약하면서, 「유럽협약」의 체결을 주도하였다. 당시에 정치적으로 어떤 결과도 도출하지 못했으나, 1984년 퐁테인블로 정상회담 이전에 개최된 독일-프랑스 협상이 커다란 진전을 이루면서 1985년 유럽프로젝트의 시행이 재차 시도되었다. 즉 쟈크 들로어 의장이 역내시장의 완성을 위한 「백서」를 제출하고, 룩셈부르크 유럽이사회에서 「단일유럽의정서」(SEA)가 합의되었다. 이로써 유럽공동체의 제도를 광범위하게 개혁하는 토대가 구축되었다.

재정체제의 건실화, 농업정책의 개혁, 구조기금의 확충 등을 강조하는 들로어의 제안은 유럽이 다시 일어서야 한다는 당위성을 확인시켰다. 이 과정에서 독일은 재정적 지원을 확약하면서, 자국의 경제능력을 통하여 유럽공동체내에서 중요한 위치를 점유하게 된다. 그러나 역내 프로젝트 범주에서 계속 발전될 것으로 생각하는 통화정책과 관련하여 독일 마르크의 지배적 입장은 유럽파트너들에게서 점점 더 의구심을 받기도 했다. 연방정부의 항의에도 불구하고, 유럽공동체의 안정을 우려하는 당시 겐셔 외상은 통화연합 프로젝트를 계속 추진하였다. 독일모델에 의존한 1988년 유럽중앙은행(ECB)에 관한 메모랜덤이 제출되고, 들로어

위원장은 이를 채택한 뒤에 1989년 통화연합에 대한 유럽공동체 위원회의 제안으로 이어졌다. 그러나 1989년 11월 베를린 장벽의 붕괴로 정치적 관심사는 다른 방향으로 흡수되었다.

2) 독일 통일과 새로운 유럽

독일통일의 밑거름은 일관된 동방정책과 통일 이후 서방진영에의 잔류를 전제로 하였다. 콜 수상 역시 80년대 독일의 양대 외교정책, 즉 서방편입과 동방정책을 지속하였다. 그는 독일통일이 오직 유럽공간에서만 가능하다고 판단하였다. 독일의 대유럽외교는 통일작업과 확대된 독일의 위상을 계속 유럽이라는 틀 내에서 풀어야만 했다(Meyer 1999, 577).

1989년 말 통일과정에서도 독일의 기본 입장은 계속 검증대상이었다. 우선 신연방주들이 국제법적으로 복잡하지 아니한 독일연방으로 가입하는 방식을 취하면서, 들로어 집행위원장은 이 방식을 지지하였으며, 즉각 동독 재건을 위한 수단을 마련하였다. 둘째로 1993년 효력을 발휘한 마스트리히트조약에서도 불변의 유럽통합의지를 보였다. 독일은 정치연합의 실현 없이 경제 및 화폐통합 프로젝트를 정부 간 접근방식으로 추진하고, 공동외교안보정책과 사법 및 국내정책에 협력을 추구하였다. 나아가 역내시장을 완성하고, 1997년까지 공동체의 재정문제를 규정한 "Delors-II-Packet"에 대해 독일은 광범위하게 양보하였다.

독일은 유럽연합을 중동유럽국가들의 민주주의와 시장경제로 전환작업에 중요한 기구로 만들려고 했다. 또한 유럽연합의 동방확대를 전제로 10여 개 체제전환국들에게 특별유럽협정을 제안하였다. 1993년 코펜하겐 기준을 충족시키는 국가들에게 유럽연합의 가입을 확약하였다. 이로써 통일 이후 독일 유럽외교정책은 일관되게 유럽통합의 지속과 완성에 있음을 증명하였다. '독일문제의 유럽화'를 지속시키면서, 콜 수상은 자신의 정치적 운명을 화폐통합을 통한 통합심화 그리고 중·동유럽으로 유럽연합의 확대에 걸었다.

2. 통일 이후 독일 유럽정책 - 환경의 변화와 고려 요소

독일은 통일 이후에도 이전의 유럽 외교정책기조를 유지하였다. 통일 이후 독일 외교정책의 원칙은 다음과 같이 요약 된다: ① 유럽통합의 지속과 심화, ② 독일-프랑스 협력관계구축, ③ 미국과 범대서양 관계 확립, ④ 중·동유럽 및 CIS에 대한 독일의 안정정책 심화, ⑤ 국제통상확대 및 독일 경제이익의 적극적 촉진 (Paulsen 1999, 540).

동시에 독일정부는 서방세계와 지속적으로 정치적, 경제적, 군사적 협력을 심화시키려 했다. 첫째로 유럽대륙에서 가장 중요한 국제기구인 NATO와 EU의 강화와 확대를 추구하였다. 독일에 대한 NATO와 EU의 중요성은 아무리 강조해도 지나치지 않고, 독일의 자기절제전략을 증명하는 중요한 채널이었다. 즉 방어적 외교전략을 채택함으로써 유럽대륙에서 독일의 강대국화에 대한 우려를 불식시키려고 했다. 둘째로 독일은 서방조직에 일관되게 편입하며, 통일 독일이 국제협력사업에 적극 동참하기를 기대하는 바에 부응하려고 노력했다. 독일은 구 유고슬라비아분쟁에 나토군으로 참여하고, 소말리아, 캄보디아와 이라크에 UN군의 일환으로 참여하였다. 셋째로 독일은 냉전 이후 유럽문제의 해결을 위해 선도적 역할을 하였다. 대표적으로 동유럽권을 안정시키고 민주주의 및 시장경제전환을 촉진시키는 작업을 들 수 있다. 독일은 동유럽권에 대해 최대의 서방금융지원국가이다. 그렇지만 반면에 1990년 이후 유럽에서 독일 스스로 상당히 억제함에도 불구하고 국제적 행동능력을 구축하였고, 중요한 국가적 사안인 경우 다른 국가들의 저항에도 불구하고 때로 자국의 입장을 관철시키려는 경향을 노정하였다. 이는 유럽연합에서 독일의 실질적 거부권, 즉 독일이 희망하지 않는 어떤 결정도 차단시킬 수 있음을 의미한다.[6] 동시에 유럽통합 추진과정에서 독일의 국가이익과 일치하지 않는 경우 이를 저지할 수 있는 용의도 분명히 하고 있다(Paulsen 1999, 543).

3. 통일 이후 독일 신외교정책의 영향 요소

독일 통일을 전후하여 과도기적으로 주변국의 우려를 불식시키고자 적어도 90년대에는 기존의 유럽정책이 지속되어 왔다. 독일은 유럽내 세력관계에서 분명히 유리한 입장에 속했다. 그러나 독일의 영토 크기, 경제력, 지정학적 위치와 역할 등은 주변국들이 결코 안심할 수 없는 새로운 변수였다. 따라서 통일 이후 독일외교정책이 유럽에서 독자적으로 행동할 수 있는 가능성과 한계는 '힘, 상호의존 및 가치토대'(Macht, Interdependenz und Wertgrundlagen) 등 세 가지 요소를 고려하여 논의된다.

우선 통일을 계기로 유럽에서 독일의 비중이 신장되고, 독일 국력의 토대가 증가하였다. 독일은 유럽에서 8천 2백만이라는 최대 인구를 가지며, 최대 순국내생산국이자, 최대의 군대를 가진 국가이다. 유럽 내 가장 중요한 교역파트너이며, 유럽연합에 가장 중요한 기여국가이다. 무엇보다 중·동유럽에서 독일의 지리적 근

---

6) 예를 들어 1997년 독일은 암스테르담 정부간회의에서 유럽연합의 국내 및 사법 문제와 관련한 만장일치원리를 다수결원칙으로 바꾸는 것을 거부하였다.

접성, 재정능력, 교역능력 나아가 역사적 연계는 매우 중요한 요소이다. 국내정치적 제약과 국제제도의 협조체제 때문에 독일의 실질적 힘이 국제정치적으로 실제 평가되기 힘들더라도, '강대국으로서 정치적 잠재력'은 결코 저평가될 수 없다.

둘째로 통일완수로 독일은 국제법적으로 완전한 국가주권을 회복하였다. 형식상으로도 국가공동체에서 동등한 자격을 취득하였다. 대외정책적으로도 광범위한 행동가능성을 갖게 되었다. 즉 통일 이전 독일의 대외정책은 서방동맹국과의 합의를 전제로 수행되었으나, 유럽정치상황이 탈냉전 이후 다극화됨에 따라 독일이 택할 수 있는 외교정책의 대안가능성은 확대되었다. 동시에 독일이 지정학적으로 유럽중부에 위치함은 권력정치적으로 매우 중요하며, 동·서유럽에서 독일 외교정책의 행동반경을 한층 높여주는 결과를 가져왔다. 이런 점에서 유럽에서 독일의 역할은 사실상 '유럽의 중심세력' 또는 '지도적 역할을 갖춘 핵심국가'가 되었다(Weidenfeld 1993). 그러나 새로운 유럽환경에서 독일의 행동여지가 무제한 허용되는 것은 아니다. 이론상 독일은 독자적 외교정책을 추진하고, 예를 들어 동유럽에서 자국의 권력잠재력을 유리하게 전개시키고자 유럽통합을 약화시킬 수 있다. 이 경우 주변국들의 연대적 대항가능성도 높아지며, 독자적 정책 추구는 정치적·군사적 고립 위험성이 뒤따른다. '독일의 힘과 역동성의 딜레마'(Schwarz 1994)라는 과거의 역사적 경험에 비추어 오늘날에도 독일은 자국의 권력 잠재력을 '스스로 억제'(Hanrieder 1995)하거나 '자의적으로 권력을 제한'(Katzenstein 1991)하고 있다. 즉 EU와 NATO 등 국제기구 범주 내에서 협력을 심화시킴으로써 독일지배 가능성에 대한 주변국의 우려를 불식시키고자 한다. 이 점에서 독일의 권력잠재력은 국제기구와 국제적 상호의존이라는 영향력과 협력 기제 하에 놓여 있다. 결과적으로 유럽에서 독일의 영향력은 '권력국가'(Machtstaat)보다 '통상국가'(Handelsstaat)(Rosecrane 1996; Gutjahr 1995)로 머물 가능성이 높다.

셋째로 독일외교정책 역시 일정한 가치토대 위에서 고려되어 왔다. 제2차 세계대전 이후 독일은 무엇보다 일관된 서방편입정책, 즉 동-서 진영사이에서 고유의 이중정책과 특별경로를 포기했다. 이는 서방세계의 자유주의적·민주적 가치 추구를 의미했다. 동시에 두 차례 세계대전이라는 역사적 경험으로부터 독일 지도자들은 전통적 민족국가로서의 주권확립보다 '협력적 국제주의'라는 외교정책을 발전시켰다. 또 독일외교정책의 가치토대로서 '시민권력 독일'(Zivilmacht Deutschland)[7)]이라는 개념을 발전시켰다. 독일은 제2차 세계대전 이후 '자기억제정책'과 '시민화된'(zivilisiert), 즉 협력적이고 다자적 외교정책 유형을 발전시켜 왔다. '시민권력'으로서 독일의 유럽대륙에서 역할은 고전적 민족국가 범주로 사고하는 타 유럽국가들에 대해 '국제정치의 시민화'라는 새로운 유형을 제시하였다. 이와 관련된 주요 외교정책의 아젠다로서 평화유지, 인권의 보편적 실현 그리고 제3세계에서 빈곤과 저발전에 대한 투쟁 등이 해당된다.

7) 'Zivilmacht'는 번역하기 어려운 용어이다. 다만 국수주의적 군사정책을 포기하며, 협력지향적이고 비군사적 전략과 수단을 선호하며, 군사적 수단의 투입은 집단평화보장을 위하여 국제기구의 요청내지 범주내에서만 고려됨을 의미한다.

IV. 독일은 유럽연합과 통합의 견인국가인가?

1. 독일 리더십: '독일 패러독스'

1950년대부터 시작된 유럽통합 프로젝트는 지금까지 지역통합을 목적으로 한 인류의 실험 중 가장 대표적이고, 성공적 사례라는 평가를 받아왔다. 통합과정에서 지난 70여 년 동안 특정 시기에 제기된 많은 고비를 슬기롭게 잘 극복해왔다. 유럽연합은 사회-문화적 교류로부터 경제적 통합을 거쳐 시나브로 정치적 통합시도의 문턱에 서있다. 그러나 2000년대에 들어서 순조로운 통합과정을 저해하는 문제들에 직면하기 시작했다. 2008년 금융위기, 2015년 난민위기와 영국의 EU 탈퇴 결정과 이에 따른 협상문제들이 유럽연합의 장래는 물론이거니와 향후 유럽통합 프로젝트에 커다란 영향을 미치고 있다. 유럽통합을 추진하는 과정에서 가장 핵심의제는 경제, 정치 그리고 안보문제와 직결된다. 이 복잡한 문제들이 어떻게 해결되고 정리되는 가에 따라서 유럽의 국제적 역할과 비중이 결정된다. 이 과정에서 유럽연합이라는 초국가적 정체를 안정적으로 이끌고, 유럽통합을 지속적으로 주도할 수 있는 선도국가의 이합집산 현상도 새로운 분석대상으로 떠오르고 있다.

유럽연합과 통합은 정부간주의로부터 초국가주의로 이행되는 경우 – 정확한 시기는 예측하기 어려울지라도 – 프로젝트의 완성단계에 접어든다고 평가될 수 있다. 동시에 지금까지 대체로 선도국가들, 즉 독일과 프랑스 양국이 유럽연합과 통합을 견인해왔다. 그러나 앞서 지적한 쟁점들의 안정적 해결과 관련하여, 프랑스의 상대적 국력약화 현상과 독일의 안정적·지속적 성장세로 최근 들어 독일이 실질적으로 유럽을 선도하는 유일한 국가가 되지 않았는가라는 분석이 제기된다. 만약 독일이 유럽연합을 선도하지 않으면, 어느 국가일까? 프랑스 또는 이탈리아의 유럽연합에 대한 영향력이 급격히 쇠락하였다. 중요한 영향을 미치던 영국 역시 브렉시트를 결정하면서 유럽연합을 사실상 이탈하였다. 유럽연합 내 유럽연합 집행위원회조차 약화되었다. 유럽중앙은행을 제외하면, 독일이 사실상 마지막 견인국가이다. 독일은 자의가 아닌 자연스럽게 유럽연합에서 '없어서는 안 되는 주연'(indispensable actor)이 되어버렸다. 그러나 이러한 상황변화일지라도 독일 리더십의 내용과 한계에 대한 이론적·실제적 평가는 중요하다.

독일 리더십은 대체적으로 다음과 같은 특징을 내포한다.

첫째로, 유럽연합 및 유럽통합 프로젝트와 연관된 독일 리더십은 과거에 경험했던 '총통전권주의'(das Führerprinzip)과 구분된다. 과거 독일은 나치 독일 하에서 총통전권주의를 앞세워 유럽 대륙을 자국의 영향권으로 편입시키려 하였다. 이 과정에서 주변국은 물론 유럽 전역에 걸쳐 엄청난 피해와 상처를 남겼다. 독일이 유럽을 견인해야 한다는 당위론적 필요성에도 불구하고, 현재 제기되는 독일 리더십은 부정적 의미를 압도적으로 내포하고 있는 과거 역사를 재현하려는 의미가 아니다. 독일 리더십은 이전과 달리 유럽에서 배타적 지배를 추구하지 않는다. 현 메르켈 수상의 리더십은 유럽연합 및 유럽통합 프로젝트 차원에서 이전 지도자들과 차이점을 노정한다. 전후 독일 역대 수상들의 위대한 지도력은 상당히 비중 있는 타국 지도자들을 만났을 때, 한층 더 훌륭하게 발휘되었다. 예를 들어 아데나워 수상과 드골 대통령, 쉬미트 수상과 지스카르 데스탱 대통령, 콜 수상과 미테랑 대통령 간 관계를 기억할 필요가 있다. 반면 메르켈 수상을 전임 사르코지나 올란드 대통령, 또는 현 마크롱 대통령과 연계시키는 것은 어울리지 않는다. 동시에 현재 산적한 국내 정치문제를 해결해야 하는 관계로 유럽문제에만 전적으로 집중할 수 없는 상황이다. 따라서 현재 독일 리더십은 '보다 많은 유럽'(more Europe)으로 요약될 수 있다. 이는 원칙과 규정을 바탕으로 유럽연합 집행위원회 또는 유럽의회에 보다 많은 권한을 부여하려는 의미이다.[8)]

둘째로 유럽연합과 관련된 독일 리더십은 '다자주의'적 접근을 선호한다. 유럽연합은 한 나라에 의하여 견인될 수 있는 정치체가 아니다. 유럽연합은 28개 국가로 구성된 하나의 다층적 정치체제이고, 사안에 따라 효과적 정책결정을 위하여 가중다수결제 등 다소 변형된 결정구조방식도 채택하고 있으나 기본적으로 의견합일 원칙에 기반한다. 역설적으로 다자주의, 즉 의견합일에 근거하여 독일이 대유럽정책을 전개하는 경우 부분적으로 독일 고유의 핵심이익을 어느 정도 감출 수 있다. 동시에 유럽연합, NATO 또는 범대서양 파트너십과 같은 지정학적 구도의 일부로 활동하는 것이 독일의 핵심이익에 도움이 될 수도 있다. 그러나 현재 독일이 유럽연합 또는 유럽통합 프로젝트와 관련하여 취하는 주된 외교정책 기준은 "혼자서 가지 않겠다"(Not going it alone)[9)]라는 원칙이다. 이러한 맥락에서 독일 리더십은 반드시 하나의 구속력있는 내용을 결정하고, 다른 국가들이 무조건 뒤따를 것을 강요하지 않으려 한다. 이렇게 본다면, 브렉시트를 강력요구하고 있는 영국이 계속 동참하도록 하고, 터키, 러시아, 우크라이나와

---

8) J. Dempsey, "Is German Really Leading Europe?" June 26, 2013, https://carnegieeurope.eu/strategiceurope/52216. (검색일: 2018.12.20)

9) U. Guérot, "German Foreign Policy: The Temptation of Going Alone," Feb. 7, 2012, https://www.worldpoliticsreview.com/articles/11397/german-foreign-policy-the-temptation-of-going-alone. (검색일: 2018.11.08)

도 접촉을 유지하며, 계속해서 회원국의 안정적 성장을 견인하려는 입장이다.

셋째로 독일 리더십은 '유럽의 정상화'에 역점을 두려고 한다. 독일은 유럽연합과 유럽통합 프로젝트를 자신이 세운 기준으로 견인하기보다 오히려 2008년 금융위기 이후 당면한 제반 문제 등을 수습하는데 더 중점을 둔다. 독일 리더십 현상은 유럽연합의 제반 프로젝트들이 정상적으로 작동할 때보다 위기에 처했을 때 강조되고 필요한 것으로 부각된다. 유럽연합이 현재 직면하고 있는 문제는 독일 리더십의 부재가 아닌 회원국들이 스스로 자초한 문제들이 대부분이다. 독일 리더십이 프랑스 리더십 부재를 해결할 수 없다. 나아가 독일 리더십이 유럽연합 프로젝트의 궁극적 목표 논의 부족을 대체할 수 없다. 이는 독일처럼 상대적으로 우위에 있는 국가가 유럽연합의 당면과제를 돌파할 수 있는 대안제시가 불필요하다는 의미가 아니라, 다른 회원국들도 함께 힘을 합쳐 노력해야 한다는 의미이기도 하다. 다른 회원국들의 리더십 부재가 유럽연합 프로젝트의 미래를 위험하게 만들고 있다.

이러한 관점에서 독일 리더십이 보다 많은 일을 할 수 있다고 전망하는 것은 비현실적이다. 독일은 주변국가에 과거와 같은 '독일문제'를 제기하려 하지 않고, 동시에 패권국가를 추구할 만큼 강력하지 않다. 메르켈 정부는 비스마르크의 전략처럼 가급적 적대세력을 만들지 않고, 한층 더 긴밀한 유럽통합을 추진하려 한다. 그러나 메르켈 정부의 대유럽정책은 다른 회원국들로부터 제기되는 요구사항 뿐만 아니라 자국의 정치체제(제도)로부터 제기되는 한계에 직면하고 있다. 전후 독일 정치체제는 과거 히틀러와 같은 철권통치자의 출현이나 또는 강력한 리더십을 발휘할 수 없도록 설계되었고, 오히려 정치적 경쟁세력들과 연립 또는 의견합일을 더 중시한다.

2. 독일 리더십의 배경: 강화 및 약화요인

2008년 전 세계가 금융위기를 겪게 됨에 따라, 이듬해인 2009년부터 유럽연합 내 유로존 국가들 역시 영향권에 들어가지 않을 수 없었다. 반면 독일은 자국의 통일문제로 골치 아픈 상황에 처했으나, 유로존의 금융위기가 2년 이상 지속되면서 유럽에서 위상이 상대적으로 강화되는 결과를 경험했다. 냉전 40여 년 동안 동-서독 분단을 극복하고자 베를린 장벽 붕괴 이후 자국의 통일문제를 유럽통합의 필요성을 강조하면서 주변국들을 설득하였던 독일은 '유럽 안에서 독일'에서 '유럽의 독일'로 급부상하게 되었다. 제2차 세계대전 패전국에서 유럽을 선도하고 견인하는 국가로 부상한 향후 독일 리더십의 저력에 대한 배경을 강화 및 약화요인으로 분류할 수 있다.

1) 제조업을 바탕으로 하는 안정적 경제성장

독일은 동서독 통일의 후유증으로 1990년대에는 경상수지 적자국가였다가 2000년대에 들어 흑자국으로 탈바꿈하였다(표 3 참조). 2005년 이후로는 국내총생산(GDP) 대비 경상수지가 5~7% 비율을 유지해 오고 있다. 독일은 금융위기 속에서도 성장세를 유지할 수 있었기 때문에 정치-경제적 입지가 더욱 안정화되었다. 2010년과 2011년 국내총생산(GDP) 성장률은 각각 4.1%, 3.7%를 기록했다(표 4 참조).

안정적 경제성장은 독일의 위상 강화로 이어졌다. 무엇보다 제조업의 경쟁력이 성장 밑바탕이 되었다. 제조업을 바탕으로 하는

<표 3> 3개국 경상수지 비교 (1990~2017)

	1990	1991	1992	1993	1994	1995	1996	1997	1998	1999
프랑스	-9,944	-6,518	3,893	8,990	7,415	10,840	20,561	37,801	37,699	50,694
독일	46,456	-26,552	-25,252	-21,406	-33,443	-32,185	-17,018	-11,520	-15,625	-31,311
영국	-38,811	-19,022	-23,204	-17,721	-10,026	-13,436	-10,329	-1,403	-5,273	-41,915
	2000	2001	2002	2003	2004	2005	2006	2007	2008	2009
프랑스	16,124	20,957	17,636	15,983	9,174	-137	516	-8,724	-28,183	-22,059
독일	-33,786	-7,025	39,762	36,056	126,072	131,661	171,287	233,273	210,893	198,872
영국	-39,628	-36,443	-40,162	-39,591	-55,284	-51,038	-82,484	-110,755	-123,021	-84,538
	2010	2011	2012	2013	2014	2015	2016	2017		
프랑스	-22,034	-29,490	-32,886	-24,381	-37,352	-9,131	-18,690	-13,306		
독일	193,034	228,666	248,918	253,034	289,163	300,816	297,320	296,827		
영국	-83,113	-62,175	-113,098	-151,895	-161,162	-149,805	-154,873	-106,505		

자료 : http://kosis.kr/statHtml/statHtml.do?orgId=101&tblId=DT_2KAA805_OECD. (검색일: 2018. 12. 28)

독일 산업은 '선견지명'과 기업인들의 '장인정신'에 힘입어 꾸준한 성장을 가능케 하는 동인이 되었다. 첫째로, 독일은 국내총생산에서 수출이 40%를 차지할 정도로 교역의존도가 높다. 이는 수출을 촉진시킬 수 있는 신흥시장의 꾸준한 개척 및 확보와도 밀접한 관련을 맺는다. 대표적 사례로, 독일은 1970년대 중반부터 중국이라는 신흥시장에 일찍 눈을 떴다. 그 결과 지난 30년간 연평균 10%의 고성장을 기록한 중국시장에 진출하면서 커다란 수혜를 누렸다. 중국의 도약을 예견한 선견지명 때문에 가파른 수출신장이라는 결과로 이어졌다. 현재 유럽에서 독일은 중국의 최대 교역국이며, 미국 다음으로 서방국가에서 중국과 교역규모가 많다. 둘째로, 독일은 제조업을 주력산업으로 운용하기 때문에, 장기적 관점에서 이익을 극대화하려 한다. 이는 시설투자와 연구개발(R&D)에 일차적으로 많은 자금이 투입되는 관계로 생산비용이 높을 수밖에 없다. 결국 제조업 특성상 장기적 관점과 지속가능한 경쟁력 강화를 바탕으로 단기적 차익보다는 장기적 이익 추구전략을 추구한다. 아울러 370만 여개의 중소기업이 독일 제조업의 근간이자 건강하고 지속가능한 경제의 토대를 구축하기 때문에 독일 경제의 경쟁력으로 이어질 수 있었다.

2) 독일의 독주보다 주변국들의 상대적 발전 부진

유럽연합과 유럽통합 프로젝트는 1992년에 마스트리히트 조약이 체결되고 나서 약 20여 년이 지난 시점부터 새로운 환경으로 접어들었다. 2008년 국제금융위기 당시까지 독일은 이 프로젝트와 관련하여 특히 프랑스와 함께 다자간 협의방식을 취했다. 그러나 유로존 위기 속에서 유럽 어느 나라도 독일의 경제적·정치적 위상에 맞대응할 수 없게 되면서, 기존 유럽 내 리더십 구도가 바뀌었다. 따라서 타의 또는 상대적 의미로 독일은 전후 유지하던 이른바 다자주의 방식을 취하는 '전통적 리더십'을 포기해야 했다.

첫째로, 프랑스의 경우 자국의 경제적 취약성으로 금융위기 이후 더욱 정치적 영향력이 감소하였다. 경제성장률의 부진으로 취약해진 자국의 공공금융을 재개편해야 하는 과제에 직면하였다.(표 4 참조) 급기야 국가적 신용등급 평가의 부진으로 남유럽경제와 같은 위기에 처할 수 있다는 진단이 제기되기도 했다. 결과적으로 독일과 전혀 대등하지 못한 일종의 '하급사원' 위치로 몰락하였다. 처음에는 경기부양책과 유럽채권을 활용하면서 유럽차원에서 위기를 극복하려 시도했으나, 점점 위상이 강화되는 독일의 지배적 리더십에 사후에야 뒤따르고, 급기야 독일의 '질서자유주의(ordoliberal)' 정책에 추종하는 위치로 바뀌었다.

프랑스의 경우 유로화가 도입되고 나서 20년이 지난 시점부터 상황이 달라졌다. 독일이 통화 주권의 상징인 마르크화를 버리고 대신 유로화를 채택함으로써 이는 독일경제 성장의 밑거름이 되었고, 그 결과 정치적으로 독일은 운전사석에, 프랑스는 조수석에 앉는 모양새가 되었다. 영국 옥스퍼드대 교수 티머시 가튼 애쉬는 유럽을 견인하는 힘은 '메르코지'(Merkozy)가 아닌 '메르켈지'(Merkelzy)라고 지적하기도 했다. 메르켈 수상의 유럽연합에 대한 영향력이 훨씬 강력하다는 의미다. 사르코지 전임 프랑스 대통령도 "프랑스를 실제로 작동하는 시스템, 즉 독일 시스템으로 바꾸려고 시도한다"라고 언급한 바 있다. 프랑스 대통령으로서 상상할 수 없는 발언이지만, 이는 유럽의 정치내지 권력지형이 바뀐 것을 반영하는 것이다.

둘째로, 1980년대 신자유주의를 앞세워 경제적 재부흥을 꾀하였던 영국 역시 프랑스와 유사한 난관에 봉착하였다. 국제금융위기로 인하여 영국은 자국 내 금융영역의 존재 자체도 위협을 받는 상황이 이르렀다. 고든 브라운 노동당 정부는 영국에 소재하는 은행들(예, HBOS, the Royal Bank of Scotland, Lloyds 등)의 재편작업을 최우선 과제로 설정하는 등 결과적으로 유로존의 위기관리를 위하여 독일을 적극 지지할 수밖에 없는 입장이었다. 후임 카메론 보수당 정부 역시 점점 커지는 자국의 예산적자문제 해결에 우선순위를 부여하고, 2010년 이후 예산긴축정책과 신용 위주의 '사유화된 케인즈주의 문화를 부활시켜야 했다. 결국 1980년대 대처 수상의 신자유주의식 경로-의존 문화를 뒤따르게 되었다. 이는 영국 경제에 대한 규제권한을 초국가기구에 이양하는 것을 근본적으로 회피하고, '영원한 국외자'의 입장을 고수하려는 의

도였다.[10] 즉 영국의 자유주의적 시장경제를 뒷받침하는 자유방임적 탈규제문화가 독일의 질서자유주의적 시장경제와 전혀 조화를 이루지 못한다는 점을 보여주고 있다. 결국 2011년 12월 영국은 "독일이 이론의 여지가 없는 유럽의 리더"이자 "프랑스는 독일에 분명코 종속되었고, 영국은 과거 어느 때보다 영향력이 감소했다"고 인정했다.[11]

셋째로, 영국과 달리 이탈리아와 스페인 등 남유럽국가들은 유럽연합 리더십에서 스스로 고립할 수밖에 없는 형편에 처했다. 자국의 국내적 정치·경제적 불안으로 인하여 금융위기가 발생하기 이전에 이미 유럽연합 내에서 주변적 위치로 떨어졌다. 남부유럽국가들은 외국 차관을 기반으로 성장재원을 충당하였기 때문에 경제적·재정적으로 유럽연합 중심국가들에게 종속될 수밖에 없었다. 취약국가들로서 그리고 불안정한 위기국가들로서 이탈리아와 스페인은 독일 리더십에 기여하기보다 어쩔 수 없이 뒤따르는 처지이다.

보다 경험적으로 볼 때, 2009년을 기준으로 당시 유로존(유로화 사용 19개국)의 경상수지 적자는 GDP의 1.5%수준이었다. 반면 독일의 흑자는 GDP의 5.5%에 달할 정도로 막대했다. 독일이 엄청난 규모의 흑자를 달성할 수 있었던 이유는 다른 회원국이 독일과 무역

---

10) 이러한 전임 카메론(Cameron) 정부의 대유럽외교는 모라브칙(A. Moravcsik)의 자유주의적 정부간주의(liberal intergovernmentalism)의 전형적 행태로 분석된다. 모라브칙은 "국가들은 한편으로 합리적인 자국의 경제이익과 유럽연합 제도차원에서 다른 국가들과 행하는 집단협상 사이에서 2차원적 게임을 하려 한다"고 주장한 바 있다. 이 관점에서 볼 때, 국가간 합의 또는 진전상황은 경제적 상호의존이 심화되면서 자국에 유리할 때만 가능하다. 대표적 사례로 1980년대 중반 유럽연합의 「단일의정서(Single European Act)」를 들 수 있다.

11) S. Erlanger & S. Castle, "German Vision Prevails as Leaders Agree on Fiscal Pact," *The New York Times*, Dec. 9, 2011.

에서 적자를 보았기 때문이었다. 당시 독일과 다른 회원국 간 불균형은 2009년 유로존 위기로 이어졌다. 걱정스럽게도 독일의 흑자규모는 더 부풀어 올랐다. 2018년 현재 독일의 경상수지 흑자는 GDP의 8%에 달한다. 그 결과 지중해 국가의 경제위기에도 불구하고, 유로존 전체의 흑자규모가 GDP의 3.5%를 기록할 수 있었다.[12] 반면 대조적으로 영국과 이탈리아는 2000년대부터, 프랑스는 2000년대 중반 이후부터 경상수지 적자를 나타내고 있다(표 3 참조). 독일의 급격한 위상변화와 함께 주변 국가들의 경기 침체 속에서 독일이 홀로 호황을 누리고 있다는 점에서 독일은 '유럽의 중국' 또는 '새로운 중국'이라고도 불린다. 중국이 인위적 위안화 평가절하로 커다란 이익을 본다고 비난받은 것처럼, 독일도 유로화로 인해 성장의 토대가 구축되었다는 지적이기도 하다.

넷째로, 중·동유럽국가들은 전통적으로 경제부문은 물론이고 여러 부문에서 긴밀한 관계를 맺어왔다. 폴란드는 금융위기 기간에 불황을 가까스로 피해간 사례이자, 중·동유럽지역에서 신흥 경제적 경쟁국가로 떠오르고 있다. 그러나 외국인직접투자(FDI), 특히 독일 산업에 상당히 종속되어 있다. 중·동유럽에서 선도국가일지라도, 실상 '외부로부터 지원을 받는 성장모델'인 까닭에 독일의 리더십에 소극적·수동적 입장을 취한다.

중·동유럽 국가들이 금융위기 초기에 독일 리더십을 강력하게 지지한 배경은 독일의 질서자유주의에 입각한 안정화정책을 원칙적으로 찬성하기 때문이었다. 즉 탈공산주의 이후 체제전환 과정에서 이러한 안정화정책을 자국의 정책기조로 채택하였다. 이는 금융위기에 매우 취약한 남부 유럽국가들과 대조적이며, 전통

12) 짐 오닐, "금융위기 이후 10년…유로존 내 불평등 심화," *EconomyChosun*. (2018년 09월 17일 기사)

<표 4> EU 주요 회원국 경제성장률 비교 (1990~2017)

국가별	1990	1991	1992	1993	1994	1995	1996	1997	1998	1999	2000	2001	2002	2003
체코	-	-11.6	-0.5	0.1	2.9	6.2	4.2	-0.6	-0.3	1.4	4.3	2.9	1.7	3.6
프랑스	2.9	1.0	1.6	-0.6	2.3	2.1	1.4	2.3	3.6	3.4	3.9	2.0	1.1	0.8
독일	5.3	5.1	1.9	-1.0	2.5	1.7	0.8	1.8	2.0	2.0	3.0	1.7	0.0	-0.7
그리스	0.0	3.1	0.7	-1.6	2.0	2.1	2.9	4.5	3.9	3.1	3.9	4.1	3.9	5.8
헝가리	-	-	-3.1	-0.6	2.9	1.5	0.0	3.3	4.2	3.2	4.2	3.8	4.5	3.8
이탈리아	2.0	1.5	0.8	-0.9	2.2	2.9	1.3	1.8	1.6	1.6	3.7	1.8	0.2	0.2
네덜란드	4.2	2.4	1.7	1.3	3.0	3.1	3.6	4.3	4.5	5.1	4.2	2.1	0.1	0.3
노르웨이	1.9	3.1	3.6	2.8	5.1	4.2	5.0	5.3	2.6	2.0	3.2	2.1	1.4	0.9
폴란드	-	-7.0	2.5	3.7	5.3	7.0	6.1	6.5	4.6	4.6	4.6	1.2	2.0	3.6
스페인	3.8	2.5	0.9	-1.0	2.4	2.8	2.7	3.7	4.3	4.5	5.3	4.0	2.9	3.2
영국	0.7	-1.1	0.4	2.5	3.9	2.5	2.5	4.0	3.1	3.2	3.7	2.5	2.5	3.3

자료 : http://kosis.kr/statHtml/statHtml.do?orgId=101&tblId=DT_2KAA905_OECD. (검색일: 2018. 12. 28)

적·역사적으로 독일의 헤게모니를 두려워하던 폴란드조차 전향적 입장에 있음을 보여준다. 폴란드 전임 외무장관 시코르스키(R. Sikorski)의 언급내용이 이를 뒷받침한다: "독일이 유럽을 위기에서 구할 유일한 나라이다"[13]; "나는 독일의 힘을 두려워하지만, 독일이 행동으로 옮기지 않는 것을 더 두려워하기 시작한다."[14] 폴란드를 포함한 중·동유럽국가들은 메르켈 수상과 전임 재무장관 쇼이블레(Schäuble)가 금융위기를 극복하기 위한 방안으로 긴축

---

13) "Only Germany is strong enough to save euro zone," *Reuters*, November 29, 2011, https ://www.reuters.com/article/poland-germany-sikorski/poland-appeals-to-germany-to-act-to-save-euro-zone-idUSL5E7MT0TV20111129. (검색일: 2018.12.30)

14) "I will probably be the first Polish foreign minister in history to say so, but here it is: I fear German power less than I am beginning to fear German inactivity": *The Washington Post*, November 29, 2011; R. Sikorski, "What Poland Asks of Germany (and Britain)," *The Globalist: Rethinking globalization*, https://www.theglobalist.com/what-polan d-asks-of-germany-and-britain/. (검색일: 2018.12.30)

2004	2005	2006	2007	2008	2009	2010	2011	2012	2013	2014	2015	2016	2017
4.9	6.5	6.9	5.6	2.7	-4.8	2.3	1.8	-0.8	-0.5	2.7	5.3	2.6	4.3
2.8	1.6	2.4	2.4	0.2	-2.9	2.0	2.1	0.2	0.6	0.9	1.1	1.2	1.8
1.2	0.7	3.7	3.3	1.1	-5.6	4.1	3.7	0.5	0.5	1.9	1.7	1.9	2.2
5.1	0.6	5.7	3.3	-0.3	-4.3	-5.5	-9.1	-7.3	-3.2	0.7	-0.3	-0.2	1.4
5.0	4.4	3.9	0.4	0.9	-6.6	0.7	1.7	-1.6	2.1	4.2	3.4	2.2	4.0
1.6	0.9	2.0	1.5	-1.1	-5.5	1.7	0.6	-2.8	-1.7	0.1	1.0	0.9	1.5
2.0	2.2	3.5	3.7	1.7	-3.8	1.4	1.7	-1.1	-0.2	1.4	2.3	2.2	3.2
4.0	2.6	2.4	3.0	0.5	-1.7	0.7	1.0	2.7	1.0	2.0	2.0	1.1	1.9
5.1	3.5	6.2	7.0	4.2	2.8	3.6	5.0	1.6	1.4	3.3	3.8	2.9	4.6
3.2	3.7	4.2	3.8	1.1	-3.6	0.0	-1.0	-2.9	-1.7	1.4	3.4	3.3	3.1
2.4	3.1	2.5	2.4	-0.5	-4.2	1.7	1.5	1.5	2.1	3.1	2.3	1.9	1.8

및 강력한 정치적 감시장치를 통한 금융안정(fiscal consolidation)정책을 주장하였는데, 이를 크게 환영하였다.

그러나 독일에게 궁극적으로 유로의 붕괴와 유로존이 몰락하는 것은 결코 바람직한 결과가 아니었다. 한편으로 금융위기를 겪고 있는 국가들에게 재정긴축을 강요하면서도, 다른 한편으로 독일의 연방주의식 접근방식과 유럽연합 주변 국가들이 여전히 자기 결정권을 유지하려는 입장 간에 갈등이 파생되었다. 이에 독일은 국내 유권자들의 압력으로 국가 간 집단해결방식도 모색하게 되었다. 이는 질서자유주의를 바탕으로 한 독일이 유로존에서 남부유럽국가들에게 엄청난 긴축요구를 함에 따라 매력을 상실하게 되고, 영국에게 차별적 특혜를 허용하는 조치로 중·동유럽국가들도 합리적 선택가능성을 줄어들게 만들었다. 따라서 유로존 위기를 둘러싸고 국가별 선호현상이 변화하게 되었는데, 이는 자국 유권자들, 특히 강력한 이익집단들로부터 지지를 상실하는 것을 두려워하여 정부 간 협상을 선호하는 방향으로 선회한 것이다.

3) 유럽난민사태의 영향

2015년 들어 지중해 또는 남동유럽을 통해 유럽연합으로 망명하려는 난민과 이민자들이 급증하였다. 난민들은 중동, 아프리카, 남아시아, 발칸 등지에서 대규모로 유입하였다. 동년 11월 기준으로 지중해에서 유럽으로 도착한 난민의 국적은 시리아가 52%, 아프가니스탄이 19%, 이라크가 6%로 나타났다.[15] 당시 이탈리아 등 남부 유럽국가들이 유럽연합 다른 회원국들에게 갑작스러운 난민 증가 가능성에 대해 경고하였으나, 대규모로 유입하는 사태가 발생하기 전까지 이러한 경고는 무시되었다. 이런 사태를 둘러싸고 독일의 입장과 다른 유럽연합 회원국들의 입장 간에 상당한 거리감이 노정되었다. 메르켈 수상이 대규모 난민들에 대해 유럽연합 차원에서 '도덕적 의무'(moral imperative)를 강조하면서, 보다 많은 난민들을 격려하고 다른 이주신청자들도 유럽으로 이주방향을 결정하는 계기가 되었다. 반면 발칸루트에 접한 국가들, 대표적으로 헝가리는 일방적으로 국경봉쇄로 맞대응했다. 이에 메르켈 수상은 유럽연합 차원에서 구속력 있는 난민보호조치와 국가별 일정 숫자를 수용하는 난민쿼터제를 요구하였다. 그러나 이 요구에 대하여 중-동유럽 국가들은 일치단결하여 독일과 전례 없는 외교 갈등을 겪었다.

15) "Refugee crisis: apart from Syrians, who is travelling to Europe?" *The Guardian*, Sept. 10, 2015; "Migrant crisis: Explaining the exodus from the Balkans," *BBC News*, Sept. 19, 2015; J. Park, "Europe's Migration Crisis," Council on Foreign Relations, Sept. 23, 2015, https://www.cfr.org/backgrounder/europes-migration-crisis. (검색일: 2018.11.23)

이 사안은 전통적으로 독일의 대유럽외교를 지지했던 국가들의 반대에도 불구하고, 메르켈 정부가 난민을 수용하도록 국가별로 일정 숫자를 배정하고 이행하도록 유럽연합 이사회에서 결정권을 행사하였다. 이 조치는 독일의 유럽 내 위상이 다자주의적 입장을 우선하던 것에서 점차적으로 패권적 지위로 변환될 수 있는 간접적 증거로 이해될 수 있다. 이데올로기 차원에서 불리한 입장에 있었음에도, 독일외교는 금융재원을 이용하여 자신들이 원하는 방향으로 결과를 유도하였다. 바로 이러한 잠재적 패권적 리더십이 관철될 수 있던 원인 중 하나로 다른 유럽연합 회원국들이 대안적 이익구도 형성에 실패한 점도 지적된다.

유로존 위기 중 독일은 남부 유럽국가들에게 강력한 긴축과 구조개혁을 요구했었다. 마찬가지로 난민문제와 관련하여 동·중부 유럽 국가들은 초기에는 소극적 반대 입장을 취했다. 그러나 메르켈 정부가 매우 진보적 입장을 강요하자 이전에 내부적으로 분열되었던 비세그라드 4개국(V4: 폴란드, 헝가리, 체코, 슬로바키아)이 재단합하는 결과로 이어졌다. 이를 계기로 오스트리아도 V4와 협력하여 독일의 전략에 대항키로 하였고, V4는 비교적 취약한 협력국가군에서 현재 시점으로 반드시 고려되어야 하는 잠재적 정치블록이자 새로운 대항세력요인으로 등장하고 있다. 즉 유럽연합 주변부에서 독일 리더십에 대해 불만을 증폭시키는 견인차로서 떠올랐다. 이러한 조짐은 향후 유럽에서 독일 리더십과 관련하여 무시할 수 없는 요소이다. 이러한 변화양상은 독일이 브렉시트 이후 유럽연합을 보다 효과적으로 조직하고, 분열조짐을 차단시키려는 작업을 펼치는 데 있어 매우 심각하게 고려되어야 할 사항이다.

4) 브렉시트와 유럽연합의 분열

2016년 6월 23일 영국 유권자들은 국민투표에서 51.9%라는 아슬아슬한 과반수로 유럽연합 회원국 지위에서 탈퇴하기로 결정했다. 영국은 1973년 유럽경제공동체에 최초로 가입한 이래 전통적으로 유럽연합에 대하여 정부간주의 입장, 즉 유럽공동체를 일종의 자유무역지대로 생각하였다. 반면 프랑스와 독일의 견해는 경제통합과 더불어 정치통합도 심화시키려는 입장이었다. 특히 대처 보수당 정부가 출범한 이후 유럽공동체에 참여하는 문제는 영국 내에서 자국의 경제 및 정치적 주권을 상실하는 결과로 간주되었다. 더군다나 영국은 유로존의 금융위기에 직면하여 정치적 조정과 새로운 유럽연합차원의 기구들을[16] 조직하려는 움직임을 독일의 리더십 주도하에 보다 깊은 정치통합으로 나아가려는 새로운 시도로 보았다. 이에 카메론 정부는 영국의 회원국 조건을 재협상하여 유로존 운영과 관련하여 차별화 요구를[17] 대부분 성공적으로 관철시켰다. 심지어 이동의 자유와 관련하여 영국 정부는 다른 유럽연합 회원국 출신 신규 이주자들에게 복지비용 지불문제를 4년간 유예할 수 있게 되었다.

그럼에도 브렉시트 결정은 두 대립적 시각의 갈등 결과로 나타났다. 하나의 주장은 영국이 유럽연합으로부터 경제적·국가적 이익을 최대한 확보하였고, 유로존에 참여하지 않고서도 단일시장 내에서 자국의 이익을 계속 추구할 수 있게 됨으로써 이른바 '가장 훌륭한 두 세상'을 획득했다는 내용이다. 영국은 '영국을 위하

---

16) 예를 들어 유럽안정화기구(European Stability Mechanism) 또는 유로존 은행연합 (European Banking Union) 등

17) 대표적으로 '유럽연합의 심화'(ever closer Union)원칙으로부터 법적 미참여(the legal out-put) 그리고 유로존 규제기구에 미참여 권리 보장 등

여 작동하는 유럽의 일부분 그리고 그렇지 않은 경우 예외로 적용되는 유럽의 일부분'으로 머물 수 있다는 주장이기도 하다. 또 다른 주장은 금융위기와 이주문제에 상당한 영향을 받은 결과, 향후 영국 주권상실 가능성을 심각할 정도로 우려하는 입장이었다. 카메론 보수당 내 반대파였던 보리스 존슨(B. Johnson)과 유로회의론을 주장하는 영국 타블로이드판 신문들 그리고 대중영합주의적 영국독립당(UKIP: 당수 N. Farage) 등이 '유럽연합 탈퇴'('Vote Leave')안에 대한 근거를 제공하였다. 전반적으로 부결될 것으로 예측되었으나, 영국인의 시각으로 볼 때, 독일 리더십 하에서 유럽연합에 잔류하는 문제는 엄청난 우려사안이었다. 결국 51.9%라는 투표결과로 자국 주권을 계속 유지하려는 정치적 행동결과는 향후 15년 이후 잔류했을 때보다 경제적으로 3.9%(노딜 브렉시트일 경우 9.3%)나 하락할 것이라는 예측으로 이어지고 있다.[18] 동시에 이는 모라브칙의 정부간주의 시각이 그대로 발현된 것으로서, 초국가적 정책조정 또는 주권의 공동관리를 지지하기 어렵다는 영국의 의사표시였다.

이와 같은 영국의 역사적 결정을 전후로 독일의 유럽정책은 국내에서 심각한 토론의 대상이 되었다. 유럽금융위기와 이주문제를 해결하기 위하여 새로운 협치지배기구와 제도 등을 도입함으로써 유럽연합의 다층적 지배를 더욱 복잡하게 만들었다는 메르켈 정부의 유럽정책이 사실상 이러한 결과를 유도하는 배경이 되었다. 게다가 메르켈의 이주문제에 관한 비타협적 입장고수가 영국의 브렉시트 결정을 가능케 하는 일종의 나비효과로 이어졌다. 영국의 입장에서 볼 때, 자국 국내정서를 무시하는 독일 리더십

18) "Brexit will make UK worse off, government forecasts warn," Nov. 28, 2018, https://www.bbc.com/news/uk-politics-46366162. (검색일: 2018.12.5)

형태가 결과적으로 유럽연합 해체로 연결될 수도 있는 첫 사례를 잉태하는 원인이 되었다. 브렉시트는 독일 헤게모니가 나타나고 유로존이 만들어낸 점점 더 일방적으로 전개되는 정치형세 속에서 찾을 수 있다는 견해도 제기된다.[19)]

영국의 브렉시트 결정은 유럽연합의 미래와 독일 리더십의 장래에 커다란 영향을 미칠 수 있는 잠재력을 내포한다. 전자의 경우 보다 포괄적 정치의제와 보다 협력적 다자간 리더십 의제를 구축하는데 계속 실패하는 경우 앞으로 폭넓은 유럽연합 해체(분열) 가능성이 높아질 수 있다. 또한 동·중유럽 회원국 유권자들이 점점 더 유럽회의론적 입장으로 선회할 수도 있다. 이는 독일의 하향식 리더십 형태로 이들 국가의 정치적 주변화 의식이 팽배하기 때문이다. 유럽연합 주변부에서 부분적으로 태동하기 시작한 민중영합주의가 제대로 통제되지 않고 확산되는 경우 향후 유럽연합의 해체 가능성을 배제하기 힘들다. 후자의 경우 유럽연합 내에서 독일 리더십 논의와 관계없이 분명한 점은 최근 들어 유럽연합이라는 정체(polity)가 방향성을 상실한 것처럼 보인다. 이는 2017년 9월 24일 독일 하원선거에서 메르켈 수상이 가까스로 연임되었지만, 유럽연합을 이전처럼 안정적으로 견인할 수 있는 메르켈의 정치력이 가파르게 쇠락하였고, 국내정치도 '독일을 위한 대안'(AfD)당의 득세로 정치적 불안정이 계속되는 까닭이다. 향후 독일 정치지형에서 AfD가 상설 정치세력화에 성공하고, 사회민주당보다 우위에 올라서는 경우, 지금까지 독일이 유럽에서 행하였던 리더십, 즉 '안정조정자'로서 역할은 본질적으로 변화가 불가피하다. 독일은 유럽연합에서 그동안 평가되던 '자

19) "its roots in the ever more unilateral political constellation created by the Eurozone, under which German hegemony emerged"(Christian Schweiger 2018, 111)

산'(asset)에서 '골치덩어리'(liability)로 전락할 수도 있으며, 이로 인하여 유럽연합을 방어하기보다 해체가능성을 높일 수도 있다.

V. 마치는 말

1. 향후 독일 리더십 전망

유럽연합과 유럽통합 프로젝트가 지속되기 위한 일차적 관건은 어느 나라이건 이를 안정적으로 견인할 수 있는 국가(들)가 필요하다. 정부간주의이건 초국가주의 시각이건 관계없이 리더십 부재는 프로젝트의 성공을 보장할 수 없다. 전후 독일이 달성하였던 안정적 성장을 바탕으로 유럽연합에 기여할 수 있는 가능성은 어느 회원국도 부인할 수 없다. 향후 독일 국내에서 극우 또는 민중영합세력이 원내 다수세력으로 구축되지 않는 한, 싫던 좋던 독일의 영향력을 배제한 유럽연합과 유럽통합 추진은 힘들다. 이러한 여건에서 독일의 대유럽연합에 대한 리더십은 자의적 입장에서 추진하려는 '패권적 리더십'보다 약간 약화된 '마음 내키지 않지만 필요한 리더십'(reluctant leadership)을 근간으로 전개될 수 있다.

따라서 독일 메르켈 4기 정부가 추구하는 것이 패권적 리더십이 아니라면, 원칙을 바탕으로 패권적 리더십의 틀과 거리가 있는 다자주의적 정책을 강조할 필요성이 제기된다. 우선 앞서 지적했던 독일의 타국에 대한 상대적 우위라는 지위에 관계없이 유럽연합과 유럽통합 프로젝트를 함께 견인해왔던 프랑스와 협력이 가장 중요하다. 다른 대안들보다 우선적으로 프랑스 마크롱 대통령과 협력체제를 구축한 뒤에 한편으로 유럽연합 회원국들, 다른 한편으로 유럽연합 핵심부와 주변부간 정치적 의사 합일 기제를 재구축하는 정책을 구현하려는 가능성이 높다. 이 과정에서 독일 고유의 국가이익이 희생되는 대안은 상정하기 어렵다. 둘째로 중·동유럽 및 남동유럽 주변부에 대한 연결고리를 구축할 필요성이 제기된다. 즉 유럽연합의 주변부에서 점점 커져가는 유럽연합 회의론을 잠재워야 한다. 또한 무엇보다 중·동유럽 지역의 경우 체제전환이 순조롭게 진행되지 못하여 혹시 권위주의적 특성을 띤 반민주적 정권이 들어서는 경우 어려운 국제환경이 나타날 수 있다. 현재로서 오스트리아와 더불어 바이마르 삼각체제(Weimar Triangle)의 일부로 확대된 V4와 긴밀한 협력방안을 모색할 필요가 있다. 실제로 독일-폴란드를 주축으로 V4와 새로운 협력가능성을 궁극적으로 전망할 수 있는 대안들이 있다. 하나는 현 시점에서 V4 국가들은 '다양성 속의 통일성'을 지향하는 입장이다. 모든 유럽연합 제도적 차원에서 유럽이사회(the European Council)의 역할과 회원국들의 동등한 대표권을 강화함으로써 유럽연합의 정책결정과정에서 민주적 책임성을 강화시킬 필요가 제기된다. 다른 하나는 난민위기와 관련하여, 독일이 강요하는 각국별로 배정된 이주민 수용에 V4는 여전히 반대하는 대신 유럽연합의 외곽 국경통제와 보호를 강하게 주장한다. 나아가 4기 메르켈 정부 하에서 사회민주당출신 외무장관 하이코 마스(H. Maas)가 취임식에서 "유럽연합의 미래는 중·동유럽국가들과 협력체제를 어떻게 구축하는 가에 달려있다"라는 발언은 많은 시사점을 제기한다. 그는 특히 폴란드를 유럽연합에서 독일에 대한 '중심적 협력자'라고 강조한다.

영국은 유럽대륙에서 진행되는 통합에 일정한 거리를 두면서 강한 정부간주의 입장을 고수해왔다. 프랑스는 독일과 더불어 유럽연합과 유럽통합 프로젝트를 견인하면서도, 유럽이 자체적으로 안보역량을 구축해야 한다고 일관되게 강조했다. 그러나 독일은 최소한 안보내지 방위정책분야에 다른 회원국들보다 앞장서지 않았다. 통일 독일이 주변 국가들로부터 직접적이고 즉각적 안보위협을 받지 않는, 즉 유럽중부라는 지정학적 위치 때문이다. 따라서 독일은 유럽연합 회원국들이 공통적으로 자국의 안보문제를 강조하는 입장, 다시 말해서 유럽연합 핵심 견인국가로서 조금 더 과감하게 '안보행위자'로 나서줄 것을 요구하는데 만족할 정도로 조응하지 못했다. 이 사안은 이른 바 '독일의 역설'(the German paradox)[20]로 요약된다. 독일이 정치적·경제적 사안에 대처하는 입장이 비교적 적극적이라면, 안보(방위)문제에 대한 입장은 상대적으로 소극적으로 평가된다. 유럽안보정책의 중요한 축으로서 독일의 향후 역할는 정치적 판단과 결정 사안이지 재정에 의해 좌우되지 않는다. 현재 독일은 NATO 임무수행을 위하여 두 번째로 많은 군대를 파견하고 있다. 반면 유럽연합과 회원국들의 안보문제가 난민위기를 포함하여 여러 가지 도전에 직면하고 있으나, 독일은 난민문제 자체를 제외하고 군사적 안보문제, 국제적 책임, 특히 군사개입에는 앞장서지 않았다. 독일이 독자적으로 유럽방위부문에 필수불가결한 견인역할을 수행할 것으로 보이지 않는다. 그러나 향후 유럽연합에서 독일 리더십은 이러한 사안들로부터 상당히 영향을 받을 수 있다.

독일 리더십과 관련하여 전임 내각보다 분명히 정치적 기반이 취약해졌음에도 전혀 흔들림이 없는 측면도 주의해야 한다. 우선

---

20) P. Buras, "Reluctant leadership," https://www.ecfr.eu/article/commentary-reluctant-leadership. (검색일 : 2018.09.01)

경제정책부문에서 '질서자유주의' 방식은 여전히 지속될 것이다. 독일 통일에 관한 정권의 교체에도 일관성을 유지했던 바와 같이, 현 사회민주당 출신 재무장관 올라프 숄츠(O. Scholz) 역시 전임 쇼이블레(W. Schäuble)장관이 유지했던 정책을 계속 추진하겠다는 의지가 강하다. 둘째로 'black zero approach', 즉 유로존과 관련하여 엄격한 균형예산을 추구한다는 점이다. 즉 프랑스를 포함하여 회원국들 중 부채문제를 안고 있는 국가들에게 엄격한 긴축정책을 요구하는 것으로 나타난다. 그리고 독일이 유럽안보에 대한 부담을 더 짊어질 가능성은 없다는 점을 명백히 한다. 메르켈 4기 연립정부는 분명히 국내적으로 정치적 입지가 약해진 이유로 독일의 대유럽정책을 주로 국내정치 렌즈를 통해서 계속 추진하겠다는 의지이다.

2. 한국에 대한 함의

유럽통합 프로젝트를 추진하면서 유럽대륙에 위치한 국가들이 자국의 국가이익을 극대화하려는 노력이 적어도 2016년 영국의 브렉시트 결정시기까지 공통사안이었다. 이 프로젝트는 개별 국가들이 자국의 이익을 위하여 과연 양도할 수 없는 주권까지도 새로운 정치체에 위탁할 수 있는가라는 전대미문의 실험이기도 하다. 이론적으로 정부간주의에서 초국가주의로 전이를 목표로 한 유럽연합의 사례는 정치·경제·안보문제에서 심각한 도전을 받는 한국에게도 많은 함의를 제시한다.

우선 한국의 번영과 발전을 위하여 적어도 독일과 유럽연합을 대상으로 한 외교·통상정책은 이원적 차원에서 지속하되, 독일의 견인력에 초점을 맞출 필요가 있다. 독일의 유럽연합과 개별 회원국들에 대한 영향력을 지속적으로 분석하면서 제반 정책을 개발하고 추진해야 한다. 독일의 대내적 정치·경제 상황에 대한 꾸준한 상시 분석을 전제로 대안을 마련해 나가는 지혜가 필요하다. 독일의 유럽연합에 대한 '내키지 않는 리더십'일지라도 기저에는 자국의 국가이익이 최우선순위라는 점을 잊어서는 안 된다.

유럽연합의 통합프로젝트는 여전히 정부간주의라는 틀에서 벗어나지 못했다. 이는 한국의 대유럽정책은 개별 국가들과 양자적 관계를 기반으로 하되, 이들의 공통이익을 함께 해결하려는 정체인 유럽연합을 대상으로 하는 다자적 관계로 전개되어야 한다. 양자적 관계와 다자적 관계라는 두 축의 대자적 구도에서 중간층에 해당하는 새로운 영역에도 관심을 두어야 한다(이규영 2010). 즉 역내 집단주의 또는 지역국가들 간 협력체제를 주시하면서 한국의 대유럽정책을 추진할 때, 보다 유리한 정책결과를 도출할 수 있다.

참고문헌

외교부. 2017.『2017 독일개황』. 서울: 외교부.

이규영. 2002. “통일 이후 독일의 대중부유럽 외교연구-폴란드를 중심으로.”『한·독사회과학논총』. 제12권. 제2호.

이규영. 2010.『유럽통합과정과 지역협력』. 서울: 집문당.

짐 오닐. “금융위기 이후 10년…유로존 내 불평등 심화.” *EconomyChosun*. 2018년 09월 17일.

한국경제. “사회공헌활동(CSR)은 한국-독일 모두에게 윈윈,” http://news.hankyung.com/ article/201810315 337a. (검색일: 2019.01.29.)

BBC News. “Brexit will make UK worse off, government forecasts warn.” Nov. 28, 2018. https://www.bbc.com/news/uk-politics-46366162. (검색일: 2018.12.05.)

BBC News. “Migrant crisis: Explaining the exodus from the Balkans.” Sept. 19, 2015. https://www.bbc.com/news/world-europe-34173252. (검색일: 2018.12.05.)

Ash, T. G. 1993. *Im Namen Europas - Deutschland und der geteilte Kontinent*. München: Hanser.

Baring, A. 1982. *Machtwechsel: Ära Brandt-Scheel*. 2. Aufl. Stuttgart: Deutsche Verlagsanstalt.

Bender, P. 1986. *Neue Ostpolitik. Vom Mauerbau zum Moskauer Vertrag*. München: Dt. Taschenbuch-Verl.

Bulmer, S. 1987. *The Federal Republic of Germany and the EC*. London: Allen & Unwin.

Buras, P. 2018. “Reluctant leadership.” https://www.ecfr.eu/article/commentary–reluctant-leadership. (검색일: 2018.09.01.)

Dempsey, J. 2013. “Is German Really Leading Europe?” June 26, 2013. https://carnegieeurope.eu/strategiceurope/52216. (검색일: 2018.12.20.)

Erlanger, S. & Castle, S. 2011. “German Vision Prevails as Leaders Agree on Fiscal Pact.” *The New York Times*. Dec. 9, 2011.

Gaddum, E. 1994. *Die deutsche Europapolitik in den 80er Jahren.* Paderborn: Schöningh.

Gateyer, C. 1994. *Europa zwischen Spaltung und Einigung 1945 bis 1993.* Bonn: BfpB.

Gauning, J. 1991. "Europäische Integration und deutsche Einheit." Weidenfeld, W. & Kurte, K.-R. (Hrsg.). *Handwörterbuch zur deutschen Einheit*. Bonn: BfpB.

Guérot, U. 2012. "German Foreign Policy: The Temptation of Going Alone." Feb. 7, 2012. https://www.worldpoliticsreview.com/articles/11397/german-foreign-policy-the-temptation-of-going-alone. (검색일: 2018.11.08.)

Gutjahr, L. 1995. "Vom Handelsstaat, Deutschland zum Standort Europa." *Österreichische Zeitschrift für Politikwissenschaft*. Jg. 24. Heft 3.

Hanrieder, W. E. 1995. *Deutschland, Europa, Amerika. Die Außenpolitik der BRD 1949-1994.* 2. Aufl. Paderborn: Schöningh.

Katzenstein, P. J. 1991. "Die Fesselung deutscher Macht im internationalen System." Blanke, B. & Wollmann, H. (Hrsg.). *Die alte Bundesrepublik. Kontinuität und Wandel.* Leviathan Sonderheft 21. Opladen: Westdt. Verlag.

KOTRA. 2016.『독일』. KOTRA Country Report.

Loth, W. (Hrsg.). 1991. *De Gaulle, Deutschland und Europa*. Opladen: Leske + Budrich.

Meyer, P. 1999. "Die Europapolitik des Bundesrepublik Deutschlands." Weidenfeld, W. (Hrsg.). *Europa-Handbuch*. Bonn: BfpB.

Monnet, J. 1988. *Erinnerungen eines Europäers*. Baden-Baden: Nomos.

Müller-Roschach, H. 1980. *Die deutsche Europapolitik 1949-1977*. Bonn: Europa Union Verlag.

Park, J. 2015. "Europe's Migration Crisis." Council on Foreign Relations, Sept. 23, 2015. https://www.cfr.org/backgrounder/europes-migration-crisis. (검색일: 2018.11.23.)

Paulsen, Th. 1999. "Die deutsche Rolle in Europa." Weidenfeld, W. (Hrsg.).

Europa-Handbuch. Bonn: PfpB.

Poiderin, R. 1990. "Die europapolitischen Initiativen Frankreichs des Jahres 1950 - aus einer Zwangslage geboren?" Herbst, L. u. a. (Hrsg.). *Vom Marshallplan zur EWG*. München: Oldenbourg.

Rosecrane, R. 1996. *The rise of the Trading State. Commerce and Conquest in the Modern World*. New York: Basic Books.

Schwarz, H.-P. 1994. "Das deutsche Dilemma." Kaiser, K. & Maull, H. W. (Hrsg.). *Deutschlands neue Außenpolitik*. Bd. 1: Grundlagen. München: Oldenbourg.

Schweiger, Ch. 2018. "Germany's Role in the EU-27 Leadership Constellation after Brexit." *German Politics and Society*. Vol. 36. No. 2.

Sikorski, R. 2011. "What Poland Asks of Germany (and Britain)." *The Globalist: Rethinking globalization*. https://www.theglobalist.com/what-poland-asks-of-germany-and-britain/. (검색일: 2018.12.30.)

The Washington Post. Nov. 29, 2011.

Weidenfeld, W. 1993. "Deutschland in Europa: Schlüsselstaat mit Führungsrolle?" Weidenfeld, W. (Hrsg.). *Was ändert die Einheit? Deutschlands Standort in Europa*. Gütersloh: Bertelsmann Stiftung.

Wessels, W. & Regelsberger, E. (Hrsg.). 1988. *The Federal Republic of Germany and the European Community: The Presidency and Beyond Bonn 1988*. Bonn: Europa-Union Verlag.

Woyke, W. 1995. "Außenpolitik." Andesen, U. & Woyke, W. (Hrsg.). *Handwörterbuch des politischen Systems der BRD*. 2. Aufl. Bonn: BpfB.

"Only Germany is strong enough to save euro zone." *Reuters*. Nov. 29, 2011. https ://www.reuters.com/article/poland-germany-sikorski/poland-appeals-to-germany-to-act-to-save-euro-zone-idUSL5E7MT0TV20111129. (검색일: 2018.12.30.)

"Refugee crisis: apart from Syrians, who is travelling to Europe?" *The Guardian*. Sept. 10, 2015.

한국과 프랑스 양자관계 및 EU와 프랑스 관계에서의 한국-프랑스 관계

안상욱 (부경대)

I. 서론

1866년 "병인양요"라는 무력충돌로 시작된 양국의 국가 간 관계는 1886년 조불수호통상조약의 체결을 통해서 본격적인 외교관계를 수립하였다. 그러나 1905년 을사조약의 체결로 한국은 외교권을 상실하게 되었고 이에 따라서 양국의 국교도 단절되게 되었다.

1945년 광복 이후에 한국과 프랑스 관계는 빠르게 발전하였다. 1949년 2월 5일, 프랑스는 영국에 이어, 유럽에서 두 번째로 대한민국을 승인하였다. 또한 한국전쟁이 발발하자 파병된 프랑스는 유엔군의 일원으로 병력을 파견하였다.

한국과 프랑스는 활발한 경제-산업 교류를 하고 있다. 대표적인 사례 중 하나가 한국의 원자력발전에 제공된 프랑스의 기술이다.

한국정부는 미국에서 도입된 원전 기술과 원전 연료의 공급원을 다원화할 목적으로 프랑스의 원전기술을 도입하였다. 가압경수로인 한울원전(울진원전이 2013년 명칭변경) 1호기와 2호기는 1982년 10월에 기공식을, 1990년 2월에 준공식을 가졌다. 핵증기공급계통은 프랑스의 프라마톰사가 공급했고, 터빈 발전기계통은 프랑스의 알스톰사가 공급하였고, 한울원전 1호기와 2호기 건설은 한국원전의 표준화에 큰 기여를 하였다.

한국과 프랑스의 산업협력의 또 다른 상징은 TGV기술도입이다. 한국의 경부고속철도 사업입찰에서 일본의 신칸센, 독일의 ICE, 프랑스의 TGV가 경쟁하였다. 프랑스 알스톰의 기술이전으로 현대로템이 KTX 차량에서 초기 도입된 1-12호기를 제외한 차량을 생산하였고, 이를 토대로 축적한 국산기술로 KTX 산천을 제작하였다. 현재 한국의 고속철도는 축적된 운영경험을 바탕으로 세계 고속철도 수주에 도전하고 있다.

또 다른 한국과 프랑스의 산업협력의 상징은 르노삼성자동차이다. 1997년 한국의 금융위기로 어려움에 처한 삼성자동차를 프랑스의 르노자동차가 인수하였다. 1999년 르노가 일본 닛산의 지분의 36.8% 인수하면서 르노-닛산 얼라이언스가 설립되었고, 삼성자동차 설립당시 기술도입선이 일본의 닛산이었기 때문에 르노자동차와 닛산자동차의 플랫폼 공유가 확산되면서, 르노삼성자동차도 후속자동차 개발이 보다 안정적으로 진행될 수 있었다. 국내에서 천문학적인 생산적자로 철수 논란이 있었던 GM과 외국자본에 의한 인수이후에 끊임없는 갈등이 있었던 쌍용자동차와는 달리 르노삼성자동차는 비교적 안정적으로 운영되었다. 또한 르노삼성자동차는 2018년 3월 대구에서 르노차량시험센터를 준공하였다. 르노자동차의 아시아 최초의 차량시험센터로 르노삼성자동차의 기흥연구소, 부산공장 등과 함께 자동차 제작 전 과정을 국내에서 소화하게 되었다.

한국과 프랑스는 상호간에 활발한 직접투자가 이루어지고 있다. 2016년까지의 누계로 한국의 프랑스에 대한 해외직접투자는 562건으로 21억 6,800만 달러가 투자되었고, 프랑스의 한국에 대한 해외직접투자는 1,041건으로 74억 5,700만 달러가 투자되었다. 무역에서도 한국의 2017년 프랑스 수출액은 29억 7,400만 달러로 승용차, 축전지, 제트유 및 등유, 자동차부품 등을 주로 수출하였으며, 프랑스의 2017년 한국 수출액은 57억 4,600만 달러로 화장품, 의약품, 가방, 자동차부품 등을 수출하였다.

한국과 프랑스의 교류는 경제-산업분야에 국한되지 않고 인적 분야에서도 괄목할만한 교류를 보이고 있다. 수교이후 양국은 정상 간의 상호방문을 포함하여 활발한 고위급 정부인사의 상호방문이 이루어지고 있다.

또한 양국 간의 보다 긴밀한 협력관계 증진하고 양국 청년들에게 상대국 문화와 생활양식을 인식할 수 있도록 2008년 10월에 한국과 프랑스는 워킹홀리데이 협약을 연간 2,000명 규모로 체결하였다. 2015년 워킹홀리데이 프로그램으로 400명이 한국에서 프랑스로 출국하였으며, 549명이 프랑스에서 한국으로 출국하였다.

프랑스의 미테랑 전 대통령은 대통령으로 당선된 1981년 프랑스 대통령 선거 직전인 1981년 2월에 북한을 방문한 바 있으며, 프랑스와 북한 간에 고위급 인사의 상호방문이 있었다. 그러나 김대중 정부 당시 햇볕정책으로 대다수 EU국가들이 북한과 수교한 것과 다르게 프랑스는 현재도 북한과 미수교 상태이다. 북한은 미수교국인 프랑스에 일반대표부를 설치하고 있으며, 프랑스는 2011년 10월에 주 북한 문화인도지원협력사무소를 개설하였다.

Ⅱ. 한국과 프랑스의 경제-산업협력

프랑스는 세계 7위의 경제대국이다. 프랑스는 유럽의 다른 국가와는 달리 농업을 비롯해 제조업 서비스산업 등이 비교적 고르게 발전되어 있다. 공동농업정책(CAP)의 최대 수혜자로서 일부 농산품에서 EU시장에서 경쟁력을 보유하고 있기도 하다.

<표 1> 2017 세계 GDP 순위

(단위 : 백만 US$)

	국가	GDP
1	미국	19,390,604.00
2	중국	12,237,700.48
3	일본	4,872,136.95
4	독일	3,677,439.13
5	영국	2,622,433.96
6	인디아	2,597,491.16
7	프랑스	2,582,501.31
8	브라질	2,055,505.50
9	이탈리아	1,934,797.94
10	캐나다	1,653,042.80
11	러시아	1,577,524.15
12	한국	1,530,750.92

출처 : World Bank

그러나 2011년 금융위기 이후 프랑스 경제는 경직적인 노동 시장으로 인한 높은 실업률과 대외경쟁력 약화 등 저성장 위기에 직면했다. 2017년 출범한 마크롱 정부는 노동시장 유연화, 민간 투자 활성화, 재정 건전성 제고 등 대대적인 경제 개혁을 추진하고 있다. 이러한 노력에 힘입어 2017년 프랑스 경제는 6년 만에 가장 높은 경제

성장률(2.3%)을 기록했으며, 실업률 또한 9%대로 하락했다. 한국-프랑스 교역은 한동안 감소세를 보였으나, 2017년 이후 對프랑스 수출이 늘면서 증가세로 전환되었다. 자동차, 축전지 등 주요 품목의 수출 증가로 무역수지 적자 폭도 3년 연속 감소했다. 양국 간 직접투자는 금융·보험, 유통, 연구개발등서비스 부문에서 지속적으로 이루어지고 있으며, 최근에는 연구개발·과학기술 분야에서 한국의 對프랑스 투자가 증가했다(김현수 2018).

1. 양국 간 무역관계와 해외직접투자 발전

한동안 감소세를 보이던 한-프랑스 교역은 2017년 이후 수출이 증가하면서 증가세로 전환되었으며, 무역수지 적자폭도 3년 연속 감소하였다. 2017년 한국의 對프랑스 수출과 수입은 각각 29.9억, 57.5억 달러로 프랑스는 한국의 29위 수출대상국이자 20위 수입대상국이었다. EU 회원국 중에서는 한국의 6위 수출대상국이자 4위 수입대상국이었다.

對프랑스 교역은 대부분의 연도에 적자를 기록하고 있다. 2011년 한-EU FTA 발효와 EU 재정위기의 영향으로 2012년부터 對프랑스 교역은 무역적자가 더욱 완연하게 되었다. 2015년-2016년에는 수출입이 모두 감소했으나 수입이 수출보다 크게 감소하였다.

그런데 EU경제회복과 한국 경기둔화의 영향으로 對2017년 수입은 2016년 대비 -1.7% 감소하였고, 수출은 21.3% 증가하였다. 무역수지는 27억 5천만 달러의 적자를 기록하였다. 2018년 1-8월에는 2017년 같은 기간 대비, 수출이 21.6% 증가하였고 수입은 4.5% 증가하였다.

2018년 1-8월 주요 수출 품목은 자동차, 축전지, 석유제품, 반도

<그림 1> 對프랑스 수출입 추이

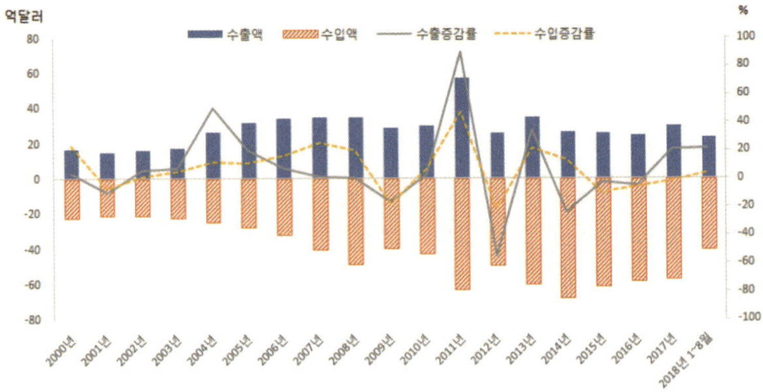

출처 : 한국무역협회 (K-Stat)(김현수 2018, 9 재인용).

체 등이며, 상위 20개 품목 중 석유제품, 항공기 및 부품, 편직물을 제외한 17개 품목 수출이 모두 증가하였다. 특히 전체 수출 비중에서 24%를 차지하는 자동차 수출이 2017년 82.7%나 증가한 데 이어 2018년 1-8월에도 24.1% 증가 2018년 상반기 현대차그룹의 프랑스 판매량은 전년 대비 22.2% 증가하였다. 자동차 이외에도 전자·전기제품(축전지, 반도체), 화학제품(합성수지, 화장품), 기계류 등의 수출이 큰 폭으로 증가하였다.

2018년 1-8월 주요 수입 품목은 화장품, 의약품 등 화학제품과 신변잡화 등 생활용품이었다. 항공기 및 부품(53.4%), 자동차(44.0%) 등 수송기기의 수입이 크게 증가하였으며, 2015-2017년 3년 간 수입이 거의 없었던 천연가스와 우라늄 등 광물성연료의 수입이 대폭 증가하였다. 반면 원동기 및 펌프(-31.1%), 기계요소(-13.8%), 자동차부품(-53.2%) 등 기계류의 수입은 감소하였다.

무역에서는 한국의 對프랑스 무역이 지속적인 적자 상태였던 상황이었지만, 해외직접투자에서는 프랑스의 한국에 대한 직접투자액이 한국의 프랑스에 대한 직접투자액보다 대부분의 연도

<표 2> 2018년 1월-8월 對 프랑스 20대 수출입 품목

(단위 : 백만 달러, %)

	수출			수입		
	품목명	금액	증감률	품목명	금액	증감률
1	자동차	568.5	24.1	비누·치약 및 화장품	311.5	11.1
2	건전지 및 축전지	287.3	43.4	농약 및 의약품	269.0	2.9
3	석유제품	109.7	-21.2	신변잡화	240.6	18.4
4	반도체	104.4	63.1	원동기 및 펌프	186.4	-31.1
5	합성수지	88.8	35.7	반도체	165.7	13.0
6	자동차부품	80.5	3.1	항공기 및 부품	139.6	53.4
7	원동기 및 펌프	73.6	26.0	천연가스	137.9	*
8	항공기 및 부품	54.9	-4.0	자동차	135.9	44.0
9	전자응용기기	51.3	33.9	기호식품	123.4	33.0
10	기계요소	49.5	34.3	기계요소	121.9	-13.8
11	플라스틱 제품	46.7	31.7	기타 정밀화학제품	111.3	79.1
12	비누·치약 및 화장품	46.0	54.3	패션잡화	108.9	6.8
13	고무제품	43.7	54.0	자동차부품	93.7	-53.2
14	산업용 전기기기	38.1	127.2	계측제어분석기	90.1	-35.9
15	정밀화학원료	37.8	19.6	철강판	89.1	17.2
16	농약 및 의약품	34.2	154.8	정밀화학원료	75.4	-1.8
17	공구	32.3	9.7	축산가공품	74.9	19.8
18	어육 및 어란	31.2	9.8	식물성물질	62.2	2.4
19	편직물	30.6	-12.2	전자응용기기	59.5	-6.1
20	계측제어분석기	27.8	223.5	우라늄	56.2	980,886.9
	전체	2,331.1	21.6	전체	4,041.2	4.5

※ MTI 3단위 기준.
자료 : 한국무역협회(K-Stat) (김현수 2018, 10 재인용).

<그림 2> 한-프랑스 직접투자 추이

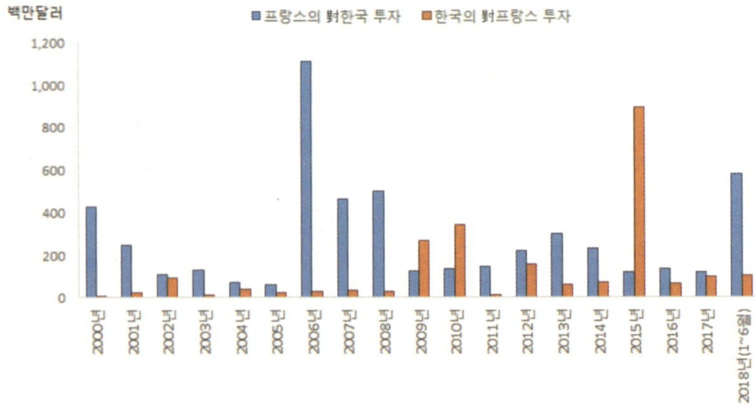

※ 프랑스의 對한국 투자는 도착금액, 한국의 對프랑스 투자는 투자금액 기준 (유량).
자료 : 산업통상자원부 외국인투자통계, 한국수출입은행 해외투자통계(김현수 2018, 12 재인용).

에서 상회하였다.

2017년 한국의 對프랑스 투자는 1.0억 달러로 35위이며, 프랑스의 對한국 투자는 1.2억 달러로 18위이다. EU 회원국 중에서 한국의 對프랑스 투자와 프랑스의 對한국 투자는 각각 8위와 7위를 기록하였다. 해외직접투자는 연도별로 큰 등락을 보이나, 2000년 이후 일부 연도(2009, 2010, 2015년)를 제외하고는 프랑스의 對한국 투자액이 한국의 對프랑스 투자액을 상회하였다.

프랑스의 對한국 투자가 활발히 이루어진 2006-2008년의 연평균 투자액은 6.9억 달러로 대부분 투자가 금융·보험업에 집중되었으며, 2018년 상반기에는 유통업에 5.7억 달러 유입되었다. 특히 프랑스는 연구개발·과학기술 부문에서 꾸준히 한국에 투자해 왔으며, 2013-2017년 5년간 연평균 4,000만 달러를 투자하였다.

한국의 對프랑스 투자는 2009년 광업(2.4억 달러), 2010년 부동산업(3.2억 달러), 2015년 부동산업(8.7억 달러) 등의 부문에서 높게 나타났다. Business France에 따르면 2017년 프랑스에 투자한 한국 기업은 네이버(IT서비스), HDX(의료기기), 셀바이오텍(바이오)이었다.

2. 경제-산업협력 사례

한국과 프랑스의 경제협력은 각 산업분야(자동차, 석유, 화학, 항공, 유통, 금융 등등)에서 이루어졌다. 특히 대표적인 사례로 '한국 원전건설에 프랑스 기업의 기술이전', '한국 고속전철 모델로 프랑스 TGV 도입', '르노삼성자동차' 등의 사례를 들 수 있다.

1) 한국 원전건설에 프랑스 기업의 기술이전[1]

국내에서 원자력발전소 건설이 시작된 박정희 정부 시기에 고리 1·2·3·4호기와 영광 1·2호기는 모두 미국 웨스팅하우스사(社)의 경수로로 만들어졌다. 울진 원자력 발전소(현재 한울 원자력 발전소) 1·2가 건설되기 전에 월성 1호기만 캐나다 AECL가 건설하였고, 나머지 원자력 발전소는 미국의 웨스팅하우스가 건설하였다. 이에 따라 웨스팅하우스사에 대한 기술 종속에 대한 우려가 나오기 시작하였다.

이 시기 프랑스의 원자로 제작사인 프라마톰(Framatome, 현재 AREVA)는 독자적인 원자로를 개발을 완료하였다. 프랑스 프라마톰은 미국 웨스팅하우스의 기술을 도입해 원자로를 제작하였고. 프랑스 정부 측은 프라마톰이 원자로 제작기술을 습득할 수 있도록 동일한 원자로 모델을 계속 발주했다. 프랑스 정부 정책에 힘입어 프라마톰은 충분한 기술을 익혀 독자 모델의 원자로를 생산하게 되었다. 그리고 주목할 점을 프랑스가 원자력 발전분야를 독점하지 않았다는 점이다. 원자로를 프라마톰에서 제작하면 터빈과 발전기는 이탈리아나 벨기에 회사가 제작하게 하였다. 이와 같은 이유로 유럽 국가들은 프랑스의 프라마톰을 지원하게 되었다. 울진 1·2호기 건설 이전에도 프라마톰은 한국에서 발주한 원전 공사 입찰에 도전했지만 항상 웨스팅하우스에 밀려 탈락했었다.

1975년 11월 주한 유럽상공회의소 주관으로 한국 조사단이 유럽을 방문했고, 원자력연구소의 현경호 박사가 단장이었다. 프랑스와 벨기에 등을 방문한 한국 조사단은 유럽 국가들이 한국 원전 건설사업에 참여하려는 의지가 강하다는 것을 파악하였다. 이와 같은 정보는 프라마톰의 원자로가 도입되는 밑거름이 되었다.

한국의 기존 원전건설을 거의 독점하였으면서 기술이전의 의지가 없는 미국의 웨스팅하우스에 대한 불만이 국내 원자력 업계에서 불거져 나오고 프랑스 프라마톰의 원전도입에 우호적인 분위기가 진행되자, 전두환 정부는 울진원전 1·2호기를 프라마톰에 발주하였다. 울진 1, 2호기는 가압경수로형으로, 1982년 10월에 기공식을, 1호기는 1988년 9월, 2호기는 1989년 9월에 각각 상업운전을 시작하였다.

울진원전 1·2호기는 한전의 사업주도방식으로 추진되었고, 발전소의 설비용량은 95만㎾급 가압경수로였다. 울진원전 1·2호기의 특징은 하나의 보조 건물을 원자로 2기가 공유할 수 있도록 경제성을 살렸으며, 1979년 미국의 스리마일(Three Mile Island) 원전 사고 후 보완조치를 충분히 반영하여 신뢰성과 안전성에 역점을 두고 설계되었다는 점이다.

울진원전 1·2호기의 핵증기 공급계통은 프랑스의 프라마톰사가 공급했고, 터빈 발전기계통은 프랑스의 알스톰사가 공급했다.

---

1) "한국 원전 건설에 프랑스 기업의 기술이전"에 대한 기술은 신동아(2006.12), 행정안전부 국가기록원을 참조함.

울진원전 1·2호기의 건설을 통해서 국내에서는 처음으로 프랑스와 원전기술교류를 하게 되었고, 울진원전 1·2호기 건설사업은 국내원전의 표준화에 기여하였다.

2) TGV도입[2)]

1993년 8월20일 한국정부는 국책사업인 경부고속철도 차량 형식 계약의 우선 협상 대상자로 프랑스의 TGV(테제베)를 선정하였다. 경부 고속전철 사업은 고속전철을 가동하고 있는 세 나라, 즉 프랑스 GEC 알스톰사의 TGV와 독일 지멘스사의 ICE, 일본 미쓰비시의 신칸센(新幹線)이 치열한 경합을 벌여왔다.

한국정부는 1989년 7월 경부고속철도의 기술조사 및 기본 계획을 수립하고 1991년 8월 차종 선정을 위한 입찰제의 요청서(RFP)를 독일, 프랑스, 일본에 발송한 후 그동안 이들이 제출한 서류를 심사해 1993년 6월 신칸센(新幹線)을 탈락시켰다. 고속철도공단은 신칸센 탈락 이유에 대해서 5차례의 평가결과 비용 기술 기술이전 및 국산화율 등 전 분야에서 평가기준에 크게 미달되었기 때문이라고 밝혔다. 신칸센은 TGV나 ICE에 비해서 오래 전에 개발된 열차인 만큼 차량전자화개발수준이 낮아 장기적으로 운행소요인원 등 경상비와 연료비가 더 드는 등 프랑스 TGV나 독일 ICE보다 기술수준이나 운영비용면에서 경쟁력이 떨어졌다. 또한 당시 새로 투입된 신칸센 노조미 탄환열차가 과열과 실속현상을 일으키는 등 안전성 문제도 발생하였고, 한국정부가 제시한 50%이상의 국산화율 조건에서 일본은 프랑스나 독일에 비해 낮은 30%이하를 제시하는 등 신칸센은 기술이전에도 적극적이지

2) "TGV 도입"에 대한 기술은 과학동아(1993, 09호), 한국교통연구원(2012)를 참조함.

않았다. 게다가 2조원 이상의 수입유발효과가 있는 경부고속철도에 일본차량을 선정한다는 것은 한일 간 무역역조를 개선하는 데 도움이 되지 않는다는 판단도 영향을 미쳤다.

TGV와 ICE의 경쟁에서 TGV가 선정된 데 대해 교통부는 "경제성 금융조건 계약조건 운영경험 및 사업 일정 등에서 TGV가 독일의 ICE에 비해 높게 평가됐기 때문"이라고 밝혔다. 평가분야 302개 항목 중 TGV가 143개 항목에서, ICE가 105개 항목에서 우세했으며 동점은 54개 항목이었다.

당시 한국에서 고속철도 사업수주 성공으로 프랑스의 TGV는 프랑스뿐만 아니라 스페인, 파리—브뤼셀—쾰른—암스테르담의 유럽 통합철도망, 런던—파리를 잇는 해저터널노선에 이어 한국의 경부선까지 수주에 성공하여 고속전철 국제 입찰 100% 수주에 성공하기도 하였다.

차량의 제작과 관련하여 양측에서 합의한 내용은 총 46편성의 차량 중 초기 12차량은 프랑스에서 제작하여 국내에서 조립하고, 나머지 34편성은 국내에서 제작, 조립한다는 것이었다. 프랑스 제작분 12편성은 1995년부터 프랑스, 벨기에, 영국 등 10개소에서 제작되었다. 이들 차량은 1998년부터 국내에 반입되어 조립, 차량시험 및 시운전을 거쳐 1999년부터 2년간에 걸쳐 한국철도시설공단에 반입되었다. 국산 1호 열차인 KTX 13호가 2002년 완성된 이후, 2003년 국산화 최종편성인 KTX 46호가 완성됨으로써 차량부문 국산화가 완료되었다. 이로써 최초 시제 열차 2편성 제작 이후 5년여 만에 국산화율 93.8%를 달성하는 성과를 거두었다. 한국고속철도는 2004년 4월 1일 개통되었다.

3) 르노 삼성자동차

1990년대 초반 삼성그룹의 최고 경영자인 이건희 회장은 자동차 사업 진출을 원했고, 1997년 7월 경영의 악화로 부도를 맞은 뒤 1998년 4월 법정관리에 들어간 기아자동차 인수를 추진했지만 기아자동차 인수에 실패하였다. 삼성자동차는 일본 닛산과 기술제휴를 맺고, 닛산의 자동차 공장 설비 및 자동차 부품을 수입, 조립하여 1998년부터 SM5를 판매하기 시작하였다. 그러나 IMF 사태의 여파 등으로 실적이 악화되어, 삼성자동차는 1999년 법정관리를 신청하기에 이르게 되었다. 삼성자동차의 자산은 르노의 계열사인 르노그룹 BV와 삼성카드가 주축이 되어 설립된 르노삼성자동차(주)가 인수하였다. 르노삼성자동차의 지분구조는 르노가 79.9%, 삼성카드가 19.9%의 지분으로 구성되었다.

<표 3> 르노자동차의 지역별 자동차 생산 (2017년)

	르노자동차 공장 생산	협력사 공장 생산	르노자동차 공장과 협력사 공장 생산
유럽	1,514,163	2,585	1,516,748
유라시아	1,223,499	–	1,223,499
아메리카 대륙	390,454	1,226	391,680
아프리카, 중동, 인도	436,936	288,782	725,718
아시아-태평양	264,020	74,711	338,731
Total	3,829,072	367,304	4,196,376

자료 : Groupe Renault.

르노자동차는 삼성자동차를 인수하기 전에 1999년 극심한 경영난에 허덕이고 있던 일본 닛산 자동차(지분 37%)를 54억 달러에 인수하여 르노-닛산 얼라이언스를 탄생시켰다. 르노자동차는 닛산자동차 얼라이언스를 맺고 삼성자동차를 인수하던 시기에 자동차 판매의 85%가 유럽에 집중되었다. 당시 르노자동차는 아시아에서 존재감이 거의 없었다. 르노자동차는 시장확장을 위해서 닛산과 얼라이언스를 맺고 삼성자동차를 인수하였던 것이다.[3)]

<표 3>에서 볼 수 있듯이, 르노자동차의 노력에 힘입어 르노자동차의 생산에서 유럽이 차지하는 비중은 2017년 기준으로 전체 르노자동차 생산의 36.1%였다.

르노자동차는 르노-닛산 얼라이언스에 힘입어 현재 르노 삼성자동차 공장에서 생산 중인 자동차의 46.3%가 Nissan Rogue모델이다.

<표 4> 르노삼성자동차의 자동차 생산 (2017년)

모델명	생산대수	종업원수
Talisman (한국명 SM6)	48,537	2,112
Fluence (한국명 SM3)	5,679	
Fluence Z.E. (한국명 SM3 Z.E.: 전기차)	1,924	
Latitude (한국명 SM5)	7,071	
SM7	6,323	
Nissan Rogue	122,437	
New Koleos (한국명 QM6)	72,049	
엔진	89,755	

출처 : Groupe Renault (2018,26)

그러나 2018년 11월 19일 유가 증권보고서에 자신의 보수를 축소·허위기재하는 등 금융 상품 거래법 위반 혐의로 르노-닛산-미쓰비시 회장이었던 카를로스 곤(Carlos Ghosn)이 일본에서 체포되

3) The New York Times, April 22, 2000.
The New York Times, "INTERNATIONAL BUSINESS; Renault Agrees to Buy Troubled Samsung Motors of Korea," https://www.nytimes.com/2000/04/22/business/international-business-renault-agrees-to-buy-troubled-samsung-motors-of-korea.html (검색일: 2018. 10. 30).

었다. 일본 닛산과 미쓰비시는 신속하게 카를로스 곤을 회장직에서 해임시켰지만 르노그룹은 유보적인 입장을 취했었다. 특히 프랑스 정부가 대주주인 르노자동차가 닛산의 대주주 지위를 활용하여 닛산자동차와 합병을 하려고 하였다는 상황이 알려지면서 르노-닛산-미쓰비시 얼라이언스에서 프랑스의 르노자동차와 일본의 닛산, 미쓰비시 자동차 사이에 갈등이 심화되고 있다. 이러한 상황이 지속될 경우 르노삼성자동차의 닛산 모델 생산물량이 일본으로 이전 될 가능성이 있으며, 이 경우 르노삼성자동차의 전체 생산에서 닛산 물량이 46.3%인 상황을 감안할 때 르노삼성자동차는 큰 타격을 받을 것이다(조선일보 2018.11.19.).

III. 한국과 프랑스의 인적교류

프랑스와 한국 간의 교류는 경제-산업분야뿐만 아니라 사회 전 분야에서 활발하게 이루어지고 있다. 양국 정상의 상호방문이 꾸준하게 이루어져 왔으며, 지방자치 단체 간에 자매결연도 비교적 활발하게 진행되고 있다.

또한 청년들의 인적교류인 워킹 홀리데이 프로그램도 확대되고 있는 추세이다. 특히 최근 들어 프랑스 청년들의 한국에서 워킹 홀리데이 참여가 증가추세에 있다.

1. 한국과 프랑스 정부 간 대화

한국과 프랑스 정부 간 고위급 대화는 프랑스의 미테랑 대통령 방한 이후 모든 프랑스 대통령이 한국을 방문하였다. 한국 대통

<표 5> 한국-프랑스 간 고위급 방문

구분	일시	내용
프랑스 대통령의 한국 방문	2015. 11. 3-4	프랑수아 올랑드 대통령 국빈 방문
	2010. 11. 12	니콜라 사르코지 대통령 서울 G20 정상회담 참석
	2000.10.19	자크 시라크 대통령 국빈 방문
	1993. 9.14-16	프랑수아 미테랑 대통령 국빈 방문
한국 대통령의 프랑스 방문	2018. 10. 13-16	문재인 대통령 국빈 방문
	2016. 6. 1-4	박근혜 대통령 국빈 방문
	2015. 11. 29- 12. 1	박근혜 대통령 파리 기후협약 회의 (COP21) 참석
	2013.11.2	박근혜 대통령 공식 방문
	2011.5.13-14	이명박 대통령 공식 방문
	2004.12.5-7	노무현 대통령 공식 방문
	2001.12.10-11	김대중 대통령 (스트라스부르 구주의회 초청)
	2000.3.6- 8	김대중 대통령 국빈 방문
	1995.3. 2- 4	김영삼 대통령 국빈 방문
	1989. 11.30- 12.2	노태우 대통령 공식 방문
	1986. 4.14-16	전두환 대통령 공식 방문
프랑스 총리의 한국 방문	2013.7.25	장-마크 에호 국무총리 공식 방문
	2012.3	프랑수아 피용 국무총리 (핵 안보정상회의)
	2011.10.20-22	프랑수아 피용 국무총리 공식 방문
	1991.5.1-3	미셸 로카르 국무총리 공식 방문
	1985.4.7- 9	로랑 파비우스 국무총리 공식 방문
한국 총리의 프랑스 방문	2015.9.16-19	황교안 국무총리(2015-2016프랑스-한국 상호교류의 해 개막 행사)
	2009.6.24-25	한승수 국무총리
	2007.11.23-27	한덕수 국무총리(2012 여수 국제박람회 유치- BIE 142차 총회 참석)
	2007.9.16-17	한덕수 국무총리(2012 여수 국제박람회 유치)
	2007.6.17-20	한덕수 국무총리(2012 여수 국제박람회 유치)
	2006.6.6-9	한명숙 국무총리(양국 수교 120주년 기념식)
한국 총리의 프랑스 방문	1999.6.22-24	김종필 국무총리
	1998.7.10-14	김종필 국무총리 (월드컵 폐막식 참석)
	1977.5.15-17	최규하 국무총리
	1974.4.6	김종필 국무총리 (조르주 퐁피두 대통령 장례식 조의사절)
	1973.6.4-9	김종필 국무총리

자료 : 주한 프랑스대사관.

령의 프랑스 방문도 전두환 대통령 이후 모든 한국 대통령이 프랑스를 방문하였다.양국 총리의 상호 방문도 활발하게 이루어졌다. 양국 정상과 총리의 상대국 방문을 통한 외교활동 뿐만 아니라 실무채널에서 지속적으로 한국과 프랑스는 대화하였다. 대표적인 사례가 한-불 과학기술공동위원회이다.

한-불 과학기술공동위원회는 1981년 양국 간 체결된 과학기술협력 협정에 근거하여 격년 단위로 양국이 교대로 개최하고 있으며, 2018년 기준으로 7차례 회의를 통해 양국 연구자간 교류협력, 공동연구 등 협력 성과를 이끌어냈다. 2003년부터 시작된 연구자간 교류협력 사업은 15년간 221건의 과제를 지원하여 인적 교류가 공동연구로 이어지는 등 양국의 과학기술교류에 대한 기반을 조성하는데 기여하고 있다.

2018년 7월 6일 서울에서 과학기술정보통신부가 프랑스 외교부, 고등교육연구혁신부(Ministere de l'Enseignement Superieur, de la Recherche et de l'Innovation)와 함께 '제 7차 한-프랑스 과학기술공동위원회'를 개최하였다. 한국 측에서는 과기정통부 송경희 국제협력관이, 프랑스 측에서는 고등교육연구혁신부 드니스 데프리오(Denis Despréaux) 국제협력 연구혁신국장과 외교부 올리비에 브로쉐(Olivier Brochet) 문화·교육·연구·네트워크과장이 수석대표로 참석하였다. 제 7차 한-프랑스 과학기술공동위원회에서 신규 공동연구, 연구기관 및 대학 간의 협력 등 양국 과학기술협력 현안에 대해 심도 있는 논의가 이루어졌다.

한국과 프랑스 양국은 국민 삶의 질 개선을 위한 인공지능 기술개발에 연구기관 간 협력을 장려하기로 하였다. 이를 위해 인공지능 기초분야에서 공동연구를 시범적으로 추진하고, 그 성과를 바탕으로 협력 규모를 확대하는 방안을 논의하였다. 그리고 양국은 과학기술 특성화대학 석 박사과정 학생들의 교류를 강화하기로 하고, 공동학위 및 복수학위 수여, 박사학위 논문공동지도 확대 등에 협력하기로 하였다. 특히, 한국과학기술원(KAIST)과 프랑스 국립공예원(CNAM: Conservatorie national des arts et métiers)은 콘텐츠 기술 협력을 위해 공동연구실 설립을 추진하기로 하였다. 또한 한국과 프랑스는 기후변화 대응을 위한 공동비전을 공유하고 이 분야의 과학기술 협력의 필요성에 공감하고, 추가적인 논의를 통해 관련 업무협약(MoU) 체결을 위해 협력하기로 하였다.

<표 6> 프랑스-한국 자매결연도시

프랑스-한국	프랑스-한국
파리 - 서울	알자스주 - 경상북도
파리 15구 - 서초구	그르노블 - 대전광역시
일 드 프랑스 - 경기도	리모쥬 - 이천
이씨레물리노 - 구로구	도르도뉴주 –광명
베르사이유 – 경주/전주	낭트 - 순천
생-망데 - 양구군	니스 (CANCA) - 대전

자료 : 주한 프랑스대사관

한국과 프랑스는 고위급 회담, 실무차원의 소통채널 확보 외에도 지속적으로 상호 문화교류 행사를 기획하였다. 대표적인 사례가 '2015-2016 한-불 상호교류의 해' 행사였다. 양국 수교 130 주년을 기념하기 위해 마련된 2015-2016 한-불 상호교류의 해는 양국 도시 및 지역 간 협력이 새롭게 도약하는 계기가 되었다. 문화, 경제, 과학, 교육, 관광 및 미식 분야와 관련된 500여 개의 행사들이 '프랑스 내 한국의 해'(2015년 9월-2016년 8월) 기간 동안 프랑스 대도시에서 펼쳐졌으며, 이어서 '한국 내 프랑스의 해' (2016년 3월-12월) 기간 동안 한국 내에서 개최되었다.

2015-2016 한-불 상호교류의 해를 통해 또한 일-드-프랑스 지역, 노르망디 지역, 오-드-센 지역, 릴 등의 프랑스 지방자치단체들의 의원 및 지역 책임자들이 방한하여 한국 파트너들을 만나고 구체적인 협력 관계를 맺게 되었다. 또한 '프랑스 내 한국의 해 행사'의 일환으로, 한국 도지사협회와 13개의 한국 지방자치단체들이 2016년 7월 파리에서 개최된 프랑스 지방자치단체 국제활동 포럼에 처음으로 참가하였다.

2. 한국과 프랑스의 민간분야 인적교류 (유학생, 워킹홀리데이 등)

한국과 프랑스는 유학생, 워킹홀리데이 등 청년층의 인적교류에서도 좋은 성과를 보이고 있다. 2016년 기준으로 해외에 유학하고 있는 한국학생 수는 22만 5천명으로 한국은 전 세계에서 4번째로 해외에서 유학하는 자국인 학생이 많은 국가이다. 반면 한국으로 유학을 오는 외국인 학생 숫자는 2017년 기준으로 12만 5천명이며 이중 프랑스인 유학생은 1,344명으로 2008년부터 꾸준히 증가세를 보이고 있다. 특히 한국 내 유럽유학생 중에는 프랑스 유학생 수가 가장 많다. 프랑스는 세계 4위의 유학생 유치국이며 약 6,500명의 한국인 학생이 프랑스에서 유학하고 있다. 프랑스는 한국인 학생들이 유학하기를 희망하는 국가 중 중 7위의 지위를 차지하고 있으며, 유럽국가 중에서는 한국인 학생이 가장 선호하는 국가이다. 한국과 프랑스 고등교육기관간의 협약이 350건 이상이 체결되었으며, 2015년 프랑스대통령의 한국 국빈방문 시 양국의 학생교류 증진을 위해 한국 프랑스 동등 학력 및 학위 상호인정 협약이 체결된 바 있으며 직업교육분야에서도 양국 간 협력을 확대하기 위해 공동의향서를 체결하였다.

<표 7> 워킹홀리데이 참가자 현황 (한국 국민 참가자 현황)

연도	호주	캐나다	뉴질랜드	일본	프랑스	독일	아일랜드	스웨덴	덴마크	홍콩	대만	체코	영국	오스트리아	헝가리	포르투갈	네덜란드	이탈리아	이스라엘	벨기에	칠레	계
2005	17,706	800	797	1,800	-	-	-	-	-	-	-	-	-	-	-	-	-	-	-	-	-	21,103
2006	24,007	800	1,071	3,600	-	-	-	-	-	-	-	-	-	-	-	-	-	-	-	-	-	29,478
2007	28,562	800	2,050	3,600	-	-	-	-	-	-	-	-	-	-	-	-	-	-	-	-	-	35,012
2008	32,635	2,010	1,901	3,600	-	-	-	-	-	-	-	-	-	-	-	-	-	-	-	-	-	40,146
2009	39,505	4,020	1,901	7,200	154	188	-	-	-	-	-	-	-	-	-	-	-	-	-	-	-	52,968
2010	34,870	4,100	1,800	7,200	185	582	400	-	-	-	-	-	-	-	-	-	-	-	-	-	-	49,137
2011	30,527	3,913	1,881	6,319	152	839	359	38	36	62	152	-	-	-	-	-	-	-	-	-	-	44,278
2012	34,234	4,069	1,803	5,856	205	1,084	400	44	68	127	214	2	386	4	-	-	-	-	-	-	-	48,496
2013	33,284	3,373	1,805	5,102	284	1,074	400	42	60	120	216	5	965	30	3	-	-	-	-	-	-	46,763
2014	24,146	3,751	1,803	3,254	335	1,510	400	46	79	505	367	21	959	43	45	12	96	1	-	-	-	37,373
2015	24,568	3,792	1,801	3,194	400	2,037	400	47	71	500	400	31	930	34	37	18	98	123	-	-	-	38,481
2016	21,854	3,800	2,953	3,681	429	2,146	400	99	53	339	600	15	918	38	26	13	33	211	6	12	11	37,637
2017	22,241	4,708	3,119	5,101	490	2,332	600	104	150	559	546	49	취합 중	67	28	26	83	217	26	27	43	-

자료 : 외교부 워킹홀리데이 인포센터

또한 프랑스는 프랑스어권국가 대학연합(AUF)에 한국대학들이 가입할 수 있도록 지원을 하고 있다. 2016년 12월에는 아주대학교가 AUF의 회원교가 되었고 2017년 12월에는 숙명여자대학교가 AUF의 회원교가 되었다.

2008년 10월 20일에는 당시 유명환 외교통상부 장관과 필립 티에보 주한프랑스대사가 '대한민국 정부와 프랑스공화국 정부 간의 취업관광사증(워킹홀리데이)에 관한 협정'에 서명했다. 협정은 만 18세-30세의 청소년·청년들이 관광을 목적으로 최대 1년 동안 상대국에 체류할 수 있고 이에 필요한 경비를 충당하기 위한 취업을 허용하고 있다. 협정에 따르면 참가 대상은 피부양자를 동반하지 않은 만 18세-30세 이하의 자로, 왕복 항공권(또는 항공권을 구입하기에 충분한 자금) 및 초기 체재비용(약 2,500유로 또는 약 400만원)을 소지하고 있으며, 범죄경력이 없고 신체 건강한 자로 제한하였다.

프랑스에서 워킹홀리데이를 보낸 한국인 참가자는 2009년 154명에서 2017년 490명까지 증가하였다. 프랑스는 호주, 일본, 캐나다, 뉴질랜드, 독일, 영국 다음으로 한국인이 워킹홀리데이 프로그램에 많이 참가하는 국가이다.

프랑스인 워킹홀리데이 참가자에게 한국 역시 인기 있는 지역이었다. 한국은 호주, 뉴질랜드, 캐나다, 일본, 아르헨티나, 홍콩 다음으로 프랑스인이 워킹홀리데이 프로그램에 많이 참가하는 국가이다. 특히 2017년에는 2016년 대비 한국에서 워킹홀리데이를 보내는 프랑스인 참가자가 74.5% 증가하였다.

<표 8> 워킹홀리데이 참가자 현황 (프랑스 국민 참가자 현황)

순위	국가	2014년	2015년	2016년	2017년
1	호주 (회계연도 기준)	25,734	23,375	21,527	23,217
2	뉴질랜드 (회계연도 기준)	6,943	7,864	7,592	10,025
3	캐나다	6,357	6,315	7,531	6,830
4	일본	823	985	1,069	1,271
5	아르헨티나	500	591	688	615
6	홍콩	200	400	500	459
7	한국	287	291	293	393
8	칠레	X	NC	263	277
9	콜롬비아	X	NC	127	183
10	멕시코	X	X	72	206
11	타이완	X	X	54	139

자료 : WHV

IV. EU와 프랑스 관계에서의 한국-프랑스 관계

1. 유럽통합과 프랑스의 역할

프랑스는 유럽통합을 주창한 국가였다. 유럽통합의 아버지로 불리는 장 모네(Jean Monnet)는 석탄·철강 생산의 공동 관리를 목표로 하는 유럽석탄철강공동체(ECSC: European Coal and Steel Community)설립안을 작성하여 당시 프랑스 외교부 장관이었던 로베르 슈만(Robert Schuman)에게 제출하였다. 유럽석탄철강공동체의 설립 목적 중 하나는 상대 국가의 전쟁 준비를 제도적으로 통제할 수 있는 장치를 마련하는 것이었다. 1950년 5월 9일 로베르 슈만의 ECSC제안에 서독, 이탈리아, 벨기에, 룩셈부르크, 네덜란드가 참여하여 유럽통합의 시발점이 되었다. 특히 집행부 역할의 고위관청(High Authority)은 유럽통합에서 진행된 초국가적(Supranational) 성격을 보여주는 기구였다. 그리고 이후 유럽통합 과정에서 유럽경제공동체, 유럽연합의 집행위원회(Commission)로 초국가적 성격은 지속되었다(이재승 외 2015).

프랑스 의회가 비준을 거부해 비록 실패했지만, 1950년 프랑스 총리였던 르네 플레방(René Pleven)은 10만 명 규모의 유럽군을 창설하여 이를 유럽국방장관(European Minister of Defense)의 지휘아래 두고 공동예산을 편성하며 나토의 최고지휘부의 통제를 따르도록 하는 유럽방위공동체(European Defense Community)를 제안하였다. 유럽석탄철강공동체 회원국은 1952년 5월 27일 협약을 조인하였다. 그러나 독일의 재무장에 반대하고, 미국이 주도하는 NATO에 대한 종속을 우려했던 프랑스 의회 내 정치세력이 비준거부를 하여 프랑스 의회에서 유럽방위공동체에 대한 비준이 무산되었다.

또한 프랑스·독일·이탈리아 및 베네룩스 3국은 석탄, 철강 산업만을 대상으로 한 공동체를 모든 산업으로 확대하는 유럽경제공동체(EEC)와 원자력의 공동개발 및 이용을 목적으로 하는 유럽원자력공동체(EURATOM, European Atomic Energy Community) 결성에 합의하여 1957년 3월 로마조약을 체결하였다. 유럽경제공동체(EEC: European Economic Community)는 관세동맹, 경제 및 화폐동맹, 회원국 간의 상품·인력·서비스 자본의 자유이동, 경제·산업·사회·재무·재정분야 공동정책을 통해 단일시장 형성하는 것을 목표로 하였다. 이에 따라 1968년 EEC회원국 간의 모든 관세는 철폐되었다. 또한 로마조약에 의해 설립된 유럽원자력공동체(EURATOM)은 공동 에너지 시장 창설, 핵 원료 균형 공급 보장, 핵에너지의 안전 및 인간과 환경의 보호를 위한 특별계획 등 추진하였다(외교부 2018).

브레튼우즈(Bretton Woods) 시스템이 붕괴하여, 유럽 내 통화질서에 혼란이 초래되었을 때 유럽통화제도(EMS: European Monetary System)의 창설을 주도한 것은 프랑스 대통령이었던 발레리 지스카르 데스텡(Valéry Giscard d'Estaing)과 독일 총리였던 헬무트 슈미트(Helmut Schmidt)였다. 유럽통화제도는 1979년 3월 13일 발효되었다. 그리고 회원국 간의 환율을 안정시키기 위한 EMS에서 가상통화단위인 유럽통화단위(ECU: European Currency)가 도입되었다. 회원국은 ECU에 자국 통화를 페그(Peg)시켜서 ECU와 자국통화 간의 환율변동 허용 폭을 준수하려고 노력하였다. ECU는 유럽통화통합의 진전에 따라 유로화로 발전하게 되었다.

<표 9> ECU로 환산한 각국 통화의 환율의 변동 (1981-1987)

국가 및 통화단위	1981.3.23	1983.3.21	1984.9.17	1985.7.21	1986.4.7	1987.1.15
벨기에 프랑/룩셈부르크 프랑	9.3	8.57	8.57	8.59	8.81	9.07
덴마크 크로너	2.8	2.70	2.69	2.69	2.77	2.79
독일 마르크	32.5	37.38	32.07	32.12	33.62	34.93
그리스 드라크마	-	-	1.31	1.14	0.85	0.76
프랑스 프랑	19.2	16.93	19.06	19.09	18.81	18.97
네덜란드 길더	10.2	11.46	10.13	10.15	10.63	11.04
아일랜드 파운드	1.1	1.06	1.2	1.2	1.22	1.13
이탈리아 리라	8.6	7.86	9.98	9.21	9.36	9.44
영국 파운드	16.3	14.05	14.98	15.81	13.93	11.87

출처 : CVCE

2005년 유럽헌법에 대한 프랑스와 네덜란드의 국민투표 부결로 유럽통합의 진전에 지장이 발생하였고, 2007년 상반기 의장국을 맡았던 독일의 앙겔라 메르켈 총리와 프랑스의 신임대통령 니콜라 사르코지는 유럽헌법조약을 대체하며 국민투표가 필요 없는 '미니헌법' 형태의 새로운 조약 제정을 제안했다. 이에 따라 제정된 것이 "EU조약 및 EC설립조약을 개정하는 리스본조약"이다. 리스본 조약은 2007년 12월 13일, 리스본 유럽이사회 공식 서명을 거쳐 2009년 12월 1일 자로 발효했다.

2. EU와 프랑스의 재정관계

EU회원국은 경제규모에 맞추어 EU예산을 부담하고 있다. 2017년에 프랑스에서 사용된 EU재정지출은 135억 5백만 유로였다. 프랑스에서 EU재정지출은 프랑스 GNI대비 0.58% 규모였다. 반면에 프랑스는 EU재정부담금은 162억 3,400만 유로였다. 프랑스의 EU재정부담금은 프랑스 GNI대비 0.7% 규모였다.

프랑스의 EU재정부담금 규모는 EU회원국 중에서 독일 다음으로 큰 규모였다. 프랑스의 EU재정부담이 크지만 프랑스는 EU회원국으로 많은 혜택을 보고 있다. 단적인 예로 유럽통합 이후의 유럽 내에서 이룩된 평화, 정치적 안정성, 안보, EU내에서 거주·노동·학업·여행의 자유 등을 들 수 있다. 그리고 다른 회원국에서 사용된 EU재정지출이 또 다른 회원국의 기업에게 지출되는 경우도 많이 있다. EU단일시장으로 인해서 EU내에서 회원국 기업은 국내기업과 같은 권한을 누릴 수 있고 이를 통해서 다른 회원국 시장에 쉽게 진출할 수 있다. 이에 해당하는 사례로 프랑스 건설기업인 Colas는 헝가리에서 도로건설과 교통인프라 구축을 위한

<그림 3> 2017년 EU회원국의 EU재정분담금

(단위 : 백만 유로)

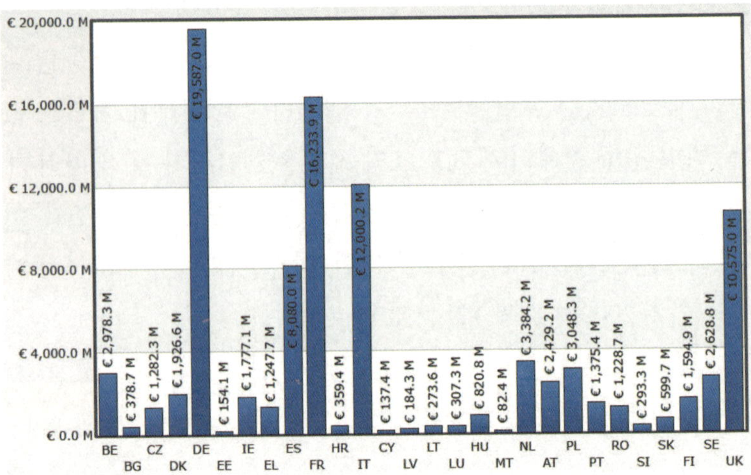

자료 : 유럽집행위원회

7개 프로젝트에 참여하고 있다. EU가 관련 프로젝트 예산의 80%를 제공하고 있으며, 금액으로는 9천만 유로 규모의 EU자금이 건설비용으로 Colas에 지급되었다.

또한 프랑스는 EU재정지출이 가장 많이 이루어지고 있는 국가이다. 2012년에는 프랑스에서 74,553개의 프로젝트가 EU의 재정지원을 받았다. 금액으로는 320억 유로 규모였다. 2017년에 프랑스에서 이루어진 EU재정지출은 135억 510만 유로였다. 반면에 독일에서 이루어지 EU재정지출은 109억 2690만 유로였다. 이는 프랑스가 독일에 비해서 적은 분담금을 지출하면서 더 많은 수혜를 보았음을 의미하는 것이다.[4]

프랑스는 농업분야에 대한 EU재정 지출의 최대 수혜자이다. 1960년에 프랑스는 자국이 수출한 농산품의 두 배를 수입하였다.

---

4) European Union, "France: Overview," https://europa.eu/european-union/about-eu/countries/member-countries/france_en (검색일: 2018. 10. 30).

<그림 4> 2017년 EU회원국내의 EU재정지출

(단위 : 백만 유로)

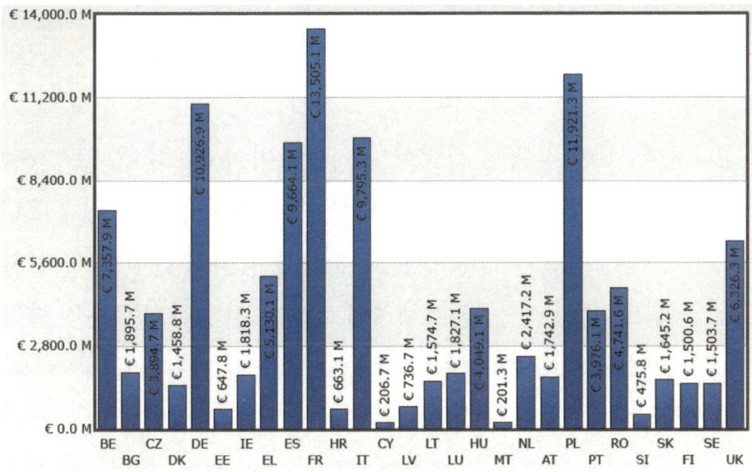

자료 : 유럽집행위원회

오늘날 프랑스는 EU 내 최대 농업제품 수출국이며, 미국 다음으로 중요한 농업제품 수출국이다. 유럽농업자금은 프랑스 내에서 다양한 농업프로젝트를 지원해 왔다. 2,200유로를 EU로부터 지원받은 프랑스 알자스의 낙농가는 농장에서 우유생산을 증대할 수 있었다.

3. 마크롱의 EU와 한국

마크롱 대통령은 2017년 9월 26일 파리 소르본대학교에서 연설을 하며 "독립적이고, 단합되며, 민주적인 유럽"을 위한 길이라며 경제·국방·조세·교육 등 광범위한 분야의 협력 강화를 강조했다. 브렉시트와 난민문제로 EU통합의 동력이 약화되는 상황에서 마크롱은 전례 없는 수준의 유럽통합을 강조한 EU 개혁안을 제시하였다. 마크롱 대통령은 EU 공동의 국방 예산 및 정책을 수립하고 EU 차원의 '신속 대응군'을 창설하자고 주장하였다. 또한 회원국의 정보기관들이 공동으로 교육기관을 만들어 정보요원들을 양성하는 한편, 첩보를 공유하여 테러리즘에 맞설 것을 역설하였다.

EU 공동 이민 정책의 필요성도 역설하면서 마크롱은 EU 차원의 난민 대응기구 창설과 공동난민정책 수립을 제안하였다. EU 공통신분증명서, EU 국경 경찰 신설, EU 차원의 난민 교육·지원 프로그램도 실천 가능한 정책사례로 제시하였다. EU재정개혁에 관해서는 마크롱은 회원국 공동예산 수립과 이를 관장할 EU 재무장관 신설을 제안하였고 EU예산에 대한 유럽의회의 감독권을 제안하였다. 또한 유럽재정안정화기구(ESM)를 '유럽통화기금(EMF)'으로 확대하자고 제안하면서 EU 내 법인세 일원화나 금융거래세 부과 같은 공통 조세정책은 물론, 기업 규제 통합도 언급

<표 10> 마크롱 대통령의 EU개혁안

분야	주요내용
안전보장 강화	• NATO 보완, 유럽 자체의 행동능력을 갖춘 공동군 창설 • 공동방위예산과 공동대응방침 마련 • 테러대책 유럽감찰기관 창설 • 자연재해로부터 민간보호를 위한 공동구조대
국경관리 및 난민정책의 공통화	• 난민유입 기준 개정 • 난민의 교육 및 동화를 위한 공통예산 책정 • 유럽난민기구 및 공동 국경경비대 설치
금융거래세의 개발원조 연계	• 현재 영국과 프랑스에서 실시하는 금융거래세를 전 유럽으로 확대, 유럽개발에 연계
공동 환경 대응	• 유럽전역의 공동배출권 거래(가격은 최저 톤당 25-30유로 수준) • 거대 다국적 기업의 절세방지를 위해 과세강화
기업혁신	• AI 등 세계를 선도하는 이노베이션을 위한 유럽기구 창설 • 거대 다국적 기업의 절세방지를 위해 과세강화
유로권 공통예산	• 역내투자자금 및 경제위기시 안정화를 위한 유로존 공통예산 책정 • 유로존재무장관 창설 • 필요한 자금은 다국적기업 과세 및 환경관련세 신설 • 장기적으로 유럽공통의 법인세제 마련

자료 : Emanuel Macron (국가미래원, 2018)

하였다(허핑턴포스트코리아 2018.09.28.).

프랑스는 비교적 EU에서 법인세가 높은 국가이다. 프랑스 정부는 마크롱 대통령 이전에도 지속적으로 EU 내 법인세 일원화에 대해서 언급하였다.

마크롱 대통령이 지적한 EU법인세 문제는 EU의 최고 법인세율 통계를 보면 그 의미를 알 수 있다. EU에서 프랑스의 최고 법인세율은 34.4%로 몰타 다음으로 두 번째로 높은 수준이다. 반면에 헝가리와 아일랜드의 법인세는 낮은 편에 속한다. 최근 들어 EU 내 한국기업의 직접투자는 체코나 슬로바키아와 같은 중동부유럽국가에서 증가속도가 빠른 편이다. 마크롱의 EU차원의 법인세 조화는 실현될 가능성이 지극히 낮지만 이에 대한 논의의 진행을 지속적으로 관찰할 필요가 있다.

마크롱 정부는 집권 초기에 전 세계 국가 중 전력생산에서 원자력 에너지 의존비중(72%)이 가장 높은 프랑스의 원자력 에너지 의존비중을 낮추려고 하였다. 마크롱 정부는 프랑스의 노후원전 14기를 폐쇄하여 2025년까지 원자력 발전 의존비중을 50%로 낮추려고 하였고, 이를 실행할 환경부장관으로 유명한 탈원전주의 환경운동가인 니콜라 윌로(Nicolas Hulot)를 환경부장관으로 임명했었다. 그리고 2017년 11월 한국과 프랑스의 에너지 주무부처 장관 간 '한-프 에너지자원협력의향서'가 체결되었고, 2018년 7월 17일에는 한국의 산업통상자원부와 프랑스 생태포용전환부가 「제1차 한-프 에너지자원협력위원회」를 개최하였다. 박기영 에너지자원정책관과 비르지니 슈와츠(Virginie Schwartz) 에너지기후국 국장을 수석대표로 개최된 「제1차 한-프 에너지자원협력위원회」에서 양국 간 에너지 정책, 스마트그리드, 에너지저장장치(ESS) 등 에너지신산업, 원전해체, 에너지 기술 공동 연구개발

<表 11> 최고 법인세율 (%)

	2002	2003	2004	2005	2006	2007	2008	2009
벨기에	40.2	34.0	34.0	34.0	34.0	34.0	34.0	34.0
불가리아	23.5	23.5	19.5	15.0	15.0	10.0	10.0	10.0
체코	31.0	31.0	28.0	26.0	24.0	24.0	21.0	20.0
덴마크	30.0	30.0	30.0	28.0	28.0	25.0	25.0	25.0
독일	38.3	39.6	38.3	38.7	38.7	38.7	30.2	30.2
에스토니아	26.0	26.0	26.0	24.0	23.0	22.0	21.0	21.0
아일랜드	16.0	12.5	12.5	12.5	12.5	12.5	12.5	12.5
그리스	35.0	35.0	35.0	32.0	29.0	25.0	35.0	35.0
스페인	35.0	35.0	35.0	35.0	35.0	32.5	30.0	30.0
프랑스	35.4	35.4	35.4	35.0	34.4	34.4	34.4	34.4
크로아티아	20.0	20.0	20.0	20.0	20.0	20.0	20.0	20.0
이탈리아	40.3	38.3	37.3	37.3	37.3	37.3	31.4	31.4
사이프러스	28.0	10.0	10.0	10.0	10.0	10.0	10.0	10.0
라트비아	22.0	19.0	15.0	15.0	15.0	15.0	15.0	15.0
리투아니아	15.0	15.0	15.0	15.0	19.0	18.0	15.0	20.0
룩셈부르크	30.4	30.4	30.4	30.4	29.6	29.6	29.6	28.6
헝가리	19.6	19.6	17.6	17.5	17.5	21.3	21.3	21.3
몰타	35.0	35.0	35.0	35.0	35.0	35.0	35.0	35.0
네덜란드	34.5	34.5	34.5	31.5	29.6	25.5	25.5	25.5
오스트리아	34.0	340.	340.	25.0	25.0	25.0	25.0	25.0
폴란드	28.0	27.0	19.0	19.0	19.0	19.0	19.0	19.0
포르투갈	33.0	33.0	27.5	27.5	27.5	26.5	26.5	26.5
루마니아	25.0	25.0	25.0	16.0	16.0	16.0	16.0	16.0
슬로베니아	25.0	25.0	25.0	25.0	25.0	23.0	22.0	21.0
슬로바키아	25.0	25.0	19.0	19.0	19.0	19.30	19.0	19.0
핀란드	29.0	29.0	29..0	26.0	26.0	26.0	26.0	26.0
스웨덴	28.0	28.0	28.0	28.0	28.0	28.0	28.0	26.3
영국	30.0	30.0	30.0	30.0	30.0	30.0	28.0	28.0

자료 : European Commission

2010	2011	2012	2013	2014	2015	2016	2017
34.0	34.0	34.0	34.0	34.0	34.0	34.0	34.0
10.0	10.0	10.0	10.0	10.0	10.0	10.0	10.0
19.0	19.0	19.0	19.0	19.0	19.0	19.0	19.0
25.0	25.0	25.0	25.0	24.5	23.5	22.0	22.0
30.2	30.2	30.2	30.2	30.2	30.2	30.2	30.2
21.0	21.0	21.0	21.0	21.0	20.0	20.0	20.0
12.5	12.5	12.5	12.5	12.5	12.5	12.5	12.5
24.0	20.0	20.0	26.0	26.0	29.0	29.0	29.0
30.0	30.0	30.0	30.0	30.0	28.0	25.0	25.0
34.4	36.1	36.1	38.0	38.0	38.0	34.4	34.4
20.0	20.0	20.0	20.0	20.0	20.0	20.0	18.0
31.4	31.4	31.3	31.3	31.3	31.3	31.3	27.8
10.0	10.0	10.0	12.5	12.5	12.5	12.5	12.5
15.0	15.0	15.0	15.0	15.0	15.0	15.0	15.0
15.0	15.0	15.0	15.0	15.0	15.0	15.0	15.0
28.6	28.8	28.8	29.2	29.2	29.2	29.2	27.1
20.6	20.6	20.6	20.6	20.6	20.6	20.6	10.8
35.0	35.0	35.0	35.0	35.0	35.0	35.0	35.0
25.5	25.0	25.0	25.0	25.0	25.0	25.0	25.0
25.0	25.0	25.0	25.0	25.0	25.0	25.0	25.0
19.0	19.0	19.0	19.0	19.0	19.0	19.0	19.0
29.0	29.0	34.5	34.5	34.5	29.5	29.5	29.5
16.0	16.0	16.0	16.0	16.0	16.0	16.0	16.0
20.0	20.0	18.0	17.0	17.0	17.0	17.0	19.0
19.0	19.0	19.0	23.0	22.0	22.0	22.0	21.0
26.0	26.0	24.5	24.5	20.0	20.0	20.0	20.0
26.3	26.3	26.3	22.0	22.0	22.0	22.0	22.0
28.0	26.0	24.0	23.0	21.0	20.0	20.0	19.0

(R&D) 등 에너지 전반에 대한 협력 방안이 논의되었다.

그러나 마크롱 대통령이 최근 전력생산에서 원자력 에너지 비중을 50%까지 늦추려는 계획을 2025년에서 그 이후로 연기하려고 하였고, 여기에 반발한 프랑스의 니콜라 윌로(Nicolas Hulot) 환경부 장관은 2018년 8월 28일 프랑스 공영 앵테르 라디오 방송 도중에 프랑스 정부의 기후 변화 대응과 원자력 발전 감축 지연과 관련해 실망이 쌓여갔다며 사임 의사를 밝혔다. 마크롱 대통령도 원자력발전 의존율을 2025년까지 50%로 줄이려던 당초 정부 방침을 10년 연기한다고 2018년 11월 27일에 공식화하였다. 마크롱 대통령은 2018년 11월 27일 원자력에너지에 대한 정부방침을 밝히면서 "원자력 에너지의 역할을 줄인다고 해서 원전 포기를 의미하는 것은 아니다"라고 못 박았다. 오히려 "차세대 원자로 연구도 시작할 방침"이라고 덧붙였다(한국일보 2018.11.27.). 이와 같은 마크롱 정부의 정책수정은 프랑스에서 원전비중 축소 정책이 시민사회와 산업계의 지지를 얻지 못하고 있기 때문이다.

한국의 문재인 정부는 탈원전을 선언하고 원전비중을 축소하려 하고 있고, 프랑스의 마크롱 정부도 세계 최고 수준인 프랑스의 원자력 발전 의존비중을 축소하려는 계획을 집권 초기에 세웠기에 2018년 7월 17일에 한국의 산업통상자원부와 프랑스 생태포용전환부 간의 탈원전에 관련된 원전해체 분야의 협력이 논의되었지만, 프랑스 마크롱 정부가 원자력발전 비중을 줄이려던 정책이 원자력발전을 마크롱 대통령의 임기동안에 현 수준으로 유지하려는 계획으로 전환되면서 향후 탈원전 관련 한국과 프랑스 간의 협력은 동력을 잃을 가능성이 크다.

최근 EU, 프랑스, 한국 간의 중요 이슈로 부상한 문제 중 하나는 북핵에 관련된 문제이다. EU는 북핵문제에 대해서 우려를 표

<그림 5> EU회원국 에너지 소비*구조 (2013년)

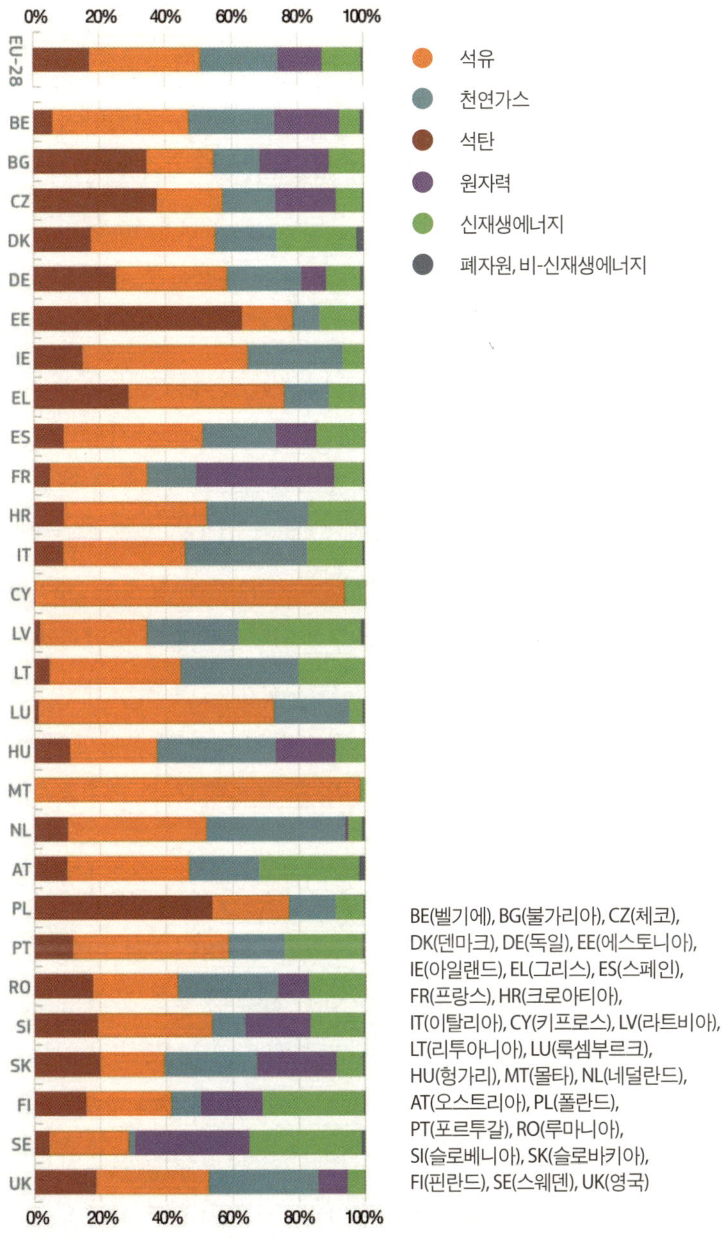

주 : *Inland Gross Consumption.
자료 : European Commission

시해왔다. 유럽의회는 2016년 10월 27일 북한의 핵실험을 규탄하고, 안보리 결의 2270호(2016.3.2.)를 포함한 다수의 안보리 결의를 거부한 것을 규탄하고, 북한에 핵과 미사일 프로그램을 폐기해 추가적인 도발 행위를 중단할 것을 촉구하는 결의안을 채택하였다. EU 집행위원회도 북한이 핵실험을 하거나 탄도미사일을 발사할 때마다 이를 규탄하는 성명을 발표했다. 유럽의회 역시 2013년에 북한 핵 및 미사일 프로그램을 비판하는 결의를 채택한 적이 있었다.

유럽의회는 또한 북한이 자신의 핵 및 탄도미사일 프로그램을 완전하고, 검증 가능하며, 불가역적인 방식으로 포기함으로써 추가 도발 행위를 자제하고, 관련 모든 활동을 중단한 후 협상 테이블로 복귀함으로써 다수의 유엔 안보리 및 IAEA(국제원자력기구) 이사회 결의와 여타 군축. 비확산 국제규범에 규정된 자신의 국제 의무를 즉시 이행할 것을 촉구하였다. 그리고 유럽의회는 북한이 CTBT(포괄적 핵실험 금지 조약)를 지체 없이 서명하고 비준할 것을 요청하면서 북핵 문제의 외교적 정치적 해결과 6자회담의 재개를 희망하고 중국이 대북 압박을 강화할 것을 촉구하였다(한국일보 2016.10.28.).

그러나 유럽의회는 북핵에 대한 규탄과 함께 북핵문제 해결을 위해서 북한과 협상을 진행하였다. 2018년 3월 14일 유럽의회 한반도 대표단의 니리 데바(Nirj Deva) 단장은 한반도 대표단이 지난 3년 간 14차례 장관급을 포함한 고위급 북한 관리들과 비밀리에 북핵 프로그램 종식을 위한 협상을 가졌다고 밝혔다(RFA 2018.03.14.). 이와 같이 EU는 국제사회의 북핵관련 결의안 이행에 동참하여 북한의 비핵화를 압박하는 한편, 북핵문제 해결을 위해서 북한과 협상을 진행하였다.

한국의 문재인 대통령은 2018년 10월 13일부터 10월 20일까지의 기간 동안 유럽순방 기간 동안에 유엔의 대북제재 완화의 필요성을 역설하였다. 특히 유엔 안전보장이사회 상임이사국으로 제재완화의 실질적 권한을 갖고 있는 데다, 핵보유국으로서 북한 핵시설·핵무기 폐기 및 검증 절차에 참여할 후보로 꼽히고 있는 프랑스에서 대북제재 완화를 주장하는데 문재인 대통령은 공을 기울였다. 그러나 마크롱 대통령은 비핵화의 진전이 없는 상황에서 대북제재가 완화되는 것을 거부하였다. 마크롱 대통령은 만찬사에서 "평화에 대한 대통령의 집념은 저도 공유하고 있다"면서도 "안보리 결의안을 전적으로 준수하는 명확한 기저 위에 대화를 구축할 때 우리는 어떤 상황에도 취약해지지 않고 우리가 원하는 대화를 나눌 수 있다"고 했다. 이어 마크롱 대통령은 유엔과 국제사회의 북한 비핵화 원칙인 '완전하고 검증 가능하며 불가역적인 비핵화(CVID)'의 실현을 강조하면서, "안보리 상임이사국으로 우리의 역할을 수행할 준비가 돼 있다"고 했다. 또한 문재인 대통령과 마크롱 대통령이 채택한 공동성명에서 북한 비핵화의 원칙으로 'CVID'가 명시됐다. 마크롱 대통령은 기자회견에서는 "종국적 기한까지의 제재"를 언급하면서 "비핵화는 원칙에 합당하게 이뤄져야한다"고 하였다(조선일보 2018.10.17.). 이와 같은 상황은 프랑스 방문이후 아시아유럽정상회의(ASEM) 참석을 위해 벨기에 브뤼셀을 방문하여, 영국 총리인 테레사 메이, 독일 총리인 앙겔라 메르켈과 정상회담을 가졌을 때도 반복되었다. 문재인 대통령은 영국, 독일과의 정상회담에서 대북 제재 완화 필요성을 설득했다. 그러나 영국 총리와 독일 총리 모두 문재인정부의 평화구축 노력엔 지지를 보내면서도 제재 완화보다는 북한의 완전하고 검증가능하며 불가역적인 비핵화(CVID) 목표를 재확인하고, 현 단계에서 북한이 더욱 확실한 비핵화 조치를 먼저 취해야 한다는 입장을 밝혔다. 또한 문 대통령이 벨기에 브뤼셀에서 열린 아시아·유럽정상회의(ASEM) 참석 발언에서 "한반도의 평화는 아시아와 유럽의 공동번영으로 이어질 것이다. 성원을 부탁한다"고 요청했지만 아셈 의장성명에는 북한에 대한 'CVID'가 더 부각됐다. ASEM 의장성명은 남·북·미 3자 간 교차 정상회담과 4·27 판문점 선언 등의 합의 이행을 지지하면서도 북한의 모든 핵무기·대량살상무기(WMD)·대륙간탄도미사일(ICBM) 등의 프로그램 및 시설 폐기를 촉구하였다(국민일보 2018.10.21.).

문재인 대통령은 프랑스를 비롯한 유럽 국가들을 활용하여 유엔의 대북제재 수위를 낮추어 남북한 협력사업을 강화하려 하였지만, 유럽정상들은 북한의 의미 있는 비핵화 진전 이전에 제재완화에 대해서는 반대입장을 분명히 하였다.

그리고 2019년 1월 11일에 프랑스는 북한을 감시하기 위해 해군 함정을 일본에 파견하는 것을 결정하였다. 프랑스의 장이브 르드리앙 외무장관과 플로랑스 파를리 국방장관 그리고 일본의 고노 다로 일본 외무상과 이와야 다케시 방위상이 2019년 1월 11일 프랑스 브레스트 해군 기지에서 '2+2 회담'을 갖고 프랑스의 호위함 방데미에르호(號)와 해상 초계기를 2019년 4월 일본 규슈섬 나가사키현(縣)에 있는 사세보 해군 기지에 파견해 북한 감시 해상 순찰에 참여시키기로 합의하였다. 이번 합의에 따라 일본 해상자위대는 주일 미 해군, 프랑스 방데미에르함과 함께 동해 인근 해역에서 해상 순찰 활동을 하게 된다. 동해 인근 해역에서 해상 공동 순찰활동을 하는 목적은 북한 선박이 동해상에서 석탄이나 무기 등을 수출하거나 국제사회가 반입을 금지한 물품을 환적하는 행위를 막으려는 것이다. 또한 일본과 프랑스는 "인도·태평양 지역에서 연합훈련을 모든 군사 분야에서 실천적이고 정기적으로 진행하겠다는 방침을 확인했다"는 내용도 밝혀서 남중국해에서 중국의 팽창을 저지하려는 의지를 피력하였다(중앙일보 2019.01.13.).

트럼프 행정부 이후 미국의 동맹국에 대한 군사협력의 의지가 시험을 받고 있는 상황에서 일본은 프랑스와 영국과 안보협력을 확대해 나가고 있다. 2018년 12월 18일 일본 방위성 해상막료감부(해군본부)는 일본, 미국, 영국이 해상 연합 훈련을 실시한다고 발표하였다. 연합훈련은 12월 22일 일본 혼슈(本州) 남쪽 태평양상에서 이루어지며, 훈련의 목적은 3국 해군이 상호 연대와 이해를 강화하는 한편 중국과 북한에 대한 존재감을 과시하는데 있었다. 일본 해상자위대에서는 스텔스 전투기 F-35B를 실을 수 있도록 항공모함으로 개조키로 한 헬기 탑재형 경항모 호위함 이즈모, P1 초계기 등이 참여하였고. 미국 해군은 군함과 초계기를, 영국 해군의 경우 호위함 아가일을 파견하였다(한국일보 2018.12.19.).

V. 결론

한국과 프랑스 양국관계는 1866년 "병인양요"라는 무력충돌로 시작되었다. 그리고 1886년 수교 이후 20년도 안 된 1905년 을사조약이 체결되어 한국과 프랑스의 외교관계는 중지되기도 하였다. 그러나 해방이후 프랑스는 유럽에서 영국에 이어 두 번째로 한국을 승인하였고, 한국전쟁이 발발하자 유엔군의 일원으로 프랑스는 병력을 파견하였다. 이후 한국과 프랑스는 원자력발전 등 과학기술분야에서 그리고 고속전철과 같은 첨단 교통인프라 건설에서 협력사업을 발전시켰다.

한국과 프랑스의 교류는 경제 분야에만 국한되지 않았고, 연구교류, 인적자원교류 등에서 지속적인 발전을 가져왔다. 또한 지속적인 정상회담 등 고위급 소통채널과 실무소통 채널에서 협력사업의 폭을 넓혀 왔다.

프랑스는 석탄철강공동체 창립부터 유럽통합을 주도하였다. 프랑스 마크롱 대통령은 브렉시트와 난민문제 등으로 유럽통합의 결속력이 위협을 받고 있는 상황에서 유럽통합의 강화를 주장하면서 2017년 9월 EU개혁안을 제시하였다. 마크롱 대통령은 트럼프 대통령이후 안보협력이 위협을 받고 있는 NATO를 보완하여 유럽 자체의 행동능력을 갖춘 공동군 창설을 제안하였다. 이를 위해 공동방위예산과 공동대응방침 마련할 것을 제안하였다. 또한 마크롱 대통령은 난민문제를 해결하기 위해서 EU의 난민유입 기준을 개정하고 난민의 교육 및 동화를 위한 공통예산 책정과 유럽난민기구 및 공동 국경경비대 설치를 제안하였다. 그리고 유로존의 결속을 강화하기 위해서 마크롱 대통령은 유로존 공통예산을 책정하여 역내투자자금 및 경제위기 시 안정화 자금으로 활용할 것을 제안하였다.

그리고 프랑스의 마크롱 정부는 동아시아에서 안보협력을 강화하기 위한 파트너로 일본을 선택하여 북핵문제와 남중국해 문제의 공동해결을 모색하고 있다. 이와 같은 상황을 인식하여 한국의 프랑스 및 EU와의 안보협력과 관련한 전략이 수정될 필요가 있다.

참고문헌

이재승 외. 2015. 『지역협력의 조건: 초기 유럽통합의 재고찰과 동북아시아에의 함의』, 지역연구시리즈 15-01, 대외경제정책연구원.

한국교통연구원. 2012. 『2011 경제발전경험 모듈화 사업: 한국의 고속철도 건설』.

김현수. 2018. "프랑스 제 동향 및 한 불 경제 협력 확대 방안." 『Trade Focus』, 2018년 37호, 한국무역협회 국제무역연구원.

European Commission. 2017. Taxation trends in the European Union.

Groupe Renault. 2018. Groupe Facts & Figures.

『과학동아』. "'꿈의 열차' T테 G제 V베." 1993년 09호. http://mdl.dongascience.com/magazine/view/S199309N013 (검색일: 2018. 10. 30).

국가미래연구원. "취임 2년차 프랑스 마크롱 정부의 개혁, 분야별 내용과 전망." http://www.ifs.or.kr/bbs/board.php?bo_table=research&wr_id=501 (검색일: 2018. 10. 30).

국민일보. "문 대통령 "대북 제재 완화" 설득에 유럽 대답은 "先비핵화"." (2018년 10월 21일 기사) http://news.kmib.co.kr/article/view.asp?arcid=0924022066&code=11121600&sid1=pol (검색일: 2018. 11. 28).

국민일보. "북한의 프랑스 짝사랑… '철벽'치는 프랑스와 '직진'하는 북한." http://news.kmib.co.kr/article/view.asp?arcid=0012765007 (검색일: 2018. 10. 30).

『신동아』 특별부록. "세계 원자력史 속에서 본 한국 원자력史 - 제4부." 2006년 12월 14일. http://shindonga.donga.com/Library/3/10/13/106010/2.

외교부 워킹홀리데이 인포센터. "워킹홀리데이 참가자 현황(우리 국민 참가자 현황)." http://whic.mofa.go.kr/contents.do?contentsNo=4&menuNo=6 (검색일: 2018. 10. 30).

자유아시아방송(RFA). "유럽의회 북한과 3년 간 14차례 비밀대화." (2018년 3월 14일 기사) https://www.rfa.org/korean/in_focus/nk_nuclear_talks/ne-yh-03142018143203.html (검색일: 2018. 11. 28).

조선일보. "文대통령 北제재완화 요청에… 마크롱 "비핵화 될때까지 제재"." (2018년 10월 17일 기사), http://news.chosun.com/site/data/html_dir/2018/10/17/2018101700207.html (검색일: 2018. 11. 28).

______. "카를로스 곤 닛산 회장, 부정 혐의로 日 검찰에 체포." (2018년 11월 19일 기사), http://news.chosun.com/site/data/html_dir/2018/11/19/2018111903431.html (검색일: 2018. 10. 30).

주한 프랑스대사관. "프랑스-한국 고위급 인사 방문." https://kr.ambafrance.org/%ED%94%84%EB%9E%91%EC%8A%A4-%ED%95%9C%EA%B5%AD-%EA%B3%A0%EC%9C%84%EA%B8%89-%EC%9D%B8%EC%82%AC-%EB%B0%A9%EB%AC%B8 (검색일: 2018. 10. 30).

______. "프랑스와 한국: 역사." https://kr.ambafrance.org/%EC%97%AD%EC%82%AC,411 (검색일: 2018. 10. 30).

______. "한-불 자매결연도시." https://kr.ambafrance.org/%ED%95%9C-%EB%B6%88-%EC%9E%90%EB%A7%A4%EA%B2%B0%EC%97%B0-%EB%8F%84%EC%8B%9C-%EB%AA%85%EB%8B%A8 (검색일: 2018. 10. 30).

중앙일보. "프랑스, 北 불법 환적 막기 위해 日에 해군 함정 파견." (2019년 1월 13일 기사), https://news.joins.com/article/23286284 (검색일: 2019. 1. 15).

한국일보. "중국 견제 목적… 미국 영국 일본 해군, 태평양서 사상 첫 연합훈련." (2018년 12월 19일 기사), http://www.hankookilbo.com/News/Read/201812191631714583 (검색일: 2019. 1. 15).

______. "프랑스, 원전 의존율 50%로 감축 목표 10년 미룬다." (2018년 11월 27일 기사) http://www.hankookilbo.com/News/Read/201811272294011210 (검색일: 2018. 11. 28).

______. "유럽의회, 북한핵실험 규탄 결의 채택." (2016년 10월 28일 기사), http://www.koreatimes.com/article/20161028/1020377 (검색일: 2018. 11. 28).

행정안전부 국가기록원. "원자력 발전소." http://www.archives.go.kr/next/search/listSubjectDescription.do?id=000108 (검색일: 2018. 10. 30).

허핑턴포스트코리아. “유럽 극우의 부상에 맞서, 마크롱이 ‘원대한’ EU 개혁안을 제안하다.” (2018년 9월 28일 기사), https://www.huffingtonpost.kr/2017/09/28/story_n_18123286.html (검색일: 2018. 10. 30).

CVCE. “Evolution of currencies with ECU Basket.” https://www.cvce.eu/en/collections/unit-content/-/unit/02bb76df-d066-4c08-a58a-d4686a3e68ff/7558ef36-3084-4889-9ab3-826f416f224d/Resources#8109e8ca-1059-4d14-858c-9ec0eee2f2c2_en&overlay (검색일: 2018. 10. 30).

European Commission. “EU expenditure and revenue 2014-2020.” http://ec.europa.eu/budget/figures/interactive/index_en.cfm (검색일: 2018. 10. 30).

European Union. “France: Overview.” https://europa.eu/european-union/about-eu/countries/member-countries/france_en (검색일: 2018. 10. 30).

The New York Times. “INTERNATIONAL BUSINESS; Renault Agrees to Buy Troubled Samsung Motors of Korea.” https://www.nytimes.com/2000/04/22/business/international-business-renault-agrees-to-buy-troubled-samsung-motors-of-korea.html (검색일: 2018. 10. 30).

WHV. “Programme vacances travail : classement des destinations où partent les Français.” https://www.whv.fr/statistiques-pvt-2017/ (검색일: 2018. 10. 30).

World Bank. “GDP (Current US$).” https://data.worldbank.org/indicator/NY.GDP.MKTP.CD?end=2017&locations=US&start=1960&view=chart&year_high_desc=true (검색일: 2018. 10. 30).

한-EU 관계의 미래

김시홍 (한국외대)

I. 다시 돌아보는 한-EU 55년

2018년 한국과 유럽연합은 수교 55주년을 맞이한 바 있다. 단일 국가와 국가들의 연합체의 양자관계라는 점에서 일반적 사례라고 볼 수는 없을 것이다. 유럽연합에게 법인격이 주어졌다고 하지만 그리고 경제통상분야에서의 초국가성이 성립되어 유럽차원의 결정이 실행된다고 하지만 여전히 유럽연합은 다수의 분야에서 정부간협상주의에 기반한 국제조직의 형태를 지니고 있다. 단일화폐인 유로화의 유통에도 불구하고 말이다. 따라서 일반인들에게 유럽연합은 전반적인 이해와 파악이 용이하지 않으며, 실제로 조약론, 제도기구론, 통치론 등의 차원에서 전문가들에게조차도 심지어는 유럽연합의 시민들에게도 그러하다.

글로벌 재정위기와 난민사태 그리고 영국의 탈퇴 시도 등은 유럽연합의 미래에 적지 않은 부담을 주고 있으며, 일부에서는 그 와해가 시작되었다는 비판도 제기하고 있다. 위기를 통해 새로운 기회와 더 큰 통합을 해왔다는 통합의 역사를 고려하더라도 작금의 사태들은 분명 존재론적 정체성의 위기라는데 이의를 제기하기 어렵다. 따라서 어두운 미래를 상정하는 것이 적어도 하나의 시나리오로 수용될 수도 있다.

그러나 통합의 미래가 반드시 부정적이지만은 않을 것이라는 반론도 존재한다. 최소주의적 시각에서 바라보아도 현재의 유럽에 문제가 있으며 개혁이 요구되지만 20세기 전반에 두 차례의 전쟁을 경험한 유럽이 평화와 번영을 위한 공동의 자리를 박차고 뿔뿔이 흩어지리라는 예측은 현실성이 낮다고 본다. 세대분석에서 더욱 그러하다. 유럽은 2018년에 에라스무스프로그램 30주년을 맞이한 바 있으며, 2019년은 장모네 프로그램 30주년의 해이기도 하다. 이들 사업들은 유럽의 신세대에게 유럽적 정체성을 함양하는데 의미 있는 기여를 하여왔으며, 그들에게 유럽이 아닌 개별 민족국가시대로 회귀하는 것은 더 이상 고려의 대상이 아니다.

물론 최근에 부상하고 있는, 다문화주의의 포기, 이민과 난민에 대한 유럽적 가치의 쇄락성향, 포퓰리즘 정치세력의 신장 등을 통해 민주주의와 시장경제 그리고 인권과 법의 지배를 기본정신으로 하는 통합의 기초가 흔들리고 있음을 부인하기는 어렵다. 그러나 여기에서도 유럽의 신세대는 환경과 기후변화, 에너지문제 등에서 유럽적 그리고 범지구적 해결책에 대한 강한 신봉이 있다는 점을 기억해야 한다.

대한민국은 최빈국에서 단기간에 압축성장을 통해 선진권 경제사회를 성취한 개발도상국에서 보기 드문 성공사례로 치부되어왔다. 이러한 자신감을 배경으로 2009년 이후 유럽연합과 자유무역협정의 체결 및 기본협정의 질적 발전을 통해 전략적 동반자 관계를 구축한바 있다. 그리고 2013년 양자관계의 50주년을 맞이하여 새로운 이정표를 그리면서 다자주의와 자유주의적 국제질서 및 자유무역을 기초로 평화와 번영 그리고 공진의 정신을 대내외에 천명한 바 있다. 이제 수교 60주년을 바라보며 양자는 보다 심화된 관계를 구축하고 발전시켜나가는 혜안을 마련하면서 보호무역주의와 반자유민주주의적 추세에 맞서는데 있어 함께 보조를 맞추어나가야할 것으로 기대된다.

이 책은 한국과 유럽연합의 양자관계를 11개 분야에서 국내 최고의 전문가들을 필진으로 초빙하여 작성된 국내외 최초의 저서이다. 그간 경제통상관계 중심의 서적이 일부 출간되기도 하였지만 부분적 분석에 그쳤으며, 해외에서 나온 한-EU관계 관련 책들도 양자관계의 모든 분야를 망라하는 사례를 찾아볼 수 없었던게 사실이다. 그런 점에서 필진들은 자신들의 전문지식과 양자관계의 추세를 접목하는 쉽지만은 않은 작업을 해내었다고 보아야하며 그 결과에 대해 자부하고 있다.

한-EU 전략적동반자 관계의 구축과 그 의미에 대한 분석을 시도한 최진우는 현 정부 들어 브뤼셀에 특사를 파견하여 기존의 4강 외교에 더하여 유럽을 중시하는 모습을 보이고 있는 점이 긍정적이며 이는 경제 및 무역에서의 중요도에 더해 기본협정의 십주년을 바라보는 시점에서 그 의의가 크다고 분석하였다. 한반도 평화프로세스에서 유럽의 역할은 제한적이지만 미국과의 협업 내지 분업의 기제 하에서 의미 있는 기여가 이루어질 수 있으며 이는 특히 직접적인 이해관계를 지니지 않음으로 해서 정직한 중재자의 역할 설정이 가능하다고 보았다. 유럽은 현재 복합적 위기국면에서 벗어나지 못하고 있으나, 대다수의 회원국들이 북한과 수교관계를 맺고 있으므로 유용한 외교적 자산으로 활용될 수 있음을 강조하였다.

김봉철은 한-EU 위기관리협정에 대한 논의에서 한국과 EU의 협력을 위한 주요 국제법규를 살펴보고, EU의 안보에 대한 관심과 한-EU 위기관리 협정을 분석하였다. 유럽은 NATO와의 관계 재설정을 포함하는 다양한 외교안보적 노력을 병행하고 있으며, 위기관리협정의 경우 국제사회에서 EU의 역할을 제고하려는 노력으로 이해된다. 이 글은 한국과 EU 사이의 새로운 협력관계에 관한 변수를 고려하면서, 경제분야를 넘어서는 양측의 협력을 원활하게 하는 규범적 토대의 활용방법을 논의하였는데, 이러한 목표를 위해서 한-EU FTA와 기본협정에 더해 위기관리협정을 통해 한-EU 관계에서 체결된 국제법 기반을 새롭게 해석하고 활용하는 것이 바람직할 것이라는 결론을 도출하였다.

이무성은 북한과 EU관계를 설명하면서 규범적 차원을 강조하였다. 또한 이는 정체성의 동학으로서 EU의 행위자적 위상을 점검하는 과정으로 수용될 수도 있다고 보았다. 비판적 관여로 대표되는 유럽연합의 대북한 정책은 탈냉전 국제 정치 질서에서 실익만을 강조하는 냉전적 외교 정책에 무엇이 상식적이고 정상적인 외교행위인지를 재차 강조하는 중요한 사례로 이해되어져야 한다고 주장하고 있다. 필요하다면 자신의 연성적 권력 모습과는 배치될 수 있는 강력한 제재와 압박의 국제적 행보에도 적극적으로 참여하는 정치적, 정책적 선택을 용단할 수 있게 된다고 보았다. 필자는 이러한 행위가 EU의 무력함의 결과라기보다는 자신의 정체성, 이익을 정교히 계산한 정치적 선택의 결과로 이해되어져야 한다는 결론을 제시하였다.

강유덕은 한-EU FTA 실행 7년을 점검하면서 그 공과를 분석하였으며 향후 과제를 제시하였다. FTA 시행 초기의 기대와는 달리 한국 내에서 비판여론이 조성되었는데, 이는 유럽의 경기변화, 유로화의 약세, 원유수입의 증대 및 국제유가의 변동 등으로 인한 일시적 요인, 한국 수출이 특정 산업에 치중되었다는 구조적 요인 등으로 설명되었다. EU의 입장은 규범권력의 입지를 활용하는 EU의 대외정책 기조 외에도 EU 통상정책의 외연확대, EU 내 사회·이익집단 간의 정치역학관계, EU의 통상압박 등을 복합적으로 내포하고 있다고 보았으며, 현재 진행 중인 브렉시트 협상 결과가 어떻게 귀결되느냐에 따라 대EU 통상관계에 변화가 있을 수 있다고 진단하였다. 이러한 상황에서 한국 정부와 산업단체들은 FTA 이행과정에서 업계의 불편사항을 접수하고, 상호 동등한 이익의 관점에서 EU 측에 요청할 수 있는 양허마련이 필요하다는 점을 강조하였다.

송병준은 EU의 외교정책 목표를 국제사회에서 연성의 규범권력의 확대로 보면서, 이러한 배경 하에서 한-EU 기후변화와 그 행동에서 양자 협력을 다루었는데 EU정책의 중요도에서 우선순위가 높은 영역이라는 점을 강조하면서 그 양상을 분석하였다. 앞으로의 과제에서 첫째, 기후변화대응정책은 다양한 이슈를 포함한 포괄적 정책이며 단기간에 효과를 야기하는 규제정책과 성격을 달리하므로 장기적 협력이 요구된다고 보았다. 둘째, 이슈간 연계로 EU에서 기후변화대응정책의 경우 통상, 환경, 과학기술 및 에너지 등 여러 경제사회정책과 불가분의 관계로 각각의 해당 총국이 업무를 담당하지만 정책 간 연계성으로 총국 간 협력이 활발한 분야이므로 보다 적극적인 협력이 요구되는 영역이다. 셋째, 한국은 EU와의 기후변화대응정책 협력 시 상호간 경쟁우위 부분을 고려하여 협력시너지를 만들 필요가 있다. 마지막으로 한국은 이러한 상황을 고려하여 EU 내 기후변화대응 선도국의 기술도입에 한정치 말고 후발국인 중동유럽국가와 기술개발 및 경제사회적 파급 등에 공동연구 및 협력을 취하는 노력이 요구된다고 보았다.

오정은은 한국과 EU의 교육협력에 대한 분석을 시도하였는데 비교적 짧은 20년의 역사에도 불구하고 의미 있는 발전이 있었다고 평가하였다. 그간의 협력은 주로 고등교육 분야에 치중되어 아셈두오, 에라스무스 문두스, EU센터 사업, 산업국가간 교육협력사업 그리고 최근에는 장모네 프로그램을 통해 지속되고 있다고 보았다. 2013년 수교 50주년을 맞이하여 양측의 교육부 수장이 교육협력 공동선언에 서명함으로써 질적 변화에 대한 기대를 모았다. 이를 통해 그간의 양적 성장에 뒤이은 질적 변화가 담보되어야 할 것이다. 제안 사항으로 첫째 대학 이전 과정에서의 교류가 마련되어야 하며, 둘째 그간 유럽이 제안하고 한국이 한시적, 수동적으로 따라가는 방식을 탈피하여 맞춤형 프로그램의 개발이 중요하다고 보았다. 마지막으로 FTA 협정의 서비스분야 협력을 응용하여 국제교육시장에도 통할 수 있는 미래지향적 협력이 유망하다는 결론을 도출하였다.

윤성원은 한-EU 문화분야에 대한 협력을 정리하면서 그간의 성과와 앞으로의 과제를 분석하였다. 2010년 체결된 한-EU FTA 협정의 부속문으로 채택된 문화협력의정서가 양자협력의 공식적인 출범으로 간주되었다. 우선 EU가 진행 중인 'Creative Europe' 프로그램의 내용과 특징을 조망하면서 그 특징을 살폈으며, 이어서 시청각분야에서의 교류·협력에 관해 의정서에 기초하여 진행된 사례들을 분석하였다. 또한 유럽문화수도프로그램의 사례 중심으로 문화공동체 이벤트를 통한 교류·협력 현황에 대해 논의하면서 동아시아에 응용된 문화도시프로그램사업의 성과를 분석하였다. 결론에서는 양자의 문화협력위원회 성과를 제시하면서 전략적 동반자 관계에 걸맞고 시대의 수요와 의미에 부합되는 미래전망을 주문하였다.

김면중은 연구개발협력에서 한국과 EU의 협력을 분석하였다. 유럽의 연구개발 영역을 공공정책으로 이해하면서 양자관계에서 차지하는 위상이 제고되고 있다는 긍정적 평가를 내리고 있다. 또한 양자 협력에서 정치적 이념적 걸림돌이 상대적으로 적은 분야라는 차원에서 진작되어야함이 강조되었다. 한국과 EU는 2007년 제7차 프레임워크프로그램을 시행하면서 공식적으로 협력을 시작하였는데, 그간 전자통신 분야 등에서 괄목할만한 진전이 기록되었다. 유럽은 한국에게 풍부한 연구자원의 활용이라는 차원, 상호간 균형 잡힌 호혜성 그리고 다자협력에서 파트너의 다양화라는 측면에서 의의를 찾을 수 있다고 보았다. 향후 협력의 발전을 위해 단기적으로 관련 예산의 증액, 기 구축된 협력 플랫폼의 활용과 지속, 그리고 협력 분야의 꾸준한 확장을 주문하였다.

이규영은 독일과 EU 및 한국과의 관계를 다층적, 다면적 차원에서 분석하였다. 유럽통합의 주도국으로서 독일의 위상을 점검하면서 일방주의를 경계해야겠지만 독일의 책임과 의무를 회피할 이유가 없다는 주장을 개진하고 있다. 독일의 리더십을 패권적 형태가 아닌 내키지 않지만 맡을 수밖에 없는 리더십으로 규정하면서 여타 회원국들의 경제부진, 브렉시트 및 난민위기를 도전적 과제로 들고 있다. 이 글은 유럽연합의 통합프로젝트가 여전히 정부간주의라는 틀에서 벗어나지 못했으며, 이는 한국의 대유럽정책이 개별 국가들과 양자적 관계를 기반으로 하되, 이들의 공통이익을 함께 해결하려는 정체인 유럽연합을 대상으로 하는 다자적 관계로 전개되어야 한다고 주장한다. 양자적 관계와 다자적 관계라는 두 축의 대자적 구도에서 중간층에 해당하는 새로운 영역에도 관심을 두어야 하는데, 동유럽의 V4와 발틱국가군 등 역내 소집단주의 또는 지역국가들 간 협력체제를 주시하면서 한국의 대유럽정책을 추진할 때, 보다 유리한 정책결과를 도출할 수 있다고 보았다.

안상욱은 프랑스와 한국의 관계를 점검하면서 이 과정에서 EU 차원의 협력이 가능한 분야를 제시하면서 심화된 관계 발전을 분석하였다. 프랑스가 유럽통합에서 차지하는 위상에 대한 의미를 설명하였으며, 특히 마크롱 정부가 들어서면서 이러한 위상이 제고되었음을 강조하였다. 한국과 프랑스는 전통적 우호관계를 지속하고 있는데 문화교류는 물론이고 경제분야에서도 원자력발전분야, 고속전철도입 과정에서의 협력 및 르노삼성자동차사의 설립 등을 통해 의미 있는 협력을 지속하여왔다. 인적교류에서도 유럽의 문화수도를 자부하는 파리를 중심으로 정치와 경제는 물론이고 사회문화영역에서도 한국과 프랑스의 교류는 앞선 모습을 유지하여왔다는 분석을 제시하였다. 북핵문제와 남중국해 문제에 대한 논의에서 최근의 변화상을 지적하면서 한국보다 일본과 긴밀한 협조를 하는 프랑스의 태도를 주시하면서 안보협력에서 보다 유의를 요하는 외교가 필요하다는 의견을 개진하였다.

II. 양자관계의 미래

한국과 유럽연합의 관계에 영향을 미칠 수 있는 단기적 변수는 2019년 5월 유럽의회 선거 결과이다. 다중적 위기의 와중에서 치러지는 이번 선거는 유럽연합 시민들의 통합에 대한 의지를 살필 수 있는 가늠좌가 될 것임이 분명하다. 일부 분석에서는 전통적인 중도우파인 기민계열과 중도좌파인 사민계열이 공히 득표율의 감소를 경험할 것으로 전망하고 있는 반면, 극우정당이나 포퓰리즘정당들의 세력이 신장될 것으로 보고 있다.

이러한 상황은 분명 통합을 위한 추동력에 부담으로 작용할 것이다. 우선적으로 국제 정세의 변화를 지적하지 않을 수 없다. 러시아의 크리미아점령과 우크라이나에 대한 영향력 행사는 구공산권 국가들이었던 동유럽에게 상당한 안보적 위협으로 다가오고 있다. 발틱국가들 역시 이러한 안보환경의 변화에 대해 목소리를 높이고 있는 실정이다. 중국의 영향력 또한 무시할 수 없는 수준에 도달하고 있으며, 이제는 유럽의 기업들을 사들이는 경제적 자이언트로서만이 아니라 통합을 저해하고 더 나아가 대안적 통치구조를 제시하고 있다는 차원에서 체제적 라이벌로까지 묘사되고 있다. 1+16협력체의 경우 초기에 적지 않은 비판에 시달린 바 있으나 최근에는 중국의 일대일로 정책을 통한 공세적 자세로 전환하여 지중해에 위치한 남유럽 국가들의 항구들을 영향권 하에 두려는 시도를 가하고 있는 실정이다. 2019년 3월 이탈리아를 방문한 시진핑 주석이 트리에스테와 제노바 항구에 대한 인프라 개발에 나선 점은 적지 않은 충격을 주기도 하였다. 트럼프 이후 미국의 유럽에 대한 태도는 더욱 극명하게 드러나고 있는데 유럽연합을 존재론적 차원에서 경시하는 태도를 보이고 있어 양대서양 관계는 그 기축이 흔들이고 있는 실정이다.

유럽 내부로 보아도 적지 않은 도전이 현시되고 있다. 우선 명료하게 진행되지 못하는 브렉시트로 인해 영국뿐 아니라 원심력의 작동으로 유럽통합 자체에 대한 위상이 흔들리고 있음을 부인하기 어렵다. 가입과 탈퇴가 자유로운 방식이 결국 오늘의 위기를 야기하였다는 점에서 보다 강화된 협력을 중심으로 하는 역설적인 주장도 개진되고 있는 형편이다. 난민위기는 동유럽과 서유럽을 가른 대표적인 쟁점이다. 한편으로 고령화와 저출산이 진행되면서 유럽은 외부의 노동력을 필요로 하고 있지만, 경기침체 등으로 사회적 여론이 악화되고 있으며, 유럽의 가치인 민주주의와 인권 그리고 법의 지배의 측면에서 밀려드는 난민에 대한 유효한 해답을 내고 있지 못하다. 그래서 쉥겐조약과 더블린협정의 개정이 시급한 형편이다. 이러한 현실이 회원국 간 갈등으로 번지면서 통합의 추동력을 훼손하고 있는 현실이 노정되고 있다. 경제적 상황 역시 심각한 분열과 오해를 야기하고 있다. 재정위기를 경험하고 있는 남유럽국가들은 독일 중심의 긴축정책에 반기를 들고 있으며, 중국에게 재정적 도움을 청해서라도 이를 타개하려는 움직임을 보이고 있어 적지 않은 긴장감이 현시되고 있다. 유럽을 대표하는 독일 경제 역시 최근 성장세의 한계를 보이고 있다.

이상과 같은 대내외적 도전에 처한 유럽연합이 먼 이웃인 한국과의 관계를 최우선시 하거나 출구전략으로 삼을 가능성은 적다고 보아야 한다. 물론 시장의 측면에서 동아시아가 여전히 매력이 있지만, 유럽 내부의 경기가 살아나지 않는 한 외부의 영향이 제한적일 수밖에 없기 때문이다. 그럼에도 불구하고 유럽의 성장축은 동아시아를 제외하고 논하기 어려운 실정이다. 양자관계의 질적 성숙을 위한 모멘텀을 찾아야 할 것인데, 다음과 같은 수준에서 이를 살필 수 있겠다.

우선 양자 관계에서 전략적 동반자 구축의 십 주년을 맞이하게 되는 시점에서 그 의의를 살피고 새로운 동력을 찾는 노력이 중요하다고 본다. 당초 한국과의 FTA가 동아시아 시장의 전초로서 활용되었다는 점에서 2018년 일본과의 경제협력협정(EPA, Economic Partnership Agreement) 체결은 적지 않는 시사를 제공한다. 중국과의 투자협정(CIA, Comprehensive Investment Agreement)이 완결된다면 유럽이 동아시아에서 보다 폭 넓은 시장확대와 심화의 혜택을 추구해볼 수 있을 것이다. 양자 간의 안보협력은 그간 지리적 여건으로 제한적이었지만 최근 새로운 양상이 전개되고 있다. 동아시아국가들이 유럽연합의 공동안보방위정책의 위기관리 작전에 참여하고 있는 현실은 지역간주의(Inter-regionalism) 차원에서 고무적이다. 영국과 프랑스 함대가 북핵 감시의 명분으로 일본 항구에 정박하여 공동 작전을 펼치고 있는 상황 또한 분명 질적 변화를 의미하는데, 유럽과 동아시아국가들 모두가 남중국해의 안보적 가치 측면에서 중대한 이해관계를 가지고 있기 때문이다.

최근 공세적 일대일로 정책에 대한 대안으로 일본 주도로 시도되고 있는 인도태평양전략은 그런 점에서 흥미로운 양상을 예고한다. 일부에서는 그 개념이 모호하다는 비판이 있지만 누구보다도 일본과 인도가 적극적이라는 점 그리고 미국은 물론이고 호주 역시 과거에 비해 제고된 관심을 표명하고 있는 점이 이채롭다. 이 전략에 대한 유럽의 입장은 중국의 일대일로에 대해 맞서는 것이 아니라 보완적이며, 유럽의 관심이 더 높은 수준에서의 중국 시장 개방이라는 점을 강조하고 있는 실정이다.

지역 간 협력은 1996년 출범한 아셈체제가 대표적이라고 보는

데, 적지 않은 기여와 발전에도 불구하고 그 평가는 제한적이다. 구속력이 없는 지도자들간의 대화는 토크숍에 불과하다는 비판이 제기되기도 하였는데, 그럼에도 불구하고 자유무역을 수호하고 가치외교를 존중하며 평화와 번영을 추구한다는 차원에서 보다 활성화되어야 한다고 본다.

글로벌 차원의 협력은 경제 측면에서 세계무역기구의 규정들이 다자주의의 원칙 아래 준수되어야 하며, 기후변화에 대한 공동보조는 유럽과 동아시아 간에 비교적 무난하게 협력이 이루어지는 영역이다. 보호무역주의와 권위주의적 거버넌스가 목소리를 드높이고 있는 현실에서 유럽과 동아시아의 공동보조는 유의미한 결과를 도출할 수 있을 것으로 기대된다.

III. 제언

이제 미래지향적인 한-EU관계를 바라보며 몇 가지 제언을 하는 것으로 결론에 갈음하고자 한다.

한국과 유럽연합의 양자는 55년의 역사를 지니고 있으며 최근 십년간 질적 변화를 경험하면서 전략적 동반자관계로 격상되었다. 한국은 기본협정의 개선과 더불어 자유무역협정과 위기관리협정을 모두 체결한 최초의 유럽연합 파트너라는데 적지 않은 의의가 있다. 그러나 중국과 일본에 비해 한국은 여전히 유럽으로부터 충분히 고려되고 있지 못한 측면이 있다. 이는 특히 정상회의에서 그러한데 정상회의의 연례화는 이러한 빈 공간을 일정 정도 메워주리라 기대해볼 수 있다.

경제관계는 한국과 유럽연합 모두에게 핵심적 가치를 지닌 분야이다. 양자의 자유무역협정이 체결된 지 십년이 되는 현 시점에서 그간의 환경변화에 맞는 업그레이드와 개정이 신속하게 이루어져야 할 것이다. 이는 특히 일본과 유럽연합간의 경제협력협정 그리고 중국과 유럽연합 간에 포괄적투자협정의 완결과 더불어 동아시아 차원의 큰 그림을 그린다는 차원에서 진행되어야 한다.

한국과 유럽연합 양자관계의 발전은 한중일 협력이라는 소다자주의 협력체의 활성화를 요구한다. 주지하다시피 유럽연합은 일본과 경제협력협정을 체결하고 중국과는 포괄적투자협정의 완성을 목전에 두고 있으므로 동북아지역에서의 평화 번영을 위한 제도의 활성화가 시급한 상황이다. 지역간주의라는 차원에서도 역사적 그리고 영토적 분쟁은 외교를 통해 완화될 필요가 있다. 한중일 협력사무국이 서울에 설치되어 있으나 아직도 일반에게 낯선 조직으로 남아있는 현실은 매우 유감이다.

관련하여 유럽연합은 한국의 초대로 동북아평화협력구상(NAPCI)에 적극적으로 동참한 바 있는데, 현 정부의 동북아플러스책임공동체(NAPCR) 구상 하의 한 축인 동북아평화협력플랫폼의 활성화가 요구된다. 이 플랫폼에서 유럽연합을 대화파트너로 삼고 있어 다자주의에 입각한 중장기적인 비전과 마스터플랜의 구체화가 필요한 시점이다. 다자주의 외교는 시간이 걸리고 외교적 인내가 요구되는 방식이지만 양자 협상이 교착상태에 진입한 경우 보다 효과적인 대안의 하나가 될 수 있다.

유럽과 아시아의 연계성 진작은 향후 양자관계의 질적 도약을 위해 필수불가결한 협력 분야이다. 중국의 일대일로 그리고 일본 주도의 인도태평양 전략에 대한 한국의 외교적 밑그림이 보다 세밀하게 마련되어야한다. 신경제구상으로 신남방 및 신북방정책이 제시되었지만 국제적 공조 측면에서 중국과 일본의 전략에 비해 그 적실성이 낮다는 지적을 겸허히 수용할 필요가 있다.

교육협력의 협력은 정치적 부담이 적다는 차원에서 더욱 진작되어야 한다. 한편으로 유럽에 관심을 두는 우수한 한국 청년들의 관심이 제고되어야하며, 역으로 비대칭성을 보여온 유럽 청년세대의 한국 및 동아시아 지역으로의 인바운드 이동에 특별한 지원과 관심이 주어져야 한다. 양자관계의 미래는 이들 세대에게 달려있다 해도 과언이 아니기 때문이다. 이에는 그간의 대학 간 교류협력뿐 아니라 청소년교류 및 워킹홀리데이의 활성화를 통한 청년실업문제의 해소에 있어서도 적지 않은 함의를 지닌다.

한국과 유럽연합의 양자관계를 고려할 때 회원국 외교는 필수적인 요소이다. 유럽 차원의 결정은 결국 회원국들의 논의와 합의를 통해 이루어지기 때문이다. 특히 통합의 견인차 역할을 맡고 있는 대국들인 독일과 프랑스의 입장을 고려하는 노력이 병행될 때 한국과 유럽연합의 관계가 더욱 효율적이며 생산적인 결과를 도출하리라 기대된다.

유럽차원의 소다자외교도 적지 않은 함의를 가진다. 동유럽 4개국의 V4라던가 발트해 3국의 연합체 및 기타 다양한 집단화는 유럽연합의 정체성과 일치를 저해하기 보다는 다양한 의견을 수렴하고 갈등을 해소하는 기제로 작동하고 있다는 차원에서 보다 적극적으로 활용될 필요가 있다.

한국과 유럽연합간의 전략적 동반자 관계는 외교적 수사에 머물지 않고 양자 모두 가치외교를 추구한다는 점에서 자연적 파트너임을 인정하고 있으므로 이를 양자관계뿐 아니라 지역간 차원 그리고 글로벌 차원의 이슈에 대해서도 보다 전향적으로 활용하는 전략이 필요할 것이다. 한국의 입장에서 이른바 중견국 외교를 표방하고 있는 시점에서 이러한 시각은 중장기적인 미래지향적 외교를 위해 중요하며 유럽연합은 이를 실현하는데 있어 최적의 파트너 중의 하나임이 분명하다.

2010년 5월 10일 브뤼셀에서 서명

대한민국과 유럽연합 및 그 회원국 간의 기본협정

한쪽 당사자인 대한민국과

다른 쪽 당사자인 유럽연합(이하 "연합"이라 한다), 그리고 「유럽연합조약」과 「유럽연합기능조약」의 당사자(이하 "회원국"이라 한다)인

벨기에왕국,
불가리아공화국,
체코공화국,
덴마크왕국,
독일연방공화국,
에스토니아공화국,
아일랜드,
그리스공화국,
스페인왕국,
프랑스공화국,
이탈리아공화국,
사이프러스공화국,
라트비아공화국,
리투아니아공화국
룩셈부르크대공국,
헝가리공화국,
몰타,
네덜란드왕국,

오스트리아공화국,
폴란드공화국,
포르투갈공화국,
루마니아,
슬로베니아공화국,
슬로바키아공화국,
핀란드공화국,
스웨덴왕국,
영국은
(이하 모두 함께 "당사자"로 한다)

그들 사이의 전통적인 우호 관계 및 그들을 결속하는 역사적, 정치적, 경제적 관계를 고려하고,

1996년 10월 28일 룩셈부르크에서 서명되고, 2001년 4월 1일 발효된 「대한민국과 구주공동체 및 그 회원국 간의 무역과 협력을 위한 기본협정」을 상기하며,

유럽연합이 외교정책과 안보 및 사법 분야에서 그 자신의 정체성을 확보해 가는 신속한 과정에 유의하고,

국제공동체에서 커지고 있는 대한민국의 역할과 책임을 의식하며,

그들 관계의 포괄적인 성격과 전반적인 결속력을 유지하려는 지속적인 노력의 중요성을 강조하고,

공유 가치와 염원에 기초한 정기적 정치 대화를 유지하고 발전시키려는 희망을 확인하며,

그들 관계를 정치·경제·사회 및 문화 분야를 포함하는 강화된 협력 관계로 격상시키고자 하는 공동 의지를 표명하고,

이러한 점에서 상호 관심 분야에서의 관계를 양자적, 지역적, 범세계적 수준에서 평등과 주권존중, 비차별 및 호혜에 근거하여 공고화, 심화, 다양화할 것을 결의하며,

당사자가 법의 지배와 선정(善政)의 원칙, 그리고 세계인권선언과 그 밖의 국제인권 관련 문서들에 언급된 민주주의 원칙과 인권에 대해 강한 중요성을 부여하고 있음을 재확인하고,

국제적 관심사인 중대한 범죄와 싸우겠다는 결의, 그리고 국제적 관심사인 가장 중대한 범죄에 대한 실효적인 기소를 국가 차원의 조치를 하고 범세계적 공조를 강화함으로써 확보하여야 한다는 신념을 재확인하며,

테러리즘이 세계 안보에 대한 위협임을 고려하고, 테러리즘과 싸움에 있어서 관련 국제문서, 특히 국제연합 안전보장이사회의 결의 1373에 따라 당사자 간의 대화와 협력을 강화할 것을 희망하며, 인권과 법의 지배에 대한 존중이 테러와의 싸움에서 근본적 기초가 됨을 재확인하고,

대량파괴무기와 그 운반수단의 확산이 국제안보에 대한 주요 위협이라는 입장을 공유하고, 관련 국제협약들과 국제연합 안전보장이사회의 결의, 특히 결의 1540 채택에서 표명된 바와 같은, 그러한 확산과 싸우겠다는 국제사회의 약속을 인식하고, 이 분야에서 그들 간의 대화와 협력을 강화할 것을 희망하며,

사법, 자유 및 안보 분야에서 협력 강화의 필요성을 인식하고,

이러한 점에서 「유럽연합기능조약」 제3부 제5편의 범주에 속하는 이 협정 조항들은, 유럽연합이 (경우에 따라) 영국 또는 아일랜드가 「유럽연합조약」 및 「유럽연합기능조약」에 부속된 영국과 아일랜드의 지위에 관한 의정서에 따라 유럽연합의 일원으로 구속받게 됨을 대한민국에 통보할 때까지, 영국과 아일랜드를 유럽연합 일원이 아닌 개별 체약당사자로서 구속한다는 점과, 동일한 사항이 이들 조약에 부속된 의정서에 따라 덴마크에도 적용된다는 점을 상기하며,

경제적, 사회적, 환경적 측면에서 지속가능한 발전을 촉진하려는 그들의 희망을 인지하고,

높은 수준의 환경보호를 보장하겠다는 그들의 약속과 기후변화에 대한 대응에 협력하겠다는 그들의 결의를 표명하면서,

공정한 세계화, 그리고 모두를 위한 양질의 일자리 및 생산적인 완전 고용의 목표에 대한 그들의 지지를 상기하고,

당사자 간의 무역과 투자 흐름이 세계무역기구(WTO)의 후원하에 범세계적인 규범에 기초한 무역체제를 기반으로 하여 번창하여 왔음을 인식하며,

특히 자유무역지대 설립을 통하여, 상호 이익이 되도록 당사자 간의 무역과 투자의 지속가능한 증대와 발전을 위한 여건을 확보하고 이를 촉진할 것을 희망하고,

테러리즘, 국제적 관심사인 중대한 범죄, 대량파괴무기 및 그 운반수단의 확산, 기후 변화, 에너지와 자원 불안, 빈곤 및 금융위기 등과 같은 범세계적 문제에 대응하기 위하여 공동의 노력을 기울일 필요성에 의견을 같이하며,

상호 관심 분야, 특히 민주주의 원칙과 인권 존중의 증진, 대량파괴무기 확산에 대한 대처, 소형무기 및 경화기의 불법적 거래에 대한 대응, 국제 공동체의 관심사인 가장 중대한 범죄에 대한 조치의 실시, 테러리즘에 대한 대응, 지역 및 국제기구에서의 협력, 무역 및 투자, 경제 정책 대화, 기업 협력, 조세, 세관, 경쟁 정책, 정보 사회, 과학 및 기술, 에너지, 운송, 해운 정책, 소비자 정책, 보건, 고용 및 사회문제, 환경 및 천연자원, 기후 변화, 농업, 농촌개발 및 임업, 해양 및 수산업, 개발원조, 문화, 정보, 통신, 시청각 및 미디어, 교육, 법의 지배, 사법 협력, 개인정보의 보호, 이주, 불법 마약류에 대한 대응, 조직범죄 및 부패에 대한 대응, 자금세탁 및 테러자금 조달에 대한 대응, 사이버 범죄에 대한 대응, 법 집행, 관광, 시민 사회, 공공행정 및 통계에서의 협력을 강화하기로 결의하고,

직접적으로 관련된 개인과 실체, 특히 이를 대표하는 경제 주체와 단체의 협력 참여를 용이하게 하는 것의 중요성에 유의하며,

양 당사자의 역할과 입지를 상호 다른 쪽 당사자의 지역에서 제고하고 당사자 간 사람과 사람 간의 접촉을 활성화하는 것이 바람직함을 인식하여,

다음과 같이 합의하였다.

제1편
기초 및 범위

제1조
협력의 기초

1. 당사자는 민주주의 원칙, 인권과 기본적 자유, 그리고 법의 지배를 중시하고 있음을 확인한다. 법의 지배 원칙을 반영하는 세계인권선언과 그 밖의 관련 국제인권 문서들에 규정된 민주주의 원칙, 인권 및 기본적 자유에 대한 존중은 양 당사자의 국내 및 대외 정책을 지탱하며, 이 협정의 핵심 요소를 구성한다.

2. 당사자는 국제연합 헌장에 대한 중시와 헌장에 표현된 공유 가치에 대한 지지를 확인한다.

3. 당사자는 모든 측면에서 지속가능한 발전 및 경제 성장을 증진시키고, 국제적으로 합의된 개발 목표의 달성에 기여하며, 특히 기후 변화를 비롯한 범세계적 환경문제에 대응하기 위해 협력하기로 한 약속을 재확인한다.

4. 당사자는 특히 그들의 국제적 의무를 고려하여 선정(善政)의 원칙과 부패와의 싸움을 중시하고 있음을 재확인한다.

5. 이러한 점에서 당사자는 양자 관계의 포괄적인 성격과 전반적인 결속력 유지를 공동으로 중시하고 있음을 강조한다.

6. 당사자는 그들 관계를 강화된 협력 관계로 격상시키고 협력 분야를 양자적·지역적·범세계적 수준에서 발전시키기로 합의한다.

7. 동일한 가치와 존중을 공유하는 당사자 간의 이 협정의 이행은 따라서 대화와 상호 존중, 동등한 협력 관계, 다자주의, 컨센서스 및 국제법에 대한 존중의 원칙에 기초한다.

제2조
협력의 목적

1. 당사자는 협력 제고를 위하여 정치 대화를 강화하고 경제 관계를 더욱 증진하기로 한다. 그들의 노력은 특히 다음을 목표로 한다.

가. 협력 관계 강화를 위한 미래 비전에 대한 합의, 그리고 이 비전을 실행하기 위한 공동 프로젝트의 개발

나. 정기적인 정치 대화의 실시

다. 모든 관련 지역 및 국제 회의와 기구에서 범세계적 문제에 대응하기 위한 공동 노력의 증진

라. 상호 이득이 되는 무역 다변화를 위한 상호 관심 분야에서 과학기술 협력을 포함한 경제 협력의 활성화

마. 양측에 대한 투자 촉진 및 더 나은 상호 이해 증진을 통한 기업 간 협력의 장려

바. 다른 쪽 당사자에게 개방되어 있는 협력 프로그램에의 상호 참여 강화

사. 문화 교류, 정보기술의 이용, 교육을 포함한 다양한 수단을 통하여 각기 다른 쪽 당사자의 지역에 있어 양 당사자의 역할과 입지 제고

아. 사람과 사람 간의 접촉과 이해 증진

2. 당사자는 잘 구축된 협력 관계와 공유 가치의 기반 위에서 모든 공동 관심 사안에 관한 협력과 대화를 발전시킬 것에 합의한다. 그들의 노력은 특히 다음을 목표로 한다.

가. 특히 인권, 대량파괴무기의 비확산, 소형무기 및 경화기, 국제공동체의 관심사인 가장 중대한 범죄, 테러리즘 대처에 관한 정치 대화와 협력의 강화

나. 무역 및 투자와 관련된 모든 상호 관심 분야에서의 협력 강화, 그리고 상호 이득이 되도록 당사자 간의 지속가능한 무역 및 투자 증대를 위한 여건의 확보

다. 경제협력 분야, 특히 경제 정책 대화, 기업 협력, 조세, 세관, 경쟁정책, 정보사회, 과학 및 기술, 에너지, 운송, 해운 정책 및 소비자 정책에서의 협력 강화

라. 지속가능한 발전 분야, 특히 보건, 고용 및 사회 문제, 환경 및 천연자원, 기후 변화, 농업, 농촌 개발 및 임업, 해양 및 수산업과 개발 원조에서의 협력 강화

마. 문화, 정보, 통신, 시청각 및 미디어, 그리고 교육 분야에서의 협력 강화

바. 사법, 자유 및 안보 분야, 특히 법의 지배, 사법 협력, 개인정보 보호, 이주, 불법 마약류에 대한 대응, 조직범죄 및 부패에 대한 대응, 자금세탁 및 테러자금 조달에 대한 대응, 사이버 범죄에 대한 대응 및 법 집행에서의 협력 강화

사. 그 밖의 공동 관심 분야, 특히 관광, 시민사회, 공공행정 및 통계에서의 협력 강화

제2편
정치 대화와 협력

제3조
정치 대화

1. 공유 가치와 염원에 기초하여 대한민국과 유럽연합 간 정기 정치 대화를 구축한다. 이 정치 대화는 대한민국과 유럽연합 사이에 합의된 절차에 따라 열린다.

2. 정치 대화는 다음을 목표로 한다.

가. 당사자의 민주주의에 대한 약속, 그리고 인권 및 기본적 자유에 대한 존중의 강조

나. 국제 또는 지역 분쟁의 평화적 해결 촉진, 그리고 국제연합 및 그 밖의 국제기구의 강화

다. 군비통제, 군축, 대량파괴무기의 비확산 및 재래식 무기의 국제적 이동과 같은 국제 안보 문제에 관한 정책 협의의 강화

라. 양 당사자 간 및 국제회의에서 관련 정보 교환의 활성화를 통한 공동 관심의 주요 국제 사안에 대한 숙고

마. 아시아·태평양 및 유럽 지역의 평화·안정 및 번영을 위한 양 지역 국가들의 특별 관심 사안에 대한 협의 제고

3. 당사자 간 대화는 접촉·교류 및 협의를 통하여 이루어지며, 특히 다음의 형태를 취한다.

가. 지도자급의 정상 회의는 당사자가 필요하다고 간주하는 시점에 개최

나. 각료급 연례 협의는 당사자가 합의하는 장소에서 개최

다. 대외 및 국내 주요 진전 상황에 대한 고위급 브리핑

라. 공동 관심 사안에 대한 분야별 대화

마. 대한민국 국회와 유럽 의회 간의 대표단 교류

제4조
대량파괴무기 확산에 대한 대처

1. 당사자는 국가와 비국가 행위자로의 대량파괴무기 및 그 운반수단의 확산이 국제 안정과 안보에 대한 가장 심각한 위협의 하나임을 고려

한다.

2. 이에 따라 당사자는 군축 및 비확산과 관련한 그들 각각의 기존 법적 의무와 양측이 합의한 그 밖의 관련 문서의 완전한 이행을 통하여 대량파괴무기 및 그 운반수단 확산에 대응하는 데 협력하고 기여하기로 합의한다. 당사자는 이 조항이 이 협정의 핵심 요소를 구성한다는 점에 합의한다.

3. 나아가 당사자는 대량파괴무기 및 그 운반수단 확산에 대응하는 데 다음과 같이 협력하고 기여하기로 합의한다.

   가. 적절한 대로, 그 밖의 모든 관련 국제 문서의 서명, 비준, 가입 및 그 완전한 이행을 위한 조치의 실시

   나. 최종 사용자 통제 그리고 수출통제 위반에 대한 적절한 민사 및 형사 처벌을 포함하여, 대량파괴무기 및 관련 물자와 기술의 확산을 방지하기 위한 효과적인 국가 수출통제 체제의 수립

4. 당사자는 정치 대화가 이러한 요소들을 수반하고 강화할 것임을 합의한다.

제5조
소형무기 및 경화기

1. 당사자는 탄약을 포함한 소형무기 및 경화기의 불법적인 제조·이전 및 유통, 그리고 과다 비축, 부실 관리, 부적절하게 보관된 저장 및 통제되지 않은 확산이 지속적으로 평화와 국제안보에 심각한 위협이 된다는 점을 인식한다.

2. 당사자는 국제연합 안전보장이사회 결의에 따른 의무뿐만 아니라 「소형무기 및 경화기의 불법적 거래에 관한 국제연합 행동계획」(UN PoA), 「소형무기 및 경화기의 표지 및 추적에 관한 국제문서」(ITI)를 포함한 국제문서의 틀 안에서 탄약을 포함한 소형무기 및 경화기의

불법적인 거래를 다루기 위한 그들 각각의 약속을 이행하기로 합의한다.

3. 당사자는 범세계적, 지역적, 하부지역적, 국가적 수준에서 소형무기와 경화기와 탄약의 불법적인 거래를 다루기 위한 노력에서 협력하고 조율·상호보완 및 상승작용이 확실히 이루어지도록 한다.

제6조
국제공동체의 관심사인 가장 중대한 범죄

1. 당사자는 국제공동체 전체의 관심사인 가장 중대한 범죄는 반드시 처벌되어야 하며, 그러한 범죄에 대한 실효적 기소는 국내적 수준에서 조치를 하고 국제형사재판소를 포함한 적절한 국제협력을 높임으로써 확보되어야 함을 재확인한다. 당사자는 「국제형사재판소에 관한 로마규정」 및 관련 문서의 보편성과 불가분성을 전적으로 지지하기로 합의한다.

2. 당사자는 이러한 사안에 대한 당사자 간의 대화가 유익할 것이라는 점에 동의한다.

제7조
테러리즘 대응 협력

1. 당사자는 테러리즘과의 싸움의 중요성을 재확인하며, 각자의 법령뿐만 아니라 국제인도법, 인권법 및 난민법을 포함한 적용 가능한 국제협약에 따라, 그리고 2006년 9월 8일 국제연합 총회 결의 60/288에 포함되어 있는 「국제연합 범세계 대테러 전략」을 고려하여, 테러행위의 방지와 억제에 협력하기로 합의한다.

2. 당사자는 특히 이를 다음과 같이 수행한다.

가. 국제연합 안전보장이사회 결의의 이행, 그리고 그 밖의 관련 국제 협약 및 문서에 따른 그들 각자 의무 이행의 틀 안에서

나. 국제법 및 국내법에 따른, 테러 집단과 그 지원 네트워크에 관한 정보 교환을 통하여

다. 기술 분야와 훈련을 포함하여, 테러리즘 대응에 활용되는 수단과 방법에 관한 의견 교환 및 테러리즘 예방과 관련한 경험의 교환을 통하여

라. 적절한 경우 테러 행위에 대한 법적 정의를 포함하여, 테러리즘과의 싸움에 대한 국제적인 컨센서스를 심화시키기 위하여 협력하고, 특히 「국제테러리즘에 관한 포괄적 협약」에 대한 합의를 위하여 노력함으로써

마. 테러리즘과의 싸움에서 인권보호 분야의 관련 최적 관행을 공유함으로써

제3편
지역 및 국제 기구에서의 협력

제8조
지역 및 국제 기구에서의 협력

당사자는 국제연합, 국제노동기구(ILO), 경제협력개발기구(OECD), 세계무역기구, 아시아-유럽 정상회의(ASEM), 아세안지역안보포럼(ARF)과 같은 지역 및 국제 회의와 기구에서 협력하고 의견을 교환하기로 한다.

제4편
경제개발 분야에서의 협력

제9조
무역 및 투자

1. 당사자는 상호 이득이 되도록 당사자 간 무역 및 투자의 지속가능한 증대와 발전을 위한 여건을 확보하고 이를 증진하는 데 협력하기로 한다. 당사자는 지속가능한 무역 및 투자 흐름을 용이하게 하고, 무역 및 투자 장벽을 방지하고 제거하며, 다자무역 체제를 발전시키기 위하여 무역 및 투자 관련 모든 상호 관심 분야에서 대화하고 협력을 강화한다.
2. 이를 위하여 당사자는 자유무역지대를 창설하는 협정을 통하여 무역 및 투자 분야에서의 당사자 간 협력에 효과를 부여한다. 앞서 언급한 협정은 제43조의 조건하에서 이 협정의 무역 조항에 효과를 부여하는 특정 협정을 구성한다.
3. 당사자는 양자 및 국제 무역과 투자의 발전, 그리고 관련 정책과 문제에 관한 정보를 서로 제공하고 의견을 교환한다.

제10조
경제정책 대화

1. 당사자는 당국 간의 대화를 강화하고 거시경제 정책 및 동향에 관한 정보 교환과 경험 공유를 촉진하기로 합의한다.
2. 당사자는 은행, 보험, 그리고 그 밖의 금융부문에서의 회계·감사·감독 및 규제 체제를 개선하기 위하여 대화와 협력을 강화하기로 합의한다.

제11조
기업 협력

1. 당사자는 그들 각자의 경제 정책과 목표를 고려하여 모든 분야에서 특히 중소기업의 경쟁력 향상을 위하여 적절하다고 여겨지는 산업정책 협력을 특히 다음의 방식으로 촉진하기로 합의한다.

   가. 중소기업의 경쟁력 향상을 위한 기본 여건의 조성과 중소기업 창업 관련 절차에 대한 정보와 경험의 교환

   나. 경제 주체 간의 접촉 증진, 공동투자의 장려, 그리고 특히 기존 프로그램을 통한 합작 회사의 설립과 정보 네트워크의 구축

   다. 금융과 마케팅 이용의 촉진, 정보의 제공, 그리고 혁신의 촉진

   라. 양측 중소기업 활동의 촉진

   마. 기업의 사회적 책임과 책무의 증진, 지속가능한 소비와 생산을 포함한 책임있는 기업 관행의 장려

2. 당사자는 양측 민간 부분의 관련 협력 활동을 용이하게 한다.

제12조
조세

적절한 규제의 틀을 개발할 필요성을 고려하면서 경제 활동을 강화하고 발전시키기 위하여, 당사자는 조세 분야에서 투명성, 정보 교환 및 공정한 조세경쟁의 원칙을 인정하고 이를 이행하기로 약속한다. 이를 위하여 당사자는 그들 각자의 권한에 따라 조세 분야에서의 국제 협력을 증진하고, 정당한 조세수입의 징수를 용이하게 하며, 위에서 언급된 원칙들의 효과적인 이행을 위한 방법을 개발한다.

제13조
세관

당사자는 양자 및 다자적으로 세관 분야에서 협력한다. 이를 위하여 당사자는 특히 경험을 공유하며, 절차 간소화, 투명성 제고, 협력 발전의 가능성을 검토한다. 그들은 또한 관련 국제적 틀에서의 의견 수렴과 공동 행동을 추구한다.

제14조
경쟁 정책

1. 당사자는 그들의 경쟁 법령을 완전히 집행함으로써 경제 활동에 있어서의 공정 경쟁을 촉진한다.
2. 당사자는 이 조 제1항의 목표를 추구함에 있어서 그리고「대한민국 정부와 유럽공동체 간 반경쟁적 행위에 관한 협력협정」에 따라 다음에 있어 협력하기로 한다.
   가. 공정한 경쟁 여건의 조성을 위한 경쟁법과 경쟁당국의 중요성 인식 및 적극적인 법 집행을 위한 노력
   나. 경쟁당국 간의 정보 교환과 협력의 강화

제15조
정보 사회

1. 당사자는 정보통신 기술이 현대 생활의 중요한 요소이며 경제적, 사회적 발전에 핵심적인 중요성을 갖는다는 점을 인식하면서 이 분야에서 그들 각자의 정책에 대한 의견을 교환하기로 합의한다.

2. 이 분야에서의 협력은 특히 다음에 초점을 둔다.

가. 정보 사회의 다양한 측면, 특히 보편적 서비스, 허가와 일반 인가, 사생활과 개인 정보의 보호, 규제당국의 독립성과 효율성을 포함한 전자 통신 정책과 규제에 대한 의견의 교환

나. 지역적 측면을 포함한 연구 네트워크 및 서비스의 상호 연계와 운용

다. 새로운 정보통신 기술의 표준화와 보급

라. 정보통신 기술 분야에서의 당사자 간 연구협력의 증진

마. 온라인 안전, 사이버 범죄에 대한 대응 및 정보기술과 모든 형태의 전자 매체의 오용을 포함한 정보통신 기술 관련 보안 사안과 측면

3. 기업 간 협력을 장려한다.

제16조
과학 및 기술

당사자는 「대한민국 정부와 구주공동체 간 과학기술 협력에 관한 협정」에 따라 과학 및 기술 분야에 있어 평화적 목적의 협력 활동을 장려하고 발전시키며 용이하게 한다.

제17조
에너지

1. 당사자는 경제적·사회적 발전에서 에너지 부문이 갖는 중요성을 인식하고 다음과 같은 목적으로 그들 각자의 권한 범위에서 이 분야의 협력을 강화하기 위하여 노력한다.

가. 에너지 안보 강화와 수력 발전뿐 아니라 특히 바이오연료와 바이오매스, 풍력, 태양력을 포함하여 새롭고 지속가능하며 혁신적이고 재생 가능한 형태의 에너지 개발을 위한 에너지 공급의 다변화

나. 재생에너지를 보다 경쟁력 있게 하기 위한 정책개발 지원

다. 에너지의 생산·운송·보급 및 최종 사용에서의 에너지 효율성을 증진함으로써 공급과 수요 양 측면으로부터의 기여를 통한 에너지의 합리적 사용 달성

라. 지속가능한 에너지 생산과 에너지 효율성을 목표로 하는 기술이전 촉진

마. 투명성, 비차별성 및 시장호환성의 원칙을 고려한, 에너지 분야에서의 역량 구축 및 투자촉진의 강화

바. 에너지 시장에서 경쟁의 촉진

사. 개발도상국에 대한 영향을 포함하여 세계 에너지 시장의 전개에 대한 의견의 교환

2. 이를 위하여 당사자는 적절한 경우 특히 기존의 지역 및 국제적 틀을 통하여, 다음의 협력 활동을 촉진하도록 노력한다.

가. 에너지 정책 결정에서의 협력 및 에너지 정책에 관한 정보 교환

나. 에너지 시장·산업 및 기술의 상황과 동향에 관한 정보 교환

다. 공동 연구 및 조사 실시

라. 에너지 부문에서의 무역 및 투자 증대

제18조
운송

1. 당사자는 상품과 여객의 이동 개선, 해상과 항공의 안전 및 보안 제고, 환경 보호, 그리고 운송체계의 효율성 증대를 위하여 통합 운송정책을 포함한 운송정책의 모든 관련 분야에서 협력하도록 노력한다.

2. 이 분야에서의 당사자 간 협력은 다음을 촉진하는 것을 목표로 한다.

   가. 특히 도시, 농촌, 내륙수로, 항공 및 해양 운송에 관한(이들 물류와 복합 운송 네트워크의 상호 연계 및 상호 운용 가능성, 그리고 도로, 선로, 항만 및 공항의 관리를 포함한다) 당사자 각각의 운송 정책과 관행에 관한 정보 교환

   나. 규제 수렴 및 기업 활동에 대한 장애 제거를 지원하기 위한 항공 안전, 보안, 환경, 항공 교통 관리, 경쟁법과 항공운송산업에 대한 경제적 규제의 적용과 같은 분야에서의 기술 및 규제 협력뿐만 아니라, 항공 서비스 특정 측면에 관한 합의 및 관계의 추가 발전 가능성에 대한 점검을 포함한 항공 운송 부문에서의 상호 관심 분야에 대한 대화와 공동 조치. 당사자는 이를 기초로 민간 항공 분야에서 더 포괄적인 협력을 추구한다.

   다. 운송 분야에서 온실가스 배출 감축에 관한 협력

   라. 국제 운송 회의에서의 협력

   마. 국제 규정이 더 잘 이행될 수 있도록 하기 위한 관련 국제회의에서의 협력을 포함하여 양 당사자에 적용 가능한 관련 국제 협약에 따른 특히 해운 및 항공과 관련된 보안, 안전 및 오염방지 기준의 이행

3. 민간국제위성항법과 관련하여 당사자는 「대한민국과 유럽공동체 및 그 회원국 간의 민간국제항법위성체계에 관한 협력 협정」에 따라 협력한다.

제19조
해운 정책

1. 당사자는 이 조의 규정에 따라 상업적 기초 위에서 공정 경쟁에 바탕을 둔, 국제 해운시장과 교통에 대한 제한 없는 접근이라는 목표를 추구하기로 한다.

2. 제1항의 목표를 추구하는 데에서 당사자는 다음의 조치를 한다.

가. 건화물과 액체 화물 벌크교역과 정기교역을 포함한 해운 서비스 관련 제3국과의 향후 양자 협정에서 화물분배적취 내용을 도입하지 아니하며, 기존 양자 협정에 화물분배적취 내용이 존재하는 경우에는 그러한 내용을 발동하지 아니한다.

나. 이 협정의 발효와 동시에, 국제 해운서비스 제공에서 자국민이나 자국 회사와 다른 쪽 당사자의 국민이나 회사를 차별하는 효과를 가질 수 있는 행정적·기술적·입법적 조치의 이행을 삼간다.

다. 국제무역에 개방된 항만에 대한 접근, 항만의 기반시설 및 부대 해상 서비스의 이용, 그리고 관련수수료와 부과금, 세관 시설, 선적 배정, 적하 및 하역 시설과 관련하여, 그 당사자 선박에 허용되는 것보다 불리하지 않은 대우를 다른 쪽 당사자의 국민이나 회사가 운영하는 선박에 허용한다.

라. 자신의 회사 또는 비회원국 회사의 자회사 또는 지점에 부여되는 것 중 더 나은 조건보다 불리하지 않은 설립 및 영업 조건으로 다른 쪽 당사자의 해운 회사가 선박 대리점 활동을 수행할 목적으로 자신의 영역 안에서 상업적으로 주재하는 것을 허용한다.

3. 이 조의 목적을 위하여 국제 해운시장에 대한 접근에는 특히 각 당사자의 국제 해운 공급자가 해상운송이 포함된 일괄 운송 서비스를 주선할 권리와 이를 위하여 다른 쪽 당사자 영역에서 해운 외의 현지 운송업자와 직접 계약할 권리가 포함된다(다만, 이는 그러한 다른 운송

방식에 의한 화물 및 승객 운반과 관련하여 적용 가능한 국적 제한을 침해하지 아니한다).

4. 이 조의 규정들은 한국 회사와 유럽연합 회사에 적용된다. 또한 대한민국이나 유럽연합 밖에 설립되고 대한민국 국민이나 어느 회원국 국민이 통제하는 해운 회사도 그 선박이 대한민국이나 그 회원국에서 국내법령에 따라 등록되었을 경우에는 이 조의 수혜자가 된다.

5. 대한민국에서와 유럽연합에서의 선박 대리점 활동 운영문제는 적절한 경우 특정 협정에서 다룬다.

6. 당사자는 해운 정책 분야에서의 대화를 추구한다.

제20조
소비자 정책

당사자는 높은 수준의 소비자 보호를 확보하기 위해 소비자 정책 분야에서 협력하도록 노력한다. 당사자는 이 분야에서의 협력이 가능한 한 다음 활동을 포함할 것에 합의한다.

가. 높은 수준의 소비자 보호를 보장하는 동시에 무역장벽을 회피하기 위한 소비자 법령의 적합성 제고

나. 소비자 법률, 소비자 제품의 안전, 소비자 법령의 집행, 소비자 교육과 권한 강화 및 소비자 보상을 포함한 소비자 체계에 대한 정보 교환의 촉진

다. 독립적인 소비자 단체의 발전 및 소비자 대표 간 접촉의 장려

제5편
지속가능한 발전 분야에서의 협력

제21조
보건

1. 당사자는 보건 분야와 초국경적 보건 문제의 효과적인 관리 분야에서 상호 협력과 정보 교환을 장려하기로 합의한다.

2. 당사자는 특히 다음과 같이 정보 교환 및 상호 협력을 촉진하도록 노력한다.

   가. 유행성 인플루엔자를 포함한 전염병에 대한 감시, 조기경보 및 대응 조치에 대한 정보 교환

   나. 보건 전략 및 공공 보건계획에 대한 정보 교환

   다. 금연캠페인, 비만예방 및 질병관리와 같은 보건 증진 정책에 대한 정보 교환

   라. 의약품 안전 및 승인 분야에서 가능한 정도까지의 정보 교환

   마. 식품 법령, 긴급 경보 등과 같은 식품 안전 분야에서의 공동 연구 및 가능한 정도까지의 정보 교환

   바. 선진 치료 기법 및 혁신적인 희귀질환 의약품과 같은 연구개발 관련 측면에서의 협력

   아. 전자 보건(e-health) 정책과 관련한 정보 교환과 협력

3. 당사자는 「세계보건규정」 및 「담배의 규제에 관한 세계보건기구 기본협약」과 같은 국제 보건 합의의 이행을 촉진하도록 노력한다.

제22조
고용 및 사회 문제

1. 당사자는 세계화와 인구구조 변화 측면을 포함한 고용 및 사회 문제 분야에서 협력을 강화하기로 합의한다. 당사자는 고용 및 노동 분야와 관련한 정보와 경험의 교류 및 협력의 강화에 노력한다. 협력 분야는 지역 및 사회 결속, 사회 통합, 사회보장 체계, 평생 직업능력 개발, 직장 안전보건, 양성 평등 및 양질의 일자리를 포함할 수 있다.

2. 당사자는 모두에게 혜택이 되는 세계화 과정을 지원할 필요성과 지속 가능한 발전 및 빈곤 감소의 주요 요소인 완전하고 생산적인 고용 및 양질의 일자리를 증진할 필요성을 재확인한다.

3. 당사자는 특히 「근로 상의 기본원칙 및 권리에 관한 국제노동기구 선언」에 명시된 바와 같은 국제적으로 인정된 노동 및 사회 기준을 존중하고 촉진하며 실현하고자 하는 약속을 재확인한다.

4. 협력 형태는 양자 및 다자 수준에서 공동 관심 주제에 대한 대화·협력 및 이니셔티브와, 특히 상호 합의하는 특정 프로그램과 프로젝트를 포함할 수 있다.

제23조
환경 및 천연자원

1. 당사자는 현 세대와 미래 세대의 발전을 위한 기반인 천연자원과 생물다양성을 보존하고 지속가능한 방식으로 관리할 필요성에 동의한다.

2. 당사자는 특히 다음 사항과 관련하여 지역적 측면을 포함한 환경보호 협력을 지속하고 강화하도록 노력한다.

   가. 기후 변화와 에너지 효율성

나. 환경 인식

다. 생물다양성, 생물안전성 및 「멸종위기에 처한 야생동식물종의 국제거래에 관한 협약」을 포함한 다자 환경 협정에의 참여와 그 이행

라. 환경관리 체계 및 환경 표시를 포함한 환경 기술·제품 및 서비스의 장려

마. 유해 물질, 유해 폐기물 및 그 밖의 형태의 폐기물의 불법적인 초국경 이동 방지

바. 연안 및 해양 환경, 보존, 오염 및 악화 관리

사. 지속가능한 발전의 중요한 요소로서 환경 보호에의 지역적 참여

아. 토양 및 토지 관리

자. 정보·전문지식 및 관행의 교환

3. 적절한 경우 「지속가능한 발전에 관한 세계정상회의」결과 및 관련 다자 환경 협정의 이행을 고려한다.

제24조
기후 변화

1. 당사자는 기후 변화라는 범세계적 공동 위협과 기후 체계에 대한 위험한 인위적 교란을 방지하는 수준으로 대기 중의 온실가스 농도를 안정화시키기 위하여 배출 절감 조치를 할 필요성을 인식한다. 당사자는 그들 각자의 권한 범위에서, 그리고 「기후변화에 관한 국제연합 기본협약」(UNFCCC)과 같은 다른 회의에서의 기후 변화 논의를 침해하지 않는 범위에서, 이 분야에서의 협력을 강화한다. 그러한 협력은 다음을 목표로 한다.

가. 국내적으로 적절한 감축 및 적응 조치를 통한 저탄소 사회로의 신속한 전환을 전반적 목표로 하는 기후변화에 대한 대응

나. 특히 가장 이용 가능하고 경제적으로도 실행 가능한 저탄소 기술 및 감축과 적응 기준의 광범위한 활용을 통한 효율적인 자원 사용 지원

다. 거래 체계의 혜택과 구조와 관련된 전문지식과 정보의 교환

라. 기후변화에 대한 대응 조치를 효과적으로 지원할 수 있는 시장 메커니즘과 민관 협력 관계를 포함한 민관 부문 금융 체제의 강화

마. 경제성장을 유지하는 가운데 온실가스 배출을 감축시키기 위한 저탄소 기술의 연구·개발·보급·배치 및 이전에 대한 협력

바. 적절한 경우 온실가스 효과에 대한 관측과 분석, 그리고 감축 및 적응 프로그램의 개발에서 경험과 전문지식의 교환

사. 적절한 경우 교토의정서의 신축적 메커니즘을 통하는 경우를 포함하여 개발도상국의 감축 및 적응 조치에 대한 지원

2. 이를 위하여 당사자는 정치·정책 및 기술 수준에서의 대화와 협력을 강화하기로 합의한다.

제25조
농업, 농촌 개발 및 임업

당사자는 농업, 농촌 개발 및 임업 분야에서의 협력을 장려하기로 합의한다. 당사자는 특히 다음에 관하여 정보를 교환하고 협력을 발전시킨다.

가. 농업 및 임업 정책, 그리고 농업 및 임업에 관한 전반적인 국제 전망

나. 지리적 표시의 등록과 보호

다. 유기농 생산

라. 농업 및 임업 분야에서의 연구

마. 농촌지역에 대한 개발정책 및 특히 농업 부문의 다양화와 구조 조정

바. 지속가능한 농업 및 임업, 그리고 환경 요건의 농업정책에의 통합

사. 농업·임업 및 환경 간의 연계, 그리고 농촌지역에 대한 개발 정책

아. 농식품 장려 활동

자. 목재 생산 개발도상국들의 이익에 대한 적절한 고려를 포함하여 산림파괴를 방지하고 새로운 산림 조성을 장려하기 위한 지속가능한 산림경영

제26조
해양 및 수산업

당사자는 특히 해양 및 수산업의 지속가능하며 책임 있는 개발 및 관리를 촉진하기 위하여 양자 및 다자 수준에서 해양 및 수산 협력을 장려한다. 협력 분야는 다음을 포함할 수 있다.

가. 정보 교환

나. 연안 및 해양 자원의 관리와 보존을 포함한 지속가능하고 책임 있는 장기적인 해양 및 수산업 정책에 대한 지원

다. 불법, 미신고, 비규제 어업 행위의 방지와 대응을 위한 노력의 증진

제27조
개발원조

1. 당사자는 개발원조 정책의 목표와 제3국에서 각자 실시하는 개발원조 프로그램에 관한 정기적인 대화를 확립하기 위하여 개발원조 정책에 관한 정보를 교환하기로 합의한다. 당사자는 이러한 프로그램 이행에 적용 가능한 각자의 법령 및 상황에 따라 더 실질적인 협력이 어느 정도까지 실현 가능한지를 연구한다.

2. 당사자는 「원조 효과성 제고를 위한 2005년 파리 선언」에 대한 약속을 재확인하고 개발 활동을 더욱 개선하기 위한 협력을 강화하기로 합의한다.

제6편
교육 및 문화 분야 협력

제28조
문화, 정보, 통신, 시청각 및 미디어에서의 협력

1. 당사자는 그들 각자의 문화에 대한 상호 이해와 지식을 제고하기 위하여 협력을 증진하기로 합의한다.

2. 당사자는 이 분야에서 공동 이니셔티브를 수행하고 문화 교류를 증진하기 위해 적절한 조치를 하도록 노력한다.

3. 당사자는 국제연합 교육과학문화기구의 「문화적 표현의 다양성 증진과 보호에 관한 협약」 조항을 존중하면서 공동 목표를 추구하고 문화 다양성을 촉진하기 위하여 국제연합 교육과학문화기구(UNESCO)와 아시아유럽정상회의와 같은 관련 국제회의에서 긴밀하게 협력하기로 합의한다.

4. 당사자는 시청각 및 미디어 분야에서 관련 기관 간의 교류·협력 및 대화를 장려할 수단을 고려할 것이다.

제29조
교육

1. 당사자는 교육과 훈련이 세계 지식기반 경제에 참여할 수 있는 인적 자원의 개발에 중대한 기여를 하고 있음을 인정하고, 교육과 훈련 분야에서의 협력에 공동의 이익을 갖고 있음을 인식한다.

2. 당사자는 그들의 상호 이익과 교육정책 목표에 따라 특히 고등교육에 중점을 두고 교육·훈련 및 청소년 분야에서 공동으로 적절한 협력 활동을 지원하기로 한다. 이러한 협력은 특히 다음과 같은 형태를 취할 수 있다.

가. 교육과정의 개발, 공동연구 프로그램 및 학생 교류 증진을 위한 대한민국과 유럽연합의 교육훈련기관 간 공동 프로젝트에 대한 지원

나. 교육정책 분야에서의 대화, 연구, 그리고 정보 및 노하우의 교환

다. 에라스무스 문더스 프로그램 이행을 통하는 경우를 포함하여, 학생과 고등교육 기관 교직원 및 청년 근로자의 교류 증진

라. 교육 분야 공동 관심 부문에서의 협력

제7편
사법, 자유 및 안보 분야에서의 협력

제30조
법의 지배

사법, 자유 및 안보 분야 협력에서 당사자는 사법부의 독립, 재판 이용권과 공정한 재판을 받을 권리를 포함하여 법의 지배를 촉진하는 데 특별한 중요성을 부여한다.

제31조
사법협력

1. 당사자는 특히 아동보호와 국제 사법협력 및 소송 분야의 헤이그 국제사법회의의 협약들을 포함하여 민사사법협력에 관한 다자협약의 비준 및 이행과 관련하여 민사 및 상사 문제에서의 사법협력을 발전시키기로 합의한다.
2. 당사자는 적용 가능한 국제 문서에 따라 가능한 때마다 민사 및 상사 분쟁의 중재방식에 따른 해결을 촉진하고 장려하기로 합의한다.
3. 당사자는 형사문제 사법협력과 관련하여 상호 사법공조 및 범죄인 인도에 관한 합의를 강화하도록 노력한다. 이는 적절한 경우 이 협정 제6조에 언급된 「국제형사재판소에 관한 로마규정」을 포함하여 국제연합의 관련 국제 문서에 대한 가입과 이행을 포함한다.

제32조
개인정보 보호

1. 당사자는 개인정보 보호 수준을 「국제연합 개인정보 전산화 규율을 위한 가이드라인」(1990년 12월 14일 국제연합총회 결의 45/95)에 포함된 것과 같은 최고의 국제적 수준까지 향상시키기 위하여 협력하기로 합의한다.
2. 개인정보 보호에 관한 협력은 특히 정보 및 전문지식의 교환을 포함할 수 있다.

제33조
이주

1. 당사자는 이주 문제를 이주자가 발생하는 지역의 경제적·사회적 발전을 위한 국가전략에 포함하는 데 있어서 뿐만 아니라 불법 이주, 밀입국 및 인신매매 분야에서 협력을 강화하기로 합의한다.

2. 불법 이민의 방지 및 통제를 위한 협력의 틀 안에서 당사자는 다른 쪽 당사자의 영역 안에 불법 체류하는 자국민을 재수용하기로 합의한다. 이를 위하여 당사자는 자국민에게 그러한 목적을 위한 적절한 신분증을 제공한다. 국적이 의심스러운 경우 당사자는 자국민이라고 주장하는 이들의 신분을 규명하기로 합의한다.

3. 당사자는 필요한 경우 자국민의 재수용에 대한 구체적인 의무를 규율하는 협정을 체결하도록 노력한다. 이 협정은 다른 국가의 국민 및 무국적자와 관련한 조건에 대해서도 다룬다.

제34조
불법 마약류에 대한 대응

1. 당사자는 그들 각자의 법령에 따라 불법 마약류의 공급·밀거래 및 수요, 그리고 불법 마약류가 마약 사용자 및 사회 전반에 끼치는 영향을 감소시키고 마약과 향정신성 물질의 불법 제조에 사용되는 전구물질의 전용을 더 효과적으로 방지하는 것을 목표로 한다. 당사자는 협력 시 이러한 목표를 추구하는 데에, 시장에 대한 법적 규제와 효과적인 조치 및 보건, 교육, 사회, 법 집행 및 사법 부문을 포함하여 권한 있는 당국 간의 조율을 통하여 포괄적이고 균형 잡힌 접근이 취해지도록 한다.

2. 당사자는 이러한 목표를 달성하기 위한 협력 수단에 대하여 합의한다. 조치들은 관련 국제협약과 1998년 6월 제20차 국제연합 마약 특

별총회에서 승인된 「마약수요 감축에 관한 지침에 관한 정치적 선언 및 특별 선언」에 부합되는 공동 합의된 원칙들에 기초한다.

제35조
조직범죄 및 부패에 대한 대응

당사자는 부패 행위로 인한 자산 또는 자금 회수에서의 효과적인 협력을 포함하여 이 분야에서의 기존의 상호 국제 의무의 완전한 준수를 통하여 조직화된 경제 및 금융 범죄, 부패, 위조 및 불법 거래와의 싸움에 협력하고 기여하기로 합의한다. 당사자는 「초국가적 조직범죄에 관한 국제연합 협약」과 그 보충 의정서, 그리고 「국제연합 부패방지 협약」의 이행을 촉진한다.

제36조
자금세탁 및 테러자금 조달에 대한 대응

1. 당사자는 자국 금융 체제가 마약 거래와 부패를 포함한 모든 범죄 활동에 따른 수익의 세탁과 테러자금 조달에 이용되는 것을 방지하도록 노력하고 협력할 필요성에 동의한다. 이러한 협력은 범죄 수익으로 발생한 자산 및 자금 회수에까지 해당한다.
2. 당사자는 각각의 법령의 틀 안에서 관련 정보를 교환할 수 있고, 자금세탁 및 테러자금 조달에 대응하기 위하여 자금세탁방지국제기구(FATF)와 같이 이 분야에서 활동 중인 관련 국제기관에서 채택된 것에 상응하는 적절한 기준을 적용할 수 있다.

제37조
사이버 범죄에 대한 대응

1. 당사자는 그들의 책임 범위에서 자국 법령을 준수하면서 정보 및 실제 경험의 교환을 통하여 첨단기술 범죄, 사이버 범죄, 전자 범죄, 그리고 인터넷을 통한 테러리스트 관련 내용의 유포를 방지하고 이에 대응하기 위한 협력을 강화한다.
2. 당사자는 사이버 범죄 수사관의 교육훈련, 사이버 범죄 수사, 디지털 과학 수사 분야에서의 정보를 교환한다.

제38조
법 집행 협력

당사자는 법 집행 당국·기관 및 부서 간에 협력할 것과 당사자 공통의 초국가적 범죄 위협을 퇴치하고 분쇄하는 데 기여할 것에 합의한다. 법 집행 당국·기관 및 부서 간 협력은 상호 수사 협조, 수사 기법의 공유, 법 집행 인력의 공동 교육훈련, 그리고 당사자가 상호 합의하는 그 밖의 형태의 공동 활동과 지원형태를 취할 수 있다.

제8편
그 밖의 분야에서의 협력

제39조
관광

당사자는 더 나은 상호 이해의 제고 및 관광의 균형되고 지속가능한 발전 촉진을 위하여 관광 분야에서의 협력을 확립하기로 한다. 이러한 협력은 특히 다음과 같은 형태를 취할 수 있다.

가. 관광 관련 공동 관심 사안에 대한 정보 교환

나. 관광 행사 조직

다. 관광 교류

라. 문화유산의 보전 및 관리 협력

마. 관광 관리 협력

제40조
시민 사회

당사자는 이 협정에 따른 대화와 협력 과정에서 조직화된 시민 사회의 역할과 잠재적 기여를 인식하고, 조직화된 시민 사회와의 효과적 대화 및 시민 사회의 효과적 참여를 촉진하기로 합의한다.

제41조
공공 행정

당사자는 공공 행정 현대화와 관련하여 기존의 노력을 토대로 경험 및 최적 관행을 교환함으로써 다음과 같은 분야에서 협력하기로 합의한다.

가. 조직 효율성의 개선

나. 서비스 제공에서 기관 성과의 제고

다. 공적 자원의 투명한 관리 및 책임성의 확보

라. 법적·제도적 틀의 개선

마. 정책의 구상 및 이행

제42조
통계

1. 당사자는 통계 문제에 관한 협력을 발전시키고 강화하며 이로써 시의성 있으며, 국제적으로 비교 가능하고 신뢰할 수 있는 통계 자료의 제공이라는 장기 목표에 기여한다. 지속가능하고 효율적이고 전문적으로 독립된 통계시스템이 당사자의 시민, 기업, 정책결정자에게 적절한 정보를 제공함으로써 이들로 하여금 정보에 기초한 결정을 내릴 수 있도록 할 것으로 기대된다. 당사자는 특히 이미 축적된 경험을 고려하여 정보 및 전문 지식을 교환하고 협력을 발전시킨다. 협력은 다음을 목표로 한다.

   가. 양 당사자 통계 시스템의 발전적인 조화

   나. 적합한 국제적 방법론의 적용을 고려한, 당사자 간 자료 교환의 세부 조정

   다. 적합한 통계기준을 적용할 수 있도록 통계인력의 전문 역량 제고

   라. 통계 노하우 개발에 관한 당사자 간의 경험 공유의 촉진

2. 협력 형태는 양자 또는 다자 수준에서의 공동 관심 주제에 대한 대화·협력 및 이니셔티브, 그리고 특히 상호 합의하는 특정 프로그램과 프로젝트를 포함할 수 있다.

제9편
제도적 틀

제43조
그 밖의 협정

1. 1996년 10월 28일 룩셈부르크에서 서명되고 2001년 4월 1일 발효된

「대한민국과 구주공동체 및 그 회원국 간의 무역과 협력을 위한 기본 협정」은 이로써 폐지된다.

2. 이 협정은 앞서 언급한 협정을 갱신하고 대체한다. 당사자 간의 그 밖의 모든 협정에서 앞서 언급한 협정에 대한 언급은 이 협정을 언급하는 것으로 해석된다.

3. 당사자는 이 협정 범주에 속하는 모든 협력 분야에서 특정 협정을 체결함으로써 이 협정을 보완할 수 있다. 이러한 특정 협정은 이 협정이 규율하는 전반적인 양자 관계의 불가분의 일부가 되며, 공동의 제도적 틀의 일부를 구성한다.

4. 이 협정 범주에 해당하는 특정 협력 분야에 관한 기존 협정은 마찬가지로 이 협정이 규율하는 전반적인 양자 관계의 일부이며 공동의 제도적 틀의 일부를 구성하는 것으로 간주된다.

제44조
공동위원회

1. 당사자는 이 협정에 따라 대한민국 대표를 한쪽으로 하고 유럽연합 이사회 회원국의 대표 및 유럽연합 집행위원회의 대표를 다른 쪽으로 하여 구성되는 공동위원회를 설치한다.

2. 당사자 간 관계의 전반적 결속을 유지하고, 당사자 간의 그 밖의 협정이 적절하게 기능하도록 보장하며, 또한 이 협정의 이행을 용이하게 하고 이 협정의 일반 목적을 증진하기 위하여 공동위원회에서 협의를 개최한다.

3. 공동위원회는 다음과 같은 기능을 수행한다.

가. 이 협정의 적절한 이행 확보

나. 당사자 간 포괄적 관계의 발전 점검

다. 적절한 경우 공동의 제도적 틀 안에 속하는 그 밖의 협정에 따라 설치되는 위원회나 다른 기관에 대한 정보 요구 및 제출된 보고서의 검토

라. 향후 조치와 이를 수행하기 위한 가용 자원을 포함한 모든 공동 관심 사안에 대한 의견 교환 및 제안

마. 이 협정 목표와 관련한 우선 순위의 설정

바. 이 협정이 적용되는 분야에서 발생할 수 있는 문제점을 예방하기 위한 적절한 방안의 모색

사. 제45조 제3항에 따라 이 협정의 적용과 해석에서 발생하는 분쟁의 컨센서스에 의한 해결

아. 제45조제3항에 따라 의무 불이행과 관련한 어느 한 쪽 당사자가 제출한 정보에 대한 검토 및 양 당사자 모두에 수용 가능한 해결책 마련을 위한 다른 쪽 당사자와의 협의 개최

4. 공동위원회는 통상 연 1회 서울과 브뤼셀에서 상호 교대로 개최한다. 위원회 특별 회의는 어느 한 쪽 당사자의 요청이 있을 경우 개최한다. 공동위원회 의장은 각 당사자가 교대로 맡는다. 공동위원회는 통상 고위급으로 개최한다.

제45조
이행 방식

1. 당사자는 이 협정에 따른 자신의 의무를 이행하는 데 요구되는 일반적인 또는 특정의 조치를 하며, 그러한 조치가 이 협정에 언급된 목표에 부합하도록 한다.

2. 이행은 컨센서스와 대화에 의한다. 그러나 만약 이 협정의 적용이나 해석에 이견이 있는 경우, 어느 한 쪽 당사자는 공동위원회에 회부한다.

3. 어느 한 쪽 당사자는 다른 쪽 당사자가 이 협정에 따른 의무를 이행하지 않았다고 판단하는 경우 국제법에 따라 적절한 조치를 할 수 있다. 그 당사자는 특별 긴급상황을 제외하고는 조치를 하기 전에 상황에 대한 철저한 검토를 위하여 필요한 모든 정보를 공동위원회에 제출한다. 당사자는 공동위원회에서 협의를 하며, 이러한 협의는 양 당사자가 합의하는 경우 공동위원회가 임명하는 중개인에 의하여 촉진될 수 있다.

4. 특별 긴급상황의 경우 그러한 조치는 다른 쪽 당사자에게 즉시 통보한다. 다른 쪽 당사자의 요청에 따라 최장 20일까지 협의가 개최된다. 이 기간 후 그 조치가 적용된다. 이 경우 다른 쪽 당사자는 조치의 모든 측면과 그 근거를 검토하기 위하여 아래 제46조에 따른 중재를 요청할 수 있다.

제46조
중재 절차

1. 중재재판소는 3명의 중재재판관으로 구성된다. 각 당사자는 1명의 중재재판관을 지명하고, 공동위원회는 어느 한 쪽 당사자의 중재 요청이 있을 때 적절한 경우 14일 이내에 제3의 중재재판관을 임명한다. 어느 한 쪽 당사자에 의한 중재재판관 임명은 즉시 다른 쪽 당사자에게 외교 경로를 통하여 서면으로 통보된다. 중재재판관들의 판정은 다수결에 의한다. 중재재판관들은 가능한 한 조속히, 그리고 어떠한 경우에도 중재재판관들이 임명된 날부터 3개월 이내에 판정을 내리도록 노력한다. 공동위원회는 신속한 중재 진행을 위한 세부 절차에 합의한다.

2. 분쟁의 각 당사자는 중재재판관들의 판정을 이행하는 데 필요한 조치를 하여야 한다. 중재재판관들은 요청이 있는 경우 이 협정에 따른 권리와 의무의 균형 회복을 위한 판정의 이행 방법에 관하여 권고한다.

제10편
최종 조항

제47조
정의

이 협정의 목적을 위하여 “당사자”는 한편으로는 대한민국을, 다른 한 편으로는 각자의 권한에 따라 유럽연합 또는 그 회원국을, 또는 유럽연합과 그 회원국을 말한다.

제48조
국가 안보 및 정보의 공개

이 협정의 어느 부분도 어떤 당사자에게 그 공개가 핵심 안보 이익에 반하는 것으로 간주되는 정보를 제공하도록 요구하는 것으로는 해석되지 아니한다.

제49조
발효, 기간 및 종료

1. 이 협정은 당사자가 발효에 필요한 법적 절차가 완료되었음을 다른 쪽 당사자에게 상호 통보하는 날부터 다음 달 첫 번째 날에 발효한다.
2. 제1항에도 불구하고, 이 협정은 발효 시까지 잠정적으로 적용된다. 잠정 적용은 당사자들이 필요한 절차가 완료되었음을 상호 통보하는 날부터 다음 달 첫 번째 날에 시작된다.
3. 이 협정은 무기한 유효하다. 각 당사자는 조약을 폐기하겠다는 의사를 다른 쪽 당사자에게 서면으로 통보할 수 있다. 폐기는 그러한 통보

로부터 6개월 후에 효력이 발생한다.

제50조
통보

제49조에 따른 통보는 각각 대한민국 외교통상부와 유럽연합 이사회의 사무국에 전달한다.

제51조
선언 및 부속서

이 협정에 첨부된 선언 및 부속서는 이 협정의 불가분의 일부를 구성한다.

제52조
영역 적용

이 협정은 한편으로는 대한민국의 영역에 적용되며 다른 한편으로는 유럽공동체 설립조약이 적용되는 영역에 그 조약에 규정된 조건에 따라 적용된다.

제53조
정본

이 협정은 한국어, 불가리아어, 체코어, 덴마크어, 네덜란드어, 에스토니아어, 영어, 핀란드어, 프랑스어, 독일어, 그리스어, 헝가리어, 이탈리아어, 라트비아어, 리투아니아어, 몰타어, 폴란드어, 포르투갈어, 루마니아어, 슬로바키아어, 슬로베니아어, 스페인어 및 스웨덴어로 각각 2부씩 작성되며, 각 언어본은 동등한 정본이다.

제45조 및 제46조에 관한 공동 해석 선언

당사자는 민주주의 체제이다. 당사자는 그들의 공유 가치를 전 세계로 전파 하기 위하여 함께 협력할 것을 희망한다. 이 협정은 전 세계에 민주주의·인권·비확산과 테러에 대한 대처를 활성화하기 위한 공동 결의를 나타내는 징표이다. 따라서 동일한 가치를 공유하는 당사자 간 이 협정의 이행은 대화, 상호 존중, 동등한 동반자 관계, 다자주의, 컨센서스 및 국제법 존중의 원칙에 기초한다.

당사자는 이 협정의 올바른 해석과 실제 적용을 위하여 제45조제3항의 "적절한 조치"라는 용어는 이 협정에 따른 의무의 불이행에 비례하는 조치라는 데 합의한다. 조치는 이 협정 또는 공동의 제도적 틀 안에 속하는 특정 협정과 관련하여 행하여질 수 있다. 조치의 선택에서, 가용한 경우 국내적 구제 조치의 사용 가능성을 고려하면서 협정의 기능을 가장 덜 저해하는 조치에 우선 순위를 부여한다.

당사자는 이 협정의 올바른 해석과 실제 적용을 위하여 제45조제4항의 "특별 긴급 상황의 경우"라는 용어는 어느 한 쪽 당사자에 의한 이 협정의 중대한 위반의 경우를 의미한다는 데 합의한다. 중대한 위반은 국제법의 일반 원칙상 허용되지 않는 이 협정의 이행 거부 또는 이 협정상 핵심 요소의 특별히 심각하고 실질적인 위반이다. 당사자는 있을 수 있는 제4조제2항의 중대한 위반에 대하여는 가용한 경우 관련 국제기구의 공식적인 입장을 고려하여 평가한다.

제46조와 관련하여, 조치가 공동 제도적 틀 안에 속하는 특정 협정에 대하여 행하여진 경우, 중재재판관들이 그 조치가 정당화되지 못하였거나 비례적이지 않았다고 판정할 경우, 중재패널 판정을 이행하는 절

차와 관련해서는 그 특정 협정의 관련 분쟁 해결 절차를 적용한다.

제12조에 대한 유럽연합의 일방 선언

대한민국과 회원국의 전권 대표는 다음과 같은 일방적 선언에 주목한다 :

유럽연합은 그 회원국들이 유럽연합 수준에서 조세 분야의 이러한 선정(善政)의 원칙에 동의한 정도까지만 제12조에 따라 구속된다는 점을 선언한다.

부록 2

2014년 5월 23일 서울에서 서명

2016년 12월 1일 발효

대한민국과 유럽연합 간의
대한민국의 유럽연합 위기관리활동 참여를 위한 기본협정

한쪽 당사자인 대한민국과 다른 쪽 당사자인 유럽연합(이하 "당사자"라 한다)은,

아래 사항을 확인하며,

(1) 유럽연합은 평화유지활동 또는 인도적 활동을 포함한 위기관리 분야에서 조치를 하기로 결정할 수 있다.

(2) 유럽연합은 EU 위기관리활동에 제3국이 참여하도록 초청할지 여부를 결정할 것이다. 대한민국은 유럽연합의 그 초청을 수락하고, 자신의 기여를 제공할 수 있다. 그러한 경우 유럽연합은 그 제안된 기여의 수락에 관하여 결정할 것이다.

(3) 대한민국의 EU 위기관리활동 참여에 관한 조건은 향후 가능한 참여를 위한 틀을 마련하는 협정에 규정해야 하며, 각각의 개별 활동에 대하여 사안별로 이러한 조건을 정하는 협정에 규정해야 하는 것은 아니다.

(4) 그러한 협정은 유럽연합의 의사결정의 자율성을 저해하지 아니하여야 하며, 대한민국 법체계에 따라 대한민국의 EU 위기관리활동 참여 결정의 사안별 성격을 예단하지 말아야 한다.

(5) 그러한 협정은 향후 EU 위기관리활동만을 다루어야 하며, 이미 전개된 EU 위기관리활동에 대한 대한민국의 참여를 규율하는 기존의

어떠한 협정도 저해하지 아니하여야 한다.

다음과 같이 합의하였다.

제1절 일반 규정

제1조 참여에 관한 결정

1. 대한민국이 EU 위기관리활동에 참여하도록 초청하는 유럽연합의 결정 후에, 유럽연합은 자신의 초청에 대한 대한민국의 검토를 촉진시키기 위하여 그 활동에 관한 모든 관련 정보 및 평가를 교환한다.

2. 유럽연합은 대한민국이 자신이 제안한 기여를 구체화하는 것을 지원하기 위하여 제8조 및 제12조에 따라 한국이 기여할 운영예산에 규정된 비용 또는 공동비용을 대한민국에 조기에 제시한다.

3. 대한민국이 기여를 제안하기로 결정하면, 대한민국은 한국의 모든 파견 인원 구성을 포함한 자신의 유럽연합에 대한 제안된 기여를 결정하고 이에 관한 정보를 제공한다.

4. 유럽연합은 대한민국과 협의하여 한국의 기여를 평가한다. 대한민국은 협의와 평가 과정 동안 언제든지 자신의 제안된 기여를 수정하기로 선택할 수 있다.

5. 유럽연합은 이 협정의 규정에 따라 대한민국의 참여를 확보하기 위하여 한국이 제안한 기여에 관한 자신의 평가와 결정의 결과를 대한민국에 서면으로 전달한다.

6. 대한민국은 자발적으로 또는 유럽연합의 요청에 따라, 그리고 당사자 간 협의에 따라 언제라도 EU 위기관리활동에 대한 참여의 전체 또는 일부를 철회할 수 있다.

제2조 틀

1. 대한민국은 이 협정의 규정 및 모든 필요한 이행 약정에 따라, 유럽연합이 위기관리활동을 수행하기로 유럽연합이사회가 결정한 이사회 결정과 유럽연합 이사회가 EU 위기관리활동을 연장하기로 결정한 그 밖의 모든 결정을 지지한다.

2. EU 위기관리활동에 대한 대한민국의 기여는 유럽연합의 의사결정의 자율성을 저해하지 아니한다.

제3조 대한민국의 인원 및 병력의 지위

1. 대한민국에 의하여 EU 민간위기관리활동에 파견되는 인원 및/또는 EU 군사위기관리활동에 기여되는 병력의 지위는 유럽연합과 그 활동이 수행되는 국가 간의 병력/파견단의 지위에 관한 협정이 체결되는 경우 그 협정에 의하여 규율된다.

2. EU 위기관리활동이 일어나는 국가 밖에 위치한 본부 또는 사령부에 기여되는 인원의 지위는 관련 본부 및 사령부와 대한민국의 권한 있는 당국 간 약정에 의하여 규율된다.

3. 제1항에 언급된 병력/파견단의 지위에 관한 협정을 저해함이 없이, 대한민국은 EU 위기관리활동에 참여하는 자국 인원에 대한 관할권을 행사한다. 대한민국의 병력이 유럽연합 회원국의 선박이나 항공기에 탑승하여 활동할 경우 그 유럽연합 회원국은 자신의 국내법령과 국제법에 따라, 그리고 기존의 모든 협정 및/또는 향후 체결되는 협정에 따를 것을 조건으로 관할권을 행사할 수 있다.

4. 대한민국은 모든 자국 인원의 EU 위기관리활동 참여와 연관된 모든 청구에 응하고, 자신의 국내법령에 따라 모든 자국 인원에 대하여 모든 조치, 특히 법적 또는 징계 처분을 행할 책임이 있다.

5. 당사자는, 계약상의 청구를 제외하고는, 이 협정에 따른 활동과 연관되어 공무 수행 중 발생한 어느 한쪽 당사자가 소유하거나 운영하는

자산에 대한 피해, 손실 또는 파손 또는 어느 한쪽 당사자의 인원의 부상이나 사망에 대하여, 중대한 과실이나 고의적 위법 행위의 경우를 제외하고는, 어떠한 그리고 모든 배상책임을 서로 면제하기로 합의한다.

6. 대한민국은 이 협정 서명 시 자신이 참여하는 EU 위기관리활동에 참여하는 다른 모든 국가에 대한 배상책임의 면제에 관하여 선언한다.

7. 유럽연합은 이 협정 서명 시 유럽연합 회원국이 대한민국의 모든 향후 EU 위기관리활동 참여에 대해서도 배상책임의 면제에 관하여 선언하도록 보장한다.

제4조 비밀정보

1. 대한민국은 유럽연합의 비밀 정보가 이사회 결정 2013/488/EU1)에 포함된 유럽연합이사회의 보안규정에 따라, 그리고 EU 군사위기관리활동 관련 EU 작전 사령관을 포함한 권한 있는 당국 또는 EU 민간위기관리활동 관련 현장소장에 의하여 발급된 추가 지침에 따라 보호되도록 보장하기 위하여 적절한 조치를 한다.

2. 당사자가 비밀정보 교환을 위한 보안 절차에 관한 협정을 체결할 경우, 그러한 협정은 EU 위기관리활동의 맥락에서 적용된다.

제2절 민간위기관리활동 참여 규정

제5조 EU 민간위기관리활동 파견 인원

1. 대한민국은:

   가. EU 민간위기관리활동에 파견되는 자국의 인원이 다음에 따라 임무를 수행하도록 보장한다.

      1) 제2조제1항에 언급된 이사회 결정과 후속 개정

2) 활동계획

3) 이행조치

나. 자국의 EU 민간위기관리활동 기여에 대한 모든 변동사항을 적시에 현장소장과 유럽연합 외교안보정책 고위대표("HR")에게 통지한다.

2. 대한민국에 의하여 EU 민간위기관리활동에 파견된 인원은 건강 검진과 예방접종을 받고 자국의 권한 있는 당국으로부터 의학적으로 임무 수행에 적합함을 증명 받으며 그 증명서 사본을 제출한다.

3. 대한민국에 의하여 파견된 인원은 오로지 EU 민간위기관리활동의 이해를 염두에 두고 자신의 임무를 수행하고 행동한다.

제6조 지휘 체계

1. 모든 인원은 자국 국가 당국의 전적인 지휘하에 있다.

2. 국가 당국은 작전 통제권을 유럽연합의 민간 작전 사령관에게 이전한다.

3. 민간 작전 사령관은 전략 수준에서 EU 민간위기관리활동에 대하여 책임을 지고 지휘 및 통제권을 행사한다.

4. 현장소장은 현장 수준에서 EU 민간위기관리활동에 대하여 책임을 지고 지휘 및 통제권을 행사하며, 그 일상적인 관리를 담당한다.

5. 대한민국은 그 활동의 일상적인 운영에 관하여 제2조제1항에 언급된 법적 문서에 따라 활동에 참여하는 유럽연합 회원국들과 동일한 권리와 의무를 가진다.

6. 현장소장은 EU 민간위기관리활동 인원에 대하여 규율 통제 책임을 갖는다. 필요한 경우 징계 처분은 해당 국가 당국에 의하여 이루어진다.

7. 국가 파견 연락관("NPC")은 활동 중 자국 파견단을 대표하도록 대한

민국에 의하여 임명된다. 국가 파견 연락관은 국내적 문제를 현장소장에게 보고하고 파견단의 일상적 규율에 대한 책임을 진다.

8. 활동 종료 결정은, 활동 종료일에 대한민국이 EU 민간위기관리활동에 여전히 기여하고 있는 경우에는 대한민국과의 협의를 통하여 유럽연합에 의하여 이루어진다.

제7조 재정 측면

1. 제8조를 저해함이 없이, 대한민국은 활동 운영예산에 규정된 운영비용을 제외한 자국의 활동 참여와 관련된 모든 비용을 부담한다.

2. 활동이 수행되는 국가(들)에서 자연인 또는 법인에 대한 사망, 부상, 손실 또는 피해가 발생할 경우, 대한민국은 자신이 책임이 있다고 증명될 시 제3조제1항에 언급된 적용 가능한 파견단의 지위 협정에 규정된 조건에 따라 보상금을 지급한다.

제8조 운영예산에의 기여

1. 제4항에 따를 것을 조건으로, 대한민국은 EU 민간위기관리활동 운영예산에 대한 자금 조달에 기여한다.

2. 운영예산에 대한 그러한 기여는 다음의 산정 방식 중 더 낮은 가액을 산출하는 방식에 기초하여 산정된다.

   가. 활동 운영예산에 기여하는 모든 국가의 전체 국민총소득에 대한 대한민국의 국민총소득의 비율에 비례한 운영예산의 분담분, 또는

   나. 활동에 참여하는 모든 국가의 총 인원 수에 대한 활동에 참여하는 대한민국 인원 수의 비율에 비례한 운영예산의 분담분

3. 제1항 및 제2항에도 불구하고, 대한민국은 유럽연합 회원국의 인원에게 지급되는 일일 수당의 자금 조달에는 어떠한 기여도 하지 아니한다.

4. 제1항에도 불구하고, 유럽연합은 원칙적으로 다음의 경우에 특정한 EU 민간위기관리활동에 대한 재정적 기여에서 대한민국을 면제한다.

가. 유럽연합이 대한민국은 그 활동에 본질적인 의미 있는 기여를 제공한다고 결정하는 경우, 또는

나. 대한민국의 1인당 국민총소득이 어떠한 유럽연합 회원국의 1인당 국민총소득도 초과하지 아니하는 경우

5. 제1항에 따를 것을 조건으로, EU 민간위기관리활동 운영예산에 대한 대한민국의 기여금 지급에 관한 모든 약정은 당사자의 권한 있는 당국 간에 서명되며, 특히 다음에 관한 규정을 포함한다.

가. 관련 재정 기여금의 액수

나. 재정 기여금 지급 약정, 그리고

다. 감사 절차

제3절 군사위기관리활동 참여 규정

제9조 EU 군사위기관리활동 참여

1. 대한민국은 EU 군사위기관리활동에 참여하는 자국의 병력 및 인원이 다음에 따라 그 임무를 수행하도록 보장한다.

가. 제2조제1항에 언급된 이사회 결정과 후속 개정

나. 활동계획, 그리고

다. 이행조치

2. 대한민국은 자국의 활동 참여에 대한 모든 변동사항을 적시에 유럽연합 작전 사령관에게 통지한다.

3. 대한민국에 의하여 파견된 인원은 오로지 EU 군사위기관리활동의 이해만을 염두에 두고 자신의 임무를 수행하고 행동한다.

제10조 지휘 체계

1. EU 군사위기관리활동에 참여하는 모든 병력과 인원은 자국 국가 당국의 전적인 지휘하에 있다.

2. 국가 당국은 자국 병력 및 인원에 대한 작전 및 전술 통제권을 EU 작전 사령관에게 이전하며, 그는 자신의 권한을 위임할 자격을 갖는다.

3. 대한민국은 그 활동의 일상적인 운영에 관하여, 제2조제1항에 언급된 법적 문서에 따라 활동에 참여하는 유럽연합 회원국들과 동일한 권리와 의무를 갖는다.

4. EU 작전 사령관은 대한민국과의 협의에 따라 언제든지 대한민국의 기여를 철회할 것을 요청할 수 있다.

5. 고위군사대표("SMR")는 EU 군사위기관리활동을 수행함에 있어 자국 파견단을 대표하도록 대한민국에 의하여 임명된다. 고위군사대표는 활동에 영향을 주는 모든 사항에 대하여 EU 병력 사령관과 협의하고, 대한민국 파견단의 일상적 규율에 대한 책임을 진다.

제11조 재정 측면

1. 이 협정의 제12조를 저해함이 없이, 대한민국은 그 활동 참여와 관련된 모든 비용에 대하여 그 비용이 제2조제1항에 언급된 법적 문서 및 이사회 결정 2011/871/CFSP2)에 규정된 공동비용에 속하지 아니하는 한 이를 부담한다.

2. 활동이 수행되는 국가(들)에서 자연인 또는 법인에 대한 사망, 부상, 손실 또는 피해가 발생할 경우, 대한민국은 자신이 책임이 있다고 증명될 시 제3조제1항에 따라 적용 가능한 병력의 지위 협정에 규정된 조건에 따라 보상금을 지급한다.

제12조 공동비용에의 기여

1. 제3항에 따를 것을 조건으로, 대한민국은 EU 군사위기관리활동의 공동비용에 대한 자금 조달에 기여한다.

2. 공동비용에 대한 그러한 기여는 다음의 산정 방식 중 더 낮은 가액을 산출하는 방식에 기초하여 산정된다.

 가. 활동 공동비용에 기여하는 모든 국가의 전체 국민총소득에 대한 대한민국의 국민총소득의 비율에 비례한 공동비용의 분담분, 또는

 나. 활동에 참여하는 모든 국가의 총 인원 수에 대한 활동에 참여하는 대한민국 인원 수의 비율에 비례한 공동비용의 분담분

 나호의 공식이 사용되고, 대한민국이 작전 또는 병력 사령부에 인원만을 기여하는 경우, 사용되는 비율은 각 사령부 인원의 총 수에 대한 자국의 인원 수의 비율이 된다. 그 밖의 경우에는 활동에 참여하는 총 인원 수에 대한 대한민국이 기여한 모든 인원 수의 비율이 된다.

3. 제1항에도 불구하고, 유럽연합은 원칙적으로 다음의 경우에 특정한 EU 군사위기관리활동의 공동비용에 대한 재정적 기여에서 대한민국을 면제한다.

가. 유럽연합이 대한민국은 그 활동에 본질적인 의미 있는 기여를 제공한다고 결정하는 경우, 또는

나. 대한민국의 1인당 국민총소득이 어떠한 유럽연합 회원국의 1인당 국민총소득도 초과하지 아니하는 경우

4. 제1항에 따를 것을 조건으로, 공동비용에 대한 대한민국의 기여금 지급에 관한 모든 약정은 당사자의 권한 있는 당국 간에 체결되며, 특히 다음에 관한 규정을 포함한다.

 가. 관련 재정 기여금의 액수

 나. 재정 기여금 지급 약정, 그리고

 다. 감사 절차

제4절 최종 규정

제13조 협정 이행 약정

제8조제5항과 제12조제4항을 저해함이 없이, 이 협정 이행에 필요한 모든 기술적 그리고 행정적 약정이 당사자의 권한 있는 당국 간에 체결된다.

제14조 불이행

어느 한쪽 당사자가 이 협정에 따른 자신의 의무를 이행하지 아니하는 경우, 다른 쪽 당사자는 1개월 전 서면 통보를 통하여 이 협정을 종료시킬 권리를 갖는다.

제15조 분쟁 해결

이 협정의 해석 또는 적용에 관한 분쟁은 당사자 간 외교적 수단을 통하여 해결된다.

제16조 발효, 유효기간 및 종료

1. 이 협정은 당사자가 발효에 필요한 내부 법적 절차가 완료되었음을 상호 통보한 후 첫 번째 달의 첫 번째 날에 발효된다.
2. 이 협정에 대하여 정기적인 검토를 실시한다.
3. 이 협정은 당사자 간 상호 서면 합의에 기초하여 개정될 수 있다. 개정은 제1항에 규정된 절차에 따라 발효한다.
4. 이 협정은 최초 5년의 기간 동안 유효하며 그 이후부터는 어느 한쪽 당사자가 적어도 만료일의 6개월 전에 서면으로 이 협정을 종료할 의사를 다른 쪽 당사자에게 통보하지 아니하는 한 자동적으로 5년의 후

속기간씩 연장된다.

이상의 증거로, 아래 서명자는 각 당사자로부터 정당하게 권한을 위임받아 이 협정에 서명하였다.

2014년 5월 23일 서울에서 동등하게 정본인 한국어 및 영어로 각 2부를 작성하였으며, 해석상의 차이가 발생할 경우에는 영어본이 우선한다.

대한민국을 대표하여	유럽연합을 대표하여

대한민국의 EU 위기관리활동에 참여하는 모든 국가에 대한 배상책임 면제에 관한 선언

"EU 위기관리활동에 참여하기로 한 대한민국은 자신의 국내법 체계가 허용하는 범위 내에서, 자국 인원의 부상, 사망 또는 자국 소유 및 EU 위기관리활동에 사용된 자산의 피해 또는 손실에 관하여 EU 위기관리활동에 참여하는 국가에 대한 모든 배상책임을 면제하기로 노력할 것이다. 부상, 사망, 피해 또는 손실이 다음과 같은 경우 그러하다.

- 중대한 과실이나 고의적 위법행위의 경우를 제외하고, EU 위기관리활동과 관련된 임무 수행 중에 인원에 의하여 발생한 경우, 또는
- EU 위기관리활동에 참여하는 국가 소유의 자산이 위기관리활동과 관련되어 사용된 경우 및 그러한 자산을 이용한 EU 위기관리활동 인원에 의하여 발생한 중대한 과실이나 고의적 위법행위를 제외한 경우"

대한민국이 참여하는 EU 위기관리활동에 대하여 EU 이사회 결정을 적용하는 EU 회원국들의 배상책임 면제에 관한 선언

"대한민국이 참여하는 EU 위기관리활동에 대한 EU 이사회 결정을 적용하는 EU 회원국들은 자신의 국내법 체계가 허용하는 범위 내에서,

자국 인원의 부상, 사망 또는 자국 소유 및 EU 위기관리활동에 사용된 자산의 피해 또는 손실에 관하여 대한민국에 대한 모든 배상책임을 면제하기로 노력할 것이다. 부상, 사망, 피해 또는 손실이 다음과 같은 경우 그러하다.

- 중대한 과실이나 고의적 위법행위의 경우를 제외하고, EU 위기관리활동과 관련된 임무 수행 중에 EU위기관리활동에 대한민국이 기여한 인원에 의하여 발생한 경우, 또는
- 대한민국 소유의 자산이 위기관리 활동과 관련되어 사용된 경우 및 그러한 자산을 이용한 EU 위기관리활동에 대한민국이 기여한 인원에 의하여 발생한 중대한 과실이나 고의적 위법행위를 제외한 경우”

부록 3

대한민국과 유럽연합 및 그 회원국 간의 자유무역협정

서문

제 1 장 목적 및 일반정의

제 2 장 상품에 대한 내국민대우 및 시장접근

부속서 2-가 관세 철폐

대한민국 관세양허표

유럽연합 당사자 관세양허표

부록 2-가-1 대한민국

부록 2-가-2 유럽연합 당사자

부속서 2-나 전자제품

부록 2-나-1

부록 2-나-2

부록 2-나-3

부록 2-나-4

부속서 2-다 자동차 및 부품

부록 2-다-1

부록 2-다-2

부록 2-다-3

부속서 2-라 의약품 및 의료기기

부속서 2-마 화학물질

제 3 장 무역구제

부속서 3 농업 긴급수입제한조치

제 4 장 무역에 대한 기술장벽

부속서 4 무역에 대한 기술장벽 조정자

제 5 장 위생 및 식물위생 조치

제 6 장 관세 및 무역원활화

제 7 장 서비스 무역·설립 및 전자상거래

부속서 7-가 약속 목록

부속서 7-가-1 유럽연합 당사자 제7.7조에 합치하는 약속 목록 (국경 간 서비스 공급)

부속서 7-가-2 유럽연합 당사자 제7.13조와 합치하는 약속 목록 (설립)

부속서 7-가-3 유럽연합 당사자 제7.18조 및 제7.19조에 합치하는유보 목록(핵심인력과 대졸연수생 및 상용서비스판매자)

부속서 7-가-4 대한민국 제7.7조, 제7.13조, 제7.18조 및 제7.19조에합치하는 구체적 약속에 관한 양허표

부속서 7-나 최혜국대우 면제

부속서 7-다 최혜국대우 면제 목록

부속서 7-라 금융서비스에 관한 추가적 약속

양해

부속서 7-가 (약속 목록)의 약속 목록에 약속된 보험서비스의 국경

간 공급에 관한 양해

대한민국의 우편개혁계획에 관한 양해

통신서비스에 관한 구체적 약속에 관한 양해

용도지역지구제·도시계획 및 환경보호와 관련된 규제에 관한 양해

제 8 장 지급 및 자본이동

제 9 장 정부조달

부속서 9 건설·운영·이전 방식 계약 및 공공사업 실시 협약

제 10 장 지적재산

부속서 10-가 농산물 및 식품에 대한 지리적 표시

부속서 10-나 포도주, 방향포도주 및 증류주에 대한 지리적 표시

제 11 장 경쟁

제 12 장 투명성

제 13 장 무역과 지속가능한 발전

부속서 13 무역과 지속가능한 발전에 관한 협력

제 14 장 분쟁해결

부속서 14-가 비관세조치에 대한 중개 메커니즘

부속서 14-나 중재절차 규칙

부속서 14-다 중재패널 구성원과 중개인에 대한 행동 규범

제 15 장 제도·일반 및 최종규정

의 정 서

'원산지 제품'의 정의 및 행정협력의 방법에 관한 의정서

세관 분야 상호 행정지원에 관한 의정서

문화협력에 관한 의정서

*대한민국과 유럽연합 및 그 회원국 간의 자유무역협정의 상세 내용은 한-EU FTA 홈페이지 (http://www.fta.go.kr/eu/) 내의 협정문 전문 자료를 참고하시기 바랍니다.

약어

ACP: African Caribbean and Pacific	아프리카·카리브해· 태평양도서국가
AfD: Alternative für Deutschland	독일을 위한 대안당
ALFA: América Latina-Formación Académica	EU-라틴아메리카 고등교육 협력 프로그램
ASEAN: Association of South East Asian Nations	동남아시아국가연합
ASEF: Asia Europe Foundation	아시아유럽재단
ASEM: Asia-Europe Meeting	아시아-유럽정상회의
AUF: Agence Universitaire de la Francophonie	프랑코포니 대학 기구
BRITE: Basic Research in Industrial Technology for Europe	유럽산업기술기초 연구프로그램
CAP: Common Agriculture Policy	공동농업정책
CDU: Christlich Demokratische Union Deutschlands	기독민주연합
CERN: Conseil Européenne pour la Recherche Nucléaire	유럽입자물리연구소
CFSP: Common Foreign and Security Policy	공동외교안보정책
CGE: Computational General Equilibrium	연산가능일반균형
CIP: Competitiveness and Innovation Framework Programme	경쟁력 및 혁신 프로그램
CNAM: Conservatorie national des arts et metiers	프랑스국립공예원
CORDIS: The Community Research and Development Information Service	(유럽연합)공동연구 개발정보서비스
CSDP: Common Security and Defence Policy	공동안보국방정책
CTBT: Comprehensive Nuclear-Test-Ban Treaty	포괄적핵실험금지조약
CVID: Complete Verifiable Irreversible Dismantling	완전하고 검증가능하며 불가역적인 비핵화
DG: Directorate General	총국
DG Climate Change: Directorate General Climate Change	기후변화총국
DG Environment; Directorate General Environment	환경총국
DG RTD: Directorate General for Research, Technology and Development	연구개발총국
ECB: European Central Bank	유럽중앙은행
ECSC: European Coal & Steel Community	유럽석탄철강공동체
ECU: European Currency Unit	유럽통화단위

EDC: European Defense Community	유럽방위공동체
EEAS: European External Action Services	유럽대외관계청
EEC: European Economic Community	유럽경제공동체
EFTA: European Free Trade Association	유럽자유무역연합
EIAS: European Institute for Asian Studies	유럽아시아문제연구소
EIC: European Innovation Council	유럽혁신이사회
EIM: Excellence in Mobility Project	우수 교류 프로젝트
EIT: European Institute of Innovation and Technology	유럽혁신기술연구소 (유럽공과대학)
EMF: European Monetary Fund	유럽통화기금
EMJMD: Erasmus Mundus Joint Master Degree	에라스무스 문두스 공동석사학위
EMS: European Monetary System	유럽통화시스템
EPA: Economic Partnership Agreement	경제동반자협정
EPB: Economic Planning Board	경제기획원
ERA: European Research Area	유럽연구지역
ERASUMS: European Community Action Scheme for the Mobility of University Students	에라스무스 프로그램
ERC: European Research Council	유럽연구이사회
ESDP: European Security and Defence Policy	유럽안보방위정책
ESM: European Stabilization Mechanism	유럽재정안정화시스템
ESPRIT: European Programme for Research in Information Technology	유럽정보통신연구프로그램
ESS: European Security Strategy	유럽안보전략
ESS: Energy Storage System	에너지저장장치
ETS: Emissions Trading System	배출권거래제도
EU: European Union	유럽연합
EU Delegation	유럽연합 대표부
EUISS: European Union Institute for Security Studies	유럽연합안보연구원
EURAM: European Research in Advanced Materials	유럽첨단재료연구프로그램
EURATOM: EuropeanAtomicEnergyCommunity	유럽원자력공동체
FA: Framework Agreement	기본협력협정
FDI: Foreign Direct Investment	외국인직접투자
FDP: Freie Demokratische Partei	자유민주당

FP: Framework Programme	(유럽연합공동연구개발정책) 프레임워크 프로그램
FPA: Framework Participation Agreement on Crisis Management	위기관리협정
FPI: Service for Foreign Policy Instruments	외교정책실행국
FTA: Free Trade Agreement	자유무역협정
GDP: Gross Domestic Product	국내총생산
GNI: Gross National Income	국민총소득
ICBM: Inter-continental Ballistic Missile	대륙간탄도미사일
ICI ECP: Industrialised Countries Instrument Education Cooperation programme	EU-선진산업국가 간 교육협력 프로그램
ITER: International Thermonuclear Experimental Reactor	국제 열핵융합 실험로
JSP: Joint Study Programme	(EC) 공동연구프로그램
JSTCC: Joint S&T Cooperation Committee	과학기술공동위원회
JRC: Joint Research Center	공동연구센터
KEDO: Korean Peninsular Energy Development Organization	한반도에너지개발기구
KERC: Korea Europe Research Centre	한-EU 연구협력센터
KIEP: Korea Institute for International Economic Policy	대외경제정책연구원
IAEA: International Atomic Energy Agency	국제원자력기구
NAPCI: Northeast Asia Peace and Cooperation Initiative	동북아평화협력구상
NAPCR: Northeast Asia Plus Community of Responsibility	동북아플러스책임공동체
NATO: North Atlantic Treaty Organization	북대서양조약기구
NCP: National Contact Point	연락사무소
NPT: Nonproliferation Treaty	핵확산협정
ODA: Official Development Assistance	국제개발협력
OECD: Organization for Economic Cooperation and Development	경제협력개발기구
OLP: Ordinary Legislative Procedure	일반입법절차
OMC: Open Method of Coordination	개방적조정
PESCO: Permanent Structured Cooperation	상설 구조적 협력체제
PI: Partnership Instrument	동반자실행조치
POM: Policy-oriented Measures	정책지향평가
PREST: Politiques de la recherche scientifique et technique	연구 및 혁신정책
RACE: Research and Development in Advanced Communication Technologies for Europe	유럽첨단통신기술연구개발 프로그램

SEA: Single European Act	단일유럽의정서
SPD: Sozialdemokratische Partei Deutschlands	사회민주당
TDP: Transatlantic Degree Partnership	범대서양 학위 파트너십
TEMPUS: Trans-European Mobility Scheme for University Studies	중동부유럽국가 고등교육 현대화 지원 프로그램
TEP: Transatlantic Exchange Partnership	범대서양 교류 파트너십
TFEU: Treaty on the Functioning of the EU	유럽연합기능조약
TTIP: Trans-Atlantic Partnership Agreement	대서양경제동반자협정
UN: United Nations	국제연합
UNFCCC: United Nations Framework Convention on Climate Change	기후변화협약
WMD: Weapons of Mass Destruction	대량살상무기
WTO: World Trade Organization	세계무역기구

저자 소개

김시홍	한국외국어대학교 국제지역대학원 유럽연합학과 교수 한국외대 장모네 EU센터 센터장 및 장모네 석좌교수 이탈리아 그레고리안대학교 사회학 박사
최진우	한양대학교 정치외교학과 교수 전 한국정치학회 회장 미국 워싱턴대학교 정치학 박사
김봉철	한국외국어대학교 국제학부 교수 한국외국어대학교 서울캠퍼스 학생·인재개발처장 영국 킹스칼리지런던 법학 박사
이무성	명지대학교 정치외교학과 교수 명지대학교 국제관계연구소 소장 영국 버밍엄대학교 국제정치학 박사
강유덕	한국외국어대학교 LT학부 교수 전 대외경제정책연구원(KIEP) 유럽팀장 프랑스 파리정치대학 경제학 박사
송병준	한국외국어대학교 국제지역연구센터 책임연구원 전 경희대학교 아태국제연구원 연구교수 한국외국어대학교 국제관계학 박사
오정은	한성대학교 이민다문화전공 교수 전 국제이주기구(IOM) 이민정책연구원 연구위원 벨기에 루벤 가톨릭대학교 국제정치학 박사
윤성원	수원대학교 경영학부 교수 전 고려대학교 국제대학원 연구교수 고려대학교 국제통상학 박사
김면중	한-EU 연구협력센터 (KERC) 센터장 전 한국연구재단 기획총괄팀 팀장 연세대학교 정치외교학 박사 수료
이규영	서강대학교 국제대학원 교수 전 서강대학교 국제대학원 원장 독일 하이델베르크대학교 정치학 박사
안상욱	부경대학교 국제지역학부 교수 전 한국유럽학회 총무이사 프랑스 소르본대학교 유럽경제학 박사

한-EU 관계론

KOREA-EUROPEAN UNION RELATIONS

초판 인쇄	2019년 6월 10일
초판 발행	2019년 6월 17일
지은이	김시홍, 최진우, 김봉철, 이무성 강유덕, 송병준, 오정은, 윤성원 김면중, 이규영, 안상욱
발행인	김인철
총괄 · 기획	가정준 Director, University Knowledge Press
편집장	신선호 Executive Knowledge Contents Creator
기획 · 물류	이현진 Planning Expert
도서편집	박현정 Contents Creator
사전 · 도서편집	정준희 Contents Creator
도서편집	장혜린 Contents Creator
재무관리	강현주 Managing Creator
발행처	한국외국어대학교 지식출판콘텐츠원 02450 서울특별시 동대문구 이문로 107 전화 02)2173-2493~7 팩스 02)2173-3363 홈페이지 http://press.hufs.ac.kr 전자우편 press@hufs.ac.kr 출판등록 제6-6호(1969. 4. 30)
디자인 · 편집	(주)이환디앤비 02)2254-4301
인쇄 · 제본	네오프린텍 02)718-3111

ISBN 979-11-5901-582-3 03920 정가 30,000원

*잘못된 책은 교환하여 드립니다.

HUINE은 한국외국어대학교 지식출판콘텐츠원의 어학도서, 사회과학도서, 지역학 도서 Sub Brand이다. 한국외대의 영문명인 HUFS, 현명한 국제전문가 양성(International +Intelligent)의 의미를 담고 있으며, 휴인(携引)의 뜻인 '이끌다, 끌고 나가다'라는 의미처럼 출판계를 이끄는 리더로서, 혁신의 이미지를 담고 있다.